제1회 실전모의고사
군무원 공개경쟁채용 필기시험

행정직

해커스공무원
(gosi.Hackers.com)
모바일 자동 채점 +
성적 분석 서비스

제1과목	국어	제2과목	행정법
제3과목	행정학	제4과목	

응시번호		성 명	

〈응시자 준수사항〉

1. 답안지의 모든 기재 및 표기사항은 반드시『컴퓨터용 흑색사인펜』으로만 작성하여야 합니다. (사인펜에 "컴퓨터용"으로 표시되어 있음) (사인펜 본인 지참)
   * 매년 지정된 펜을 사용하지 않아 답안지가 무효처리 되는 상황이 빈발하고 있으므로, 답안지는 반드시『컴퓨터용 흑색사인펜』으로만 표기하시기 바랍니다.

2. 답안은 매 문항마다 반드시 하나의 답만 골라 그 숫자에 "●"로 표기해야 하며, 표기한 내용은 수정테이프를 이용하여 정정할 수 있습니다. 단, 시험시행본부에서 수정테이프를 제공하지 않습니다.
   (표기한 부분을 긁는 경우 오답처리 될 수 있으며, 수정스티커 또는 수정액은 사용 불가)
   * 답안지는 훼손·오염되거나 구겨지지 않도록 주의해야 하며, 특히 답안지 상단의 타이밍마크(❙❙❙❙❙)를 절대로 훼손해서는 안 됩니다.

3. 상단의 QR코드를 이용하여 해커스공무원의 '모바일 자동 채점 + 성적 분석 서비스'에 접속하시기 바랍니다. (해커스공무원 사이트의 가입자에 한해 이용 가능함)
   * 정답 및 해설은 해설집의 4쪽에서 확인 가능합니다.

해커스군무원

국 어
제1과목

응시번호 :   성명 :

01. 제시된 단어들의 발음이 적절하게 연결된 것은?

　　　㉠ 밝지요　　㉡ 넓죽하니　　㉢ 읊는

　　㉠　　　　㉡　　　　㉢
① [발찌요]　[널쭈카니]　[을른]
② [발찌요]　[넙쭈카니]　[을른]
③ [박찌요]　[넙쭈카니]　[음는]
④ [박찌요]　[널쭈카니]　[음는]

02. 띄어쓰기가 가장 옳은 것은?
① 나 보다 네가 더 크다.
② 할 수 있는 데 까지 하자.
③ 한밤중에 바둑 두 판을 두었다.
④ 너야 말로 이 시대의 진정한 학자다.

03. 형태소의 개수가 가장 많은 것은?
① 잡수셨다
② 고쳐먹다
③ 다가섰다
④ 파고들다

04. 밑줄 친 말이 한글 맞춤법에 맞는 것은?
① 오늘부터는 짭잘한 음식도 피하려고 해.
② 나는 네가 오뚜기처럼 다시 일어날 거라고 믿어.
③ 그녀는 마지막 작품인 이 소설에 심혈을 쏟뜨렸다.
④ 너에게 받은 선물은 기대한 바를 함박 채울 만큼 좋았다.

05. <보기>의 규정에 맞지 않는 것은?

　보기
　제23항 '-하다'나 '-거리다'가 붙는 어근에 '-이'가 붙어서
　　　　 명사가 된 것은 그 원형을 밝히어 적는다.
　[붙임] '-하다'나 '-거리다'가 붙을 수 없는 어근에 '-이'나
　　　　 또는 다른 모음으로 시작되는 접미사가 붙어서 명
　　　　 사가 된 것은 그 원형을 밝히어 적지 아니한다.

① 더펄이　　　　② 홀쭉이
③ 뻐꾹이　　　　④ 살살이

06. 어문 규정에 맞지 않는 문장은?
① 어딜 그렇게 급하게 가시오?
② 우리는 적이 아니요, 아군이다.
③ 한 걸음 뒤로 물러나 주십시오.
④ 이것은 내 것이오, 저것은 네 것이다.

07. 다음에 해당하는 사례로 적절하지 않은 것은?

> 상대적 관계를 보이며 의미상으로 대칭을 이루는 단어의 쌍이다.

① 인상(引上) : 인하(引下)
② 출발(出發) : 도착(到着)
③ 기혼(旣婚) : 미혼(未婚)
④ 사부(師傅) : 제자(弟子)

08. 〈보기〉에 관련된 상황을 가장 잘 표현한 한자 성어는?

> **보기**
> 정다운 씨는 키가 작고 왜소한 체격을 지닌 사람이다. 그는 애초에 작게 태어났으며, 입이 짧아 먹는 것을 즐기지도 않았다. 그러던 어느 날, 우연히 씨름 경기를 본 그는 조만간 씨름 선수가 되겠다는 결심을 하여 주위를 모두 놀라게 했다.

① 興亡盛衰
② 得失相半
③ 守株待兎
④ 緣木求魚

09. 다음 글에 대한 설명으로 옳지 않은 것은?

> 뎨 가는 뎌 각시 본 듯도 ᄒᆞ뎌이고. 텬샹(天上) 뷕옥경(白玉京)을 엇디ᄒᆞ야 니별(離別)ᄒᆞ고, ᄒᆡ 다 뎌 져믄 날의 눌을 보라 가시ᄂᆞᆫ고.
> 어와 네여이고 이내 ᄉᆞ셜 드러 보오. 내 얼굴 이 거동이 님 괴얌즉 ᄒᆞ냐마ᄂᆞᆫ 엇딘디 날 보시고 네로다 녀기실ᄉᆡ 나도 님을 미더 군ᄠᅳ디 전혀 업서 이리야 교ᄐᆡ야 어ᄌᆞ러이 ᄒᆞ돗던디 반기시ᄂᆞᆫ 눗비치 녜와 엇디 다ᄅᆞ신고. 누어 싱각ᄒᆞ고 니러 안자 혜여ᄒᆞ니 내 몸의 지은 죄 뫼ᄀᆞ티 싸혀시니 하ᄂᆞᆯ히라 원망ᄒᆞ며 사ᄅᆞᆷ이라 허믈ᄒᆞ랴. 셜워 플텨 혜니 조믈(造物)의 타시로다.
> 글란 싱각 마오.
> 미친 일이 이셔이다. 〈중략〉 ᄆᆞ음의 머근 말숨 슬ᄏᆞ장 ᄉᆞᆲ쟈 ᄒᆞ니 눈물이 바라 나니 말솜인들 어이ᄒᆞ며 졍(情)을 못다ᄒᆞ야 목이조차 몌여 ᄒᆞ니 오뎐된 계셩(鷄聲)의 ᄌᆞᆷ은 엇디 ᄭᆡ돗던고.
> 어와, 허ᄉᆞ(虛事)로다. 이 님이 어디 간고. 결의 니러 안자 창(窓)을 열고 ᄇᆞ라보니 어엿븐 그림재 날 조출 ᄲᅮᆫ이로다. 츠ᄅᆞ리 싀여디여 낙월(落月)이나 되야이셔 님 겨신 창(窓) 안히 번드시 비최리라.
> 각시님 ᄃᆞᆯ이야ᄏᆞ니와 구ᄌᆞ비나 되쇼셔.

① 대화체의 형식을 통해 내용이 전개된다.
② 계절에 따른 화자의 정서 변화가 드러난다.
③ 임금에 대한 충정을 여성 화자를 통해 표현하였다.
④ 순우리말의 묘미를 잘 살린 가사 작품으로 평가된다.

10. 다음 글을 고쳐 쓰기 위한 방안으로 적절하지 않은 것은?

> 물은 우리의 몸과 긴밀한 관계를 맺고 있는 자원이다. 우리 몸의 대부분은 물로 구성되어 있으며, 물을 통해 혈액 순환이나 체온 조절이 이루어진다. ⊙특히 혈액 내 백혈구는 면역 기능에 있어 필수적이다. 또한 우리의 몸에서 나타날 수 있는 질병의 80%가 물로 인한 질병이다. ⓒ그리고 산업화로 인해 깨끗한 물이 부족한 실정이다. 산업화 이전에 비해 수질 오염이 매우 심각해졌고, 이에 따라 우리가 쓸 수 있는 물도 ⓒ부족해진 것이다. 물이 인간의 건강과 삶에 있어 중요한 역할을 한다는 점을 ⓔ고려에 넣는다면, 우리 모두 깨끗한 물을 지키기 위해 노력해야 한다.

① ⊙은 글의 전체적인 흐름을 고려하여 삭제한다.
② ⓒ은 앞뒤 문장의 관계를 고려하여 '그러나'로 고친다.
③ ⓒ은 주어와의 호응을 고려하여 '부족한 점이다'로 고친다.
④ ⓔ은 우리말답지 않은 표현이므로 '고려한다면'으로 고친다.

11. 아래 글의 (㉠)과 (㉡)에 들어갈 가장 적절한 접속어로 옳은 것은?

> 애국심은 특별한 면이 있다. 국가는 합법적이고 정당하다고 간주되는 물리적 폭력을 독점적으로 보유하고 행사한다. 다른 어떤 사랑의 대상도 국가와 같지 않다. (㉠) 애국심도 다른 사랑의 감정과는 다르다. 폭력 조직을 사랑하는 사람도 있을 수 있겠지만, 그 폭력에는 정당성과 합법성이 없다. 국가는 어떤 개인이나 집단의 사적 폭력도 용납하지 않는다. 동창회, 향우회, 종친회, 가수나 프로 축구팀 팬클럽, 정당들 사이에도 은근한 또는 치열한 경쟁이 있다. (㉡) 어떤 경쟁도 정당하다고 간주되는 폭력을 동반하지는 않는다. 오로지 국가만이 국민에 대해서, 다른 국가에 대해서, 정당하다고 간주되는 폭력을 행사한다.

	㉠	㉡
①	또한	왜냐하면
②	그리고	따라서
③	그러나	게다가
④	그래서	하지만

12. 다음 글에서 ㉠, ㉡에 알맞은 단어를 순서대로 나열한 것은?

> 실패는 잘못에서 오고 잘못은 무지에서 온다. 채찍의 (㉠)를 모르는 사람이 말을 잘 몰 수 없고, 쟁기 사용법을 모르는 사람이 밭을 잘 갈 수 없다. 모르는 것은 죄가 아니라고 했다. 모르는 것을 묻는 것은 창피한 일이 아니다. 길을 모르면 물어서 알고 가야지, 무식이 드러날까 두려워 묻지도 않고 가는 것은 봉사가 낭떠러지를 걷는 것과 같이 위험하다. 이런 사람에게 실패는 당연한 일이다. 부지런히 보고 듣고 배워서 견문을 넓혀라. 그리고 차근차근 자신의 것으로 만들어 (㉡)을 높여라. 수압 센 분수가 물줄기를 높이 뿜어 올린다.

① ㉠: 用途, ㉡: 內功
② ㉠: 用度, ㉡: 內攻
③ ㉠: 用途, ㉡: 內攻
④ ㉠: 用度, ㉡: 內功

13. 밑줄 친 한자 성어의 쓰임이 옳지 않은 것은?

① 그런 가담항설(街談巷說)은 믿을 것이 못 되네.
② 계획을 조변석개(朝變夕改)하니 마음 놓고 따를 수가 없어.
③ 깊고 어두운 산속의 길은 그야말로 구절양장(九折羊腸)이었다.
④ 스승을 경이원지(敬而遠之)하였던 그는 언제나 스승의 곁을 지켰다.

14. 다음 글에서 ㉠, ㉡에 들어갈 알맞은 말은?

> 산다는 것은 죽는 것이다. 옳게 산다는 것은 옳게 죽는다는 것이다. 그러므로 옳게 죽기 위해서 노력하지 않으면 안 된다.
> 사람이 신과 다른 게 있다면 (㉠)을 지닌 존재라는 것이다. 아무리 잘나고 똑똑하고 유능한 사람도 때가 되면 이 땅을 떠나야만 한다. 그런데 어떤 사람은 자신의 존재를 확실히 남기고, 어떤 사람은 있는 듯 없는 듯 떠나고, 또 다른 사람은 떠나길 잘했다는 소리를 듣는다. 이 모두는 그 사람이 생전에 살았던 삶의 방식과 그에 대한 평가에 따른 것이다.
> 그렇다면 어떻게 사는 것이 잘 사는 것일지는 더욱 분명해진다. 그것은 자신에게는 물론 타인과 사회에 필요한 사람이 되는 것이다. 톨스토이의 말은 이를 (㉡)으로 표현한 것이다. 즉, 옳게 죽는다는 것은 옳게 살아야 함에 대한 강조이다.

① ㉠: 무한한 가능성 ㉡: 역설적
② ㉠: 유한한 시간성 ㉡: 역설적
③ ㉠: 무한한 시간성 ㉡: 반어적
④ ㉠: 유한한 가능성 ㉡: 반어적

15. 다음 글의 필자의 견해로 적절한 것은?

나는 당신이 대학의 강의실에서 이 편지를 읽든 아니면 어느 공장의 작업대 옆에서 읽든 상관하지 않습니다. 어느 곳에 있건 탁이 아닌 발을 상대하고 있다면 상관없다고 생각합니다.

만일 당신이 사회의 현장에 있다면 당신은 당신의 살아 있는 발로 서 있는 것입니다. 그리고 만일 당신이 대학의 교정에 있다면 당신은 더 많은 발을 깨달을 수 있는 곳에 서 있는 것입니다. 대학은 기존의 이데올로기를 재생산하는 '종속의 땅'이기도 하지만 그 연쇄의 고리를 끊을 수 있는 '가능성의 땅'이기도 하기 때문입니다.

당신은 그동안 못 했던 일을 하고, 만나고 싶은 사람을 만나고, 가고 싶은 곳을 찾아가겠다고 했습니다. 대학이 안겨 줄 자유와 낭만에 대한 당신의 꿈을 모르지 않습니다. 지금까지 얽매여 있던 당신의 질곡을 모르지 않습니다. 당신은 지금 그러한 꿈이 사라졌다고 실망하고 있지나 않은지 걱정됩니다.

그러나 '자유와 낭만'은 그러한 것이 아닙니다. 자유와 낭만은 '관계의 건설 공간'이란 말을 나는 좋아합니다. 우리들이 맺는 인간관계의 넓이가 곧 우리들이 누릴 수 있는 자유와 낭만의 크기입니다. 그러기에 그것은 우리들의 일상(日常)에 내장되어 있는 '안이한 연루(連累)'를 결별하고 사회와 역사와 미래를 보듬는 너른 품을 키우는 공간이어야 합니다.

① 삶의 원동력을 위해 꿈을 가지고 살아가야 한다.
② 세상에 존재하는 직업들은 그 경중을 따질 수 없다.
③ 대학은 사회 현실에 대해 고민하는 공간이 되어야 한다.
④ 인간관계를 재정립하는 일은 자유로 향하는 지름길이다.

16. 다음 중 밑줄 친 부분의 품사가 다른 것은?

① <u>옛</u> 친구와 추억을 떠올려 보다.
② 그는 아버지와 얼굴이 <u>다른</u> 아들이었다.
③ 아버지는 <u>헌</u> 구두를 신고 일을 나가셨다.
④ <u>온갖</u> 노력을 한 사람이 결국 꿈을 이룬다.

17. 다음 글을 논리적 순서에 맞게 나열한 것은?

(가) 핵 문제, 전쟁의 공포, 생태계 파괴를 비롯한 환경 문제, 기아와 난민 문제 등 현대 사회에 내재되어 있는 위험한 경향을 가장 부정적인 시각으로 예측하여 가상의 미래 사회에 투영하는 것이다.
(나) '디스토피아'는 암울하고 부정적인 시각으로 미래를 그려내는 문학 작품 또는 그렇게 묘사된 미래 사회 자체를 지칭하는 용어이다.
(다) 이를 통해 사람들은 무감각하게 받아들이고 있던 현대 사회의 문제점과 위험을 명확히 인식할 수 있게 된다.
(라) 디스토피아를 주제로 한 작품들은 어쩌면 인류가 실제로 겪을 수도 있는 부정적 상황을 더욱 극단적인 모습으로 제시한다.

① (나) – (가) – (다) – (라)
② (나) – (라) – (가) – (다)
③ (라) – (가) – (다) – (나)
④ (라) – (나) – (가) – (다)

18. 다음 글에서 사용된 표현 방식에 대한 설명과 거리가 먼 것은?

"경의 충성을 아니, 세자 대군과 한가지로 보호하여 잘 다녀오라."
하시니 세자 대군은 천안을 하직하시고 나오시며 망극하심이 비할 데 없는지라. 한 걸음에 세 번이나 엎디지며 눈물이 진하여 피 되니, 그 모습은 차마 못 볼러라.
내전에 들어가매, 대비와 중전이 대성통곡 왈,
"너희들을 하루만 못 보아도 삼추(三秋) 같더니, 이제 만리타국에 보내고 그리워 어찌하며, 하일(何日) 하시(何時)에 생환 고국하여 모자(母子) 조손(祖孫)이 즐기리오."
하시고 통곡하시니, / 좌우 시녀 또한 일시에 슬피 울더라.
대군이 아뢰어 왈,
"하늘이 무심치 아니하시니, 수이 돌아와 부모를 뵈오리니, 바라옵건대 낭랑은 만수 무강하시고 불효 등을 생각지 마소서."
하더라. 인하여 하직하고 궐문을 나서매, 장안 백성 등이 또한 울며 따르니, 길이 막히고 곡성이 처량하매 일월이 빛을 잃어 슬픔을 돕더라. – 작자 미상, '임경업전'

① 자연물을 활용하여 정서를 고조시키고 있다.
② 서술자가 작품에 개입하여 인물의 처지에 동조하고 있다.
③ 이별을 마주한 인물의 심리를 과장법을 통해 드러내고 있다.
④ 계절적 배경을 활용하여 상대방에 대한 애정을 드러내고 있다.

19. 다음 글의 전개 방식에 대한 설명으로 적절하지 않은 것은?

> 원래 우리나라에는 지방마다 특색 있는 가옥 구조가 있었다. 지역이 다르면 자연환경과 지세가 다른 법이다. 주변에 대응하는 방식도 따라서 다르며 이것은 곧 집의 차이로 이어진다. 산이 깊은 경상도와 개방적인 전라도의 집은 서로 다를 수밖에 없다. 도시 속에 지어지는 집과 논밭 사이에 지어지는 집은 다르다. 농사짓는 사람의 집과 글 읽는 사람의 집 또한 다르다. 살림살이와 관련된 지역마다의 관심과 전통이란 것도 있다. 이 모든 것들은 다양한 주거 방식을 낳았다. 이것이 어느 날 슬레이트 지붕인가 뭔가 하는 한 종류로 획일화되더니 급기야 아파트로 통일되고 말았다. 산과 개천, 강과 논밭이 아름다운 우리의 농촌. 그 농촌 한가운데 성냥갑 같은 아파트가 심심한 모습으로 솟아 있다. 전국 어디를 가나 마찬가지이다.

① 예시를 들어 내용에 대한 독자의 이해를 돕는다.
② 비유적인 표현을 활용하여 대상을 비판하고 있다.
③ 문제 발생의 원인을 사회 구조의 변화에서 찾는다.
④ 통시적인 관점에서 대상이 변화하는 과정을 파악한다.

20. 다음 글을 알맞은 순서로 배열한 것은?

> (가) 이에 따라 디카페인 커피에 대한 수요가 늘고 있다. 디카페인 커피란 카페인 성분을 97% 이상 제거한 커피로, 커피의 맛과 향은 그대로 유지되면서 카페인이 주는 부작용은 피할 수 있는 장점이 있다. 커피의 카페인을 제거하는 방법에는 여러 가지가 있는데, 그중 물을 이용하는 방법이 가장 보편적이다.
> (나) 음료에 들어 있는 카페인은 교감신경계를 자극해 피로와 스트레스를 해소하는 데에 도움이 된다. 하지만 과도한 카페인 섭취는 두통, 불면증, 혈압 상승, 역류성 식도염 등 각종 부작용을 초래한다.
> (다) 먼저 볶지 않은 커피콩을 따뜻한 물에 담가둔다. 그러면 카페인을 포함한 수용성 화학물질이 물에 우러나게 되는데, 이를 활성탄소가 채워진 관에 통과시키면 카페인은 분리되고 커피의 맛과 향을 결정짓는 요소들만 남은 디카페인 용액이 생성된다. 다시 이 용액에 새로운 커피콩을 넣으면 카페인을 제외한 다른 물질들은 이미 포화 상태이므로 카페인만 녹아 나오게 된다. 이러한 과정을 거친 콩을 말리고 볶으면 디카페인 커피콩이 탄생한다.
> (라) 게다가 카페인은 중독성이 있어 평소보다 적은 양을 섭취하거나 섭취를 중단하면 피로감, 두통, 신경과민, 우울증 등과 같은 금단 현상이 나타날 수 있다.

① (나) - (가) - (다) - (라)
② (나) - (라) - (가) - (다)
③ (다) - (가) - (나) - (라)
④ (다) - (나) - (라) - (가)

21. 밑줄 친 단어 중 외래어 표기법에 어긋나는 것은?

① 이번 프로젝트의 컨텐츠(contents)가 좋다.
② 지도자는 강한 리더십(leadership)이 필요하다.
③ 한때는 푸른색 아이섀도(eye shadow)를 바르고 다녔다.
④ 이번 리셉션(reception)에 그녀가 초청되어 만족스러웠다.

22. 다음 작품의 화자에 대한 설명으로 옳지 않은 것은?

> 대동강(大同江) 아즐가 대동강(大同江) 너븐디 몰라셔
>   위 두어렁셩 두어렁셩 다링디리
> 비 내여 아즐가 비 내여 노혼다 샤공아
>   위 두어렁셩 두어렁셩 다링디리
> 네 가시 아즐가 네 가시 럼난디 몰라셔
>   위 두어렁셩 두어렁셩 다링디리
> 녈 비예 아즐가 녈 비예 연즌다 샤공아
>   위 두어렁셩 두어렁셩 다링디리
> 대동강(大同江) 아즐가 대동강(大同江) 건넌편 고즐여
>   위 두어렁셩 두어렁셩 다링디리
> 비 타 들면 아즐가 비 타 들면 것고리이다 나는
>   위 두어렁셩 두어렁셩 다링디리
> — 작자 미상, '서경별곡(西京別曲)'

① 임의 사랑에 대한 화자의 믿음이 나타난다.
② 자신의 부정적 정서를 솔직하게 드러내고 있다.
③ 임에 대한 원망을 다른 사람에게 대신 표출하고 있다.
④ 화자의 말 이면에는 임에 대한 강렬한 애정이 담겨 있다.

※ 다음 글을 읽고 물음에 답하시오. (23~24)

(가) 기술사는 기술을 대상으로 하는 역사다. 기술사에서 자주 사용하는 기술과 관련된 개념으로는 기술개발, 기술혁신, 기술변화, 기술진보 등이 있다. 기술개발은 새로운 기술의 창출에 주목하는 개념이다. 기술혁신이란 용어는 기술개발과 대비되면서 출현했다. 예를 들어 혁신을 이론적으로 개념화한 슘페터(Joseph Shumpeter, 1883~1950)는 발명이 새로운 기술의 출현을 뜻한다면, 혁신이 기술의 상업화를 의미하는 것으로 규정했다.

(나) 그러나 이것은 좁은 의미의 기술혁신에 해당하고, 통상적 의미의 기술혁신은 기술의 개발과 상업화를 포괄하는 개념이라 할 수 있다. 기술개발과 기술혁신이 개별적인 사건에 주목하는 경향이 있는 반면, 기술변화는 주로 기술의 거시적 흐름을 표현할 때 사용된다. 기술변화에는 특정한 방향성이 없지만, 기술진보는 기술이 점점 더 좋은 방향으로 발전한다는 점을 강조하고 있다.

(다) 처음에 기술사 연구는 엔지니어, 과학사학자, 경제사학자 등에 의해 이루어져 왔다. 엔지니어 출신의 연구자들은 자신이 속한 분야의 기술에 초점을 두어 왔으며 오늘날의 관점에서 기술의 역사를 서술하려는 경향을 보였다. 이에 따라 과거의 기술에서 현재의 기술과 공통된 요소만을 찾게 되고 현재에 받아들여지지 않는 과거의 기술은 무시되는 경우가 많았다. 한편, 초기의 과학사학자들은 대부분 기술이 과학을 단순히 응용한 것으로 간주해 왔으며, 경제사학자들은 기술이 시장의 수요에 따라 변화한다는 점에 주목해 왔다. 필요가 발명의 어머니였다면 과학은 기술의 아버지였던 셈이다.

(라) 그러나 기술사 연구의 성과가 점차적으로 축적되고 전문적인 기술사학자 집단이 형성됨에 따라 기존의 관점은 상당한 비판을 받았다. 무엇보다도 과거의 기술이 오늘날의 기술을 향해 발전해 오는 것은 아니며 기술의 변화를 당대의 사회적 맥락 속에서 접근해야 한다는 점이 강조됐다. 이와 함께 기술이 과학이나 경제에 종속된 것이 아니라 독자적인 특징을 가지며 오히려 기술은 과학이나 경제의 일정 요소를 활용함으로써 변화한다는 점이 부각됐다. 이처럼 기술사가 점점 독립적인 분야로 형성되면서 기술사의 접근법과 주제도 매우 다변화돼 왔다.

23. 윗글의 내용과 일치하지 않는 것은?
① 기술변화와 기술진보의 차이는 방향성의 유무이다.
② 엔지니어들은 현재와 과거의 기술이 지닌 차이점을 연구했다.
③ 기술사학자 집단의 등장으로 인해 기술의 독립성이 강조되었다.
④ 기술혁신은 일반적으로 기술의 개발과 상업화를 포괄하는 개념으로 쓰인다.

24. 윗글의 설명 방식으로 옳지 않은 것은?
① (가)는 개념에 대한 정의를 밝히고 있다.
② (나)는 개념 간의 차이점을 바탕으로 설명하고 있다.
③ (다)는 비유적인 표현을 활용하여 이해를 돕고 있다.
④ (라)는 개념이 적용되는 특정한 상황을 제시하고 있다.

25. 다음 글에 대한 이해로 적절하지 않은 것은?

억압하지 않는 문학은 억압하는 모든 것이 인간에게 부정적으로 작용하는 것을 보여 준다. 인간은 문학을 통하여 억압하는 것과 억압당하는 것의 정체를 파악하고, 그 부정적 힘을 인지한다. 그 부정적 힘의 인식은 인간으로 하여금 세계를 개조하지 않으면 안 된다는 당위성을 느끼게 한다.
한 편의 아름다운 시는 그것을 향유(享有)하는 자에게 그것을 향유하지 못하는 자에 대한 부끄러움을, 한 편의 침통(沈痛)한 시는 그것을 읽는 자에게 인간을 억압하고 불행하게 만드는 것에 대한 자각(自覺)을 불러일으킨다. 소위 감동이라는 말로 우리가 간략하게 요약하고 있는 심리적 반응이다. 감동이나 혼의 울림은 한 인간이 대상을 자기의 온몸으로 직관적으로 파악하는 행위이다. 인간은 문학을 통해, 그것에서 얻는 감동을 통해, 자기와 다른 형태의 인간의 기쁨과 슬픔과 고통을 확인하고 그것이 자기의 것일 수도 있다는 것을 느낀다. 문학은 억압하지 않으므로, 그 원초적 느낌의 단계는 감각적 쾌락을 동반한다. 그 쾌락은 반성을 통해 인간의 총체적 파악에 이른다.

① 문학 작품은 우리에게 감동을 불러일으킨다.
② 억압하지 않는 문학은 곧 인간을 총체적으로 파악할 수 있게 한다.
③ 인간은 자신의 것과 다른 형태의 정서를 느끼기 위해서 직접적인 경험이 필요하다.
④ 인간은 문학을 통해 세상의 부정적인 힘을 인지하고 그것을 변화시킬 필요성을 느낀다.

행정법
제2과목

응시번호 :   성명 :

01. 행정법의 일반원칙에 대한 설명으로 옳지 않은 것은? (다툼이 있는 경우 판례에 의함)

① 병의 복무기간은 국방의무의 본질적 내용에 관한 것이어서 반드시 법률로 정하여야 할 입법사항에 속한다.
② 연구단지 내 녹지구역에 LPG충전소의 설치를 금지한 것은 합리적 이유에 근거한 것이므로 해당 시행령 규정이 평등원칙에 위배된다고 볼 수 없다.
③ 신뢰보호원칙에서 행정청이 공적 견해를 표명하였는지를 판단할 때는 반드시 행정조직상의 형식적인 권한분장에 구애될 것은 아니고, 담당자의 조직상의 지위와 임무, 당해 언동을 하게 된 구체적인 경위 및 그에 대한 상대방의 신뢰가능성에 비추어 실질에 의하여 판단하여야 한다.
④ 청소년유해매체물로 결정·고시된 만화인 사실을 모르고 있던 도서대여업자가 그 고시일로부터 8일 후에 청소년에게 그 만화를 대여한 것을 사유로 그 도서대여업자에게 금 700만원의 과징금이 부과된 경우, 그 과징금부과처분이 재량권의 한계를 일탈하거나 남용한 위법한 처분이라고 할 수 없다.

02. 행정입법에 대한 설명으로 옳은 것을 모두 고른 것은? (다툼이 있는 경우 판례에 의함)

> ㄱ. 법령상 대통령령으로 규정하도록 되어 있는 사항을 부령으로 정하는 경우 그 부령은 무효이다.
> ㄴ. 법률이 공법적 단체 등의 정관에 자치법적인 사항을 위임한 경우, 포괄적 위임입법금지가 원칙적으로 적용된다.
> ㄷ. 상급행정기관이 하급행정기관에 대하여 업무처리지침이나 법령의 해석적용에 관한 기준을 정하여 발하는 이른바 행정규칙은 일반적으로 대외적 구속력을 갖는다.
> ㄹ. 헌법이 인정하고 있는 위임입법의 형식은 예시적인 것으로 보아야 할 것이고, 그것은 법률이 행정규칙에 위임하더라도 그 행정규칙은 위임된 사항만을 규율할 수 있다.

① ㄱ, ㄴ ② ㄱ, ㄹ
③ ㄴ, ㄷ ④ ㄷ, ㄹ

03. 인가에 대한 설명으로 옳지 않은 것은? (다툼이 있는 경우 판례에 의함)

① 민법상 행정청이 재단법인의 정관변경을 허가하는 것은 그 성질상 인가라고 보아야 한다.
② 인가는 당사자의 법률적 행위를 보충하여 그 법률적 효력을 완성시키는 행정주체의 보충적 의사표시로서의 법률행위적 행정행위이다.
③ 행정절차법은 인가에 대한 일반규정을 명시하고 있다.
④ 자동차관리법상 조합 등의 설립인가처분은 시·도지사 등이 자동차관리사업자들의 단체결성행위를 보충하여 그 효력을 완성시키는 처분에 해당한다.

04. 행정지도에 대한 설명으로 옳지 않은 것은? (다툼이 있는 경우 판례에 의함)

① 행정절차에 소요되는 비용은 원칙적으로 행정청이 부담하도록 규정되어 있다.
② 국가배상법이 정한 배상청구의 요건인 '공무원의 직무'에는 행정지도와 같은 비권력적 작용도 포함된다.
③ 행정지도가 그의 한계를 일탈하지 아니하였다면, 그로 인하여 상대방에게 어떤 손해가 발생하였다 하더라도 행정기관은 그에 대한 손해배상책임이 없다.
④ 사인의 행위가 행정지도에 따라 행해진 경우 그 행정지도가 위법하다고 할지라도 원칙적으로 그 사인의 행위의 위법성이 조각된다.

05. 병역법상 국가기관, 지방자치단체, 공공기관, 사회복지사업법 제2조에 따라 설치된 사회복지시설 기관 등의 공익목적 수행에 필요한 사회복지, 보건·의료, 교육·문화, 환경·안전 등의 사회서비스업무 및 행정업무 등의 지원을 위하여 소집되어 공익 분야에 복무하는 사람으로 옳은 것은?

① 상근예비역
② 산업기능요원
③ 사회복무요원
④ 대체복무요원

06. 개인정보 보호법에 대한 설명으로 옳은 것을 모두 고른 것은? (다툼이 있는 경우 판례에 의함)

> ㄱ. 사상·신념, 정치적 견해, 건강에 관한 정보는 민감정보에 해당하고, 이러한 민감정보도 일정한 요건하에서는 개인정보처리자에 의하여 처리가 가능하다.
> ㄴ. 일정한 요건을 갖춘 소비자단체나 비영리단체는 개인정보처리자가 집단분쟁조정을 거부하거나 집단분쟁조정의 결과를 수락하지 아니한 경우에는 법원에 권리침해 행위의 금지·중지를 구하는 단체소송을 제기할 수 있다.
> ㄷ. 개인정보 보호법은 집단분쟁조정제도에 대하여 규정하고 있지 않다.
> ㄹ. 이미 공개된 개인정보를 정보주체의 동의가 있었다고 객관적으로 인정되는 범위 내에서 수집·이용·제공 등 처리를 할 때는 정보주체의 별도의 동의가 필요하다.
> ㅁ. 개인정보 보호법상 단체소송을 허가하거나 불허가하는 법원의 결정에 대하여는 즉시항고할 수 있다.

① ㄱ, ㄴ, ㄹ
② ㄱ, ㄴ, ㅁ
③ ㄴ, ㄷ, ㅁ
④ ㄷ, ㄹ, ㅁ

07. 신뢰보호원칙에 대한 설명으로 옳지 않은 것은? (다툼이 있는 경우 판례에 의함)

① 헌법재판소의 위헌결정은 행정청이 개인에 대하여 신뢰의 대상이 되는 공적인 견해를 표명한 것이라고 할 수 없으므로 그 결정에 관련한 개인의 행위에 대하여는 신뢰보호의 원칙이 적용되지 아니한다.
② 시의 도시계획과장과 도시계획국장이 도시계획사업의 준공과 동시에 사업부지에 편입한 토지에 대한 완충녹지 지정을 해제함과 아울러 당초의 토지소유자들에게 환매하겠다는 약속은 공적인 견해표명으로 볼 수는 없다. 따라서 이를 믿고 토지를 협의매매한 토지소유자의 완충녹지지정 해제신청을 거부한 것은, 행정상 신뢰보호원칙을 위반한 것은 아니다.
③ 병무청 담당부서의 담당공무원에게 공적 견해의 표명을 구하는 정식의 서면질의 등을 하지 아니한 채 총무과 민원팀장에 불과한 공무원이 민원봉사차원에서 상담에 응하여 안내한 것을 신뢰한 경우, 신뢰보호원칙이 적용되지 아니한다.
④ 의무사관후보생의 병적에서 제외된 사람의 징집면제연령을 31세에서 36세로 상향조정한 구 병역법 제71조 제1항 단서는 신뢰보호원칙에 위배되지 않는다.

08. 공공기관의 정보공개에 관한 법률상 정보공개에 대한 설명으로 옳지 않은 것은? (다툼이 있는 경우 판례에 의함)

① 의사결정과정에 제공된 회의관련 자료나 의사결정과정이 기록된 회의록 등은 의사가 결정되거나 의사가 집행된 경우에는 더 이상 의사결정과정에 있는 사항 그 자체라고 할 수 없으므로 비공개 대상정보에 포함되지 않는다.
② 제5조 제1항상 "모든 국민은 정보의 공개를 청구할 권리를 가진다."에서 말하는 국민에는 자연인과 법인뿐만 아니라 권리능력 없는 사단도 포함된다.
③ 공개청구한 정보가 담긴 문서 등이 폐기되어 존재하지 않게 된 경우라면 그 정보를 더 이상 보유·관리하고 있지 아니하다는 점에 대한 증명책임은 공공기관에게 있다.
④ 정보공개를 거부하기 위해서는 반드시 그 정보가 진행 중인 재판의 소송기록 그 자체에 포함된 내용의 정보일 필요는 없으나, 재판에 관련된 일체의 정보가 그에 해당하는 것은 아니고 진행 중인 재판의 심리 또는 재판 결과에 구체적으로 영향을 미칠 위험이 있는 정보에 한정된다.

09. 행정기본법에 대한 설명으로 옳지 않은 것은?

① 행정상 입법예고에 관하여 다른 법률에 특별한 규정이 있는 경우를 제외하고는 행정기본법에서 정하는 바에 따른다.

② 행정청은 처분에 재량이 없는 경우에는 법률에 근거가 있는 경우에 부관을 붙일 수 있다.

③ 행정청은 법률로 정하는 바에 따라 완전히 자동화된 시스템(인공지능 기술을 적용한 시스템을 포함한다)으로 처분을 할 수 있으나, 처분에 재량이 있는 경우는 그러하지 아니하다.

④ 행정기본법에는 행정상 강제수단에 대한 일반 규정이 있다.

10. 위헌결정의 효력에 대한 설명으로 옳지 않은 것은? (다툼이 있는 경우 판례에 의함)

① 법규명령의 위임근거가 되는 법률에 대하여 위헌결정이 선고되면 그 위임에 근거하여 제정된 법규명령도 원칙적으로 효력을 상실한다.

② 헌법재판소의 위헌결정은 행정청이 개인에 대해 공적인 견해를 표명한 것이라고 할 수 없으므로, 그 결정과 관련한 개인의 행위에 대하여는 신뢰보호의 원칙이 적용되지 않는다.

③ 헌법재판소의 위헌결정 전에 행정처분의 근거되는 당해 법률이 헌법에 위반된다는 사유는 특별한 사정이 없는 한 그 행정처분의 취소소송의 전제가 될 수 있을 뿐 당연무효사유는 아니다.

④ 위헌결정 이전에 이미 부담금 부과처분과 압류처분 및 이에 기한 압류등기가 이루어지고 각 처분이 확정되었다면 위헌결정 이후에는 별도의 행정처분인 매각처분, 분배처분 등 후속 체납처분절차를 진행할 수 있다.

11. 행정상 법률관계에서 당사자에 대한 설명으로 옳지 않은 것은? (다툼이 있는 경우 판례에 의함)

① 농지개량조합은 공법인(공공조합)으로서 공공단체에 속하는 행정주체이다.

② 지방자치단체는 시원적(始原的) 행정주체인 국가로부터 권력을 부여받은 행정주체이고, 행정권 발동의 상대방인 행정객체가 될 수는 없다.

③ 도로교통법상 견인업무를 대행하는 자동차견인업자는 공무수탁사인이 아니라 행정대행인 내지 행정보조인에 해당한다.

④ 공무수탁사인은 수탁받은 공무를 수행하는 범위 내에서 행정주체이고, 행정절차법이나 행정소송법에서는 행정청이다.

12. 지방자치단체에 대한 설명으로 옳지 않은 것은? (다툼이 있는 경우 판례에 의함)

① 지방자치단체는 법인으로 한다.

② 지방자치단체를 폐지하거나 설치하거나 나누거나 합칠 때 관계 지방의회의 의견을 들어야 하나, 주민투표법에 따라 주민투표를 한 경우에는 그러하지 아니하다.

③ 매립지가 속할 지방자치단체를 정하는 결정에 대하여 대법원에 소송을 제기할 수 있는 주체는 지방자치단체이다.

④ 기관위임사무는 원칙적으로 자치조례의 제정범위에 속하지 않으나, 그에 관한 개별법령에 일정한 사항을 조례로 정하도록 위임한 경우에는 위임받은 사항에 관하여 개별법령의 취지에 부합하는 범위 내에서 이른바 위임조례를 정할 수 있다.

13. 행정절차법상 청문에 대한 설명으로 옳지 않은 것은?
   ① 청문이란 행정청이 어떠한 처분을 하기 전에 당사자 등의 의견을 직접 듣고 증거를 조사하는 절차를 말한다.
   ② 청문 주재자는 직권으로 필요한 조사를 할 수 있으나, 당사자 등이 주장하지 않은 사실에 대하여는 조사할 수 없다.
   ③ 청문 주재자 자신이 해당 처분과 관련하여 증언이나 감정을 한 경우에는 청문을 주재할 수 없다.
   ④ 행정청은 청문을 하려면 청문이 시작되는 날부터 10일 전까지 당사자 등에게 통지하여야 한다.

14. 처분성에 대한 설명으로 옳지 않은 것은? (다툼이 있는 경우 판례에 의함)
   ① 어업권면허에 선행하는 우선순위결정은 강학상 확약에 불과하여 처분성이 인정되지 않는다.
   ② 통고처분은 그 자체로 상대방에게 통고이행을 이행할 권리의무를 형성하므로 통고처분에 대하여 이의가 있을 때는 통고처분취소소송을 제기할 수 있다.
   ③ 거부처분의 처분성을 인정하기 위한 전제요건이 되는 신청권은 신청인이 그 신청에 따른 단순한 응답을 받을 권리를 넘어서 신청의 인용이라는 만족적 결과를 얻을 권리까지 의미하는 것은 아니다.
   ④ 주민등록법상 주민등록전입신고의 수리거부 행위는 당사자의 신청에 대하여 행정청의 행한 처분이므로 이에 대하여는 부작위위법확인소송이 아닌 취소소송을 제기하여야 한다.

15. 국가배상법상 손해배상에 대한 설명으로 옳지 않은 것은? (다툼이 있는 경우 판례에 의함)
   ① 생명·신체의 침해에 대한 배상청구권은 양도하거나 압류할 수 없다.
   ② 국가나 지방자치단체는 공무원이 직무를 집행하면서 고의 또는 중과실이 있으면 그 공무원에게 구상권을 행사할 수 있다.
   ③ 외국인이 피해자인 경우에도 대한민국 국민과 같은 요건을 충족하면 국가배상법 적용이 가능하다.
   ④ 국가배상청구권은 손해 및 가해자를 안 날로부터 3년 또는 불법행위의 종료일로부터 5년 이내에 행사하여야 한다.

16. 행정상 실효성 확보수단에 대한 설명으로 옳지 않은 것은? (다툼이 있는 경우 판례에 의함)
   ① 현행 건축법상 위법건축물에 대한 이행강제수단으로 대집행과 이행강제금이 인정되고 있는데, 행정청은 개별사건에 있어서 위반내용, 위반자의 시정의지 등을 감안하여 대집행과 이행강제금을 선택적으로 활용할 수는 없다.
   ② 행정법규위반에 대하여 벌금 이외에 과징금을 부과하는 것은 이중처벌금지의 원칙에 위반한다고 볼 수 없다.
   ③ 행정조사기본법상 현장조사는 조사대상자가 동의한 경우에는 해가 뜨기 전이나 해가 진 뒤에도 할 수 있다.
   ④ 행정청이 상대방에게 장차 어떤 처분을 하겠다고 확약을 한 후 사실적·법률적 상태가 변경되었다면, 그 확약은 행정청의 별다른 의사표시 없이 실효된다.

17. 행정심판법에 대한 설명으로 옳지 않은 것은?
    ① 행정심판법상 부작위란 행정청이 당사자의 신청에 대하여 상당한 기간 내에 일정한 처분을 하여야 할 법률상 의무가 있는데도 처분을 하지 아니하는 것을 말한다.
    ② 대통령의 처분 또는 부작위에 대하여는 다른 법률에서 행정심판을 청구할 수 있도록 정한 경우 외에는 행정심판을 청구할 수 없다.
    ③ 행정심판법은 심판청구의 심리·재결에 있어서 불고불리 및 불이익변경금지 원칙을 조문으로 명문화 하고 있다.
    ④ 행정심판청구는 처분의 효력이나 그 집행 또는 절차의 속행에 영향을 준다.

18. 항고소송의 대상적격에 대한 판례의 입장으로 옳지 않은 것은?
    ① 병무청장이 병역법 제81조의2 제1항에 따라 병역의무 기피자의 인적사항 등을 인터넷 홈페이지에 게시하는 등의 방법으로 공개한 경우, 병무청장의 공개결정이 항고소송의 대상이 된다.
    ② 판례에 의하면 국가공무원법상 당연퇴직사유에 해당함을 알리는 당연퇴직의 인사발령은 공무원의 신분을 상실시키는 새로운 형성적 행위가 아니므로 항고소송의 대상이 아니다.
    ③ 세무조사결정은 납세의무자의 권리·의무에 직접 영향을 미치는 공권력의 행사에 따른 행정작용으로서 항고소송의 대상이 된다.
    ④ 각 군 참모총장이 군인 명예전역수당 지급대상자 결정절차에서 국방부장관에게 수당지급대상자를 추천하는 행위는 항고소송의 대상이 된다.

19. 다음 사례에 대한 설명으로 옳지 않은 것은? (다툼이 있는 경우 판례에 의함)

    > 법령에 따라 행정처분권한을 위임받은 공공기관인 한국수력원자력 주식회사(이하 '甲'이라 한다)가 자신의 '공급자관리지침'에 근거하여 등록된 A공급업체에 대하여 '등록취소 및 그에 따른 일정 기간의 거래제한조치'를 행사하였다.

    ① 甲이 정한 세부적인 업무처리절차나 법령의 해석·적용 기준을 정한 행정규칙의 내용이 상위법령이나 법의 일반원칙에 반하는 것일지라도 곧바로 당연무효에 해당하는 것은 아니고, 행정내부적 효력이 인정될 수 있다.
    ② 甲이 A공급업체에 대하여 하는 '등록취소 및 그에 다른 일정 기간의 거래제한조치'는 행정청이 행하는 구체적 사실에 관한 법집행으로서의 공권력의 행사인 '처분'에 해당한다.
    ③ 상위법령과 법의 일반원칙에 위배되지 않는 범위 내라면 계약당사자인 甲과 A공급업체 간에 일정한 제재조치를 약정하는 것도 허용된다.
    ④ 甲의 '공급자관리지침'이 상위법령의 구체적 위임 없이 정한 것이라면 그러한 행정규칙은 대외적 구속력이 없다.

20. 행정심판법상 재결 기간에 대한 내용이다. ㄱ~ㄷ에 들어갈 숫자로 옳은 것은?

    > 제45조【재결 기간】① 재결은 제23조에 따라 피청구인 또는 위원회가 심판청구서를 받은 날부터 (ㄱ)일 이내에 하여야 한다. 다만, 부득이한 사정이 있는 경우에는 위원장이 직권으로 (ㄴ)일을 연장할 수 있다.
    > ② 위원장은 제1항 단서에 따라 재결 기간을 연장할 경우에는 재결 기간이 끝나기 (ㄷ)일 전까지 당사자에게 알려야 한다.

	ㄱ	ㄴ	ㄷ
①	30	30	7
②	30	60	14
③	60	30	7
④	60	60	14

21. 행정행위의 효력에 대한 설명으로 옳지 않은 것은? (다툼이 있는 경우 판례에 의함)

① 부담은 행정청이 행정행위를 하면서 일방적으로 부가할 수도 있지만 부담을 부가하기 이전에 상대방과 협의하여 부담의 내용을 협약의 형식으로 미리 정한 다음 행정행위를 하면서 부가할 수도 있다.

② 농지처분의무통지는 단순한 관념의 통지에 불과하다고 볼 수 없고, 상대방인 농지소유자의 의무에 직접 관계되는 독립한 행정처분으로서 항고소송의 대상이 된다.

③ 민사소송에 있어서 어느 행정처분의 당연무효 여부가 선결문제로 되는 때에는 이를 판단하여 당연무효임을 전제로 판결할 수 있고 반드시 행정소송 등의 절차에 의하여 그 취소나 무효확인을 받아야 하는 것은 아니다.

④ 행정청이 의료법인의 이사에 대한 이사취임승인취소처분(제1처분)을 직권으로 취소(제2처분)한 경우, 제1처분과 제2처분 사이에 법원에 의하여 선임된 임시이사의 지위가 소멸되기 위해서는 법원의 해임결정이 있어야 한다.

22. 국가배상법 제2조의 손해배상책임의 요건에 대한 설명으로 옳지 않은 것은? (다툼이 있는 경우 판례에 의함)

① '직무행위'의 범위에는 권력적 작용뿐만 아니라 비권력적 작용과 행정주체가 사경제주체로서 하는 활동도 포함된다.

② 공무원의 직무집행상 '과실'은 공무원이 그 직무를 수행함에 있어 당해직무를 담당하는 평균인이 통상 갖추어야 할 주의의무를 게을리 한 것을 말한다.

③ '공무원'에는 일시적이고 한시적인 사항에 관한 활동을 위하여 공무를 위탁받은 사인도 포함된다.

④ '법령 위반'에는 엄격한 의미의 법령 위반뿐만 아니라 인권존중, 권력남용금지, 신의성실, 공서양속 등의 위반도 포함된다.

23. 행정행위의 무효 및 취소에 대한 설명으로 옳지 않은 것은? (다툼이 있는 경우 판례에 의함)

① 행정처분의 취소의 효과는 행정처분이 있었던 때에 소급하는 것이나 취소되기까지의 기득권을 침해할 수 없는 것이 원칙이다.

② 후행 도시계획의 결정을 하는 행정청이 선행 도시계획의 결정·변경 등에 관한 권한을 가지고 있지 아니한 경우, 선행 도시계획과 양립할 수 없는 내용이 포함된 후행 도시계획결정은 무효라고 보아야 한다.

③ 공청회와 이주대책이 없는 도시계획수립행위는 당연무효인 행위이다.

④ 국가를 당사자로 하는 계약에 관한 법률상의 요건과 절차를 거치지 아니하고 체결된 지방자치단체와 사인 사이의 사법상 계약의 효력은 무효이다.

24. 이행강제금에 대한 설명으로 옳지 않은 것은? (다툼이 있는 경우 판례에 의함)

① 현행 건축법상 시정명령을 위반한 자와 관련하여 이행강제금은 대체적 작위의무위반으로 인한 행정대집행과 선택적 관계이다.

② 이행강제금의 부과에 관한 일반법은 행정기본법에, 개별법은 건축법, 농지법 등에서 인정되고 있다.

③ 이행강제금은 형벌과 병과할 수 없다.

④ 이행강제금은 대체적 작위의무에 대해서도 부과할 수 있다.

25. 국가공무원법 및 지방공무원법에 대한 설명으로 옳은 것(○)과 옳지 않은 것(×)을 올바르게 연결한 것은?

> ㄱ. 국가공무원법 및 지방공무원법 모두 공무원을 크게 경력직공무원과 특수경력직공무원으로 양분하여 구분한다.
> ㄴ. 지방공무원법상 임용권자는 인사혁신처장이지만, 그 권한의 일부는 법령으로 정하는 바에 따라 지방자치단체의 장 및 지방의회의 의장에게 위임할 수 있다.
> ㄷ. 국가공무원법상 소청심사위원회의 결정 및 지방공무원법상 심사위원회의 결정은 처분 행정청을 기속한다.
> ㄹ. 공무원 본인의 의사에 반한 불리한 처분에 대하여 행정소송을 제기하려는 경우, 국가공무원은 국가공무원법상 소청심사위원회의 심사·결정을 반드시 거쳐야 하지만, 지방공무원은 지방공무원법상 심사위원회의 심사·결정을 생략하고도 소송을 제기할 수 있다.

	ㄱ	ㄴ	ㄷ	ㄹ
①	○	×	○	×
②	×	×	○	○
③	×	○	×	○
④	○	○	×	×

행정학
제3과목

01. 신제도주의에 대한 설명으로 옳지 않은 것은?
   ① 미시적 분석인 행태주의가 비판받게 되며 등장하였다.
   ② 합리적 선택 신제도주의는 제도의 생성과 유지를 귀납적 접근으로 설명한다.
   ③ 역사적 신제도주의는 환경변화와 제도변화의 괴리, 역사의 비효율성을 강조한다.
   ④ 사회학적 신제도주의는 제도의 비공식적 측면을 강조한다.

02. 정부회계제도에 대한 설명으로 옳은 것은?
   ① 발생주의는 회계담당자의 주관적 판단이 개입될 수 있다.
   ② 현금주의는 채권·채무가 발생한 시점에 따라 수입과 지출을 인식한다.
   ③ 단식부기는 회계의 자기검증기능으로 부정과 비리에 대한 통제가능성을 높여 준다.
   ④ 복식부기는 단순하고 작성과 관리가 용이하다.

03. 행정과 경영에 대한 설명으로 옳지 않은 것은?
   ① 행정과 경영은 목표를 달성하기 위한 수단적 성격을 띠지만 둘의 목적은 다르다.
   ② 행정은 독점적 공급자인 경우가 많고, 경영은 독점성이 완화된다.
   ③ 행정은 법적 규제가 강한 편이지만, 경영은 법적 규제가 완화된다.
   ④ 공사행정일원론은 1930년대 등장한 통치기능론과 관련이 있다.

04. 행정의 본질적 가치에 대한 설명으로 옳은 것은?
   ① 공익의 본질에 관한 학설 중 실체설은 공익을 다원화된 특수이익의 조정과 타협의 결과라고 본다.
   ② 롤스(Rawls)의 정의론은 차등조정의 원리보다 기회균등의 원리를 우선한다.
   ③ 대표관료제나 소득재분배정책 등은 수평적 형평의 예에 해당한다.
   ④ 적극적 자유는 권력과 맞서는 개인의 자유를 강조하는 '정부로부터의 자유'이다.

05. 관료제에 대한 설명으로 옳지 않은 것은?
   ① 엄격한 수직적 업무 배분과 상하 간의 지배관계를 형성한다.
   ② 비정의성을 중시하여 공평무사한 업무처리를 할 수 있다.
   ③ 책임의 한계를 명확하게 하고자 문서나 서면처리를 강조함으로 인해 할거주의가 나타난다.
   ④ 머튼(Merton)은 규칙이나 절차의 지나친 엄수가 동조과잉 등의 역기능을 발생시킨다고 보았다.

06. 정책대안이 실제로 효과가 없는데도 효과가 있다고 잘못 평가하여 잘못된 대안을 채택하는 정책분석 오류로 옳은 것은?

① 제1종 오류
② 제2종 오류
③ 제3종 오류
④ 메타(meta) 오류

07. 브룸(Vroom)의 기대이론에 대한 설명으로 옳은 것은?

① 아담스(Adams)의 형평성이론, 허즈버그(Herzberg)의 욕구충족이원론과 함께 대표적인 내용이론이다.
② 인간이 행동하는 방향의 강도는 그 행동이 일정한 결과로 이어진다는 객관적인 확률과 이어진 결과에 대한 매력에 달려 있다고 주장한다.
③ 수단성은 일정한 노력을 기울이면 근무성과를 가져올 수 있다는 가능성에 대한 믿음이다.
④ 유인가는 개인이 원하는 특정한 보상에 대한 선호의 강도를 의미한다.

08. 행태론에 대한 설명으로 옳지 않은 것은?

① 태도·의견·개성 등도 연구대상으로 포함하는 심리학적 행동주의와는 달리 명백한 자극과 반응으로 볼 수 있는 행위만을 연구대상으로 한다.
② 가치와 사실을 분리하는 가치중립적 연구를 강조한다.
③ 검증하고자 하는 가설은 기존의 이론으로부터 논리적으로 도출되어야 한다.
④ 권력성·정치성·강제성과 같은 공행정의 특수성을 과소평가함으로써 연구의 적실성이 떨어진다는 평가를 받는다.

09. 신공공관리론에 대한 설명으로 옳지 않은 것은?

① 1970년대 석유파동과 케인지언 복지국가의 위기 등으로 등장하게 되었다.
② 정부기능의 대폭적인 감축을 주장하고 민영화를 추구한다.
③ 관리자에게 자율성을 부여하고, 책임운영기관을 활용해 행정의 정치적 책임성 확보가 용이하다.
④ 신공공관리론에서 사용되는 정부혁신전략으로는 시장성조사와 아웃소싱 등이 있다.

10. 공직자윤리법상 공무원의 의무에 대한 내용으로 옳지 않은 것은?

① 공직자가 재직 중 직무와 관련된 부패행위로 당연퇴직·파면 또는 해임된 경우에는 공공기관 및 퇴직 전 5년간 소속하였던 부서의 업무와 밀접한 관련이 있는 일정규모 이상의 영리를 목적으로 하는 사기업체 등에 퇴직일부터 5년간 취업할 수 없다.
② 공무원 또는 공직유관단체의 임·직원이 외국 또는 그 직무와 관련하여 외국인으로부터 10만 원 또는 $100 이상의 선물을 받은 때에는 지체 없이 소속기관·단체의 장에게 신고하고 당해 선물을 인도하여야 한다.
③ 대통령, 지방자치단체장 등 정무직공무원과 4급 이상(고위공무원단 포함)의 일반직공무원은 재산을 등록해야 한다.
④ 고위공직자 등은 직무와 관련된 보유주식을 매각하거나 수탁기관에 위탁하여 관리하도록 해야 한다.

11. 엘리트이론에 대한 설명으로 옳은 것은?
    ① 정책과정에 참여하는 세력들이 특정 소수의 엘리트들에 국한되고 이들에 의해 주요 정책이 좌우된다는 이론으로 잠재집단론, 중복회원론 등이 그 예이다.
    ② 고전적 엘리트이론은 고전적 자유민주주의 이론에 대한 비판을 제기하면서 등장한 이론으로 밀스(Mills)와 헌터(Hunter)가 대표적인 학자이다.
    ③ 무의사결정은 엘리트의 이익과 가치에 대한 도전을 억누르고 사멸시켜 버리는 결정으로, 정책의 전 과정에서 나타날 수 있다.
    ④ 바흐라흐와 바라츠(Bachrach & Baratz)는 테러행위와 같은 폭력은 무의사결정의 수단이 될 수 없다고 주장했다.

12. 다음에서 설명하는 리더십이론을 제시한 학자로 옳은 것은?

    - '가장 좋아하지 않는 동료(LPC; Least Preferred Co-worker)'라는 척도에 의하여 관계 중심적 리더십과 과업 중심적 리더십의 행태를 비교·분석하여 연구하였다.
    - 상황변수에 따라 리더의 상황적 유리성이 결정되고, 이러한 상황적 유리성에 따라 리더십의 유형이 달라진다고 보았다.

    ① 블레이크와 머튼(Blake & Mouton)
    ② 피들러(Fiedler)
    ③ 허쉬와 블랜차드(Hersey & Blanchard)
    ④ 에반스와 하우스(Evans & House)

13. 대프트(Daft)의 조직유형에 대한 설명으로 옳지 않은 것은?
    ① 기능구조는 고위관리자가 집권적 권한을 가진 조직으로, 서로 다른 기능 간 조정이 용이하다.
    ② 사업구조는 산출물에 기반을 둔 사업부서화 방식의 조직구조 유형으로, 성과관리체제에 유리하다.
    ③ 매트릭스구조는 기능구조와 사업구조를 화학적(이중적)으로 결합한 이중적 권한구조이다.
    ④ 수평구조는 조직구성원을 핵심업무과정 중심으로 조직화한다.

14. 다음에서 설명하는 예산제도로 옳은 것은?

    - 장기적 시계하에서 목표나 사업의 대안, 비용과 효과 등을 고려하고, 예산운영의 합리성 증진에 기여한다.
    - 최고관리층의 권한을 강화시키고 막료 중심으로 운용되어, 하급 공무원 및 계선기관의 참여가 곤란하다.

    ① 품목별예산제도(LIBS)
    ② 성과주의예산제도(PBS)
    ③ 계획예산제도(PPBS)
    ④ 영기준예산제도(ZBB)

15. 직위분류제에 대한 설명으로 옳지 않은 것은?
    ① 각 직위를 직무의 난이도와 책임의 경중도에 따라 등급으로 분류한다.
    ② 임용·보수 및 기타 인사행정의 합리화를 위한 수단으로 활용된다.
    ③ 권한과 책임의 한계를 명백히 하여 정원관리에 합리성을 기할 수 있다.
    ④ 인력활용의 융통성과 효율성을 높여 탄력적인 인사관리를 가능하게 하며, 일반행정가 양성에 유리하다.

16. 다음 중 대표관료제에 대한 설명으로 옳지 않은 것은 모두 몇 개인가?

    ㄱ. 수평적 평등이념에 기반한다.
    ㄴ. 능동적 대표성이 피동적 대표성을 보장한다고 전제한다.
    ㄷ. 비공식적인 외부통제에 해당한다.
    ㄹ. 실적주의와 상충될 가능성이 크다.
    ㅁ. 크랜츠(Kranz)는 대표관료제의 개념을 비례대표로까지 확대하였다.

    ① 2개
    ② 3개
    ③ 4개
    ④ 5개

17. 예산의 원칙 중 특정한 수입과 특정한 지출이 연계되어서는 안 된다는 원칙으로 옳은 것은?
    ① 통일성의 원칙
    ② 완전성의 원칙
    ③ 한정성의 원칙
    ④ 단일성의 원칙

18. 품목별예산제도(LIBS)에 대한 설명으로 옳지 않은 것은?
    ① 예산을 지출대상별로 분류하여 편성한다.
    ② 투입 측면에 초점을 맞추어 관료의 권한과 재량을 폭넓게 인정한다.
    ③ 예산편성 및 심의과정에서 예산삭감이 이루어질 때 이익집단의 저항을 상대적으로 덜 받는다.
    ④ 사업의 우선순위를 파악하기 어렵고, 예산이 국민경제에 미치는 영향을 파악하기 곤란하다.

19. 중앙집권과 지방분권에 대한 내용으로 옳지 않은 것은?
    ① 국가적 위기가 존재하는 경우 중앙집권이 촉진된다.
    ② 중앙집권은 행정의 통일성을 확보하고, 균형적인 지역발전을 도모할 수 있다.
    ③ 지방분권은 행정의 민주화 구현이 용이하다.
    ④ 딜런(Dillon)의 원칙은 지방자치단체의 권리를 광범위하게 인정하는 지방분권의 입장이다.

20. 지방자치의 유형에 대한 설명으로 옳은 것은?
    ① 주민자치는 자치권을 국가에 의해서 수여된 전래권으로 본다.
    ② 단체자치는 고유사무와 위임사무의 구분이 모호하다.
    ③ 단체자치는 영국, 미국 등의 국가에서 형성되었다.
    ④ 주민자치는 권한배분방식이 개별적 지정주의인 반면, 단체자치는 포괄적 위임주의이다.

21. 다음에서 설명하는 예산결정이론으로 옳은 것은?

> - 서메이어(Thumaier)와 윌로비(Willougby)가 제시한 이론으로, 예산결정과정의 복잡성을 인정하고, 예산결정에 나타난 참여자들의 행태를 설명하고자 한다.
> - 정책결정과 예산결정의 상호 영향력을 행사함을 설명하며, 중앙예산실 분석가들이 거시적 예산결정과 미시적 예산결정의 연계 역할을 수행함을 강조한다.

① 단절균형이론
② 실시간 예산운영모형
③ 모호성모형
④ 다중합리성이론

22. 지방자치단체의 일반회계예산에서 자주재원이 차지하는 비율을 나타내는 것은?
① 재정자립도
② 재정자주도
③ 재정력지수
④ 기준재정수요

23. 행정책임에 대한 설명으로 옳지 않은 것은?
① 합법적 책임은 법규를 준수하지 못한 것에 대한 책임으로 객관적 책임에 해당한다.
② 프리드리히(Friedrich)는 객관적 책임성의 확보를 중시한다.
③ 행정상의 책임은 행정상의 일정한 의무를 전제로 발생한다.
④ 주관적 책임은 관료들이 국민에 대한 수임자·공복으로서 스스로 내면의 가치와 기준에 따른 자발적인 책임이다.

24. 다음 중 공공선택론에 대한 설명으로 옳지 않은 것만을 모두 고르면?

> ㄱ. 개인을 자기 이익의 극대화를 추구하는 합리적 경제인으로 가정한다.
> ㄴ. 부분의 합은 전체와 같다는 방법론적 전체주의를 전제한다.
> ㄷ. 주요 이론으로는 니스카넨(Niskanen)의 예산극대화 모형과 던리비(Dunleavy)의 관청형성모형이 있다.
> ㄹ. 상황적응적인 조직구조를 강조하고, 관할권 중첩을 금지하는 등 행정의 효율성을 추구한다.

① ㄱ, ㄴ
② ㄴ, ㄷ
③ ㄴ, ㄹ
④ ㄷ, ㄹ

25. 우리나라 예산심의에 대한 설명으로 옳지 않은 것은?
① 예산결산특별위원회의 예비심사가 끝나면 상임위원회가 종합심사를 한다.
② 우리나라는 예산심의과정에 있어서 본회의보다는 위원회의 역할이 중요하다.
③ 국회는 정부의 동의 없이 금액을 증가하거나 새로운 비목(費目)을 설치하지 못한다.
④ 예산심의과정에 있어서 예산위원회와 결산위원회가 분리되지 못하고 있어 전문성이 부족하다고 평가받는다.

제2회 실전모의고사
군무원 공개경쟁채용 필기시험

행정직

해커스공무원
(gosi.Hackers.com)
모바일 자동 채점 +
성적 분석 서비스

제1과목	국어	제2과목	행정법
제3과목	행정학	제4과목	

응시번호		성 명	

〈응시자 준수사항〉

1. 답안지의 모든 기재 및 표기사항은 반드시 『컴퓨터용 흑색사인펜』으로만 작성하여야 합니다. (사인펜에 "컴퓨터용"으로 표시되어 있음) (사인펜 본인 지참)
   * 매년 지정된 펜을 사용하지 않아 답안지가 무효처리 되는 상황이 빈발하고 있으므로, 답안지는 반드시 『컴퓨터용 흑색사인펜』으로만 표기하시기 바랍니다.

2. 답안은 매 문항마다 반드시 하나의 답만 골라 그 숫자에 "●"로 표기해야 하며, 표기한 내용은 수정테이프를 이용하여 정정할 수 있습니다. 단, 시험시행본부에서 수정테이프를 제공하지 않습니다.
   (표기한 부분을 긁는 경우 오답처리 될 수 있으며, 수정스티커 또는 수정액은 사용 불가)
   * 답안지는 훼손·오염되거나 구겨지지 않도록 주의해야 하며, 특히 답안지 상단의 타이밍마크(▮▮▮▮▮)를 절대로 훼손해서는 안 됩니다.

3. 상단의 QR코드를 이용하여 해커스공무원의 '모바일 자동 채점 + 성적 분석 서비스'에 접속하시기 바랍니다. (해커스공무원 사이트의 가입자에 한해 이용 가능함)
   * 정답 및 해설은 해설집의 26쪽에서 확인 가능합니다.

해커스군무원

국 어
제1과목

응시번호 :　　　　　　　　　　　　　　　　　　　성명 :

01. 밑줄 친 부분의 쓰임이 적절한 것은?
   ① 지은이는 싫어할래야 싫어할 수가 없다.
   ② 선아와의 추억은 잊으려야 잊을 수 없다.
   ③ 그것은 너무 귀해서 살려야 살 수가 없다.
   ④ 나와 오빠는 뗄래야 뗄 수 없는 가족이다.

02. 다음 중 띄어쓰기가 잘못된 문장은?
   ① 그는 제1 연구실에서 근무한다.
   ② 설악산에 가 본바 과연 절경이었다.
   ③ 반년 동안 괄목할 만한 성장을 이루었다.
   ④ 지금은 부재 중이라 전화를 받을 수 없습니다.

03. 국어의 음운 현상에는 아래의 네 가지 유형이 있다. 〈보기〉의 (가)와 (나)에 해당하는 음운 현상의 유형을 순서대로 고르면?

   ㉠ XAY → XBY (대치)
   ㉡ XØY → XAY (첨가)
   ㉢ XAY → XØY (탈락)
   ㉣ XABY → XCY (축약)

   보기
   　　　　낮 한때 → [낟한때] → [나탄때]
   　　　　　　　　　　(가)　　　　(나)

   ① ㉠, ㉡　　　　② ㉠, ㉣
   ③ ㉡, ㉢　　　　④ ㉢, ㉣

04. 다음 중 밑줄 친 단어의 쓰임이 옳은 것은?
   ① 씻어 놓은 상추를 채반에 받혔다.
   ② 그녀는 감정이 받혀서 끝내 울음을 터뜨렸다.
   ③ 신호등을 무시하고 달려오는 승용차에 받혔다.
   ④ 맨바닥에서 잠을 자려니 등이 받혀서 잠이 오지 않는다.

05. 다음 밑줄 친 단어 중 맞춤법이 옳지 않은 것은?
   ① 그의 옷에는 잗주름이 잔뜩 있었다.
   ② 그녀는 생각보다 성실찮은 사람이었다.
   ③ 회상컨대, 그는 마음이 따뜻한 사람이었다.
   ④ 남의 말에 개의치 않고 신념대로 행동하겠다.

06. 다음 글의 특징으로 가장 적절한 것은?

> 아마존 수족관 열대어들이
> 유리벽에 끼어 헤엄치는 여름밤
> 세검정 길,
> 장어구이집 창문에서 연기가 나고
> 아스팔트에서 고무 탄내가 난다.
> 열난 기계들이 길을 끓이면서
> 질주하는 여름밤
> 상품들은 덩굴져 자라나며 색색이 종이꽃을 피우고 있고
> 철근은 밀림, 간판은 열대지만
> 아마존 강은 여기서 아득히 멀어
> 열대어들은 수족관 속에서 목마르다.
> 변기 같은 귓바퀴에 소음 부엉거리는
> 여름밤
> 열대어들에게 시를 선물하니
> 노란 달이 아마존 강물 속에 향기롭게 출렁이고
> 아마존 강변에 후리지아 꽃들이 만발했다.
> ‒ 최승호, '아마존 수족관'

① 계절적 배경을 제시하여 시상을 전환하고 있다.
② 비유적 표현을 통해 현대인의 이기심을 비판하고 있다.
③ 공감각적 이미지를 사용하여 대상을 효과적으로 형상화하고 있다.
④ 역설적 표현을 활용하여 현실을 극복하고자 하는 의지를 드러내고 있다.

07. 다음 규정을 참고하였을 때, 단어의 구조를 잘못 분석한 것은?

> **제19항** 어간에 '‒이'나 '‒음/‒ㅁ'이 붙어서 명사로 된 것과 '‒이'나 '‒히'가 붙어서 부사로 된 것은 그 어간의 원형을 밝히어 적는다. 다만, 어간에 '‒이'나 '‒음'이 붙어서 명사로 바뀐 것이라도 그 어간의 뜻과 멀어진 것은 원형을 밝히어 적지 아니한다.
> [붙임] 어간에 '‒이'나 '‒음' 이외의 모음으로 시작된 접미사가 붙어서 다른 품사로 바뀐 것은 그 어간의 원형을 밝히어 적지 아니한다.

① 앎 → 알‒ + ‒ㅁ
② 작히 → 작‒ + ‒히
③ 쓰레기 → 쓸‒ + ‒에기
④ 무녀리 → 무녈‒ + ‒이

08. 다음 시에 대한 감상으로 적절하지 않은 것은?

> 넓은 벌 동쪽 끝으로
> 옛이야기 지줄대는 실개천이 휘돌아 나가고,
> 얼룩백이 황소가
> 해설피 금빛 게으른 울음을 우는 곳,
> ― 그곳이 차마 꿈엔들 잊힐 리야.
>
> 질화로에 재가 식어지면
> 비인 밭에 밤바람 소리 말을 달리고,
> 엷은 졸음에 겨운 늙으신 아버지가
> 짚베개를 돋아 고이시는 곳,
> ― 그곳이 차마 꿈엔들 잊힐 리야.
>
> 흙에서 자란 내 마음
> 파아란 하늘빛이 그리워
> 함부로 쏜 화살을 찾으려
> 풀섶 이슬에 함추름 휘적시던 곳,
> ― 그곳이 차마 꿈엔들 잊힐 리야.
>
> 전설 바다에 춤추는 밤물결 같은
> 검은 귀밑머리 날리는 어린 누이와
> 아무렇지도 않고 예쁠 것도 없는
> 사철 발 벗은 아내가
> 따가운 햇살을 등에 지고 이삭 줍던 곳,
> ― 그곳이 차마 꿈엔들 잊힐 리야.
>
> 하늘에는 성근 별
> 알 수도 없는 모래성으로 발을 옮기고,
> 서리 까마귀 우지짖고 지나가는 초라한 지붕,
> 흐릿한 불빛에 돌아앉아 도란도란거리는 곳,
> ― 그곳이 차마 꿈엔들 잊힐 리야.   ‒ 정지용, '향수'

① 화자는 유년 시절 가난한 삶을 살았지만, 그 당시를 그리워하고 있다.
② 고향에 대한 화자의 그리움이 각 연의 후렴구를 통해 환기되고 있다.
③ '해설피 금빛 게으른 울음'과 '밤바람 소리 말을 달리고'에는 동일한 감각적 심상이 사용되었다.
④ '실개천'과 '얼룩백이 황소', '함부로 쏜 화살'과 같은 향토적 소재를 통해 고향의 평화롭고 아늑한 모습을 드러낸다.

09. 다음 중 어법에 맞게 쓴 문장은?
① 우리 누나는 한글을 스스로 깨우쳤다.
② 사과는 껍질채 먹는 것이 좋다고 한다.
③ 그 학원은 당당히 합격율 1위를 달성하였다.
④ 물에 넣어 둔 콩이 잘 불어서 껍질을 벗기기가 쉽다.

10. 다음 글을 통해 알 수 있는 내용으로 적절하지 않은 것은?

> 오늘날의 독서 문화는 과거와 많이 다르다. 인쇄술(印刷術)과 제지술(製紙術)이 발달해 대량 출판이 가능해졌고, 도서관과 서점이 곳곳에 생겨나 책을 구하기가 편리해졌으며, 텔레비전이나 인터넷, 전자책과 같은 다양한 매체가 나타나 이제는 대중들도 지식과 정보를 쉽게 얻을 수 있게 되었다. 힘들여 책을 구하거나 손수 책을 베껴 적어야 했던 과거와 달리, 현대인들은 가까운 도서관을 찾거나 집에서 인터넷 검색을 하는 것만으로도 원하는 정보를 얻을 수 있다.
> 독서 문화의 변화는 이것만이 아니다. 현대인들은 옛사람들보다 훨씬 다양한 종류의 책을 읽는다. 옛사람들이 권위 있는 경전을 주로 읽었던 것과 달리 오늘날의 독서 대중은 진지한 인문 과학 서적에서부터 실용적인 자기 계발서와 가벼운 읽을거리까지 자신의 취향과 필요에 따라 여러 종류의 책을 폭넓게 읽고 있다.
> 이와 같은 독서 문화의 변화에 따라, 글쓴이들도 경전의 권위를 빌려 글을 쓰던 과거의 글쓰기 관습에서 벗어나, 참신한 개성이나 남다른 시각을 소중하게 여기게 되었다. 또 독서 대중의 다양한 요구에 따라 글의 소재가 매우 다양해진 것도 오늘날의 글쓰기 관습이 과거의 글쓰기 관습과 차이 나는 점이다.

① 오늘날 변화한 정보 습득 방법
② 대중들이 접하는 독서 종류의 확대
③ 정보의 다양화로 인한 독자의 혼란
④ 다양한 대중의 욕구로 인한 참신한 독서 소재 등장

11. 다음 글에서 괄호 안에 들어갈 말로 적절한 것은?

> 취업 준비생이 해마다 늘고 있다. 취업 준비생들은 취업을 하기 위해 학원이나 훈련 기관을 다니며 직무에 필요한 전문 지식과 실무 경험을 쌓지만, 취업 관문을 통과하기란 그야말로 바늘구멍을 통과하는 것만큼이나 어렵다고 말한다. 공채 시즌이 끝나가는 무렵, 취업에 실패한 젊은 인재들의 한숨이 깊어져만 간다. 과연 이러한 상황을 두고 ( )이라 하지 않나 싶다.

① 비육지탄(髀肉之歎)
② 서리지탄(黍離之歎)
③ 맥수지탄(麥秀之歎)
④ 연홍지탄(燕鴻之歎)

12. 다음 글에 대한 이해로 가장 적절한 것은?

> "진사님도 서울 가시더니 환장을 하셨구료? 전날엔 항상 말씀하시기를 얌전한 신랑을 택해서 슬하에 두고 걱정 근심이나 아니 시키자고 하시더니, 그래 그것을 금지옥엽같이 길러서 남의 첩으로 준단 말씀이시오?"
> "아무리 남의 첩이 되더라도 호강만 하고 몸 편하면 좋지."
> "남의 눈의 가시가 되어서 무슨 욕을 당할지 모르는 바늘방석에 가 앉아도 호강만 하면 제일강산이란 말씀이오? 나는 죽어도 그런 호강은 아니 시키겠소."
> 이 말을 들은 김 진사 뱃이 벌컥 나서 주먹으로 마루청을 탕 치며,
> "그래 그런 데가 싫어? 조런 복찰 것 보았나. 딴 소리 말고 내 말을 좀 들어 보아. 우선 춤 출 일이 있으니."
> "무엇이 그토록 좋아서 춤을 춘단 말이오?"
> "우선 허 판서 주선으로 과천 현감을 할 테지. 이제 채봉이가 그리로 들어가면 감사도 있고, 대신도 있은즉 그때엔 정경부인은 갈 데 없으니 이런 경사가 어디 있소? 두말 말고 데리고 올라갑시다."
> 이씨 부인도 그 소리에는 귀가 솔깃하니,
> "진사님께서도 기어코 하려고 드시면 전들 어떻게 하겠나이까만, 애기가 즐겨 들을지가 걱정이옵니다." 〈중 략〉
> "아가, 너 재상의 소실이 좋으냐, 여염집 부인이 좋으냐? 아비 어미 부끄러워 말고 네 소원대로 말해 봐라."
> 채봉은 배운 바 학문도 있고, 김 진사 내외의 하는 말도 들은 바 있는지라 서슴지 않고 대답하더라.
> "차라리 닭의 입이 될지언정 소의 뒤가 되기는 원치 사오이다."
> — 작자 미상, '채봉감별곡'

① 김 진사는 벼슬을 얻기 위해 채봉을 첩으로 보내려 하고 있다.
② 김 진사는 자신의 뜻을 따르지 않는 채봉을 못마땅해 하고 있다.
③ 채봉은 아버지의 물질주의적 가치관을 간접적으로 비판하고 있다.
④ 이씨 부인은 채봉을 첩으로 보내는 것에 대해 완강히 반대하고 있다.

※ 다음 글을 읽고 물음에 답하시오. (13~14)

> 나의 육체는 나의 의지의 ㉠현상적 형태이며 나의 의지는 나의 육체의 본체(本體)이다. 즉 나의 육체는 '현상'이며 나의 의지는 물자체(物自體)인 것이다. 만일 의지가 나의 육체의 참된 모습이라면 그것은 또한 모든 다른 물체, 즉 모든 다른 '현상'의 참된 모습이다.
> 나는 나 자신을 ㉡의지와 표상으로서 알고 있다. 그러나 한 개의 돌멩이는 전혀 알고 있지 못하다. 그것이 우리와 돌멩이 사이의 유일한 차이이다. 즉 한 개의 돌멩이는 본체(本體)인 동시에 현상이며, 물자체(物自體)인 동시에 현상이며, 의지인 동시에 ㉢표상이다. 즉 돌멩이의 육체와 의지는 하나이며 다만 그 의지는 ㉣인식에 이르지 못한 것이다.
> 뿐만 아니라 인식의 형태로서 오직 현상 단계에만, 즉 본체의 단계에만 속해 있는 세계의 시간적·공간적 존재의 물자체라는 '참된 세계'는 동일하다. 따라서 돌멩이의 내부에 있는 의지와 나의 내부에 있는 의지는 동일한 의지이다. 그러므로 세계는 이중적이다. 즉 '표상(Idea)으로서의 세계'는 외부 세계로서 그것은 물질적 세계·시간의 영역·공간과 인과율(因果律)·'현상', 칸트의 현상 세계이다. 그리고 '의지로서의 세계'는 내부 세계로서 그것은 시간과 공간의 형태에 종속되어 있지 않은 주관적 세계이고 단일체이며, '실재'이며 칸트의 본체의 세계이며 물자체이다.

13. ㉠~㉣의 한자어가 적절하지 않은 것은?
① ㉠ 現象
② ㉡ 意志
③ ㉢ 樣相
④ ㉣ 認識

14. 윗글에 대한 설명으로 가장 적절하지 않은 것은?
① '의지로서의 세계'는 시간과 공간의 형태에 종속되지 않는다.
② 돌멩이는 물자체인 동시에 현상이므로 그 의지도 인식에 이를 수 있다.
③ 돌멩이의 내부에 존재하는 의지와 나의 내부에 존재하는 의지는 동일하다.
④ 나와 돌멩이의 차이는 자신을 의지와 표상으로서 알고 있는지의 여부이다.

15. 다음 중 제시된 부분의 주제로 가장 적절한 것은?

> 강개(慷慨) 계운 장기(壯氣)는 노당익장(老當益壯) ᄒᆞ다마ᄂᆞᆫ, 됴고마ᄂᆞᆫ 이 몸이 병중(病中)에 드러시니, 설분신원(雪憤伸冤) 어려올 ᄃᆞᆺ ᄒᆞ건마ᄂᆞᆫ, 그러나 사제갈(死諸葛)도 생중달(生仲達)을 멀리 좃고, 발 업슨 손빈(孫臏)도 방연(龐涓)을 잡아거든, ᄒᆞ믈며 이 몸은 수족(手足)이 ᄀᆞ자 잇고 명맥(命脈)이 이어시니, 서절구투(鼠竊狗偸)을 저그나 저흘소냐. 비선(飛船)에 둘려드러 선봉(先鋒)을 거치면 구시월(九十月) 상풍(霜風)에 낙엽(落葉)가치 헤치리라. 칠종칠금(七縱七擒)을 우린들 못 ᄒᆞᆯ 것가. 준피도이(蠢彼島夷)들아, 수이 결항(乞降) ᄒᆞ야스라. 항자 불상(降者不殺)이니 너를 구티 섬멸(殲滅) ᄒᆞ랴. – 박인로, '선상탄'

① 九死一生
② 물 건너온 범
③ 矯角殺牛
④ 고목에도 꽃을 피운다

16. <보기>에 사용된 전개 방식으로 옳은 것은?

보기
> 항성년과 회귀년의 차이는 춘분 때의 지구 위치가 공전 궤도상에서 매년 조금씩 달라지는 현상 때문에 생긴다.

① 비교
② 정의
③ 분석
④ 인과

17. 밑줄 친 단어의 쓰임이 옳지 않은 것은?
① 여행객은 황소의 뿔에 받혔다.
② 친구의 하얀 발이 모래에 묻혔다.
③ 동생은 줄곧 형에게 자신의 짐을 지운다.
④ 시험을 준비하는 누나는 매일 밤을 하얗게 샌다.

18. 다음 글의 화제로 가장 적절한 것은?

> 처마는 기둥이나 벽체 밖으로 길게 돌출된 지붕의 아랫부분을 지칭한다. 대부분의 한옥은 서까래를 길게 내어서 긴 처마를 조성한다. 처마의 가장 중요한 기능은 벽과 기둥을 보호하는 것이다. 흙벽이 오랫동안 빗물에 노출되었을 경우 붕괴될 수 있고, 나무 기둥도 습기에 오래 노출되면 부식될 수 있기 때문이다. 따라서 빗물을 기단 밖으로 흘려 보내, 벽과 기둥의 빗물 접촉을 방지하기 위하여 긴 처마를 만들게 되었다. 장마가 길고 여름에 강수량이 집중되는 한반도의 기후를 고려하면, 벽과 기둥을 빗물로부터 보호하는 것이 처마의 가장 중요한 기능이다.
> 다음으로 처마는 계절마다 실내의 일조량을 조절하는 기능을 수행한다. 여름과 겨울의 태양 고도 차이에 따라, 처마를 통하여 일조량을 맞추는 것이다. 처마의 길이는 한반도의 계절별 태양 고도 차이를 고려하여 정해진다. 여름에는 한낮의 직사광선이 처마에 가로막혀 들어오지 못하고, 겨울에는 햇빛이 처마의 방해를 받지 않아 건물 내로 유입된다. 한반도의 여름과 겨울의 기온 차가 크다는 점을 고려하면, 이처럼 일조량을 조절하는 것은 쾌적한 주거 환경을 조성하기 위하여 필수적이다. 여름에는 시원하고, 겨울에는 따뜻한 생활을 할 수 있기 때문이다.

① 처마의 기능
② 처마의 종류
③ 한옥 구조의 가치
④ 전통 가옥에 대한 관심

19. 다음 중 사이시옷의 표기에 대한 이해로 적절하지 않은 것은?

> 제30항 사이시옷은 다음과 같은 경우에 받치어 적는다.
> 1. 순우리말로 된 합성어로서 앞말이 모음으로 끝난 경우
> (1) 뒷말의 첫소리가 된소리로 나는 것 ――― ㉠
> (2) 뒷말의 첫소리 'ㄴ, ㅁ' 앞에서 'ㄴ' 소리가 덧나는 것 ――― ㉡
> (3) 뒷말의 첫소리 모음 앞에서 'ㄴㄴ' 소리가 덧나는 것
> 2. 순우리말과 한자어로 된 합성어로서 앞말이 모음으로 끝난 경우
> (1) 뒷말의 첫소리가 된소리로 나는 것 ――― ㉢
> (2) 뒷말의 첫소리 'ㄴ, ㅁ' 앞에서 'ㄴ' 소리가 덧나는 것
> (3) 뒷말의 첫소리 모음 앞에서 'ㄴㄴ' 소리가 덧나는 것
> 3. 예외적으로 인정되는 두 음절로 된 한자어 ――― ㉣

① '배냇짓'의 사이시옷은 ㉠에 따른 것이다.
② '뒷마루'의 사이시옷은 ㉡에 따른 것이다.
③ '텃세'의 사이시옷은 ㉢에 따른 것이다.
④ '횟수'는 ㉣에 해당한다.

20. 다음 작품에 대한 설명으로 적절하지 않은 것은?

> 산과 산이 마주 향하고 믿음이 없는 얼굴과 얼굴이 마주 향한 항시 어둠 속에서 꼭 한 번은 천동 같은 화산이 일어날 것을 알면서 요런 자세로 꽃이 되어야 쓰는가.
>
> 저어 서로 응시하는 쌀쌀한 풍경. 아름다운 풍토는 이미 고구려 같은 정신도 신라 같은 이야기도 없는가. 별들이 차지한 하늘은 끝끝내 하나인데 …… 우리 무엇에 불안한 얼굴의 의미는 여기 있었던가.
>
> 모든 유혈(流血)은 꿈같이 가고 지금도 나무 하나 안심하고 서 있지 못할 광장. 아직도 정맥은 끊어진 채 휴식인가 야위어 가는 이야기뿐인가.
>
> 언제 한 번은 불고야 말 독사의 혀같이 징그러운 바람이여. 너는 이미 아는 모진 겨우살이를 또 한 번 겪으라는가 아무런 죄도 없이 피어난 꽃은 시방의 자리에서 얼마를 더 살아야 하는가 아름다운 길은 이뿐인가.
>
> 산과 산이 마주 향하고 믿음이 없는 얼굴과 얼굴이 마주 향한 항시 어둠 속에서 꼭 한 번은 천동 같은 화산이 일어날 것을 알면서 요런 자세로 꽃이 되어야 쓰는가.
> – 박봉우, '휴전선'

① 설의적 표현을 활용하여 화자의 정서를 드러내고 있다.
② 반어적 어조를 통해 전쟁으로 인한 참상을 보여 주고 있다.
③ 비유적 표현을 사용하여 민족의 안타까운 상황을 드러내고 있다.
④ 동일한 시구를 반복하여 분단 극복에 대한 의지를 강조하고 있다.

21. 경어법이 바르게 사용된 것은?
① 아버지는 이 건물 8층에 볼일이 계시다.
② 할머니, 어머니가 진지 잡수시라고 하셨습니다.
③ (평사원이) 부장님, 지금 대리님께서 오시랍니다.
④ 아이가 유치원에서 돌아오기만 하면 꼭 하나씩 저에게 여쭈어봐요.

22. 다음 글에 대한 이해로 가장 적절한 것은?

> 조 씨 여자는 먼저 임 소저를 몰아내고자 하여 주야로 춘에게 참소하니, 춘이 마침내 말하기를,
> "임 씨의 죄는 족히 내가 짐작하되, 형옥이 필경 말을 할 것이요, 또 임씨의 성품이 강정하니, 무슨 괴변이 생길까 두려워하노라."
> 조녀가 박장대소하며 말하기를,
> "상공은 형이요, 한림은 아우라. 형이 그 아내를 내치는데 아우가 어찌 감히 간섭하며 또 설혹 임녀가 스스로 죽는다 하더라도 상공께 해됨이 없거늘, 상공이 한 추부를 저어하여 장중에 있는 일을 결단치 못하니, 첩은 그윽히 상공을 위하여 애석히 여기나이다."
> 화춘이 오히려 머뭇거리기를 마지아니하더니, 하루는 범한과 장평과 더불어 서로 의논하여 꾀를 결단한 후, 죽우당에 이르러 《사기》한 권을 빼어 보는 체하다가 책을 덮고 한림더러 묻기를,
> "옛적에 한나라 무제는 진 황후의 투기함을 능히 알고 폐하였으니, 그 임군의 일이 어떠하뇨?"
> 한림은 형의 흉계를 알지 못하고, 바른 대로 대답하여 말하기를,
> "남자는 양덕이요 여자는 음덕인고로 양덕이 음덕을 이긴 연후에야 가도가 정해지니, 한무제는 본디 호색지심으로 그 결발지처를 폐한 것이지마는 여자의 투기는 칠거지악이기에 이로써 내쳤나이다." - 조성기, '창선감의록'

① '춘'은 '임 소저'를 쫓아내면 형이 비난을 할까봐 두려워한다.
② '조 씨'는 자신의 뜻을 이루기 위해 '춘'의 자존심을 자극한다.
③ '한림'은 '춘'의 의도를 간파하여 '춘'이 원하는 의미의 대답을 한다.
④ '한림'은 과거의 사례를 통해 가부장제에 대한 부정적인 태도를 드러낸다.

23. 다음 중 ㉠과 ㉡에 들어갈 말로 알맞은 것은?

> 구룸 비치 조타 ᄒᆞ나 검기를 ᄌᆞ로 ᄒᆞᆫ다.
> ᄇᆞ람 소리 맑다 ᄒᆞ나 그칠 적이 하노매라.
> 조코도 그칠 뉘 업기는 (㉠)쑨인가 ᄒᆞ노라.
>
> 고즌 므스 일로 퓌며셔 쉬이 디고,
> 플은 어이ᄒᆞ야 프르는 듯 누르ᄂᆞ니,
> 아마도 변티 아닐손 (㉡)쑨인가 ᄒᆞ노라.
> — 윤선도, '오우가'

	㉠	㉡		㉠	㉡
①	나모	파도	②	불	밤
③	믈	바회	④	플	비

24. 다음 작품에 대한 독자의 반응으로 가장 적절한 것은?

> 내 가슴에 독(毒)을 찬 지 오래로다
> 아직 아무도 해(害)한 일 없는 새로 뽑은 독
> 벗은 그 무서운 독 그만 흩어 버리라 한다.
> 나는 그 독이 선뜻 벗도 해할지 모른다 위협하고
>
> 독 안차고 살아도 머지않아 너 나 마주 가 버리면
> 억만세대(億萬世代)가 그 뒤로 잠자코 흘러가고
> 나중에 땅덩이 모자라져 모래알이 될 것임을
> '허무(虛無)한듸!' 독은 차서 무엇 하느냐고?
>
> 아! 내 세상에 태어났음을 원망 않고 보낸
> 어느 하루가 있었던가 '허무한듸!' 허나
> 앞뒤로 덤비는 이리 승냥이 바야흐로 내 마음을 노리매
> 내 산 채 짐승의 밥이 되어 찢기우고 할퀴우라 내맡긴 신세임을
>
> 나는 독을 차고 선선히 가리라.
> 막음 날 내 외로운 혼(魂) 건지기 위하여.
> — 김영랑, '독을 차고'

① 현실에 순응했던 과거에 회의감을 느끼고 있군.
② 지금껏 살아온 인생이 허무했다고 말하며 인정하고 있군.
③ 감정을 절제해 불의에 저항하는 의지를 담담하게 보여주고 있군.
④ 자유가 억압당하는 암울한 상황에 놓인 조국의 앞날을 걱정하고 있군.

25. 다음 중 로마자 표기가 바른 것으로만 짝 지어진 것은?

㉠ 월곶(Weolgot)	㉡ 호법(Hobeop)
㉢ 울릉(Ulleung)	㉣ 만리포(Mannipo)
㉤ 울진(Uljin)	㉥ 좋고(jokho)
㉦ 볶음밥(bokkeumbap)	㉧ 법흥사(Beopeungsa)

① ㉠, ㉡, ㉥
② ㉡, ㉢, ㉧
③ ㉢, ㉤, ㉦
④ ㉣, ㉥, ㉧

행정법
제2과목

01. 행정절차법상 행정절차에 대한 설명으로 옳은 것(○)과 옳지 않은 것(×)을 모두 올바르게 조합한 것은?

> ㄱ. 행정청은 처분을 함에 있어 국민생활에 큰 영향을 미치는 처분으로서 대통령령으로 정하는 처분에 대하여 대통령령으로 정하는 수 이상의 당사자 등이 공청회 개최를 요구하는 경우 공청회를 개최한다.
> ㄴ. 행정절차법은 감사원이 감사위원회의의 결정을 거쳐 행하는 사항에 대하여 적용한다.
> ㄷ. 송달은 다른 법령 등에 특별한 규정이 있는 경우를 제외하고는 해당 문서가 송달받을 자에게 도달됨으로써 그 효력이 발생한다.
> ㄹ. 의견제출이란 행정청이 어떠한 행정작용을 하기 전에 당사자 등이 의견을 제시하는 절차로서 청문이나 공청회에 해당하는 절차를 말한다.

	ㄱ	ㄴ	ㄷ	ㄹ
①	○	×	○	×
②	○	○	×	○
③	×	×	○	×
④	×	○	×	○

02. 부작위위법확인소송에 대한 설명으로 옳지 않은 것은? (다툼이 있는 경우 판례에 의함)

① 대법원 판례에 따르면 행정입법부작위는 부작위위법소송의 대상이 되지 않는다.
② 어떠한 행정처분에 대한 법규상 또는 조리상의 신청권이 인정되지 않는 경우, 그 처분의 신청에 대한 행정청의 무응답이 위법하다고 하여 제기된 부작위위법확인소송은 적법하지 않다.
③ 부작위위법확인소송에는 사정판결이 준용되지 않는다.
④ 부작위위법확인소송은 원칙적으로 행정소송법 제20조가 정한 제소기간 내에 제소하여야 하고, 행정심판을 거친 경우에는 예외적으로 제소기간의 제한을 받지 않는다.

03. 다음 중 ㄱ, ㄴ에 들어갈 단어를 모두 올바르게 조합한 것은?

> • 행정행위에 하자가 중대·명백하여 당연무효인 경우를 제외하고는 권한 있는 기관에 의하여 취소될 때까지는 잠정적으로 유효한 것으로 보아 누구든지 구속하여 그 효력을 부인하지 못하는 힘을 (ㄱ)이라 한다.
> • 하자 있는 행정행위라도 쟁송제기기간이 경과하거나 쟁송수단을 다 거친 경우에는 상대방 또는 이해관계인이 더 이상 그 효력을 다투지 못하는 것을 (ㄴ)이라고 한다.

	ㄱ	ㄴ
①	기속력	구속력
②	공정력	불가쟁력
③	형성력	기판력
④	불가쟁력	공정력

04. 기속행위와 재량행위에 대한 설명으로 옳지 않은 것은? (다툼이 있는 경우 판례에 의함)

① 재량권 행사의 기준을 정하는 행정규칙을 재량준칙이라고 한다.
② 재량권의 일탈·남용 여부에 대한 사법심사는 사실오인, 비례·평등의 원칙 위배 등을 그 판단 대상으로 한다.
③ 어느 행정행위가 기속행위인지 재량행위인지 나아가 재량행위라고 할지라도 기속재량행위인지 또는 자유재량에 속하는 것인지의 여부는 일률적으로 규정지어 판단하여야 한다.
④ 기속행위 내지 기속적 재량행위 행정처분에 부담인 부관을 붙인 경우 일반적으로 그 부관은 무효라 할 것이다.

05. 군사행정에 대한 설명으로 옳지 않은 것은? (다툼이 있는 경우 판례에 의함)

① 군인이 상관의 지시나 명령에 대하여 재판청구권을 행사하는 경우에 그것이 위법·위헌인 지시와 명령을 시정하려는 데 목적이 있을 뿐이라면, 정당한 기본권의 행사로써 군인의 복종의무를 위반하였다고 볼 수 없다.

② 군인사법상 육군3사관학교를 졸업한 사람과 병역법에 따른 학생군사교육단 사관후보생과정 출신 장교는 원칙적으로 장기복무 장교로 규정하고 있다.

③ 군인의 임용, 복무, 교육훈련, 사기 및 신분보장 등에 관하여는 국가공무원법의 특별법에 해당하는 군인사법을 적용한다.

④ 현역에서 복무할 정년은 군인사법에서 규정하고 있으나, 전시·사변 등의 국가비상시에는 적용되지 않을 수 있다.

06. 허가에 대한 설명으로 옳은 것은? (다툼이 있는 경우 판례에 의함)

① 허가는 원칙적으로 기속행위 또는 기속재량행위이다.

② 허가를 받지 않고 행한 행위는 사법상 무효가 된다.

③ 분배신청을 한 바 없고 분배받은 사실조차 알지 못하고 있는 자에 대한 농지분배는 유효하다.

④ 허가는 새로운 권리를 창설하는 성격을 갖고 있다.

07. 행정절차법에 대한 설명으로 옳지 않은 것은? (다툼이 있는 경우 판례에 의함)

① 신청인은 처분이 있기 전에는 그 신청의 내용을 보완하거나 변경 또는 취하할 수 있다.

② 행정청은 신청인의 편의를 위하여 다른 행정청에 신청을 접수하게 할 수 있다.

③ 당사자가 신청하는 허가 등을 거부하는 처분을 하면서 당사자가 그 근거를 알 수 있을 정도로 이유를 제시한 경우일지라도 처분의 근거와 이유를 구체적으로 명시하지 않았다면 그 처분은 위법하다고 볼 수 있다.

④ 당사자 등이 정당한 이유 없이 의견제출기한까지 의견제출을 하지 않은 경우에는 의견이 없는 것으로 본다.

08. 취소소송에 대한 설명으로 옳지 않은 것은? (다툼이 있는 경우 판례에 의함)

① 취소소송에는 사실심의 변론종결시까지 관련청구소송을 병합하거나 피고 외의 자를 상대로 한 관련청구소송을 취소소송이 계속된 법원에 병합하여 제기할 수 있다.

② 판례에 의하면 대집행계고처분 취소소송의 변론종결 전에 대집행영장에 의한 통지절차를 거쳐 사실행위로서 대집행의 실행이 완료된 경우에는 대집행의 실행행위에 대해 취소를 구할 법률상 이익이 없다.

③ 취소소송을 제기하여도 원칙적으로 처분의 집행이나 절차의 속행은 중단되지 않는다.

④ 출입국관리법의 입법목적을 고려할 때, 강제퇴거명령을 다투는 외국인은 대한민국에 부적합하게 입국하여 법적으로 보호가치 있는 이해관계를 형성하지 못한 경우이어서, 그 처분의 취소를 구할 법률상 이익이 인정되지 않는다.

09. 행정상 강제징수에 대한 설명으로 옳지 않은 것은? (다툼이 있는 경우 판례에 의함)

① 국세의 징수에 관하여 국세징수법과 국세기본법에서 정한 바가 다른 경우 국세징수법에서 정한 바에 따른다.
② 행정청이 대집행에 대한 계고를 함에 있어서 의무자가 스스로 이행하지 아니하는 경우 대집행할 행위의 내용과 범위가 구체적으로 특정되어야 하지만, 그 내용 및 범위는 대집행계고서에 의해서만 특정되어야 하는 것은 아니고 그 처분 전후에 송달된 문서나 기타 사정을 종합하여 이를 특정할 수 있으면 족하다.
③ 개발제한구역 내의 건축물에 대하여 허가를 받지 않고 한 용도변경행위에 대한 형사처벌과 건축법 제83조 제1항에 의한 시정명령 위반에 대한 이행강제금 부과는 이중처벌에 해당하지 아니한다.
④ 과세관청이 체납처분으로서 행하는 공매는 우월한 공권력의 행사로서 행정소송의 대상이 되는 공법상의 행정처분이며 공매에 의하여 재산을 매수한 자는 그 공매처분이 취소된 경우에 그 취소처분의 위법을 주장하여 행정소송을 제기할 법률상 이익이 있다.

10. 지방자치에 대한 설명으로 옳지 않은 것은? (다툼이 있는 경우 판례에 의함)

① 지방자치법 제13조에서 정한 지방자치단체의 사무 범위는 열거적 규정에 해당한다.
② 지방의회의원의 임기는 4년으로 한다.
③ 지방자치단체의 사무에 관한 조례와 규칙은 조례가 보다 상위규범이라고 할 수 있으나, 헌법상 규칙에는 지방자치단체의 조례와 규칙이 모두 포함되는 등 이른바 규칙의 개념이 경우에 따라 상이하게 해석되기도 한다.
④ 대법원에 따르면, 헌법 제117조 제1항은 지방자치단체에 포괄적인 자치권을 보장하고 있으므로, 자치사무와 관련한 조례에 대한 법률의 위임은 법규명령에 대한 법률의 위임과 같이 구체적으로 범위를 정하여서 할 엄격성이 반드시 요구되지는 않는다고 본다.

11. 행정상의 법률관계에 대한 설명으로 옳지 않은 것은? (다툼이 있는 경우 판례에 의함)

① 도시 및 주거환경정비법상의 주택재건축정비사업조합을 상대로 관리처분계획안에 대한 조합 총회결의의 무효확인을 구하는 소는 공법관계이므로 당사자소송을 제기하여야 한다.
② 행정청이 사경제주체로서 상대방과 대등한 입장에서 하는 사법상 계약을 맺은 경우에는 행정절차법이 적용되지 아니한다.
③ 국유재산법에 따른 국유재산의 무단점유자에 대한 변상금 부과징수권은 민사상 부당이득반환청구권과 법적 성질을 달리하므로, 국가는 무단점유자를 상대로 변상금 부과·징수권의 행사와 별개로 국유재산의 소유자로서 민사상 부당이득반환청구의 소를 제기할 수 있다.
④ 법률관계나 사실관계에 대하여 그 법률의 규정을 적용할 수 없다는 법리가 명백히 밝혀지지 아니하여 그 해석에 다툼의 여지가 있는 경우에, 행정관청이 이를 잘못 해석하여 행정처분을 하였다면 그 처분의 하자는 객관적으로 명백하다고 볼 것이나, 중대한 것은 아니므로 이를 이유로 무효를 주장할 수는 없다.

12. 법률행위적 행정행위에 대한 설명으로 옳은 것은? (다툼이 있는 경우 판례에 의함)

① 국유재산 등의 관리청이 하는 행정재산의 사용·수익에 대한 허가는 순전히 사경제주체로서 행하는 사법상의 행위에 해당하여 강학상 특허로 볼 여지가 없다.
② 법률행위적 행정행위에는 명령적 행위로서의 하명, 허가, 통지가 있으며, 형성적 행위로서의 특허, 인가, 공증이 있다.
③ 행정청은 사회복지법인의 정관변경을 허가하면서 특별한 사정이 없는 한 일정한 한도 내에서 부관을 붙일 수 있다.
④ 친일반민족행위자 재산의 국가귀속에 관한 특별법에 따른 친일반민족행위자재산조사위원회의 친일재산에 대한 국가귀속결정은 법률행위적 행정행위의 성격을 가진다.

13. 행정입법에 대한 설명으로 옳은 것은? (다툼이 있는 경우 판례에 의함)

    ① 법률의 시행령 내용이 모법의 해석상 가능한 것을 명시한 것에 지나지 아니하더라도, 모법에 직접 위임하는 규정을 두지 않았다면 무효이다.

    ② 조례에 대한 법률의 위임은 법규명령에 대한 법률의 위임과 같이 반드시 구체적으로 범위를 정하여야 할 필요가 없으며 포괄적인 것으로 족하다.

    ③ 대법원은 행정적 편의를 도모하기 위해 법령의 위임을 받아 제정된 절차적 규정을 법령보충적 행정규칙으로 본다.

    ④ 대법원은 재량준칙이 정한 바에 따라 되풀이 시행되어 행정관행이 성립되었다 할지라도 특별한 사정이 없는 한 그에 반하는 처분은 재량권을 일탈·남용한 위법한 처분이 되지 아니한다.

14. 질서위반행위규제법상 행정질서벌에 대한 설명으로 옳지 않은 것은?

    ① 고의 또는 과실이 없는 질서위반행위에는 과태료를 부과하지 않는다.

    ② 당사자와 검사는 과태료 재판에 대하여 즉시항고를 할 수 있으며, 이 경우 항고는 집행정지의 효력이 있다.

    ③ 신분에 의하여 성립하는 질서위반행위에 신분이 없는 자가 가담한 때에는 신분이 없는 자에 대하여는 질서위반행위가 성립하지 않는다.

    ④ 질서위반행위 후 법률이 변경되어 그 행위가 질서위반행위에 해당하지 아니하게 되거나 과태료가 변경되기 전의 법률보다 가볍게 된 때에는 법률에 특별한 규정이 없는 한 변경된 법률을 적용한다.

15. 행정상 손실보상에 대한 설명으로 옳지 않은 것은? (다툼이 있는 경우 판례에 의함)

    ① 현행법상 손실보상에 관한 일반법은 존재하지 않는다.

    ② 개별공시지가가 아닌 표준지공시지가를 기준으로 보상액을 산정하는 것은 헌법 제23조 제3항에 위반되지 않는다.

    ③ 공공사업의 시행으로 인하여 그러한 손실이 발생하리라는 것을 쉽게 예견할 수 있고, 그 손실의 범위도 구체적으로 이를 특정할 수 있는 경우라면 그 손실의 보상에 관하여 공공용지의 취득 및 손실보상에 관한 특례법 시행규칙의 관련 규정 등을 유추적용할 수 있다.

    ④ 토지수용으로 인한 보상액을 산정함에 있어서 당해 공공사업과 관계없는 다른 사업의 시행으로 인한 개발이익은 배제한 가격으로 평가하여야 한다.

16. 준법률행위적 행정행위에 해당하는 것으로 옳은 것은? (다툼이 있는 경우 판례에 의함)

    ① 운수사업사업자에게 여객자동차운수사업 면허를 주는 행정행위

    ② 주한 미군에 근무하면서 특수업무를 수행하는 한국인 군무원에 대한 주한 미군측의 고용해제 통보 후 국방부장관이 행한 직권면직의 인사발령

    ③ 민법상 재단법인의 정관변경 허가

    ④ 미성년자에 대한 음주판매금지

17. 공무원의 징계에 대한 설명으로 옳지 않은 것은? (다툼이 있는 경우 판례에 의함)

   ① 공무원은 직무와의 관련 여부를 떠나 공무원의 체면이나 위신을 떨어뜨리는 행동을 하면 국가공무원법상 징계의 사유에 해당한다.
   ② 공무원에 대한 의원면직의 경우, 의원면직처분이 이루어지기 전까지는 철회와 취소 모두 가능하다.
   ③ 계약직공무원의 보수를 감봉하거나 삭감할 때는 공무원법의 처분절차를 거치지 않고 보수를 삭감할 수 있다.
   ④ 징계로 해임을 당한 자는 3년간 공무원에 임용될 수 없다.

18. 국가배상법 제5조상의 영조물 책임에 대한 설명으로 옳은 것을 모두 고르면? (다툼이 있는 경우 판례에 의함)

   ㄱ. 600년 또는 1,000년 빈도의 강우량에 의한 재해는 불가항력에 해당하여 국가배상책임이 부정된다.
   ㄴ. 학생이 담배를 피우기 위하여 3층 건물의 화장실 밖의 난간을 지나다가 실족하여 사망한 경우, 이는 국가배상법 제5조의 영조물의 설치·관리의 하자에 해당하지 않아 국가배상을 청구할 수 없다.
   ㄷ. 노선 인정 기타 공용개시가 없더라도 사실상 군민의 통행에 제공되고 있던 도로 옆의 암벽으로부터 떨어진 낙석에 맞아 보행자가 사망하는 사고가 발생한 경우, 이는 국가배상법 제5조의 영조물의 설치·관리의 하자로 인한 국가배상을 청구할 수 있다.
   ㄹ. 영조물의 설치 또는 하자에 관한 제3자의 수인한도 기준을 결정함에 있어서는 일반적으로 침해되는 권리나 이익의 성질과 침해의 정도를 고려하여 통상적인 기준을 마련하여야 한다.

   ① ㄱ, ㄴ
   ② ㄱ, ㄹ
   ③ ㄴ, ㄷ
   ④ ㄷ, ㄹ

19. 행정법의 법원에 대한 설명으로 옳지 않은 것은? (다툼이 있는 경우 판례에 의함)

   ① 행정의 성문법주의 원칙상 성문법이 없는 경우에만 관습법이 보충적으로 적용된다는 보충적 효력설이 통설·판례이다.
   ② 행정규칙이 법규성을 가지는 경우에는 법원성을 인정할 수 없다.
   ③ 헌법재판소의 법률해석에 대법원이나 각급 법원이 구속되는 것은 아니다.
   ④ 남북 사이의 화해와 불가침 및 교류협력에 관한 합의서는 국가간의 조약 또는 이에 준하는 것으로 볼 수 없고, 따라서 국내법과 동일한 효력이 인정되는 것도 아니다.

20. 공공기관의 정보공개에 관한 법률에 대한 설명으로 옳지 않은 것은?

   ① 국가안전보장에 관련되는 정보 및 보안 업무를 관장하는 기관에서 국가안전보장과 관련된 정보의 분석을 목적으로 수집하거나 작성한 정보에 대해서는 공공기관의 정보공개에 관한 법률을 적용하지 아니한다.
   ② 공공기관은 정보공개의 청구를 받으면 그 청구를 받은 날부터 20일 이내에 공개 여부를 결정하여야 한다.
   ③ 공개 청구된 사실을 통지받은 제3자는 그 통지를 받은 날부터 3일 이내에 해당 공공기관에 대하여 자신과 관련된 정보를 공개하지 아니할 것을 요청할 수 있다.
   ④ 직무를 수행한 공무원의 성명과 직위는 비공개 대상정보에 대한 예외사항이므로 공개 대상이 된다.

21. 행정심판법상 행정청, 그 소속 행정청의 처분 또는 부작위에 대한 행정심판의 청구에 대하여 행정심판위원회의 종류와 대상의 연결이 옳지 않은 것은?

① 중앙행정심판위원회 – 광역시장
② 중앙행정심판위원회 – 국가정보원장
③ 각 행정청에 두는 행정심판위원회 – 국회사무총장
④ 각 행정청에 두는 행정심판위원회 – 감사원

22. 공익사업을 위한 토지 등의 취득 및 보상에 관한 법률상의 환매권에 대한 설명으로 옳지 않은 것은? (다툼이 있는 경우 판례에 의함)

① 토지의 협의취득일 또는 수용의 개시일부터 5년 이내에 취득한 토지의 전부를 당해 사업에 이용하지 아니한 경우 일정한 기간 안에 환매권을 행사할 수 있다.
② 환매권자는 사업시행자에게 환매권의 통지를 받은 날부터 6개월이 지난 후에는 환매권을 행사할 수 없다.
③ 사업시행자가 환매권자에게 환매권이 발생하였음을 통지하지 아니한 것에 대하여 헌법재판소의 부작위 위헌확인 결정이 있다면 환매권이 회복되어 행사기간이 연장된다.
④ 환매권의 통지는 환매권자에게 환매를 할 것인지 여부를 최고하도록 함으로써 법률상 당연히 인정되는 환매권 행사의 실효성을 보장하기 위한 것이라고 할 것이므로, 위 규정은 단순한 선언적인 것이 아니라 사업시행자의 법적인 의무를 정한 것이라고 보아야 한다.

23. 판례의 입장으로 옳지 않은 것은?

① 물품세 과세대상이 아닌 것을 세무공무원이 직무상 과실로 과세대상으로 오인하여 과세처분을 행함으로 인하여 손해가 발생된 경우에는 동 과세처분이 취소되지 아니하였다 하더라도, 국가는 이로 인한 손해를 배상할 책임이 있다.
② 과세처분의 하자가 단지 취소할 수 있는 정도에 불과할 때에는 과세관청이 이를 스스로 취소하거나 항고소송절차에 의하여 취소되지 않는 한 그로 인한 조세의 납부가 부당이득이 된다고 할 수 없다.
③ 삼청교육대 피해자들에게 피해보상을 하겠다는 대통령 담화와 국방부장관의 공고를 믿고 피해신청을 한 피해자들에게 보상하지 않는 것은 신뢰보호의 원칙에 위배된다.
④ 행정처분이 불복기간의 경과로 인하여 확정될 경우, 그 확정력은 처분으로 인하여 법률상 이익을 침해받은 자가 처분의 효력을 더 이상 다툴 수 없다는 의미가 되어 판결에 있어서와 같은 기판력이 인정된다.

24. 행정소송의 종류에 대한 설명으로 옳지 않은 것은? (다툼이 있는 경우 판례에 의함)

① 지방자치법상 주민소송은 개인이 지방자치단체라는 국가기관을 상대로 제기하는 소송이므로 항고소송에 해당한다.
② 공무원연금관리공단의 미지급 퇴직연금지급거부의 의사표시는 공법상 당사자소송에 해당한다.
③ 공직선거법상 선거소송은 민중소송에 해당한다.
④ 지방자치법상 지방의회 재의결에 대해 지방자치단체장이 제기하는 소송은 기관소송에 해당한다.

25. 행정법의 일반원칙과 관련한 판례의 태도로 옳지 않은 것은?

① 고속국도 관리청이 고속도로 부지와 접도구역에 송유관 매설을 허가하면서 상대방과 체결한 협약에 따라 송유관 시설을 이전하게 될 경우 그 비용을 상대방에게 부담하도록 하는 내용의 부관을 포함한 것은 부당결부금지의 원칙에 반하지 않는다.

② 공무원의 초임호봉 획정에 인정되는 경력과 관련하여, 현역병 및 사회복무요원과 달리 산업기능요원의 경력을 제외하도록 한 것은 산업기능요원의 평등권을 침해하지 않는다.

③ 하자 있는 처분이 국민에게 권리나 이익을 부여하는 이른바 수익적 행정행위인 때에는 취소하여야 할 공익상 필요와 취소로 인하여 당사자가 입게 될 기득권과 신뢰보호 및 법률생활안정의 침해 등 불이익을 비교·교량한 후 공익상의 필요가 당사자가 입을 불이익을 정당화할 만큼 강한 경우에 한하여 취소할 수 있다.

④ 플라스틱제품의 '수입업자'가 부담하는 폐기물부담금의 산출기준을 '제조업자'와 달리 그 수입가만을 기준으로 정한 것이 합리적 이유가 있는 차별에 해당하므로 헌법상 평등원칙을 위반하지 않는다.

행정학
제3과목

01. 다음 중 신행정론에 대한 설명으로 옳지 않은 것만을 모두 고르면?

> ㄱ. 행태론이 정치적·경제적·사회적 문제의 해결에 대해서는 아무런 해답을 제시하지 못하는 점을 비판하며 등장하였다.
> ㄴ. 행정의 적실성과 처방성을 강조하며, 실증적 연구를 지향한다.
> ㄷ. 고객 중심의 행정을 위해 일선행정관료의 재량권이 확대되어야 한다.
> ㄹ. 1960년대 개발도상국의 여러 사회문제를 해결하는 데 큰 도움을 주었다.

① ㄱ, ㄹ
② ㄴ, ㄷ
③ ㄴ, ㄹ
④ ㄴ, ㄷ, ㄹ

02. 예산집행에 대한 설명으로 옳지 않은 것은?

① 예산의 배정은 기획재정부장관이 각 중앙관서의 장에게 각 분기별로 집행할 수 있는 금액과 책임 소재를 명확히 하는 절차를 말한다.
② 예비타당성조사제도는 대규모 개발사업에 대한 개괄적인 조사를 통하여 사업의 타당성을 검증하는 제도이다.
③ 이체는 1회계연도 내에서 지출되지 못한 예산을 다음 회계연도로 넘겨서 지출하는 경우이다.
④ 예비비는 예측할 수 없는 예산 외의 지출 또는 초과지출을 충당하기 위해서 재원을 마련해 두는 제도이다.

03. 정책대안을 비교하고 분석하는 방법 중 하나인 비용편익분석에 대한 설명으로 옳지 않은 것은?

① 동종사업뿐만 아니라 이종(異種)사업 간에도 비교할 수 있다.
② 단순한 금전적 편익이나 비용이 아닌 실질적 비용과 편익을 측정하기 때문에 개개인의 주관적인 효용도 비교가 가능하다.
③ 각기 다른 시점의 사업을 비교하기 위해 할인율의 개념을 적용하며, 할인율이 낮을수록 현재가치는 높다고 판단한다.
④ 내부수익률은 불확실성이 심하여 시장이나 사회적 할인율을 알지 못하는 경우에 사용하는 일종의 예상수익률이다.

04. 피터스(Peters)의 정부개혁모형 중 다음에서 설명하는 국정관리모형으로 옳은 것은?

> • 관료들에게 권한위임과 재량권 부여를 강조하여 조직구성원들이 새롭고 창의적인 활동을 할 수 있도록 한다.
> • 정책결정의 개혁방안으로 기업가적 정부를 제시한다.

① 시장적 정부모형
② 참여적 정부모형
③ 신축적 정부모형
④ 탈내부규제 정부모형

05. 신공공관리론과 뉴거버넌스를 비교한 내용으로 옳은 것은?

① 신공공관리론은 공동체주의에, 뉴거버넌스는 시장주의에 바탕을 두고 있다.
② 신공공관리론은 투입을, 뉴거버넌스는 산출을 중시한다.
③ 신공공관리론과 뉴거버넌스 모두 정부실패의 극복을 위해 대두된 이론이다.
④ 신공공관리론과 뉴거버넌스 모두 국민을 '고객'으로 파악한다.

06. 동기부여이론에 대한 설명으로 옳지 않은 것은?
① 매슬로우(Maslow)의 욕구단계이론은 다섯 가지의 기본적 욕구가 우선순위의 계층을 이룬다.
② 앨더퍼(Alderfer)의 ERG이론은 상위욕구가 만족되지 않거나 좌절될 때 하위욕구를 더욱 충족시키고자 한다.
③ 허즈버그(Herzberg)의 욕구충족이원론은 임금 상승, 직무의 성취감 등이 동기를 유발시킨다고 본다.
④ 맥클리랜드(McClelland)의 성취동기이론은 개인마다 욕구의 계층에 차이가 있다고 주장한다.

07. 다음 중 쓰레기통모형에 대한 설명으로 옳지 않은 것만을 모두 고르면?

ㄱ. 코헨(Cohen), 마치(March) 등이 제시한 정책결정모형이다.
ㄴ. 공공기관에서 흔히 볼 수 있는 정형화된 의사결정과정을 설명하고 분석하는 데에 기여하였다.
ㄷ. 의사결정의 구성요소로는 문제의 흐름, 정치의 흐름, 정책의 흐름이 있다.
ㄹ. 의사결정 참여자는 자신의 선호를 모른 채로 의사결정에 참여하는 경우가 있다.

① ㄱ, ㄴ
② ㄱ, ㄹ
③ ㄴ, ㄷ
④ ㄷ, ㄹ

08. 퀸과 로르보(Quinn & Rohrbaugh)는 효과성을 평가하는 기준으로 경쟁적 가치접근법을 제시했다. 조직 내의 인간보다 조직 그 자체를 강조하고, 환경과 바람직한 관계를 유지하기 위해 조직구조의 유연성을 강조하는 효과성 평가모형으로 옳은 것은?
① 합리목표모형
② 인간관계모형
③ 내부과정모형
④ 개방체제모형

09. 국가기획의 도입에 따라 시민의 자유와 권리 침해 등 민주주의 원리가 훼손된다고 주장하여 국가기획을 반대한 학자로 옳은 것은?
① 하이예크(Hayek)
② 파이너(Finer)
③ 만하임(Mannheim)
④ 홀콤(Holcomb)

10. 생태론에 대한 설명으로 옳지 않은 것은?
① 환경과 행정은 상호 간 영향을 미치며, 행정의 주체적 역할을 중시하였다.
② 분석수준이 집단적 행동이나 제도, 사회·문화적 환경 등 거시분석의 성격을 지닌다.
③ 가우스(Gaus)는 행정에 영향을 미치는 일곱 가지 생태적·환경적 요인을 제시하였다.
④ 정태적인 안정관계를 전제하므로 동태적인 행정변화를 설명하기 어렵다.

11. 거시조직이론에 대한 설명으로 옳지 않은 것은?
    ① 구조적 상황이론은 환경이 조직을 결정한다는 결정론적 시각에 따른다.
    ② 거래비용이론은 U형 조직구조보다 M형 조직구조가 효율적인 구조라 주장한다.
    ③ 전략적 선택이론은 관리자의 상황판단과 전략이 구조를 결정한다고 본다.
    ④ 조직군생태학이론은 조직들이 생태학적 공동체 속에서 상호호혜적인 의존관계를 가지면서 능동적으로 환경에 적응하는 것을 설명한다.

12. 포스트모더니티이론에 대한 설명으로 옳지 않은 것은?
    ① 절대유일의 가치는 존재하지 않으며 다양한 가치가 존재한다고 본다.
    ② 현실에서 발견할 수 있는 객관적 사실을 구성하는 데에 초점을 두는 구성주의를 경계한다.
    ③ 개인들은 조직과 사회적 구조의 지시와 제약으로부터 해방되어야 한다고 주장한다.
    ④ 타자성(他者性)이란 나 아닌 다른 사람을 인식적 객체로서가 아니라 도덕적 타자(주체)로서 인정하는 것이다.

13. 민츠버그(Mintzberg)가 분류한 조직유형 중 복잡하고 급격히 변동하는 환경하에서 표준화를 거부하는 분권화된 유기적 구조를 가지는 조직유형으로 옳은 것은?
    ① 기계적 관료제
    ② 전문적 관료제
    ③ 사업부제
    ④ 애드호크라시(adhocracy)

14. 엽관주의에 대한 설명으로 옳지 않은 것은?
    ① 4년 임기법의 제정으로 엽관주의의 토대가 마련되었다.
    ② 공직의 개방으로 민주주의의 평등이념에 부합한다.
    ③ 행정의 안정성과 계속성을 확보하여 공직자의 사기앙양과 신분보장을 강화한다.
    ④ 공직의 전문성을 확보하기 어려워 행정능률이 저하될 수 있다.

15. 조직문화에 대한 설명으로 가장 옳지 않은 것은?
    ① 구성원들에게 조직구성원으로서의 정체감(identity)을 갖게 하여 공통목표의 달성을 용이하게 한다.
    ② 집합적 몰입(collective commitment)을 가져온다.
    ③ 조직체계의 안정성을 높인다.
    ④ 조직문화가 강하면 새로운 가치의 개발이 요구될 때 내부적으로 수용하게끔 도움을 준다.

16. 정책결정모형 중 최적모형에 대한 설명으로 옳지 않은 것은?
    ① 제한된 자원·불확실한 상황·지식 및 정보의 결여 등으로 합리성 및 경제성이 제약을 받게 되는 상황을 고려한다.
    ② '정책결정을 어떻게 해야 할 것인가'에 관한 결정을 내리기 위해 초합리성을 강조한다.
    ③ 결정능력의 향상을 위해 정책집행의 평가와 환류작용에 중점을 둔다.
    ④ 초합리성을 지나치게 강조해 경제적 합리성을 도외시하였다는 평가를 받는다.

17. 정책목표의 변동유형 중 목표가 달성되었거나 혹은 달성될 수 없을 경우 조직이 새로운 목표를 재설정하는 유형으로 옳은 것은?
    ① 목표의 승계
    ② 목표의 대치
    ③ 목표의 확대
    ④ 목표의 다원화

18. 우리나라의 주민투표에 대한 설명으로 옳지 않은 것은?
    ① 주민투표는 지방자치단체의 장이 실시할 수 있으며, 지방의회는 지방자치단체의 장에게 주민투표의 실시를 청구할 수 있다.
    ② 주민투표권은 19세 이상의 주민으로서 투표인명부 작성기준일 현재 그 지방자치단체의 관할구역에 주민등록이 되어 있는 자에게 있다.
    ③ 주민투표의 대상은 주민에게 과도한 부담을 주거나 중대한 영향을 미치는 지방자치단체의 주요 결정사항이다.
    ④ 예산 및 재산관리에 관한 사항이나 행정기구의 설치·변경에 관한 사항은 주민투표의 대상에서 제외된다.

19. 행정개혁의 접근방법에 대한 설명으로 옳지 않은 것은?
    ① 기능 중복의 제거, 분권화의 확대, 통솔범위의 재조정, 권한배분의 수정, 책임의 재규정 등은 구조적 접근방법에서 강조하는 내용이다.
    ② 과정적 접근방법은 리엔지니어링(Re-engineering)이나 관리과학 등 계량화 기법을 활용한다.
    ③ 행태적 접근방법은 조직발전(OD) 기법을 활용하여 짧은 시간 내에 구성원의 가치나 행태를 변화시킨다.
    ④ 종합적 접근방법은 여러 가지 분화된 접근방법들을 통합하여 해결방안을 탐색하려는 접근방법이다.

20. 정책네트워크모형에 대한 설명으로 옳은 것은?
    ① 하위정부모형과 이슈네트워크는 영국에서, 정책공동체는 미국에서 발달하였다.
    ② 하위정부모형은 정부관료와 의회의 상임위원회, 이익집단이 이해관계를 공유하며 정책과정에 영향을 미치는 모형이다.
    ③ 이슈네트워크에는 정부영역과 민간영역의 전문가 집단이 참여해 외부참여가 제한된다.
    ④ 정책공동체는 행위자들 간에 권력배분의 편차가 심하며, 네거티브 섬(negative sum) 게임의 속성이 강하다.

21. 조세지출예산제도에 대한 설명으로 옳지 않은 것은?
   ① 정부가 개인이나 기업에게 비과세, 감면, 공제 등 세제상의 각종 유인장치를 통해 간접적으로 지원해 주는 세금감면 제도이다.
   ② 우리나라는 2011년부터 국가재정법에 근거하여 시행되고 있다.
   ③ 각종 정책수단의 효과성을 파악할 수 있으며, 재정부담의 형평성을 제고할 수 있다.
   ④ 탄력적이고 유연한 조세감면에 따라 재정민주주의의 실현이 가능하다.

22. 우리나라의 책임운영기관에 대한 설명으로 옳지 않은 것은?
   ① 기관의 지위에 따라 구분했을 때, 특허청은 산업통상자원부 소속의 소속책임운영기관에 해당한다.
   ② 소속책임운영기관에 두는 공무원의 총정원 한도는 대통령령으로 정하고, 종류별·계급별 정원은 총리령 또는 부령으로 정한다.
   ③ 소속책임운영기관 공무원에 대한 일체의 임용권은 중앙행정기관의 장이 가진다.
   ④ 특별회계는 계정별로 중앙행정기관의 장이 운용하고, 기획재정부장관이 통합하여 관리한다.

23. 하우스와 에반스(House & Evans)의 경로-목표이론 중 부하가 비구조화된 과업을 수행 시 도전적인 목표를 설정해주고 목표달성을 추구하는 데 자신감을 갖게 하는 리더십유형으로 옳은 것은?
   ① 지시적 리더십
   ② 지원적 리더십
   ③ 참여적 리더십
   ④ 성취지향적 리더십

24. 국가재정법에 규정된 내용으로 옳지 않은 것은?
   ① 정부는 재정운용의 효율화와 건전화를 위하여 매년 해당 회계연도부터 5회계연도 이상의 기간에 대한 재정운용계획을 수립해야 한다.
   ② 각 중앙관서의 장은 매년 1월 31일까지 해당 회계연도부터 5회계연도 이상의 기간 동안의 중기사업계획서를 기획재정부장관에게 제출하여야 한다.
   ③ 정부는 대통령의 승인을 얻은 예산안을 회계연도 개시 90일 전까지 국회에 제출하여야 한다.
   ④ 정부는 예산이 여성과 남성에게 미칠 영향을 미리 분석한 보고서를 작성하여야 한다.

25. 균형성과표(BSC)에 대한 설명으로 옳지 않은 것은?
   ① 카플란과 노튼(Kaplan & Norton)은 그동안의 성과평가가 인적자산과 같은 무형의 비재무적 가치를 경시하고 있음을 지적하면서 이를 조직의 성과평가에 포함할 것을 주장하였다.
   ② 목표관리제(MBO)가 하향적·거시적·개인적 관점의 성과관리라면, 균형성과표(BSC)는 상향적·미시적·고객지향적 관점의 새로운 성과관리 시스템이다.
   ③ 고객 관점의 성과지표로는 고객만족도, 정책순응도, 민원인의 불만율, 신규 고객의 증감 등이 있다.
   ④ 학습과 성장 관점은 장기적인 성장과 발전을 지향하는 관점이다.

제3회 실전모의고사
군무원 공개경쟁채용 필기시험

해커스공무원
(gosi.Hackers.com)
모바일 자동 채점 +
성적 분석 서비스

행정직

제1과목	국어	제2과목	행정법
제3과목	행정학	제4과목	

응시번호		성 명	

〈응시자 준수사항〉

1. 답안지의 모든 기재 및 표기사항은 반드시 『컴퓨터용 흑색사인펜』으로만 작성하여야 합니다. (사인펜에 "컴퓨터용"으로 표시되어 있음) (사인펜 본인 지참)
   * 매년 지정된 펜을 사용하지 않아 답안지가 무효처리 되는 상황이 빈발하고 있으므로, 답안지는 반드시 『컴퓨터용 흑색사인펜』으로만 표기하시기 바랍니다.

2. 답안은 매 문항마다 반드시 하나의 답만 골라 그 숫자에 "●"로 표기해야 하며, 표기한 내용은 수정테이프를 이용하여 정정할 수 있습니다. 단, 시험시행본부에서 수정테이프를 제공하지 않습니다.
   (표기한 부분을 긁는 경우 오답처리 될 수 있으며, 수정스티커 또는 수정액은 사용 불가)
   * 답안지는 훼손·오염되거나 구겨지지 않도록 주의해야 하며, 특히 답안지 상단의 타이밍마크(❚❚❚❚❚)를 절대로 훼손해서는 안 됩니다.

3. 상단의 QR코드를 이용하여 해커스공무원의 '모바일 자동 채점 + 성적 분석 서비스'에 접속하시기 바랍니다. (해커스공무원 사이트의 가입자에 한해 이용 가능함)
   * 정답 및 해설은 해설집의 50쪽에서 확인 가능합니다.

해커스군무원

국 어
제1과목

응시번호 :　　　　　　　　　　　　　　　　　성명 :

01. 다음 중 밑줄 친 단어의 표기가 옳은 것은?
　① 분노를 속으로 삭힌다.
　② 골문 앞에서 수비수를 한 명 제쳤다.
　③ 넓적하여 빨랫방망이로 쓰기에 안성마춤이다.
　④ 내 동생에게 해꼬지를 하면 가만있지 않겠다.

02. 부사와 관형사에 대한 설명으로 옳지 않은 것은?
　① 부사와 관형사 모두 수식언에 속한다.
　② 특정 부사는 체언을 수식하기도 한다.
　③ 부사와 관형사 모두 조사와 결합할 수 없다.
　④ 부사와 관형사 모두 형태가 고정되어 있으며 활용하지 않는다.

03. 다음 상황에 가장 가까운 표현은?

　　부품 소재 분야의 원자재 가격이 상승하면서, 중소기업이 납품 단가를 맞추지 못해 어려움을 겪고 있다. 특히 경영난이 악화된 일부 기업은 적자가 거듭되어 현재 운영마저 중지된 상태이다. 이에 따라 중소기업에서 납품을 받는 대기업에도 그 영향이 미치고 있다. 이전에 비해 성과가 저조해지자, 대기업에서는 '대·중소기업의 협력과 상생'을 외치며 납품 단가의 현실화 방안을 강구하고 있다.

　① 귤화위지(橘化爲枳)　② 순망치한(脣亡齒寒)
　③ 욕속부달(欲速不達)　④ 각자무치(角者無齒)

04. 지명을 로마자로 표기한 것으로 옳은 것은?
　① 신문로 – Sinmunno
　② 한계령 – Hangeryeong
　③ 송정리 – Songjeong-li
　④ 쌍문동 – Ssangmoon-dong

05. 밑줄 친 부분의 쓰임이 모두 옳은 것은?
　① 나는 라면을 먹을 때 냄비째 들고 먹는다.
　　그는 남들 앞에서 툭하면 잘난 채를 하였다.
　② 기념일에는 아내에게 꽃을 한 알음 사가곤 한다.
　　동생과 내 친구는 서로 아름이 있는 사이다.
　③ 사진사는 카메라의 촬영 버튼을 지그시 누르고 있었다.
　　어린 조카는 어른들 옆에서 지긋이 이야기가 끝나기를 기다렸다.
　④ 공기업 민영화 정책은 국민들의 극심한 반대에 부딪쳤다.
　　이미 벌어진 문제는 회피하지 말고 당사자와 부닥쳐서 해결해야 한다.

06. 다음 밑줄 친 단어 중 줄여서 쓸 수 없는 말은?
　① 그동안 많이 야위었다.
　② 가리어진 부분이 있다.
　③ 나는 어린이가 아니어요.
　④ 친구들과 싸움하며 놀았다.

07. 밑줄 친 부분의 띄어쓰기가 옳은 것은?
   ① 그는 해질무렵이 다 되어서야 돌아왔다.
   ② 피로감이 며칠 쉰다고 회복될 지는 모르겠다.
   ③ 그 책은 이번 시험을 준비하는데에 도움이 될 거야.
   ④ 그 사람은 도둑질을 밥 먹듯 하다가 결국 구속되었다.

08. 다음 중 밑줄 친 부분의 한자가 바르게 연결된 것은?

   > 수필이란 일정한 형식 없이 인생에 대한 관조나 체험을 작가의 개성에 따라 쓴 산문의 한 종류로, 제재가 다양하게 나타난다.

   ① 形式 – 觀照 – 體驗 – 題材
   ② 型式 – 觀照 – 體險 – 製材
   ③ 形式 – 觀造 – 體險 – 題材
   ④ 型式 – 觀造 – 體驗 – 製材

09. 다음 글의 중심 내용으로 가장 적절한 것은?

   > 완전 경쟁 시장은 효율적인 자원 분배를 가져다준다는 점에서 이상적인 경쟁 형태라고 말할 수 있다. 이는 사회 후생의 관점에서 볼 때, 생산 수준은 완전 경쟁이 실현된 상태가 가장 바람직한 결과를 낳는다는 것을 말한다. 반면, 독점화되어 있는 시장에서는 생산량이 사회적으로 최적인 수준에 미치지 못하는 결과가 나타난다. 독점 기업의 이윤을 더 크게 만들기 위해 상품 생산량을 스스로 줄이기 때문이다. 상품 생산량이 최적에 이를 때 사회 후생이 가장 커질 수 있다면, 독점 체제하의 사회 후생은 이보다 더 작을 것이 분명하다. 이와 같이 상품 생산량이 최적 수준에 미치지 못해 사회 후생이 줄어드는 것을 독점이 가져다주는 사회적 손실의 첫 번째의 것으로 꼽을 수 있다.

   ① 독점이 초래하는 부정적 측면
   ② 상품 생산량과 사회 후생의 관계
   ③ 이상적인 형태의 완전 경쟁 시장
   ④ 독점 기업에서 이윤을 크게 만드는 방법

10. 다음 문장에서 의존 형태소이면서 실질 형태소인 것만으로 묶인 것은?

   > 그는 밥을 먹어 보았다.

   ① 는, 을
   ② 먹-, 보-
   ③ 그, 밥
   ④ -어, -았-, -다

11. ㉠의 상황과 관련된 속담으로 가장 적절한 것은?

   > 징, 가죽, 고무, 실 모두가 오 곱 십 곱 비싸졌다. 그러니 ㉠신기료 장수는 손님한테 아무리 비싸게 받는댔자 재료를 비싼 값으로 사야 하니, 결국 도가만 살찌울 뿐이지 소득은 전과 크게 다를 것이 없었다.
   > "이런 옘병헐! 그눔에 경제겐 다 어디루 가 뒈졌어. 독립은 우라진다구 독립을 헌담."
   > 그럭저럭 구월도 열흘이 되고, 서울 거리에는 미국 병정이 꼬마차와 함께 그득히 퍼졌다.
   > 그 미국 병정들이, 거리를 구경하면서 혹은 물건을 사려면서, 말이 서로 통하지를 못하여 답답해하는 양을 보고 삼복은 무릎을 탁 쳤다. 〈중 략〉
   > 미국 장교는 담뱃대를 집어 들고 기물스러워하면서 연방 들여다보다가 값이 얼마냐고,
   > "하우 머취? 하우 머취?" / 하고 묻는다.
   > 담뱃대 장수 영감은, 삼십 원이라고 소래기만 지른다.
   > 알아들을 턱이 없어, 고개를 깨웃거리면서 다시금 하우 머취만 찾는 것을, 기회 좋을씨고라고, 삼복이가 나직이,
   > "더티 원." / 하여 주었다.
   > 홱 돌려다 보니, / "오, 캔 유 스피크?"
   > 하면서 사뭇 그러안을 듯이 반가워하는 양이라니. 아스러지도록 손을 잡고 흔드는 데는 질색할 뻔하였다.
   > 직업이 있느냐고 물었다. 방금 실직하였노라고 대답하였다.
   > 그럼, 내 통역이 되어 주겠느냐고 물었다. 그러겠노라고 대답하였다.

   ① 구슬 없는 용
   ② 개구리 낯짝에 물 붓기
   ③ 개똥밭에 이슬 내릴 때가 있다
   ④ 산 밖에 난 범이요 물 밖에 난 고기라

12. 문장 성분의 연결이 자연스러운 것은?
    ① 너는 반드시 약속을 어겨서는 안 된다.
    ② 작품에 손을 대거나 파손하는 행위를 금지합니다.
    ③ 달은 하늘에 떠 있고, 가로등은 환하게 밝혀 준다.
    ④ 양국 간의 경제적 교류와 협력은 가치 창출로 이어져야 한다.

13. 다음 중 〈보기〉의 내용이 들어갈 곳으로 적절한 것은?

    (가) 소록도는 신산한 삶의 흔적이 곳곳에 널브러진 유폐의 땅이었지만, 이젠 문화유산의 보고로 바뀌었다. 환자들의 고달팠던 삶은 그 자체로 소중한 가치를 지녔기에 검시실, 감금실, 사무본관 및 강당, 만령당, 식량 창고, 신사, 등대, 녹산초교 교사, 성실중고 교사, 원장 관사 등이 66-75호까지 차례로 번호를 부여받았다. 따라서 섬을 한 바퀴 도는 것은 문화재 순례의 길이기도 하다.

    (나) 검시실(66호)에서 갱생원 원장 관사(75호)에 이르는 문화유산 가운데 눈길을 끄는 곳이 식량 창고(70호)다. 하역과 보관의 편의를 위해 해변에 지어진 이 창고는, 정면을 제외한 삼면이 바다에 면한 독특한 건물이다. 예순여덟 개 기둥의 배치가 간결하고 기둥과 기둥을 연결한 아치는 견고한 느낌이다. 통풍 기능이 뛰어나 실내에 습기가 차지 않고 음식물이 쉬 상하지 않는다고 한다.

    (다) 그러나 섬 안의 많은 건물이 그러하듯 식량 창고 또한 환자들이 밤낮으로 벽돌을 찍어 백이십 일이라는 짧은 기간에 완공했다는 고단한 내력이 있다.

    (라) 검시실과 감금실(67호)은 건축적 가치보다 서러운 사연으로 방문객의 가슴을 저미게 하는 곳이다. 이 중 감금실은 재판도 없이 환자를 구금하고 체형을 가하던 곳이며, 바로 옆의 검시실은 단종(정관수술)의 현장이다. 단종이라니! 기록에 따르면 감금실에 수용된 환자는 출감할 때 한센병을 절멸해야 한다며 검시실로 끌려가 강제로 수술을 받았다.

    보기
    현재 검시실에는 결박 기능을 갖춘 해부대가 말없이 한 시대의 악행을 증언하고 있다. "그 옛날 사춘기에 꿈꾸던 / 사랑의 꿈은 깨어지고 / 여기 나의 25세 젊음을 / 파멸해 가는 수술대 위에서 / 내 청춘을 통곡하며 누워 있노라…." 이동(李東)이라는 청년 환우가 겁박에 못 이겨 메스를 받은 뒤 읊조린 시「단종대」의 한 구절이다.

    ① (가) 단락 뒤
    ② (나) 단락 뒤
    ③ (다) 단락 뒤
    ④ (라) 단락 뒤

14. ㉠~㉣의 의미로 적절하지 않은 것은?

    ㉠ 둘하 노피곰 도도샤
    어긔야 ㉡머리곰 비취오시라
    어긔야 어강됴리
    아으 다롱디리
    져재 녀러신고요
    어긔야 ㉢즌 디롤 드디욜셰라
    어그야 어강됴리
    어느이다 노코시라
    어긔야 내 가논 디 ㉣졈그롤셰라.
    어긔야 어강됴리
    아으 다롱디리   – 어느 행상인의 아내, '정읍사'

    ① ㉠은 '달'을 의미한다.
    ② ㉡은 '멀리멀리'를 의미한다.
    ③ ㉢은 '지는 달'을 의미한다.
    ④ ㉣은 '저물까 두렵습니다'를 의미한다.

15. 다음 중 문장 부호에 대한 설명이 옳지 않은 것은?
    ① 제목이나 표어에는 원칙적으로 마침표(.)를 쓴다.
    ② 우리말 표기와 원어 표기를 아울러 보일 때 소괄호(( ))를 쓴다.
    ③ 한 문장 안에 몇 개의 독립적인 물음이 이어질 때 각 물음의 뒤에 물음표(?)를 쓴다.
    ④ 차례대로 이어지는 내용을 하나로 묶어 열거할 때 각 어구 사이에는 붙임표(-)를 쓴다.

※ 다음 글을 읽고 물음에 답하시오. (16 ~ 17)

어두운 방 안엔 / 바알간 숯불이 피고,

외로이 늙으신 할머니가
애처로이 잦아드는 어린 목숨을 지키고 계시었다.

이윽고 눈 속을 / 아버지가 약을 가지고 돌아오시었다.

아, 아버지가 눈을 헤치고 따 오신
그 붉은 산수유 열매 ―.

나는 한 마리 어린 짐승,
젊은 아버지의 서느런 옷자락에
열로 상기한 볼을 말없이 부비는 것이었다.

이따금 뒷문을 눈이 치고 있었다.
그날 밤이 어쩌면 성탄제의 밤이었을지도 모른다.

어느새 나도 / 그때의 아버지만큼 나이를 먹었다.

옛것이라곤 찾아볼 길 없는
성탄제 가까운 도시에는
이제 반가운 그 옛날의 것이 내리는데,

서러운 서른 살 나의 이마에
불현듯 아버지의 서느런 옷자락을 느끼는 것은,

눈 속에 따오신 산수유 붉은 알알이
아직도 내 혈액 속에 녹아 흐르는 까닭일까.

16. 다음 중 '아버지의 사랑'을 의미하는 시어나 시구가 아닌 것은?
① 약
② 붉은 산수유 열매
③ 그 옛날의 것
④ 서느런 옷자락

17. '눈을 헤치고 따 오신 / 그 붉은 산수유 열매'와 동일한 표현 방법이 쓰인 것은?
① 어두운 방 안엔 / 바알간 숯불이 피고
② 외로이 늙으신 할머니가 / 애처로이 잦아드는 어린 목숨을
③ 나는 한 마리 어린 짐승, / 젊은 아버지의 서느런 옷자락에
④ 어느새 나도 / 그때의 아버지만큼 나이를 먹었다.

18. 다음 글의 문맥상 ㉠~㉣에 들어갈 말로 가장 적절하게 묶인 것은?

현대사회는 '기술사회(technoloigical society)'라고 불릴 정도로 과학 기술은 이제 현대사회를 규율하는 강력한 구조적 힘이 되었다. '기술사회'에서 살고 있는 현대인들은 기술체계가 강제하는 질서에 순응하고 적응할 것을 요구받고 있다. 이처럼 현대사회가 '기술사회'로 변화함에 따라 예전에는 별로 중요한 사회적 이슈로 떠오르지 않았던 새로운 사회 문제들이 등장하게 되었다. 그것은 바로 (㉠)와/과 관련된 사회적 이슈들이다. 현대 '기술사회'에서 급속도로 발전하고 있는 과학 기술은 시민사회에 다양한 사회적·윤리적 문제들을 (㉡)하고 있는 상황이며, 이에 따른 사회적 갈등과 논쟁이 계속 증가하고 있는 상태이다. 유전자조작 식품의 안전성, 생명복제의 윤리성, 정보화로 인한 개인 프라이버시 침해 가능성, 원자력발전소 및 핵폐기물의 안전과 생태계에 미치는 영향, 환경호르몬이 인체에 미치는 영향 등이 현재 그러한 사회적 갈등과 논쟁을 야기하는 대표적인 과학기술적 이슈들 중의 몇 가지이다.
(㉢) '기술사회'에서 과학 기술과 관련하여 등장하는 사회적 쟁점에 대한 최종적인 의사결정은 전문지식(expertise)을 내세우는 기술관료들에 의해 이루어지는 것이 통상적인 모습이었다. 이처럼 사회 구성원들의 삶에 중요한 영향을 미치는 과학 기술 관련 의사결정에 일반 시민들의 참여가 매우 어렵게 되어 있는 구조는, 과학 기술은 전문가들의 영역이라고 보는 뿌리 깊은 전문가주의와 그것의 제도적 표현인 기술관료주의(technocracy) 논리가 '기술사회'에서는 더 강력하게 자리 잡고 있기 때문이다.
과학 기술과 관련된 문제는 하나같이 사회의 다른 영역과는 달리 복잡성과 (㉣)을 그 특징으로 하기 때문에, 전문가주의와 기술관료주의는 그 분야의 전문적인 훈련을 받은 전문가들만이 그에 대처할 수 있는 의사결정을 내릴 수 있다고 주장한다.

	㉠	㉡	㉢	㉣
①	윤리 문제	촉진	그러나	명료함
②	과학 기술	야기	그러나	난해함
③	윤리 문제	야기	따라서	난해함
④	과학 기술	촉진	따라서	명료함

19. 다음 글의 중심 내용으로 가장 적절한 것은?

> 산조는 예부터 널리 사랑받아 온 한국의 대표적인 기악 독주곡이다. '흐트러진 가락'이라는 뜻을 가진 산조는 악기의 특성을 한껏 살려 흥겹고 자유롭게 연주한다. 노래의 내용 등에 큰 제약이 없이 자유로운 이 음악에, 서민들은 삶의 애환이나 사랑의 감정을 진하게 녹여 내었다.
>   산조는 본래 남도 지방의 시나위 가락에서 비롯되었다. 그래서 산조의 흥겨움과 자유로움은 시나위 가락과도 같다. 하지만 산조의 가락은 틀, 즉 장단을 갖추고 있다. 산조는 느린 장단에서 빠른 장단으로 배열된 3~6개 장단 구성의 악장으로 구분되며, 반드시 장구 반주도 뒤따라야 한다. 산조와 시나위는 흥겨움과 자유로움을 추구하는 본질은 같으나 산조는 틀이 있고 시나위는 틀이 없다는 점에서 차이가 있다.

① 산조의 특징과 형식
② 산조의 장단과 구성
③ 산조의 악기와 연주 방식
④ 산조에 담긴 서민들의 애환

20. 다음 글에 대한 설명으로 적절하지 않은 것은?

> 일반적으로 인쇄 매체는 일상적인 대화 상대와는 달리 독자의 생리적 상황에 맞추어 친절하게만 대해 주지 않는다. 예컨대, 독자가 주의해 기억할 부분이라고 해서 반드시 활자의 크기나 모양을 달리하는 것도 아니고 독자가 이미 잊었을 내용이라고 해서 수시로 반복해 상기시켜 주는 것도 아니다. 사실상 많은 점에서 인쇄 매체들은 독자의 현실적 지력보다는 이상적 지력에 호소하는 것이다. 즉 처음부터 독자가 한눈에 보아 혹은 한 번 읽어서 알 수 있게 해 보겠다는 생각은 포기하고 시작하는 것이다. 따라서 말의 경중을 가린다든가 앞뒤의 내용을 검토하여 그 흐름을 파악한다든가 하는 일은 많은 경우 독자에게 남겨진 몫이 된다.

① 인쇄 매체의 불친절은 독자의 생리적 상황에 기인한다.
② 인쇄 매체는 중요한 부분이라도 반드시 표시하거나 반복하지 않는다.
③ 인쇄 매체의 불친절에 대한 결과는 독자에게 달려 있는 부분이다.
④ 독자의 현실적 지력은 인쇄 매체가 특별히 고려하는 사항이 아니다.

21. ㉠~㉣에 대한 설명으로 적절하지 않은 것은?

> ㉠교두 각시 양각(兩脚)을 빨리 놀려 내달아 이르되,
> "척 부인아, 그대 아모리 마련을 잘한들 버혀 내지 아니하면 모양 제되 되겠느냐. 내 공과 내 덕이니 네 공만 자랑 마라."
> ㉡세요 각시 가는 허리 구붓기며 날랜 부리 두루혀 이르되,
> "양우(兩友)의 말이 불가하다. 진주(眞珠) 열 그릇이나 꿴 후에 구슬이라 할 것이니, 재단(裁斷)에 능대능소(能大能小)하다 하나 나 곧 아니면 작의(作衣)를 어찌하리오. 세누비 미누비 저른 솔 긴 옷을 일우미 나의 날래고 빠름이 아니면 잘게 뜨며 굵게 박아 마음대로 하리오. 척 부인의 자혀 내고 교두 각시 버혀 내다 하나 내 아니면 공이 없으려든 두 벗이 무삼 공이라 자랑하나뇨."
> ㉢청홍 각시 얼골이 붉으락프르락하야 노왈,
> "세요야, 네 공이 내 공이라. 자랑 마라. 네 아모리 착한 체하나 한 솔 반 솔인들 내 아니면 네 어찌 성공하리오."
> ㉣감토 할미 웃고 이르되,
> "각시님네, 위연만 자랑 마소. 이 늙은이 수말 적기로 아가시네 손부리 아프지 아니하게 바느질 도와 드리나니"

① ㉠은 ㉡의 말을 반박함과 동시에 자신의 공을 내세우고 있다.
② ㉡은 척 부인과 ㉠의 공을 폄하하고 있다.
③ ㉢은 ㉡이 자신의 공만 내세우자 화를 내고 있다.
④ ㉣은 아가씨가 ㉡을 사용할 때 다치지 않도록 자신이 도와준다는 것을 강조하고 있다.

22. 다음 글의 ㉠~㉢에 들어갈 말로 적절한 것은?

> 중세 유럽에는 말리거나 소금에 절이는 것을 제외하면 별다른 식품 보존 기술이 없었다. (㉠) 사람들이 흔히 먹는 육류 중 하나였던 돼지고기를 보존하거나 요리하기 위해서는 후추나 정향, 육두구와 같은 향신료가 필요했다. 향신료를 이용하면 고기의 부패를 방지할 수 있을 뿐만 아니라 맛도 더 좋아졌기 때문이다. (㉡) 향신료는 약으로도 사용되었는데, 실제로 14세기 중엽 유럽에 흑사병이 창궐했을 당시에 사람들은 흑사병 예방을 위해 향신료를 이용하였다. (㉢) 이러한 향신료는 인도와 동남아시아의 일부 지역에서만 생산되었기 때문에 유럽에서 향신료는 수요에 비해 공급이 항상 부족하여 생산지의 수십 배에 해당하는 가격으로 거래되곤 했다.

	㉠	㉡	㉢
①	그리고	물론	하지만
②	그래서	한편	그런데
③	그런데	또한	왜냐하면
④	그러므로	그러나	그래서

23. (가)를 바탕으로 (나)에 담긴 필자의 생각을 적절히 추론한 것은?

> (가) 지식의 유형은 '안다'는 말의 다양한 용례들이 보여 주는 의미 차이를 통해서 드러나기도 한다. 예컨대 '그는 자전거를 탈 줄 안다'와 '그는 이 사과가 둥글다는 것을 안다'에서 '안다'가 바로 그런 경우이다. 전자의 '안다'는 능력의 소유를 의미하는 것으로 '절차적 지식'이라고 부르고, 후자의 '안다'는 정보의 소유를 의미하는 것으로 '표상적 지식'이라고 부른다.
>
> (나) 어떤 사람이 자전거에 대해서 많은 정보를 갖고 있다고 해서 자전거를 탈 수 있게 되는 것은 아니며, 자전거를 탈 줄 알기 위해서 반드시 자전거에 대해서 많은 정보를 갖고 있어야 하는 것도 아니다. 아무 정보 없이 그저 넘어지거나 다치거나 하는 과정을 거쳐 자전거를 탈 줄 알게 될 수도 있다. '자전거가 왼쪽으로 기울면 핸들을 왼쪽으로 틀어라'와 같은 정보를 이용해서 자전거 타는 법을 배운 사람이라도 자전거를 익숙하게 타게 된 후에는 그러한 정보를 전혀 의식하지 않고서도 자전거를 잘 탈 수 있다. 자전거 타기 같은 절차적 지식을 갖기 위해서는 훈련을 통하여 몸과 마음을 특정한 방식으로 조직화해야 한다. 그러나 특정한 정보를 마음에 떠올릴 필요는 없다.

① 특정 정보에 대한 지식이 있어야 지식을 습득할 수 있다.
② 어떤 특정 행위에 대한 능력을 소유하기 위해서는 훈련이 필요하다.
③ '제빵'을 하기 위해 '빵'에 대한 정보를 많이 파악하고 있다면 완벽한 빵을 만들 수 있다.
④ 어떤 행위에 대한 많은 정보를 알고 있다면, 그 행동이 익숙해져도 그 정보를 의식하며 행동한다.

※ 다음 글을 읽고 물음에 답하시오. (24~25)

> 파란 녹이 낀 구리거울 속에
> 내 얼굴이 남아 있는 것은
> 어느 왕조(王朝)의 유물(遺物)이기에
> 이다지도 욕될까.
>
> 나는 나의 참회(懺悔)의 글을 한 줄에 줄이자.
> ― 만 이십사 년 일 개월을
>   무슨 기쁨을 바라 살아왔던가.
>
> 내일이나 모레나 그 어느 즐거운 날에
> 나는 또 한 줄의 참회록(懺悔錄)을 써야 한다.
> ― 그때 그 젊은 나이에
>   왜 그런 부끄런 고백(告白)을 했던가.
>
> 밤이면 밤마다 나의 거울을
> 손바닥으로 발바닥으로 닦아 보자.
>
> 그러면 어느 운석(隕石) 밑으로 홀로 걸어가는
> 슬픈 사람의 뒷모양이
> 거울 속에 나타나 온다.

24. 위 시에 대한 설명으로 옳은 것은?
① 화자의 시선 이동에 따라 시상이 전개된다.
② 참회의 매개체를 통한 성찰은 개인에 국한되어 있다.
③ 자기희생적 이미지를 활용하여 화자의 체념적인 태도를 드러내고 있다.
④ 무기력하게 살아온 부끄러움과 고뇌를 자문자답의 형식으로 드러내고 있다.

25. 밑줄 친 '부끄런 고백'이 의미하는 것으로 가장 적절한 것은?
① 망국인인 것을 부끄러워했던 지난날에 대한 참회
② 갈등과 고뇌가 가득한 삶을 살았던 것에 대한 참회
③ 현실에 적극적이지 못했던 현재의 무기력함에 대한 참회
④ 국권 상실의 역사에 대한 반감을 가졌던 과거에 대한 참회

행정법
제2과목

응시번호 :   성명 :

01. 사인의 공법행위에 대한 설명으로 옳지 않은 것은? (다툼이 있는 경우 판례에 의함)
   ① 사인의 공법행위는 법적 행위라는 점에서 공법상 사실행위와 구별된다.
   ② 사인의 공법행위는 행위의 효과를 기준으로 자기완결적(자체완성적) 공법행위와 행위요건적(행정요건적) 공법행위로 나눌 수 있다.
   ③ 공무원에 의해 제출된 사직원은 그에 따른 의원면직처분이 있을 때까지는 철회할 수 있지만, 일단 면직처분이 있고 난 이후에는 철회할 수 없다.
   ④ 민법상 비진의 의사표시의 무효에 관한 규정은 그 성질상 영업재개업신고와 같은 사인의 공법행위에 적용된다.

02. 다음 중 ㄱ, ㄴ에서 설명하고 있는 내용과 관련된 행정법의 일반원칙을 모두 올바르게 조합한 것은? (다툼이 있는 경우 판례에 의함)

   > ㄱ. 목적의 정당성, 방법의 적정성, 피해의 최소성, 법익의 균형성 등을 의미하며 그 어느 하나에라도 저촉이 되면 위헌이 된다.
   > ㄴ. 주택승인계획승인과 관련 없는 토지를 기부채납하게 하는 부관은 위법하다.

	ㄱ	ㄴ
①	비례의 원칙	부당결부금지의 원칙
②	신뢰보호의 원칙	신의성실의 원칙
③	평등의 원칙	신뢰보호의 원칙
④	평등의 원칙	부당결부금지의 원칙

03. 행정소송에 대한 설명으로 옳지 않은 것은? (다툼이 있는 경우 판례에 의함)
   ① 행정소송에 관하여 행정소송법에 특별한 규정이 없는 사항에 대하여는 법원조직법과 민사소송법 및 민사집행법의 규정을 준용한다.
   ② 추상적인 법령에 관하여 제정의 여부 등은 그 자체로서 국민의 구체적인 권리의무에 변동을 초래하는 것이어서 행정소송의 대상이 될 수 있다.
   ③ 행정소송에서 기록상 자료가 나타나 있으면 당사자가 주장하지 않더라도 법원은 이를 판단할 수 있다.
   ④ 청구인은 행정심판법상 간접강제에 관한 행정심판위원회의 결정에 불복하는 경우 그 결정에 대하여 행정소송을 제기할 수 있다.

04. 행정행위의 성립과 효력에 대한 설명으로 옳지 않은 것은? (다툼이 있는 경우 판례에 의함)
   ① 상대방 있는 행정처분이 상대방에게 고지되지 아니한 경우에는 상대방이 다른 경로를 통해 행정처분의 내용을 알게 된다고 하여 행정처분의 효력이 발생하는 것은 아니다.
   ② 행정청이 종교단체에 기본재산전환 인가를 함에 있어 인가조건을 부가하고 그 불이행시 인가를 취소할 수 있도록 한 경우 인가조건의 의미는 철회권을 유보한 것이다.
   ③ 국유 일반재산 임대계약의 취소는 강학상 행정행위의 철회에 해당한다고 볼 수 없다.
   ④ 행정청의 의사가 외부에 표시되어 행정청이 자유롭게 취소·철회할 수 없는 구속을 받게 되는 시점에 행정행위가 성립하는 것은 아니며, 행정행위의 성립 여부는 행정청의 의사를 공식적인 방법으로 외부에 표시하였는지 여부를 기준으로 판단해야 한다.

05. 국유재산에 대한 설명으로 옳지 않은 것은? (다툼이 있는 경우 판례에 의함)

① 국유재산의 무단점유자에 대한 변상금부과는 관리청이 공권력을 가진 우월한 지위에서 행한 것으로 항고소송의 대상이 되는 행정처분의 성격을 갖는다.

② 국가가 국유재산을 관리·처분할 때에는 국가전체의 이익에 부합하고, 그 재산의 공공가치와 활용가치를 고려하여야 한다.

③ 사권(私權)이 설정된 재산은 그 사권이 소멸하기 전이라도 판결을 통해 국유재산으로 취득할 수 있다.

④ 행정재산은 민법 제245조의 점유로 인한 부동산소유권의 취득기간 규정에 따라 시효취득의 대상이 된다.

06. 행정절차법에 대한 설명으로 옳은 것은?

① 행정청은 신고에 필요한 구비서류의 미비 등 흠이 있는 경우에는 지체 없이 상당한 기간을 정하여 신고인에게 보완을 요구하여야 한다.

② 행정절차법에는 정보통신망을 이용한 송달은 규정하고 있지 않다.

③ 행정청은 법령상 청문실시의 사유가 있는 경우 당사자가 의견진술의 기회를 포기한다는 뜻을 명백히 표시한 경우라도 의견청취를 하여야 한다.

④ 해당 처분의 성질상 의견청취가 현저히 곤란하거나 명백히 불필요하다고 인정될 만한 상당한 이유가 있는 경우라도 사전 통지 및 의견청취절차를 거쳐야 한다.

07. 행정지도에 대한 설명으로 옳지 않은 것은?

① 행정지도의 상대방은 해당 행정지도의 방식·내용 등에 관하여 행정기관에 의견제출을 할 수 있다.

② 행정지도를 하는 자는 그 상대방에게 그 행정지도의 취지 및 내용과 신분을 밝혀야 한다.

③ 행정기관은 행정지도의 상대방이 행정지도에 따르지 아니한 경우에 경고나 혜택의 폐지 등 불이익한 조치를 취할 수 있다.

④ 행정기관이 같은 행정목적을 실현하기 위하여 다수인을 대상으로 행정지도를 하려는 경우에는 특별한 사정이 없는 한 행정지도에 공통적인 내용이 되는 사항을 공표하여야 한다.

08. 개인정보 보호법상 개인정보 보호에 대한 설명으로 옳은 것은?

① 출입국관리법에 따른 외국인등록번호는 고유식별정보에 해당하지 않는다.

② 정보주체에게 정보의 수집·이용·제공 등에 필요한 사항을 알리고 다른 개인정보의 처리에 대한 동의와 별도로 동의를 받은 경우에는 개인정보처리자가 고유식별정보를 처리할 수 있다.

③ 개인정보 보호법은 민간에 의하여 처리되는 정보까지는 보호대상으로 하지 않는다.

④ 정보주체는 개인정보처리자가 개인정보 보호법을 위반한 행위로 손해를 입으면 개인정보처리자에게 손해배상을 청구할 수 있으며, 이 경우 고의 또는 과실의 입증책임은 정보주체에게 있다.

09. 다음 중 판례의 입장으로 옳은 것은?
   ① 사업주가 당연가입자가 되는 고용보험 및 산재보험에서 보험료 납부의무 부존재확인의 소는 민사소송에 해당한다.
   ② 국토의 계획 및 이용에 관한 법률상 토지소유자 등이 도시·군계획시설 사업시행자의 토지의 일시 사용에 대하여 정당한 사유 없이 동의를 거부한 경우, 사업시행자가 토지소유자를 상대로 동의의 의사표시를 구하는 소송은 당사자소송으로 보아야 한다.
   ③ 명예퇴직한 법관이 미지급 명예퇴직수당액의 지급을 구하는 소송은 금전에 대한 소송이므로 민사소송에 의하여야 한다.
   ④ 공익사업을 위한 토지 등의 취득 및 보상에 관한 법률상 환매권의 존부에 관한 확인 및 환매금액의 증감을 구하는 소송은 당사자소송으로 제기하여야 한다.

10. 공무원의 권리에 대한 설명으로 옳지 않은 것은? (다툼이 있는 경우 판례에 의함)
   ① 국가공무원법상 공무원은 형의 선고, 징계처분 또는 국가공무원법에서 정하는 사유에 따르지 아니하고는 본인의 의사에 반하여 휴직·강임 또는 면직을 당하지 아니한다.
   ② 국가공무원에 대한 불리한 부작위에 대한 행정소송은 인사혁신처의 소청심사위원회의 심사·결정을 거치지 않으면 제기할 수 없다.
   ③ 공무원이 임용 당시 공무원 임용결격사유가 있었어도 국가의 과실로 이를 밝혀내지 못한 것이라면 그 공무원의 사실상 근무에 대하여 공무원연금법에서 정한 퇴직급여를 청구할 수 있다.
   ④ 휴직 기간이 끝난 공무원이 30일 이내에 복귀 신고를 하면 그 공무원은 다른 절차 없이 당연히 복직된다.

11. 행정기본법상의 기간의 계산과 관련하여 ㄱ, ㄴ에 들어갈 내용을 모두 올바르게 조합한 것은?

   - 법령 등을 공포한 날부터 일정 기간이 경과한 날부터 시행하는 경우 법령 등을 공포한 날을 첫날에 (ㄱ).
   - 법령 등 또는 처분에서 국민의 권익을 제한하거나 의무를 부과하는 경우 권익이 제한되거나 의무가 지속되는 기간의 계산에 있어서 기간을 일, 주, 월 또는 연으로 정한 경우에는 원칙적으로 기간의 첫날을 (ㄴ).

	ㄱ	ㄴ
①	산입한다	산입한다
②	산입한다	산입하지 아니한다
③	산입하지 아니한다	산입한다
④	산입하지 아니한다	산입하지 아니한다

12. 원고적격에 대한 판례의 입장으로 옳은 것은?
   ① 한의사들이 한약조제시험을 통하여 한약조제권을 인정받은 약사들에 대하여 합격처분의 무효확인을 구하는 소는 원고적격이 없는 자들이 제기한 소로서 부적합하다.
   ② 국민권익위원회가 소방청장에게 인사와 관련하여 부당한 지시를 한 사실이 인정된다며 이를 취소할 것을 요구하기로 의결하고 내용을 통지한 경우, 소방청장은 국민권익위원회 조치요구의 취소를 구하는 항고소송을 제기할 수 없다.
   ③ 환경영향평가대상사업에 해당하는 국립공원 집단시설지구 개발사업에 있어 그 시설물기본설계 변경승인처분 등과 관련하여 환경영향평가대상지역 안의 주민들이 갖고 있는 환경상의 이익을 침해한 경우, 당해 주민들에게 그 처분 등의 취소를 구할 원고적격이 인정되지 아니한다.
   ④ 광업권설정허가처분과 그에 따른 광산 개발로 인하여 재산상·환경상 이익의 침해를 받거나 받을 우려가 있는 토지나 건축물의 이해관계인 및 주민들은 직접적인 당사자가 아니기 때문에 그 처분 전과 비교하여 수인한도를 넘는 재산상·환경상 이익의 침해를 받거나 받을 우려가 있다는 것을 증명하더라도 원고적격을 인정받을 수 없다.

13. 행정상 손실보상에 대한 설명으로 옳지 않은 것은? (다툼이 있는 경우 판례에 의함)

① 기대이익은 재산권의 보호대상에 포함되지 않는다.

② 보상청구권의 근거에 관하여서 뿐만 아니라 보상의 기준과 방법에 관하여서도 법률에 근거하여야 한다.

③ 헌법 제23조 제3항의 해석상 재산권 수용의 주체는 국가 등 공적 기관으로 한정되므로 민간기업은 토지수용의 주체가 될 수 없다.

④ 징발물이 국유재산 또는 공유재산인 경우에는 보상을 하지 아니한다.

14. 행정심판의 재결에 대한 설명으로 옳지 않은 것은?

① 심판청구에 대한 재결이 있는 경우라도 그 재결 및 동일한 처분 또는 부작위에 대하여 다시 행정심판을 청구할 수 있다.

② 행정심판위원회는 심판청구의 대상이 되는 처분보다 청구인에게 불리한 재결을 하지 못한다.

③ 행정심판위원회는 심판청구의 대상이 되는 처분 또는 부작위 외의 사항에 대하여는 재결하지 못한다.

④ 재결에 의하여 취소되거나 무효 또는 부존재로 확인되는 처분이 당사자의 신청을 거부하는 것을 내용으로 하는 경우에는 그 처분을 한 행정청은 재결의 취지에 따라 다시 이전의 신청에 대한 처분을 하여야 한다.

15. 항고소송의 대상에 대한 판례의 입장으로 옳지 않은 것은?

① 공정거래위원회의 '표준약관 사용권장행위'는 사업자 등의 권리·의무에 직접 영향을 미치는 행정처분으로서 항고소송의 대상이 된다.

② 세무당국이 주류제도회사에 대하여 특정 업체와의 주류거래를 일정기간 중지하여 줄 것을 요청한 행위는 권고적 성격의 행위로서 행정처분이라고 볼 수 없다.

③ 건축신고는 자기완결적 신고이므로 신고반려행위 또는 수리거부행위는 항고소송의 대상이 되지 않는다.

④ 조례가 집행행위의 개입 없이 직접 국민의 구체적 권리·의무에 영향을 미치는 등의 법률상 효과를 발생하면 그 조례는 항고소송의 대상이 된다.

16. 행정청의 재량행위에 대한 설명으로 옳은 것은? (다툼이 있는 경우 판례에 의함)

① 행정청은 부담의 불이행을 이유로 행정행위를 철회할 수 없다.

② 국립 교육대학 학생에 대한 징계권의 발동이나 징계의 양정이 징계권자의 교육적 재량에 맡겨져 있다 할지라도 법원은 그 징계처분의 위법성을 판단하여 취소할 수 있다.

③ 신청에 따른 행정청의 처분이 기속행위인 때에는 행정청은 신청에 대한 응답의무를 지지만, 재량행위인 때에는 응답의무가 없다.

④ 행정청이 이미 설정된 재량기준을 구체적으로 적용함에 있어서 명백한 잘못이 있더라도 재량권 남용의 문제는 발생하지 않는다.

17. 행정조사에 대한 설명으로 옳은 것(○)과 옳지 않은 것(×)을 올바르게 조합한 것은? (다툼이 있는 경우 판례에 의함)

> ㄱ. 시료채취로 조사대상자에게 손실을 입힌 경우 그 손실보상에 관한 명문규정이 있다.
> ㄴ. 행정절차법은 행정조사에 관한 명문의 규정을 마련하고 있다.
> ㄷ. 우편물 통관검사절차에서 이루어지는 우편물의 개봉, 시료채취, 성분분석 등의 검사는 행정조사의 성격을 가지는 것으로 압수·수색영장 없이 진행되었다고 해도 특별한 사정이 없는 한 위법하다고 볼 수 없다.
> ㄹ. 세무조사결정은 납세의무자의 권리·의무에 직접 영향을 미치는 공권력의 행사에 따른 행정작용으로서 항고소송의 대상이 된다.

	ㄱ	ㄴ	ㄷ	ㄹ
①	×	×	○	○
②	×	○	×	×
③	○	×	○	○
④	×	○	×	○

18. 행정규칙에 대한 설명으로 옳은 것은 모두 몇 개인가? (다툼이 있는 경우 판례에 의함)

> ㄱ. 행정규칙의 내용이 상위법령에 반하는 것이라면 법원은 해당 행정규칙이 법질서상 부존재하는 것으로 취급하여 행정기관이 한 조치의 당부를 상위법령의 규정과 입법 목적 등에 따라서 판단하여야 한다.
> ㄴ. 행정규칙이 대외적인 구속력을 가지는 경우에는 헌법소원의 대상이 될 수 있다.
> ㄷ. 행정규칙에서 사용하는 개념이 달리 해석될 여지가 있다 하더라도 행정청이 수권의 범위 내에서 법령이 위임한 취지 및 형평과 비례의 원칙에 기초하여 합목적적으로 기준을 설정하여 그 개념을 해석·적용하고 있다면, 개념이 달리 해석될 여지가 있다는 것만으로 이를 사용한 행정규칙이 법령의 위임 한계를 벗어났다고는 할 수 없다.

① 0개   ② 1개
③ 2개   ④ 3개

19. 공법상 계약에 대한 설명으로 옳은 것은? (다툼이 있는 경우 판례에 의함)

① 공법상 계약의 해지의사표시를 하기 위해서는 행정절차법에 따라 근거와 이유를 제시하여야 한다.
② 중소기업기술정보진흥원장과 甲 주식회사가 체결한 중소기업 정보화지원사업을 위한 협약의 해지 및 그에 따른 환수통보는 공법상 당사자소송으로 다툴 수 있다.
③ 공법상 계약은 문서 또는 구두로 체결할 수 있다.
④ 공법상 계약에 관하여는 행정절차법에 명문의 규정을 두고 있다.

20. 국가배상에 대한 설명으로 옳지 않은 것은? (다툼이 있는 경우 판례에 의함)

① 피해자가 손해를 입은 동시에 이익을 얻은 경우에는 손해배상액에서 그 이익에 상당하는 금액을 빼야 한다.
② 군인이 전투·훈련 등 직무집행과 관련하여 공상을 입은 경우, 다른 법령에 따라 재해보상금 등 보상을 지급받을 수 있을 때에는 국가배상법상 손해배상은 청구할 수 없지만 민법에 의한 손해배상은 별도로 청구할 수 있다.
③ 불법행위로 영업을 중단한 자가 영업 중단에 따른 손해배상을 구하는 경우 영업을 중단하지 않았으면 얻었을 순이익과 이와 별도로 영업 중단과 상관없이 불가피하게 지출해야 하는 비용을 모두 손해배상의 범위에 포함하여도 이중배상에 해당하지 않는다.
④ 어떠한 행정처분이 항고소송에서 취소되었을지라도 그 기판력에 의하여 당해 행정처분이 곧바로 공무원의 고의 또는 과실로 인한 것으로서 국가배상책임이 성립한다고 단정할 수는 없다.

21. 공공기관의 정보공개에 관한 법률에 대한 설명으로 옳은 것을 모두 고르면? (다툼이 있는 경우 판례에 의함)

> ㄱ. 청구인이 공공기관에 대하여 정보공개를 청구하였다가 거부처분을 받은 것 자체가 법률상 이익의 침해에 해당한다.
> ㄴ. 공공기관이 청구인이 신청한 공개방법 이외의 방법으로 정보를 공개하기로 하는 결정을 하였다면, 청구인은 이에 대하여 항고소송으로 다툴 수 있다.
> ㄷ. 공개청구의 대상이 되는 정보가 인터넷에 공개되어 인터넷 검색 등을 통하여 쉽게 알 수 있는 경우에는 비공개사유가 된다.
> ㄹ. 방송법에 의하여 설립·운영되는 한국방송공사(KBS)는 정보공개의무가 있는 공공기관에 해당하지 않는다.

① ㄱ, ㄴ
② ㄱ, ㄹ
③ ㄴ, ㄷ
④ ㄷ, ㄹ

22. 행정의 실효성 확보수단에 대한 설명으로 옳지 않은 것은? (다툼이 있는 경우 판례에 의함)

① 위법건축물에 대한 철거 대집행계고처분에 불응하여 제2차 계고를 한 경우 제2차 계고는 행정처분이 아니므로 행정쟁송의 대상이 될 수 없다.
② 건물의 명도의무는 대집행의 대상이 될 수 없다.
③ 공무원들이 위법건축물임을 알지 못하여 공사 도중에 시정명령이 내려지지 않아 위법건축물이 완공된 경우에는 위법건축물에 대한 시정명령을 할 수 없다.
④ 영업정지처분에 갈음하는 과징금을 부과할 것인지 아니면 영업정지처분을 내릴 것인지는 통상 행정의 재량에 속한다.

23. 개인적 공권에 대한 설명으로 옳지 않은 것은? (다툼이 있는 경우 판례에 의함)

① 공법상 계약을 통해서 개인적 공권이 성립할 수 있다.
② 행정소송에 있어서 소권은 개인의 국가에 대한 공권이므로 당사자의 합의로써 이를 포기할 수 없다.
③ 서울특별시의 '철거민에 대한 시영아파트 특별분양 개선지침'은 행정규칙에 불과하며, 그 지침 소정의 사람에게 공법상의 분양신청권이 부여되는 것은 아니다.
④ 다수의 검사 임용신청자 중 일부만을 검사로 임용하는 경우에 있어서 임용신청자들에게 전형의 결과인 임용 여부의 응답할 것인지는 의무가 아니라 임용권자의 편의재량사항이다.

24. 행정행위의 부관에 대한 설명으로 옳지 않은 것은? (다툼이 있는 경우 판례에 의함)

① 어업에 관한 허가 또는 신고는 어업면허와 마찬가지로 유효기간이 경과해도 그 허가나 신고의 효력이 당연히 소멸되는 것은 아니므로 재차허가를 받거나 신고를 하면 허가나 신고의 기간이 갱신되어 종전의 어업허가나 신고의 효력 또는 성질이 계속된다고 볼 수 있다.
② 건축허가를 하면서 일정 토지를 기부채납하도록 하는 내용의 허가조건은 부관을 붙일 수 없는 기속행위 내지 기속적 재량행위인 건축허가에 붙인 부담이거나 또는 법령상 아무런 근거가 없는 부관이어서 무효이다.
③ 수익적 행정처분에 있어서는 부담을 부가하기 이전에 상대방과 협의하여 부담의 내용을 협약의 형식으로 미리 정한 다음 행정처분을 하면서 이를 부가할 수 있다.
④ 부관은 면허 발급 당시에 붙이는 것뿐만 아니라 면허 발급 이후에 붙이는 것도 법률에 명문의 규정이 있거나 변경이 미리 유보되어 있는 경우 또는 상대방의 동의가 있는 경우 등에는 특별한 사정이 없는 한 허용된다.

25. 다음 사례에 대한 설명으로 옳지 않은 것은? (다툼이 있는 경우 판례에 의함)

> 1951년 미국 공군에 의하여 만들어진 매향리 사격장은 통상 주말과 공휴일을 제외하고 한 달 평균 20일 가량 오전 9시부터 오후 10시까지 지속적으로 폭탄 투하 및 기관총 사격 훈련 등을 실시하였다. 이러한 훈련에 따라 인근에 거주하는 주민들은 1988년부터 항공기 소음과 폭탄 파열음 및 오폭사고 등의 피해를 지속적으로 호소해왔으나, 2000년에야 미국 공군이 비로소 사격훈련 방법을 변경하였다.

① 매향리 사격장이 국가안보를 위하여 고도의 공익성을 가진 시설일지라도 매향리 사격장의 설치 또는 관리에 하자가 있었다면 국가배상법상 배상책임이 인정된다.

② 국가배상법 제5조 제1항상 '영조물의 설치 또는 관리의 하자'를 판단함에 있어 타인에게 위해를 끼칠 위험성이 있는 상태인지 여부는, 그 영조물이 공공의 목적에 이용됨에 있어 그 이용상태 및 정도가 일정한 한도를 초과하여 제3자에게 사회통념상 수인할 것이 기대되는 한도를 넘는 피해를 입히는 경우까지 포함하여 판단한다.

③ 매향리 사격장에서 발생하는 소음의 수인한도의 기준을 결정함에 있어서는 여러 사정을 종합적으로 고려하여 구체적인 사건에 따라 개별적으로 결정하여야 한다.

④ 소음 문제가 발생한 이후에 매향리로 이주하여 거주하면서 소음 피해를 호소한 주민에 대하여 가해자의 면책이 인정되는 경우는 없다.

행정학
제3과목

01. 행정학의 성격에 대한 설명으로 옳지 않은 것은?
    ① 과학성은 행정현상에 대한 원인과 결과라는 객관적 인과관계 파악을 중시한다.
    ② 기술성은 논리의 치밀성, 개념의 조작적 정의, 자료의 수량적 처리 등을 강조하여 방법론적으로 엄밀성을 추구한다.
    ③ 가치중립성은 정치행정이원론과 관련이 있다.
    ④ 보편성은 1940년대 행정행태론에서 주로 연구되었다.

02. 행정의 가치에 대한 설명으로 옳지 않은 것은?
    ① 기계적 능률은 과학적 관리론이 행정학에 도입되면서 중시된 능률관이다.
    ② 생산성은 최종 산출의 양적 측면을 표시하는 효과성과 질적 측면을 표시하는 능률성을 통합시킨 것이다.
    ③ 베버(Weber)는 관료제가 형식적 합리성이 가장 높은 조직이라고 보았다.
    ④ 가외성은 유동적이고 불확실한 환경일수록 그 효용성이 증대된다.

03. 목표관리(MBO)에 대한 설명으로 옳지 않은 것은?
    ① 조직목표를 명확히 하며 결과적이고 계량적인 장기목표를 중시한다.
    ② 조직의 상·하위 관리자가 함께 참여하여 민주적으로 목표를 설정한다.
    ③ 업적평가의 객관적 기준으로 환류 기능이 강화될 수 있다.
    ④ 개발도상국과 같이 유동적이고 복잡한 환경에서는 그 효용이 제약된다.

04. 지방자치단체의 사무에 대한 설명으로 옳지 않은 것은?
    ① 자치사무에 대한 국가의 감독은 원칙적으로 합법성 감독, 사후적·교정적 감독에 그친다.
    ② 재해구호, 보건업무 등은 단체위임사무의 예에 해당한다.
    ③ 기관위임사무의 사무처리비용은 전액 지방자치단체가 부담한다.
    ④ 우리나라는 예시적 포괄주의를 따르고 있어 행정주체 간 사무(기능)배분이 불명확하고 구체성이 떨어진다.

05. 사회적 자본에 대한 설명으로 옳지 않은 것은?
    ① 개인이나 집단 간·상호 간의 관계에서 발생하는 조직적 특성이나 규범의 일종이다.
    ② 퍼트남(Putnam)은 사회적 자본이 신뢰, 호혜성 규범, 사회적 네트워크, 믿음, 규율 등의 다섯 가지 요소들로 구성된다고 하였다.
    ③ 무형의 자본, 사람의 인식, 믿음 속에 존재하며 공공재적 특성을 지닌다.
    ④ 공유지의 비극 등 집단행동의 딜레마를 극복할 수 있지만, 거래비용의 증가로 능률성을 저해한다.

06. 다음 중 정책결정모형에 대한 설명으로 옳지 않은 것만을 모두 고르면?

> ㄱ. 합리모형은 가장 합리적인 의사결정을 내리고 대안에 대한 지속적인 분석을 중요시한다.
> ㄴ. 만족모형은 완전무결한 합리성이 아닌 '제한된 합리성(Bounded Rationality)'을 바탕으로 한다.
> ㄷ. 점증모형은 타협과 조정을 통한 정치적 합리성을 중시하며, 환경 변화에 대한 적응력이 높다.
> ㄹ. 혼합모형은 근본적 결정과 세부적 결정을 나누어 정책결정방법을 설명한다.

① ㄱ, ㄴ
② ㄱ, ㄷ
③ ㄴ, ㄹ
④ ㄷ, ㄹ

07. 민영화에 대한 설명으로 가장 옳지 않은 것은?
① 민영화는 효율성과 책임성은 확보할 수 있지만 형평성이 저해된다는 문제점이 있다.
② 보조금 방식은 공공서비스가 기술적으로 복잡하여 예측하기 어렵고 서비스 목표달성의 방법을 정확히 알 수 없는 경우 주로 이용하는 방식이다.
③ 자조활동이란 공공서비스의 수혜자와 제공자가 같은 집단에 소속되어 서로 돕는 방식이다.
④ 전자 바우처(vouchers) 방식은 개별적인 바우처 사용행태를 분석하여 실제 이용자의 실시간 모니터링이 가능하다.

08. 예산제도에 대한 설명으로 옳지 않은 것은?
① 조세지출예산제도는 특정 정책목표를 달성하기 위한 각종 정책수단의 상대적 유용성을 평가할 수 있다.
② 성인지예산제도는 성 중립적 관점(gender neutral)을 바탕으로 예산정책의 영향에 대한 분석을 한다.
③ 프로그램예산제도는 성과와 책임을 지향하는 프로그램 중심으로 예산을 분류·운영하는 것이다.
④ 주민참여예산제도는 지방자치 및 재정민주주의 이념을 구현하고 있다는 평가를 받는다.

09. 조직구조의 변수에 대한 설명으로 옳지 않은 것은?
① 조직 내에서 존재하는 분화의 정도를 복잡성이라 한다.
② 단순하고 반복적인 업무일수록 공식성은 높아진다.
③ 집권성은 조직의 의사결정권이 비교적 조직의 상위층에 집중되어 있는 경우이다.
④ 조직의 규모가 커지면 조직이 보수화되고 집권성이 높아진다.

10. 과학적 관리론의 성립과 관련된 연구로 옳지 않은 것은?
① 테일러(Taylor)의 과업관리의 원칙
② 윌슨(Wilson)의 『행정의 연구』
③ 사이먼(Simon)의 『행정의 격언』
④ 포드(Ford)의 동시관리

11. 매트릭스조직에 대한 설명으로 옳지 않은 것은?
   ① 계서적 특성을 갖는 기능구조에 수평적 특성을 갖는 사업구조를 결합시킨 조직이다.
   ② 환경적 압력이 있거나 부서 간의 상호의존관계가 존재할 경우 매트릭스조직을 적용하기 용이하다.
   ③ 자발적 협력관계와 비공식적 의사전달체계를 결합하여 융통성과 창의성을 발휘할 수 있다.
   ④ 조직구성원의 책임과 권한의 한계가 명확하다.

12. 블라우(Blau)와 스콧(Scott)의 조직유형 중 구성원들의 만족을 위한 조직으로, 정당이나 노동조합 등이 속하는 유형으로 옳은 것은?
   ① 호혜적 조직
   ② 사업조직
   ③ 서비스조직
   ④ 공익조직

13. 역량평가제도에 대한 설명으로 가장 적절하지 않은 것은?
   ① 역량평가는 구조화된 모의 상황을 설정해 현실적 직무 상황에 근거한 행정을 관찰해 평가하는 방식이다.
   ② 역량평가는 특정 피평가자에 대해 다양한 사람으로부터 입체적이고 다면적인 평가 결과를 도출함으로써 평가의 공정성을 확보할 수 있다.
   ③ 역량평가는 다양한 실행 과제를 종합적으로 활용함으로써 개별 평가기법의 한계를 극복하고 대상자들의 몰입을 유도하며 다양한 역량을 측정할 수 있다.
   ④ 우리나라 역량평가제도는 고위공무원단의 구성과 함께 고위공무원으로서 요구되는 역량의 사전적 검증장치로 도입되었다.

14. 예산의 신축성 유지방안 중 수년에 걸쳐 완공을 요하는 공사나 제조 및 연구개발사업에 대해서 경비의 총액과 연부액을 정하여 국회의 의결로써 수년에 걸쳐서 집행할 수 있는 제도로 옳은 것은?
   ① 전용
   ② 이월
   ③ 계속비
   ④ 수입대체경비

15. 공익의 본질에 관한 학설에 대한 설명으로 옳지 않은 것은?
   ① 과정설은 개인주의·자유주의·다원주의에 입각한 공익관이다.
   ② 실체설은 공익의 결정·실현 과정에서 국가나 정부의 역할을 강조한다.
   ③ 과정설은 공익과 사익의 본질적인 차이가 있어 서로 충돌하지 않는다고 본다.
   ④ 실체설의 주요 학자로는 롤스(Rawls), 플라톤(Platon) 등이 있다.

16. 정책평가의 타당성을 저해하는 변수 중 두 변수 간에 전혀 관계가 없는데도 상관관계가 있는 것처럼 나타나도록 두 변수에 모두 영향을 미치는 변수로 옳은 것은?

   ① 허위변수
   ② 혼란변수
   ③ 억제변수
   ④ 왜곡변수

17. 우리나라의 광역행정에 대한 설명으로 옳지 않은 것은?

   ① 지방자치단체는 2개 이상의 지방자치단체에 관련된 사무의 일부를 공동으로 처리하기 위하여 관계 지방자치단체 간의 행정협의회를 구성할 수 있다.
   ② 지방자치단체조합은 지방의회의 의결을 거쳐 국무총리의 승인을 얻어 설립할 수 있다.
   ③ 지방병무청, 지방국토관리청 등은 특별지방행정기관에 해당한다.
   ④ 지방자치단체나 그 장은 소관사무의 일부를 다른 지방자치단체나 그 장에게 위탁하여 처리하게 할 수 있다.

18. 미국 행정학의 발달과정에서 사적 이익집단들의 상호견제와 균형에 의해 국민의 자유가 더욱 잘 보장될 것이라고 주장한 사상으로 옳은 것은?

   ① 해밀턴(Hamilton)주의
   ② 제퍼슨(Jefferson)주의
   ③ 매디슨(Madison)주의
   ④ 잭슨(Jackson)주의

19. 옴부즈만제도에 대한 설명으로 옳지 않은 것은?

   ① 옴부즈만제도는 스웨덴에서 처음 명문화되었다.
   ② 합법성뿐만 아니라 합목적성의 문제도 옴부즈만의 조사대상이 된다.
   ③ 옴부즈만은 기존의 행정결정이나 법원의 결정·행위를 무효로 할 수는 없지만 취소 또는 변경할 권한은 지니고 있다.
   ④ 우리나라의 옴부즈만인 국민권익위원회는 국무총리 소속이기 때문에 외부통제가 아닌 내부통제에 해당한다.

20. 공무원의 임용에 대한 설명으로 옳은 것은?

   ① 경력경쟁채용은 특별한 자격을 묻지 않고 모든 지원자에게 평등하게 지원기회를 부여하고 공개된 경쟁시험을 통해 채용하는 방식이다.
   ② 전보는 직급은 동일하나 직렬을 달리하는 직위로의 수평적 이동으로, 시험이 필요하다.
   ③ 금고 이상의 실형을 선고받고 그 집행이 종료되거나 집행을 받지 아니하기로 확정된 후 10년이 지나지 아니한 자는 공무원으로 임용될 수 없다.
   ④ 파견근무는 일시적이고 임시적인 부서나 기관 간 이동근무이며, 소속기관을 유지한 채 근무한다.

21. 국가재정법에 규정된 예산의 원칙으로 옳지 않은 것은?
   ① 정부는 재정건전성의 확보를 위하여 최선을 다하여야 한다.
   ② 정부는 재정을 운용할 때 재정지출 및 조세지출예산서의 작성에 따른 조세지출의 성과를 제고하여야 한다.
   ③ 정부는 지방자치단체가 재정을 자율적으로 운용할 수 있도록 보장해야 한다.
   ④ 정부는 예산이 온실가스 감축에 미치는 효과를 평가하고, 그 결과를 정부의 예산편성에 반영하기 위하여 노력하여야 한다.

22. 우리나라의 주민참여제도에 대한 설명으로 옳지 않은 것은?
   ① 18세 이상의 주민으로서 해당 지방자치단체의 관할 구역에 주민등록이 되어 있는 사람은 해당 지방자치단체의 장에게 조례를 제정하거나 개정 또는 폐지할 것을 청구할 수 있다.
   ② 수사 또는 재판에 관여하게 되는 사항에 대하여는 감사청구를 할 수 없다.
   ③ 지방자치단체의 장은 지방자치단체의 주요 결정사항 등에 대하여 주민투표에 부칠 수 있다.
   ④ 비례대표의원에 대해서는 주민소환을 청구할 수 없다.

23. 관료제의 규모가 커지면 승진의 기회가 확대되고 무능한 사람들이 높은 자리를 차지하게 되어 조직의 능률이 저하되는 점을 설명하는 이론으로 옳은 것은?
   ① 전문화로 인한 무능
   ② 동조과잉
   ③ 피터(Peter)의 법칙
   ④ 파킨슨(Parkinson)의 법칙

24. 로위(Lowi)의 정책유형 중 집단 간의 갈등이나 대립이 미미해 갈라먹기식 정치(pork-barrel politics)나 서로 후원 및 상부상조(log-rolling)의 행태가 나타나는 유형으로 옳은 것은?
   ① 분배정책
   ② 규제정책
   ③ 재분배정책
   ④ 구성정책

25. 현행 법률상 공직윤리에 대한 설명으로 옳지 않은 것은?
   ① 공무원 등이 직무와 관련하여 외국으로부터 선물을 받은 경우에는 소속기관장에게 신고하고 국고에 인도해야 한다.
   ② 국가 또는 지방자치단체는 공직자가 수행하는 직무가 공직자의 재산상 이해와 관련되어 공정한 직무수행이 어려운 상황이 일어나지 아니하도록 노력하여야 한다.
   ③ 공직자는 그 직무를 행함에 있어 다른 공직자가 부패행위를 한 사실을 알게 된 경우에는 지체 없이 이를 수사기관·감사원 또는 위원회에 신고하여야 한다.
   ④ 공직자 등은 직무 관련 여부 및 기부·후원·증여 등 그 명목에 관계없이 동일인으로부터 1회에 100만 원을 초과하는 금품 등을 받으면 안 되며, 이는 공직자 등의 친족이 제공하는 물품도 포함된다.

제4회 실전모의고사
군무원 공개경쟁채용 필기시험

행정직

해커스공무원
(gosi.Hackers.com)
모바일 자동 채점 +
성적 분석 서비스

제1과목	국어	제2과목	행정법
제3과목	행정학	제4과목	

응시번호		성 명	

〈응시자 준수사항〉

1. 답안지의 모든 기재 및 표기사항은 반드시 『컴퓨터용 흑색사인펜』으로만 작성하여야 합니다. (사인펜에 "컴퓨터용"으로 표시되어 있음) (사인펜 본인 지참)
   * 매년 지정된 펜을 사용하지 않아 답안지가 무효처리 되는 상황이 빈발하고 있으므로, 답안지는 반드시 『컴퓨터용 흑색사인펜』으로만 표기하시기 바랍니다.

2. 답안은 매 문항마다 반드시 하나의 답만 골라 그 숫자에 "●"로 표기해야 하며, 표기한 내용은 수정테이프를 이용하여 정정할 수 있습니다. 단, 시험시행본부에서 수정테이프를 제공하지 않습니다.
   (표기한 부분을 긁는 경우 오답처리 될 수 있으며, 수정스티커 또는 수정액은 사용 불가)
   * 답안지는 훼손·오염되거나 구겨지지 않도록 주의해야 하며, 특히 답안지 상단의 타이밍마크(▮▮▮▮▮)를 절대로 훼손해서는 안 됩니다.

3. 상단의 QR코드를 이용하여 해커스공무원의 '모바일 자동 채점 + 성적 분석 서비스'에 접속하시기 바랍니다. (해커스공무원 사이트의 가입자에 한해 이용 가능함)
   * 정답 및 해설은 해설집의 72쪽에서 확인 가능합니다.

해커스군무원

국 어
제1과목

01. 괄호 안에 들어갈 말로 가장 적절한 것은?

> 1900년대에서부터 1940년대에 이르기까지 국한문 혼용체는 우리 사회에서 (　　　)인 문체였다. 일정한 교육을 받은 계층이 아니면 신문의 기사를 술술 읽어 내려가기가 어려웠을 것이다. 통계에 따르면 1930년대 당시 한글 문맹자만도 전체 국민의 60퍼센트에 이르렀다고 하니 한문 문맹률은 이보다 더 심각하였을 것이다. 그런 상황에서 국한문 혼용체로 기사를 쓰는 것은 제한된 독자층만을 겨냥한 것이라고 해석할 수 있다.

① 자의적(恣意的)
② 배타적(排他的)
③ 지배적(支配的)
④ 부수적(附隨的)

02. 다음 글의 제목으로 가장 적절한 것은?

> 한국 민족의 당파성이 특히 문제되는 이유는 그것이 현대와 직결되는 시기에 치열했다는 사실, 그리고 한국 현대의 불행이 그로 말미암은 바가 적지 않다는 사실에서 일 것이다. 한국인 자신의 입장에서는 이것은 하나의 자기반성인 것이다. 그러나 이러한 주장을 외국인들 특히 일본인들이 한국이 스스로 자립할 수 없다는 표면적 이유로 내세우기 위하여 이용하였다. 그러한 교활한 주장이 모르는 사이에 한국 민족 스스로까지를 사로잡게 되었던 것이다.
> 그러면 당쟁이 민족성에 말미암은 것이 아니라면 그 원인은 어디에 있었는가? 그것은 물론 이조 사회가 지니고 있는 역사적·사회적 조건에 말미암은 것이다. 어느 민족의 역사에도 국내적 대립 항쟁은 으레껏 있었던 것이다. 단지, 각 민족이 처한 역사적·사회적인 특수한 조건이 그러한 국내적인 대립 항쟁을 각기 색다른 양상으로 나타나게 하였을 뿐이다. 따라서, 이조의 당쟁은 일정한 역사적 산물인 것이다. 그것은 한국 민족이 타고난 선천적 성격에서 말미암은 것은 아니다. 그러므로 침략적 야심을 정당화하려는 목적으로 한국 민족의 당쟁성을 제시하여 그 정치적 독립의 가능성을 말살하려는 이론은 객관적인 정당성을 지닐 수 없다.

① 한국의 타율성 논의의 배경
② 한국 현대 사회와 민족적 당파성의 관계
③ 역사 속 당쟁에서 엿볼 수 있는 한국의 민족성
④ 한국사의 당쟁에 대한 잘못된 인식과 왜곡된 민족성

03. 밑줄 친 단어의 표준 발음으로 옳지 않은 것은?

① 학생 할인을 받기 위해 학생증[학쌩쯩]을 제시했다.
② 요즘 어린이들 사이에서 결막염[결마겸]이 유행이라고 한다.
③ 감자 재배 면적과 생산량[생산냥]은 매년 증가하는 추세이다.
④ 시간이 없으니 몇 개는 겉핥고[거탈꼬] 중요한 서류만 꼼꼼히 봅시다.

04. 괄호 안에 들어갈 한자 성어로 적절한 것은?

> 집안을 이끌어 나갈 (　　　)(이)라고 어른들의 칭찬을 종종 들었던 길손이는, 나이가 먹어 가면서 점점 더 두 어깨가 무거워져옴을 느꼈다.

① 井底之蛙
② 嘗糞之徒
③ 膠柱鼓瑟
④ 棟梁之材

05. 밑줄 친 곳에 들어갈 말로 가장 적절한 것은?

> 기자: _____
> 전문가: 사람들은 자신들이 합리적인 선택으로 소비 생활을 한다고 쉽게 착각합니다. 하지만 실제로 주변에서 인기를 끄는 제품들은 대부분 운동 기구와 같이 '그다지 필요하지 않은' 물건들입니다. 그리고 그 제품들의 가격은 공교롭게도 39,900원처럼 딱 떨어지지 않게 책정되는데 이러한 가격 책정 방식을 단수 가격 전략이라고 합니다. 단수는 끝수라는 뜻으로 사람들의 숫자 읽기와 관련이 있습니다. 사람들은 보통 숫자를 왼쪽에서 오른쪽으로 읽습니다. 그래서 40,000원과 30,000원의 차이를 먼저 인식하게 되므로 실제로는 100원 차이지만 더욱 크게 느끼게 됩니다. 그래서 물건이 저렴하다는 인식이 생겨 쉽게 지갑을 열게 되는 것이죠.

① 현대의 소비자들은 합리적인 소비를 하고 있다고 생각하시나요?
② 기업에서 다른 경쟁사와 차별을 두기 위해 어떤 방안을 사용하나요?
③ 소비자들은 물건을 살 때 주로 어떤 경로를 통해 접근하게 되나요?
④ 기업에서는 소비자들이 소비를 하게 만들기 위해 어떤 전략을 사용하나요?

06. 다음 중 '입천장소리'이면서 '울림소리'인 것은?
① ㄱ ② ㄴ
③ ㅇ ④ ㄹ

07. 다음 중 띄어쓰기가 옳은 것은?
① 그 물건이 얼마 어치나 되는지 물어보았다.
② 월급을 다 써 버려서 만 원은커녕 천 원도 없다.
③ 우리는 지난 십 년 간 생사고락을 같이한 사이이다.
④ 선수들이 최선을 다 하고 있으니 우승은 문제없을 것이다.

08. 다음 글의 중심 내용으로 가장 적절한 것은?

　하루 3번, 3분 이상의 양치질이 중요하다는 사실은 누구나 알고 있을 것이다. 하지만 양치질을 하는 목적과 방법을 모르는 사람이 많다. 잘못된 양치질 습관은 잇몸병을 발생시키는데, 이는 다른 질환도 유발시킬 수 있다. 잘못된 양치질로 인해 구강 내 세균이 발생하면 이 세균이 혈관을 통해 인체 내 다른 기관으로 이동하고, 이것이 다양한 질병 발생에 영향을 미치게 된다. 따라서 전문가들은 양치를 할 때는 칫솔질뿐만 아니라 치실을 사용하여 잇몸 및 치아의 사이까지 꼼꼼하게 닦는 것이 중요하다고 말한다. 또 구강청결제를 사용하여 마무리해 주는 것이 치아 건강을 챙기는데 효과적이라고 주장한다. 좋은 행동을 꾸준히 반복하여 습관화하는 것이 중요하듯, 평소에 바른 양치질 습관을 갖기 위해 노력하는 것은 몸과 마음의 건강을 한꺼번에 챙기는 지름길일 것이다.

① 올바른 양치 방법의 습득
② 다양한 치아 관리 용품의 소개
③ 올바른 양치 습관을 통한 건강 유지
④ 다른 질환을 발생시키는 잇몸병의 원인

09. 높임법의 쓰임이 다른 것은?
① 할머니를 뵙고 오는 길이다.
② 과장님께서는 지금 자리를 비우셨다.
③ 모르는 문제를 선생님께 여쭈어보았다.
④ 역에 가서 어머니를 배웅해 드리고 와라.

10. 다음 중 외래어 표기가 옳은 것은?
① 매니아(mania)
② 팡파레(fanfare)
③ 챔피언십(championship)
④ 프리젠테이션(presentation)

11. 밑줄 친 단어의 쓰임이 옳지 않은 것은?
① 올겨울은 여느 겨울보다 추웠다.
② 단근질로 모진 고문을 당하여 몸이 상하였다.
③ 부모님 등쌀에 못 이겨 수학 경시대회에 참가하기로 했다.
④ 주식 투자 실패로 인한 손실을 부동산을 매각함으로써 보존하였다.

12. 다음 중 괄호 안의 한자 표기가 옳은 것은?
① 건물 외벽에 균열(龜烈)이 생겼다.
② 사촌에게 일자리를 알선(斡旋)해 주었다.
③ 우리는 석별(席別)의 정을 나누고 헤어졌다.
④ 거듭된 실정으로 민생이 도탄(道炭)에 빠졌다.

13. 다음 글의 내용에 가장 부합되는 시조는?

　여름은 덥고 겨울이 추운 것은 사시(四時)의 정상적인 이치이니, 만일 이와 반대가 된다면 곧 괴이한 것이다. 옛적 성인이, 겨울에는 털옷을 입고 여름에는 베옷을 입도록 마련하였으니, 그만한 준비가 있으면 족할 것인데, 다시 토실을 만들어서 추위를 더위로 바꿔 놓는다면 이는 하늘의 명령을 거역하는 것이다. 사람은 뱀이나 두꺼비가 아닌데, 겨울에 굴속에 엎드려 있는 것은 너무 상서롭지 못한 일이다. 길쌈이란 할 시기가 있는 것인데, 하필 겨울에 할 것이냐? 또 봄에 꽃이 피었다가 겨울에 시드는 것은 초목의 정상적인 성질인데, 만일 이와 반대가 된다면 이것은 괴이한 물건이다.

① 씀은 듣는 대로 듣고 볏슨 쐴 대로 쐰다.
　청풍의 옷깃 열고 긴 파람 흘리 불제
　어디셔 길 가는 소님이 아는 드시 머무는고.
② 간밤의 우던 여흘 슬피 우러 지내여다.
　이제야 싱각하니 님이 우러 보내도다.
　져 물이 거스리 흐르고져 나도 우러 녜리라.
③ 청산(靑山)도 절로절로 녹수(綠水)도 절로절로
　산(山) 절로 물 절로 산수(山水) 간(間)에 나도 절로
　그중에 절로 자란 몸이 늙기도 절로절로.
④ 백구(白鷗)ㅣ야 말 무러보쟈 놀라지 마라스라
　명구승지(名區勝地)를 어디어디 브렷드니
　날드려 자세(仔細)히 닐러든 네와 게가 놀리라.

※ 다음 글을 읽고 물음에 답하시오. (14~15)

> '인간이란 무엇인가?'라는 물음은 대개 우리에게 익숙한 일상의 세계가 갑자기 흔들리게 될 때, 더 나아가 우리가 절박한 상황에 놓이게 될 때 생겨난다. 예를 들어 내가 깊이 사랑하고 의지하던 사람이 갑자기 죽었을 때, 법 없이도 살 사람인 이웃이 억울한 일을 당하고 고통과 수모를 겪게 되었을 때, 또는 자기 자신이 예기치 않게 죽음의 위협을 받게 되었을 때 우리는 극도의 위기의식과 불안감 속에서 나는 누구이며, 인간이란 도대체 무엇이기에 이런 고통을 당해야 하는가 하고 묻게 된다.
>
> 이같이 개인적 차원의 한계상황이나 실존적 위기의식에서 생겨나는 물음도 있지만, 사회적 또는 범지구적 차원의 위기의식에서 생겨나는 물음도 있다. 모두 알다시피 우리는 오늘날 어느 때보다 더 극심한 위기감과 불안 속에서 살고 있다. 기후 변화와 물·땅·공기 오염으로 인한 환경위기, 아직도 상존하는 전쟁의 위험, 사회 양극화와 빈부격차의 심화, 가정이나 공동체의 해체로 인한 고독과 소외감의 만연은 우리로 하여금 도대체 인간이란 무엇이냐고 묻지 않을 수 없게 만든다.
>
> 오늘날 인간이 어떤 존재인지를 해명하는 연구들은 많다. 제일 먼저 떠올려 볼 수 있는 것은 과학이다. 근대 이후 과학적 지식의 발달과 더불어 많은 과학들이 인간을 연구하고, 또 인간 존재의 많은 측면들을 이해하고 해명하는 데 큰 기여를 해 왔다. 생물학, 생리학, 심리학, 사회학, 행동과학, 인류학 등 경험을 중시하는 개별 과학들은 각기 자신의 방법론적 틀을 통해 인간을 해명하고자 한다. 그런데 이런 개별 과학은 각 방법의 특성을 통해 드러나는 인간 존재의 어떤 측면은 명쾌하게 해명해 줄 수 있지만, 그러한 방법으로 파악될 수 없는 다른 측면은 놓치고 만다. 다시 말해 그것들은 인간의 어떤 한정된 측면을 다룰 뿐, 전체 인간을 다루지는 못한다. 특히 인간 존재에 관한 중요한 물음들, 그의 기원, 운명, 고통, 죽음 등의 신비를 해명할 수는 없다. 경험과학의 기준과 방법으로는 그런 일을 할 수가 없는 것이다.
>
> 경험과학은 모든 대상을 '객관적으로' 파악한다. 그래서 개별 과학이 인간을 탐구하는 경우, 과학은 인간을 객관적으로 관찰되는 대상으로 삼는다. 그러나 본래적 인간은 근본적으로 대상 세계에는 존재하지 않기 때문에 과학은 본래적 인간을 해명할 수 없다. 인간 현존재의 의미 전체를 해명하는 차원은 객관적이고 경험적인 과학의 영역 안에 들어가지 않으므로 과학적 방법으로는 결코 파악될 수 없는 것이다.
>
> "인간을 다루고 있는 특수 과학의 지식의 증가는 비록 그 나름대로의 가치는 있지만 인간 본성을 밝혀주기보다 오히려 은폐하는 경향이 있다"라는 막스 셸러의 지적은 인간 이해와 관련한 과학적 방법의 가능성과 한계를 잘 말해주고 있다.

14. 윗글에 드러난 서술 방식이 아닌 것은?
① 학자의 의견을 인용하여 주장을 뒷받침하고 있다.
② 특정한 상황을 예시로 들어 독자의 이해를 돕고 있다.
③ 화제를 질문 형식으로 제시하여 독자의 관심을 끌어오고 있다.
④ 사회적 문제를 열거하고 이에 대한 해결 방안을 제시하고 있다.

15. 윗글에서 언급되지 않은 것은?
① 경험을 중시하는 개별 과학의 종류
② 인간 존재에 대한 물음이 생기는 순간
③ 철학적 인간학의 필요성과 인간 존재에 대한 해답
④ 인간 존재에 대해 경험 과학이 답할 수 없는 부분

16. 다음 글을 읽고 추리한 내용으로 적절한 것은?

> "지난번에 봉도(蓬島)에서 만나기로 했던 약속은 어겼지만, 오늘 소상강(瀟湘江)에서 옛 낭군을 만나게 되었으니 어찌 천행이 아니겠습니까? 낭군께서 저를 멀리 버리지 않으신다면 끝까지 시중을 들겠습니다. 그렇지만 만약 제 소원을 들어주지 않으신다면 저는 영원히 자취를 감추겠습니다."
> 양생이 이 말을 듣고 한편 놀라며 한편 고맙게 생각하여 대답하였다.
> "어찌 당신의 말에 따르지 않겠소?"
> 그러면서도 여인의 태도가 범상치 않았으므로, 양생은 유심히 행동을 살펴보았다. 이때 달이 서산에 걸리자 먼 마을에서는 닭이 울고 절의 종소리가 들려왔다. 먼동이 트려 하자 여인이 말하였다.
> "얘야. 술자리를 거두어 집으로 돌아가거라."
> 시녀는 대답하자마자 없어졌는데, 간 곳을 알 수 없었다. 여인이 말하였다.
> "인연이 이미 정해졌으니 낭군을 모시고 집으로 돌아가려 합니다."
> 양생이 여인의 손을 잡고 마을을 지나가려는데, 개는 울타리에서 짖고 사람들이 길에 다녔다. 그러나 길 가던 사람들은 그가 여인과 함께 가는 것을 알지 못하고, 다만
> "양 총각, 새벽부터 어디에 다녀오시오?"
> 하였다.

① 양생과 여인의 만남은 현실적이다.
② 불교적 윤회 사상이 바탕에 깔려 있다.
③ 정황으로 보아 여인은 이 세상 사람이 아니다.
④ 양생과 여인의 인연은 꿈속에서 벌어진 일이다.

17. 다음 글의 내용과 부합하지 않은 것은?

> '이까지 용케 견디어 온 가상할 자기의 팔십 생애. 산소의 탓도 목에 달린 복의 상징이란 혹의 탓도 아닌 맨주먹 알몸으로 기를 쓰며 살아온 팔십 평생, 나는 이것으로 족한 것 지금은 가는 것이다. 현아, 이젠 네가 살아야 한다.'
>
> 여울 같은 감동이 고 노인의 전신을 흘렀다. 머리카락과 수염이 햇살을 받아 은빛으로 빛나고 있었다. 크게 숨을 들이모았다.
>
> "현아! 너는 살아야 한다. 저 대포 소리를 듣거라. 어떻게든지 여길 도망해서……"
>
> 순간 고 노인은 등을 꿰뚫는 불덩어리를 느꼈다. 중심을 잃고 풀숲에 쓰러지는 고 노인은 총성의 메아리 속에 현의 절규를 들었다. 그리운 그 음성.
>
> "할아버지!"
>
> 따깍! 불발탄을 끄집어내고 다음 탄환을 밀어 잰 현의 소총과 연호의 권총에서 동시에 불이 튀었다. 〈중 략〉
>
> 바위를 넘어 밑으로 내달리려던 현은 아찔하면서 그대로 바위 위에 쓰러지고 말았다. 어깨를 움켜쥔 손가락 사이로 붉은 피가 뿜어 나왔다. 땅으로 끌려들어가는 듯한 의식의 강하. 어깨의 고통—꼭 삼십 년을 살고 지금 여기서 죽어 가는구나. 생각을 모아야겠다. 목숨이 끊어지기 전에 생각을, 생각을 모아 보자. 이것이 한 인간의 삶? 삼십 년—어떻게 살았던가? 외면·도피. 밤낮을 가림 없이 되피·외면·도피. 그 밖에 무엇을 하고 지내왔는지 도무지 생각나는 것이 없었다. 첫 번째 탄환처럼 불발에 그친 삼십 년. 그것은 영(零)·산송장. 그렇다면 결국 살아본 일이 없지 아니한가.
>
> 나는 다음 탄환으로 연호의 가슴을 뚫었다. 사람을 죽인 것이다. 남에게 손가락 하나 까풋하지 않으려던 내가 사람을 죽인 것이다. 가엾은 연호. 연호와 나와는 아무런 원한도 없었는데. 인간이란 이래서 죄인이라는 것일까.
>
> – 선우휘, '불꽃'

① '연호'와 '현'은 서로에게 동시에 총을 쐈다.
② '현'은 죽음의 위기에서 자신의 지나온 삶을 되돌아보고 있다.
③ '고 노인'은 죽음을 앞두고, 자신의 생존보다 '현'을 걱정하고 있다.
④ '현'은 '연호'를 가엾게 여기지만 그를 죽인 것에 대해 죄의식을 느끼지는 않는다.

18. 다음 중 표준어가 바르게 쓰인 것은?

① 덩쿨
② 여지껏
③ 떨어먹다
④ 안절부절못하다

19. 다음 시의 ㉠~㉣에 대한 설명으로 적절하지 않은 것은?

> ㉠거울속에는소리가없소
> 저렇게까지조용한세상은참없을것이오
>
> 거울속에도내게귀가있소
> 내말을못알아듣는딱한귀가두개나있소
>
> 거울속의나는왼손잡이오
> ㉡내악수(握手)를받을줄모르는—악수를모르는왼손잡이오
>
> 거울때문에나는거울속의나를만져보지를못하는구료마는
> ㉢거울이아니었던들내가어찌거울속의나를만나보기만이라도했겠소
>
> 나는지금(至今)거울을안가졌소마는거울속에는늘거울속의내가있소
> 잘은모르지만㉣외로된사업(事業)에골몰할게요
>
> 거울속의나는참나와는반대(反對)요마는
> 또꽤닮았소
> 나는거울속의나를근심하고진찰(診察)할수없으니퍽섭섭하오
> – 이상, '거울'

① ㉠의 '거울'은 화자의 분열된 자의식의 세계를 의미한다.
② ㉡은 분열된 두 자아 간 화해의 시도를 나타낸다.
③ ㉢의 '거울'은 분열된 두 자아를 연결하는 매개체의 역할을 한다.
④ ㉣은 분열된 자아의 자아 회복을 위한 집념을 의미한다.

20. 다음 글에서 의인화하고 있는 대상은?

> 국순(麴醇)의 자(字)는 자후(子厚)이다. 〈중 략〉 순(醇)의 기국(器局)과 도량은 크고 깊었다. 출렁대고 넘실거림이 만경창파(萬頃蒼波)와 같아 맑게 하여도 맑지 않고, 뒤흔들어도 흐리지 않으며, 자못 기운을 사람에게 더해 주었다. 일찍이 섭법사(葉法師)에게 나아가 온종일 담론할 때, 일좌(一座)가 모두 절도(絕倒)하였다.

① 돈   ② 술
③ 국화   ④ 지팡이

21. 다음 글의 주제로 가장 적절한 것은?

> 인간관계에서 신뢰란 상대방을 믿고 의지하는 것인데 크게 세 가지 요소와 관련되어 형성된다. 첫째, 유능한 사람이라는 것을 믿는 것이다. 둘째, 좋은 사람, 또는 나에 대해 악의가 없고 호의를 가지고 있다는 것을 믿는 것이다. 셋째, 성실하고 일관성 있는 사람이라는 것을 믿는 것이다. 상황에 따라 조금씩 강조되는 항목이 다르지만 우리가 누군가를 신뢰한다고 얘기할 때는 일반적으로 유능성, 호의성, 성실성을 믿는 것이다.
>
> 두말할 것 없이 사회생활에서도 신뢰감이 매우 중요하다. 교육이나 모임, 행사에 참석하면 동시에 수많은 사람을 만나게 된다. 그런 상황에서 짧은 시간에 신뢰감을 주지 못하면 나에 대한 기대감이 형성되지 못하고 결국 인간관계가 이어지지 않는 게 일반적이다. 따라서 평상시에 자기소개를 하거나, 다른 사람과 대화를 나눌 때 나에 대한 신뢰감을 높일 수 있도록 노력할 필요가 있다. 또한 인간관계를 맺고 있는 주변 사람들에게 신뢰를 잃지 않도록 평소에 말과 행동을 조심해야 한다.
>
> 일반적으로 유능하다는 신뢰감을 주기 위해서는 학력, 경력, 단체 활동, 권위, 후광효과, 연상효과, 상벌사항, 저작물, 언론 및 방송 출연 경력 등이 활용된다. 또는 전문적인 용어나 일반인들이 접하기 어려운 희귀한 정보, 고급정보를 대화 중에 자연스럽게 이야기하는 것도 신뢰감 형성에 도움이 된다. 그러나 가장 중요한 것은 일관된 말과 행동이다.
>
> 거짓말이나 과장, 허튼소리를 하지 않고 내가 한 약속은 아무리 사소한 것이라도 철저하게 지켜야 한다. 그리고 매사에 성실한 자세로 임하는 모습이 중요하다.
>
> 어떤 일이든 내게 맡겨진 업무는 확실하게 처리하라. 티끌 모아 태산이 되듯이 하나하나의 작은 인상이 더해져 신뢰감이라는 인식을 가져다준다. 사람들이 적극적으로 나를 PR해줄 수 있도록 평소에 꾸준하게 신뢰를 형성하자.

① 상대방에게 호의를 보여 신뢰감을 얻어야 한다.
② 신뢰감을 형성할 수 있는 말과 행동을 해야 한다.
③ 사소한 일이라도 최선을 다하면 큰 신뢰를 형성할 수 있다.
④ 짧은 시간에 신뢰감을 형성할 수 있도록 성실하게 행동해야 한다.

22. 대사와 부인의 말하기 방식에 대한 설명으로 옳지 않은 것은?

> 대사가 말하기를,
> "공자의 말은 반반한 장부의 말이로다."
> 하고 부인 앞에 가서 고금의 일을 이야기하다가 공자의 품은 큰 뜻을 여쭈니 부인이 말하기를,
> "말은 당연하나 만리타국에 보내고 어찌 이 적막강산 사고무친한 곳에서 잠시라도 잊을 수 있으며 또한 저의 나이 어리고 세상사에 어리석은지라, 어지러운 세상에 나가 어찌될 줄 알리오."
> 하니, 대사가 말하기를,
> "부인의 말씀도 일리가 있사옵니다. 그러나 이제 공자를 어리다 하시거니와, 천병만마에 시석(矢石)이 비 오듯 하여 살기(殺氣)가 충천한 곳에 넣어도 조금도 걱정할 바가 없을 것이니 부인은 어찌 사람의 운명을 의심하십니까? 홍문연 살기 중에 패공이 살아나고, 파강산 천경사의 부인이 살았으니 어찌 천명을 근심하리오. 소승 또한 공자의 환란을 짐작하지 못하오면 어찌 출세함을 권하며, 공자 세상에 나가도 부인은 이곳에 계시오면 무슨 근심이 있으리까?"
> — 작자 미상, '조웅전'

① 대사는 고사를 인용하며 부인을 설득하고 있다.
② 대사는 설의법을 통해 자신의 주장을 강하게 드러내고 있다.
③ 부인은 공자의 무능함을 자신의 탓으로 돌리며 대사의 말에 반박하고 있다.
④ 부인은 의지할 곳 없이 지내게 될 자신의 상황에 대한 우려를 드러내고 있다.

※ 다음 글을 읽고 물음에 답하시오. (23~24)

> 대개 병원에 입원했던 부상병이 퇴원할 즈음이 되면 곧잘 모여 낮은 자리에서 자기가 산 것을 기적같이 말하곤 했다. 그러나 나는 이런 말을 듣고 있으면서도 한 번도 나 자신이 살아난 것을 기적이라고 생각해 본 적이 없었다.
>
> 물론 그날의 일은 모두가 과거요, 추억이지만 그날 내가 본 신기한 꿈은 과거의 것이 아니라 그때까지는 미래에 속하여 있었다. 내가 나의 생환을 기적이라고 생각지 않은 원인도 이런 데 있었는지도 모른다. 어떤 절망에 빠졌어도 꿈을 갖는다는 것은 소중한 일이다.
>
> 주림과 피곤에 지친 우리들은 이러한 풍경을 바라다 볼 기력도 없이 주저앉아 있기 마련이었다. 우리 세 동갑 중 가장 치밀하고 슬기있는 것이 상운이다. 치밀이라고 할까 또는 슬기라고나 할까 어떻든 그날 아침 불안과 절망에 묻혀 있는 우리들에게 새로운 희망을 가져다 준 것은 상운이었다.

"됐어 됐어! 자 이것 봐……. 이것만 있으면 문제는 해결될 수 있지 않아……."

그가 중얼거리며 선창에서 끌어당길 때 나는 그것이 무엇인지를 모르고 있었다.

"야! 살았다. 살았어……"

순복이가 이런 소리를 칠 때야 겨우 나는 그것이 무엇인지를 알 수 있었다.

그물이다…….

그물……. 내 마음 속에서도 그들모양 생기가 꿈틀거렸다.

그러나 갈매기의 울음소리는 비어 있는 하늘 아래 아무 데서도 들려 오지 않았다. 나는 모든 희망을 포기할 수밖에 없었다. 그 이상의 기적을 바라는 자신이 어리석은 것 같아 털썩 주저앉아 버리고 말았다. 나는 놀라지 않을 수 없었다. 그것은 상운이와 순복이가 큰 그물을 칼로 자르고 있는 것을 보았던 까닭이다.

"어떻게 하지?"

놀란 나의 목소리는 떨고 있었다.

"무엇을……?"

나는 대답에 궁했다. 상운과 순복은 번갈아 나의 표정을 쳐다보며 일손을 멈추지 않는다. 그들의 표정에 가벼운 노기가 있음을 나는 느낄 수 있었다. 아버지의 배는 아니지만 아버지가 선주에게 빌린 배다. 그물도 역시 그러했다. 그물이 중요하다는 것은 상운과 순복이도 알고 있었을 것이다. 그러나 이때처럼 우리 식구들의 생명이 그물코에 달려 있다는 것을 절실히 느껴본 적은 없었다.

무거운 침묵이 가슴을 누르고 있었다. 햇살이 퍼진 탓에 누긋한 바람이 목덜미를 씻고 지나갔다. ㉠ 눈앞에 두 번 세 번 떠오르는 아버지의 얼굴을 잊으려고 나는 눈을 감고 있었다.

"그물이 중하지……."

뱃머리를 두드리는 파도 소리보다도 그 목소리는 고요 속에 어떤 무게를 가지고 있었다.

"그물도 중하지만 우리가 살아야 한다는 것은 더 절박한 일이야."

나는 이 말에 이상한 감동을 느꼈다.

23. 다음 중 ㉠에 대한 '나'의 심리로 가장 적절한 것은?
① 살아 돌아갈 수 있다는 기대감 때문에
② 아버지에 대한 죄송스러움과 죄책감 때문에
③ 자신보다 동료들이 성숙하다고 느꼈기 때문에
④ 다시는 아버지를 볼 수 없다는 불안감 때문에

24. 윗글의 시점에 대한 설명으로 옳은 것은?
① '나'가 주인공에 대해 관찰한 이야기를 전개하고 있다.
② 외부 관찰자의 시점으로 객관적인 태도를 유지하며 상황을 묘사하고 있다.
③ 서술자가 작품에 직접 개입하여 등장인물의 성격과 심리를 이야기하고 있다.
④ '나'가 자신이 직접 겪은 이야기를 전개하며 자신의 내면세계를 드러내고 있다.

25. 다음 글에 대한 이해로 적절하지 않은 것은?

> 미국의 한 대학에서 가족 구성 형태에 대한 연구 결과를 발표하였다. 학사 학위 이상의 어머니를 둔 아이들은 84퍼센트가 기혼 상태인 부모님과 함께 거주하는 반면, 고등학교 졸업 이하의 학력을 지닌 어머니를 둔 아이들은 58퍼센트만 기혼 상태인 부모님과 함께 거주하고 있었다. 또한 백인 아이들의 75퍼센트가 기혼 상태인 부모님과 함께 사는 반면, 흑인 아이들은 단지 38퍼센트만이 기혼 상태의 부모님과 함께 살고 있었다. 이런 가족의 형태는 아이들의 삶에 실제적인 결과로 영향을 미친다. 동거 가정이나 한부모 가정에서 자란 아이들과 비교했을 때, 안정적인 형태의 부모 밑에서 자라난 아이들이 일반적으로 유년기에 더 건강한 시간을 보낼 수 있었고, 학업도 고등학교까지 마칠 가능성이 더 높았다. 게다가 성인이 된 후에도 더 높은 소득을 얻고 있다는 결과도 나왔다.
>
> 왜 이런 결과가 나왔을까? 가장 설득력이 있는 가설은 기혼 가정의 안정적인 경제적 구조가 불평등을 야기한다는 것이다. 현재 미국의 아이들은 방목형 양육이 아닌 집중형 양육의 시대에서 자라나고 있다. 그래서 대부분의 아이들이 유년기에 피아노 수업, 과외, 스포츠 팀, 여름 캠프 등 많은 활동을 하게 된다. 부모들은 이런 활동들이 좋은 성적, 좋은 대학을 갈 수 있는 기회, 원하는 직업을 얻을 수 있는 기회와 결부된다고 생각하므로 많은 돈을 아낌없이 투자한다.

① 부모의 학력 및 인종에 따라 가족 구성 형태에 차이가 있었다.
② 기혼 가정은 경제적인 측면에서 다른 형태의 가족보다 안정적이다.
③ 어머니의 학력이 높을수록 아이들이 기혼 상태의 부모님과 함께 거주할 확률이 높다.
④ 기혼 부모와 거주하는 백인 아이들의 비율은 기혼 부모와 거주하지 않는 흑인 아이들의 비율보다 낮다.

행정법
제2과목

응시번호 :   성명 :

01. 행정행위의 효력에 대한 설명으로 옳지 않은 것은? (다툼이 있는 경우 판례에 의함)

① 공정력은 행정행위의 상대방인 국민에 대한 구속력인 데 반해, 구성요건적 효력은 타 국가기관에 대한 구속력이다.
② 행정행위가 법정요건을 갖추어 행해진 경우에 발생하는 구속력은 그 내용에 따라 상대방·관계인 및 행정청을 구속하는 실체법적 효과가 발생하는 효력이다.
③ 공정력은 취소할 수 있는 행정행위뿐만 아니라 부존재와 행정행위의 하자가 중대하고 명백하여 무효인 경우에도 인정된다는 것이 통설과 판례의 입장이다.
④ 불가쟁력이 발생한 행정행위이더라도 불가변력이 발생하지 않는 한 처분청은 직권으로 취소·변경할 수 있음이 원칙이다.

02. 원칙적으로 지방자치단체의 사무 범위에 해당하는 것으로 옳은 것은 모두 몇 개인가?

> ㄱ. 지방자치단체의 구역, 조직, 행정관리 사무
> ㄴ. 국제교류 및 협력에 관한 사무로서 외국 지방자치단체와의 교류·협력
> ㄷ. 주민의 복지증진과 관련된 사무
> ㄹ. 외교, 국방, 사법, 국세 등 국가의 존립에 필요한 사무
> ㅁ. 물가정책, 금융정책, 수출입정책 등 전국적으로 통일적 처리를 할 필요가 있는 사무
> ㅂ. 농림·수산·상공업 등 산업 진흥 관련 사무

① 2개   ② 3개
③ 4개   ④ 5개

03. 공법관계와 사법관계의 구별에 대한 판례의 입장으로 옳지 않은 것은?

① 국유재산 무단점유자에 대한 변상금부과처분은 행정소송의 대상이 되는 행정처분이라고 보아야 한다.
② 기부자가 기부채납한 부동산을 일정기간 무상사용한 후에 한 사용허가기간 연장신청을 거부한 행정청의 행위는 단순한 사법상의 행위일 뿐 행정처분 기타 공법상 법률관계에 있어서의 행위는 아니다.
③ 조세채무관계는 공법상의 법률관계이고 그에 관한 쟁송은 원칙적으로 행정사건으로서 행정소송법의 적용을 받는다.
④ 사립중학교에 대한 중학교 의무교육의 위탁관계는 초·중등교육법 제12조 제3항·제4항 등 관련 법령에 의하여 정해지는 사법관계에 속한다.

04. 공무원의 권리와 의무에 대한 설명으로 옳은 것은? (다툼이 있는 경우 판례에 의함)

① 공무원이 모든 국민에게 보장된 기본권을 행사하는 행위를 하였다 할지라도 지방공무원법상 품위유지의무위반행위에 해당될 수 있다.
② 구 군인복무규율상 고충심사는 군인의 재판청구권 행사에 앞서 반드시 거쳐야 하는 군내 사전절차로서의 의미를 가진다.
③ 임용결격자가 공무원으로 임용되어 사실상 근무하여 온 경우, 공무원연금법이나 근로자퇴직급여 보장법에서 정한 퇴직급여를 청구할 수 있다.
④ 지방공무원은 지방공무원법의 적용을 받으며 근로기준법상의 근로자에는 해당되지 않으므로, 근로기준법이 적용될 수는 없다.

05. 공공기관의 정보공개에 관한 법률에 대한 설명으로 옳지 않은 것은?

① 공개될 경우 부동산 투기, 매점매석 등으로 특정인에게 이익 또는 불이익을 줄 우려가 있다고 인정되는 정보는 비공개 대상정보에 해당한다.
② 지방자치단체는 그 소관 사무에 관하여 법령의 범위에서 정보공개에 관한 조례를 정할 수 있다.
③ 사립 고등학교는 공공기관의 정보공개에 관한 법률에서 말하는 공공기관에 포함된다.
④ 공개 청구한 정보가 비공개 대상에 해당하는 부분과 공개 가능한 부분이 혼합되어 있는 경우에는 정보공개를 거부하여야 한다.

06. 행정기본법상 법적용의 기준에 대한 설명으로 옳은 것을 모두 고르면?

> ㄱ. 새로운 법령은 법령에 특별한 규정이 있는 경우를 제외하고는 그 법령의 효력 발생 전에 완성되거나 종결된 사실관계 또는 법률관계에 대해서는 적용되지 아니한다.
> ㄴ. 당사자의 신청에 따른 처분은 법령에 특별한 규정이 있는 경우를 제외하고는 처분 당시의 법령에 따른다.
> ㄷ. 법령을 위반한 행위의 성립과 이에 대한 제재처분은 법령에 특별한 규정이 있는 경우를 제외하고는 처분 당시의 법령에 따른다.
> ㄹ. 법령을 위반한 행위 후 법령의 변경에 의하여 그 행위가 법령을 위반한 행위에 해당하지 아니한 경우로서 해당 법령에 특별한 규정이 없는 경우에는 변경된 법령 등을 적용한다.

① ㄱ, ㄴ, ㄷ
② ㄱ, ㄴ, ㄹ
③ ㄱ, ㄷ, ㄹ
④ ㄴ, ㄷ, ㄹ

07. 행정행위에 대한 설명으로 옳지 않은 것은? (다툼이 있는 경우 판례에 의함)

① 유기장영업허가는 유기장영업권을 설정하는 설권행위이다.
② 수리를 요하지 아니하는 신고의 경우에 신고에 하자가 있다면 보정되기까지는 신고의 효과가 발생하지 않는다.
③ 선행처분이 종국적 처분을 예정하고 있는 일종의 잠정적 처분이 되고 이와 관련한 후행처분이 있을 경우에는, 선행처분은 후행처분에 흡수되어 소멸하므로 선행처분의 취소를 구하는 것은 부적법하게 된다.
④ 판례는 대물적 영업의 양도의 경우 명시적인 규정이 없는 경우에도 양도 전에 존재하는 영업정지사유를 이유로 양수인에 대해서도 영업정지처분을 할 수 있다고 보고 있다.

08. 다음 중 행정행위의 성격이 올바르게 연결되지 않은 것을 모두 고르면? (다툼이 있는 경우 판례에 의함)

> ㄱ. 자동차운수사업법에 의한 개인택시운송사업면허 – 재량행위
> ㄴ. 구 주택건설촉진법 및 동법 시행령상 주택조합에 대한 설립인가처분 – 기속행위
> ㄷ. 방위사업법상 방산물자 지정 및 지정취소 처분 – 재량행위
> ㄹ. 지방병무청장의 공익근무요원소집처분 – 재량행위

① ㄱ, ㄹ
② ㄱ, ㄷ
③ ㄴ, ㄷ
④ ㄴ, ㄹ

09. 공공기관의 정보공개에 관한 법률상 이의신청에 대한 내용이다. 다음 중 ㄱ~ㄹ에 들어갈 내용으로 옳은 것은?

> • 청구인이 정보공개와 관련한 공공기관의 비공개 결정 또는 부분 공개 결정에 불복이 있거나, 정보공개 청구 후 (ㄱ)일이 경과하도록 정보공개 결정이 없는 때에는, 공공기관으로부터 정보공개 여부의 결정 통지를 받은 날 또는 정보공개 청구 후 (ㄴ)일이 경과한 날부터 (ㄷ)일 이내에 해당 공공기관에 문서로 이의신청을 할 수 있다.
> • 공공기관은 이의신청을 받은 날부터 (ㄹ)일 이내에 그 이의신청에 대하여 결정하고 그 결과를 청구인에게 지체 없이 문서로 통지하여야 한다.

	ㄱ	ㄴ	ㄷ	ㄹ
①	10	20	30	7
②	10	10	10	20
③	20	20	30	7
④	20	30	10	20

10. 행정규칙에 대한 설명으로 옳지 않은 것은? (다툼이 있는 경우 판례에 의함)

① 공공기관의 운영에 관한 법률의 위임에 따라 입찰자격제한 기준을 정하는 부령은 행정내부의 재량준칙에 불과하다.
② 법령보충적 행정규칙은 공포 없이 그 자체로 법규명령의 효력을 가진다.
③ 경찰청예규로 정해진 구 채증규칙은 경찰청 내부의 행정규칙에 불과하므로 집회·시위 참가자들은 구체적인 촬영행위에 의해 비로소 기본권을 제한받게 되는 것이고, 채증규칙이 직접 기본권을 침해하는 것은 아니다.
④ 보건복지부 고시가 다른 집행행위의 매개 없이 그 자체로서 요양기관, 국민건강보험공단, 국민건강보험 가입자 등의 법률관계를 직접 규율하고 있다면 항고소송의 대상이 된다.

11. 행정계획에 대한 설명으로 옳은 것은? (다툼이 있는 경우 판례에 의함)

① 도시계획법상 도시기본계획은 일반 국민에 대한 직접적인 구속력이 없다.
② 도시·군계획시설사업의 사업시행자 지정을 위한 토지소유자의 동의는 도시계획시설결정 이후에 받는 것이 원칙이므로, 도시계획시설결정 이전에 받은 사업시행자에 관한 동의는 당연무효이다.
③ 행정주체가 기반시설을 조성하기 위하여 도시·군계획시설 결정을 하는 경우에는 광범위한 재량권이 인정되므로 재량통제의 대상이 되지 않는다.
④ 행정기본법에는 행정계획에 대한 일반규정이 있다.

12. 행정상 법률관계에 대한 설명으로 옳지 않은 것은? (다툼이 있는 경우 판례에 의함)

① 공무수탁사인은 행정주체이면서 동시에 행정청의 지위를 가진다.
② 국가를 당사자로 하는 계약에 관한 법률에 따라 국가가 당사자로 되는 입찰방식에 의한 사인과 체결하는 이른바 공공계약은 국가가 사경제의 주체로서 상대방과 대등한 위치에서 체결하는 사법상의 계약이다.
③ 관리관계는 대등한 법률관계로서 공법적 규율을 받는 범위 내에서의 법적 분쟁은 행정소송 중 항고소송의 대상이 된다.
④ 협의의 사법관계란 행정주체가 사인과 동일한 지위에서 재산권의 주체로서 사법상의 효력을 발생시키는 사경제적 활동으로, 공공성과는 무관한 활동을 말한다.

13. 공익사업으로 인한 손실보상에 대한 판례의 입장으로 옳지 않은 것은?

    ① 공익사업으로 인하여 영업을 폐지하거나 휴업하는 자가 사업시행자를 상대로 손실보상을 청구할 때 반드시 공익사업을 위한 토지 등의 취득 및 보상에 관한 법률상의 재결절차를 반드시 거쳐야 하는 것은 아니다.
    ② 공익사업을 위한 토지 등의 취득 및 보상에 관한 법률상 잔여지 수용청구를 받아들이지 않은 토지수용위원회의 재결에 대하여 토지소유자가 불복하여 제기하는 소송의 피고는 사업시행자로 하여야 한다.
    ③ 토지의 일부가 접도구역으로 지정·고시됨으로써 사용가치 및 교환가치의 하락 등이 발생하더라도 잔여지 손실보상의 대상에 해당하지 않는다.
    ④ 공익사업을 위한 토지 등의 취득 및 보상에 관한 법률에 의한 보상합의는 공공기관이 사경제주체로서 행하는 사법상 계약의 실질을 가진다.

14. 개인정보 보호법에 대한 설명으로 옳지 않은 것은?

    ① 개인정보 보호에 관한 사무를 독립적으로 수행하기 위하여 국무총리 소속으로 개인정보 보호위원회를 둔다.
    ② 개인정보처리자의 고의 또는 중대한 과실로 인하여 개인정보가 분실·도난·유출·위조·변조 또는 훼손된 경우로서 정보주체에게 손해가 발생한 때에는 법원은 그 손해액의 5배를 넘지 아니하는 범위에서 손해배상액을 정할 수 있다.
    ③ 개인정보처리자가 고유식별정보를 처리하는 경우에는 그 고유식별정보가 분실·도난·유출·위조·변조 또는 훼손되지 아니하도록 대통령령으로 정하는 바에 따라 암호화 등 안전성 확보에 필요한 조치를 하여야 한다.
    ④ 개인정보처리자는 정보주체에게 다른 개인정보의 처리에 대한 동의와 별도로 동의를 받은 경우에는 주민등록번호를 처리할 수 있다.

15. 행정심판법상 행정심판의 절차에 대한 설명으로 옳지 않은 것은?

    ① 위원회는 필요하면 관련되는 심판청구를 병합하여 심리하거나 병합된 관련 청구를 분리하여 심리할 수 있다.
    ② 행정심판의 심리기일의 지정 및 변경은 위원회의 직권으로만 가능하다.
    ③ 행정심판의 심리는 구술심리나 서면심리로 하며, 당사자가 구술심리를 신청한 경우에는 특별한 사정이 없는 한 구술심리를 하여야 한다.
    ④ 청구인은 행정심판위원회의 의결이 있을 때까지 서면으로 심판청구를 취하할 수 있다.

16. 국유재산에 대한 설명으로 옳지 않은 것은? (다툼이 있는 경우 판례에 의함)

    ① 행정재산의 사용·수익에 대한 허가는 강학상 특허에 해당한다.
    ② 국민에게는 행정재산의 사용·수익허가를 신청할 법규상 또는 조리상의 권리가 있다고 할 것이므로 공유재산의 관리청이 행정재산의 사용·수익에 대한 허가 신청을 거부한 행위는 행정처분에 해당한다.
    ③ 국유재산법상 행정재산의 사용·수익의 허가기간은 5년 이내로 한다.
    ④ 행정재산을 사용·수익허가 없이 무단점유할 경우, 변상금 부과대상인 '무단점유'로 보기 위해서는 반드시 그 사용이 독점적·배타적이어야 하며, 만일 점유 부분이 일반 공중의 이용에 제공되고 있다면 점유가 아니라고 볼 수 있다.

17. 행정행위의 하자에 대한 설명으로 옳지 않은 것은? (다툼이 있는 경우 판례에 의함)

    ① 행정처분이 발하여진 후에 헌법재판소가 그 행정처분의 근거가 된 법률을 위헌으로 결정하였다면 결과적으로 행정처분은 법률의 근거가 없이 행하여진 것과 마찬가지가 되어 하자가 있는 것으로 당연무효가 된다.
    ② 행정처분의 근거가 된 법률이 위헌이라는 이유로 무효확인청구의 소가 제기된 경우에는 다른 특별한 사정이 없는 한 법원으로서는 그 법률이 위헌인지 여부에 대하여는 판단할 필요 없이 그 무효확인청구를 기각하여야 한다.
    ③ 행정처분을 한 처분청은 처분의 성립에 하자가 있는 경우 별도의 법적 근거가 없더라도 직권으로 이를 취소할 수 있다.
    ④ 징계처분이 중대하고 명백한 하자 때문에 당연무효인 경우에는 징계처분을 받은 자가 이를 용인하더라도 그 하자가 치유되는 것은 아니다.

18. 수산제조업을 신고하고자 하는 甲은 관할 관청에 수산제조업 신고서를 제출하려고 한다. 이에 대한 설명으로 옳지 않은 것은? (다툼이 있는 경우 판례에 의함)

    ① 甲이 그 신고서를 구비서류까지 첨부하여 제출한 경우 시장·군수·구청장으로서는 형식적 요건에 하자가 없는 한 수리하여야 한다.
    ② 甲이 법령상 규정된 형식적 요건을 갖추지 못한 신고서를 제출한 경우 행정청은 지체 없이 상당한 기간을 정하여 甲에게 보완을 요구하여야 한다.
    ③ 법령에 별도의 규정이 있거나 다른 특별한 사정이 없는 한 甲의 신고는 행정관청에 대한 일방적인 통고로써 그치는 것이고 그에 대한 행정관청의 반사적 결정을 기다릴 필요가 없는 것이다.
    ④ 관할 관청에 甲의 신고서가 제출되었으나 담당 공무원이 법령에 규정되지 아니한 사유를 들어 그 신고를 수리하지 않고 반려하였다고 하더라도, 甲의 신고가 있었다고 볼 수는 없다.

19. 당사자소송에 대한 설명으로 옳지 않은 것은? (다툼이 있는 경우 판례에 의함)

    ① 당사자소송에서 법원은 필요하다고 인정하는 때에는 직권으로 증거조사를 할 수 있고, 당사자가 주장하지 아니하는 사실에 대하여도 판단할 수 있다.
    ② 당사자소송에는 행정소송법의 집행정지에 관한 규정이 준용되지 아니하므로, 이를 본안으로 하는 가처분에 대하여는 민사집행법상의 규정이 준용되어야 한다.
    ③ 당사자소송으로 제기해야 할 사건을 민사소송으로 잘못 제기한 경우, 법원은 각하판결을 하여야 한다.
    ④ 당사자소송 계속 중 법원의 허가를 얻으면 취소소송으로 변경할 수 있다.

20. 행정상 손실보상에 대한 설명으로 옳지 않은 것은? (다툼이 있는 경우 판례에 의함)

    ① 지장물인 건물은 그 건물이 적법한 건축허가를 받아 건축된 것인지 여부에 관계없이 토지수용법상의 사업인정의 고시 이전에 건축된 건물이기만 하면 손실보상의 대상이 된다.
    ② 수용에 따른 손실보상액 산정의 경우 헌법 제23조 제3항에 따른 정당한 보상이란 원칙적으로 피수용재산의 객관적인 재산가치를 완전하게 보상하여야 한다는 완전보상을 뜻한다.
    ③ 공익사업의 시행으로 토석채취허가를 연장받지 못한 경우 그로 인한 손실은 적법한 공권력의 행사로 가하여진 재산상의 특별한 희생으로서 손실보상의 대상이 된다.
    ④ 손실보상은 헌법 제23조 제3항에 따라 법률로써 하고 이때의 법률은 국회가 제정한 형식적 의미의 법률을 의미한다.

21. 원고적격에 대한 판례의 입장으로 옳은 것을 모두 고르면?

> ㄱ. 처분의 취소나 효력 유무의 확인을 구할 법률상 이익의 유무는 그 처분의 성립시를 기준으로 판단한다.
> ㄴ. 원자로 시설부지의 인근 주민들에게도 방사성물질 등에 의한 생명·신체의 안전침해를 이유로 부지사전승인처분의 취소를 구할 원고적격이 인정된다.
> ㄷ. 불이익처분과 수익처분을 불문하고 처분의 상대방은 직접 개인적 이익을 침해당한 것으로 볼 수 없으므로 처분취소소송에서 원고적격을 인정받지 못한다.
> ㄹ. 행정처분의 직접 상대방이 아닌 제3자라 하더라도 당해 행정처분으로 인하여 법률상 보호되는 이익을 침해당한 경우에는 취소소송을 제기하여 그 당부의 판단을 받을 자격이 있다.

① ㄱ, ㄷ
② ㄴ, ㄹ
③ ㄱ, ㄷ, ㄹ
④ ㄴ, ㄷ, ㄹ

22. 행정소송법상 집행정지에 대한 설명으로 옳은 것은? (다툼이 있는 경우 판례에 의함)

① 집행정지의 결정에 대하여는 즉시항고할 수 있으며, 이 경우 집행정지의 결정에 대한 즉시항고에는 결정의 집행을 정지하는 효력이 있다.
② 거부처분에 대한 취소소송에서는 집행정지가 허용되지 않는다.
③ 행정소송법 제23조 제3항에서 규정하고 있는 집행정지의 장애사유로서의 '공공복리에 중대한 영향을 미칠 우려'는 일반적·추상적인 공익에 대한 침해의 가능성만으로도 충족되고, 이러한 집행정지의 소극적 요건에 대한 주장·소명책임은 원고에게 있다.
④ 집행정지결정을 한 후에 본안소송이 취하되더라도 그 집행정지결정의 효력이 당연히 소멸하는 것은 아니고, 별도의 취소조치를 필요로 한다.

23. 행정조사에 대한 설명으로 옳지 않은 것은? (다툼이 있으면 판례에 의함)

① 세무조사는 국가의 과세권을 실현하기 위한 행정조사의 일종으로서 국세의 과세표준과 세액을 명확하게 결정 또는 경정하기 위하여 원칙적으로 납세자에 대하여 같은 세목 및 과세기간에 대한 거듭된 세무조사를 할 수 있다.
② 행정기관은 이미 조사를 받은 조사대상자에 대하여 위법행위가 의심되는 새로운 증거를 확보한 경우에는 재조사할 수 있다.
③ 행정기관은 조사목적에 적합하도록 조사대상자를 선정하여 행정조사를 실시하는 것을 원칙으로 하나, 필요한 경우 제3자에 대하여도 조사할 수 있다.
④ 마약류 불법거래 방지에 관한 특례법에 따른 조치의 일환으로 특정한 수출입품을 개봉하여 검사하고 그 내용물의 점유를 취득한 행위는 사전 또는 사후에 영장을 받아야 한다.

24. 행정의 실효성 확보수단에 대한 설명으로 옳지 않은 것은? (다툼이 있는 경우 다수설 및 판례에 의함)

① 의무위반자의 명단공표는 법에 근거가 있는 경우에 한하여 가능하다.
② 행정청이 행정제재수단으로 사업정지 또는 과징금을 부과할 것인지, 과징금의 경우 얼마로 할 것인지의 재량이 부여된 경우 과징금부과처분이 법이 정한 한도액을 초과하여 위법한 경우 법원은 그 초과된 부분만을 취소할 수 있다.
③ 행정법규 위반에 대하여 가하는 제재조치는 행정목적의 달성을 위하여 행정법규 위반이라는 객관적 사실에 착안하여 가하는 제재이므로 반드시 현실적인 행위자가 아니라도 법령상 책임자로 규정된 자에게 부과되고, 특별한 사정이 없는 한 위반자에게 고의나 과실이 없더라도 부과할 수 있다.
④ 아무런 권원 없이 국유재산에 설치한 시설물에 대하여 행정청이 행정대집행을 할 수 있음에도 민사소송의 방법으로 그 시설물의 철거를 구하는 것은 허용되지 않는다.

25. 다음 중 판례의 입장으로 옳지 않은 것은?

① 군인사법이 부사관으로 최초로 임용되는 사람의 최고연령을 27세로 제한하는 것은 숙련된 부사관의 활용기간을 고려한 것으로 부사관 지원자들의 공무담임권을 침해하지 않는다.

② 주한 미군에 근무하면서 특수업무를 수행하는 한국인 군무원에 대한 주한 미군측의 고용해제 통보 후 국방부장관이 행한 직권면직의 인사발령은 항고소송의 대상이 된다.

③ 병무청장의 요청에 따라 법무부장관이 가수 甲의 입국을 금지하는 결정을 하고, 그 정보를 내부전산망인 '출입국관리정보시스템'에 입력하였으나 甲에게는 통보하지 않은 경우, 이와 같은 입국금지결정은 항고소송의 대상이 되는 처분에 해당하지 않는다.

④ 예컨대 '대한민국 남자가 병역을 기피할 목적으로 외국국적을 취득하고 대한민국 국적을 상실하여 외국인이 된 경우'와 같이, 그의 국내 체류를 허용하지 않음으로써 달성하고자 하는 공익이 그로 말미암아 발생하는 불이익보다 큰 경우에는 행정청은 재외동포체류자격의 사증을 발급하지 않을 재량을 가진다.

행정학
제3과목

01. 지방세의 체계를 보통세와 목적세로 나눌 때, 다음 중 목적세에 해당하는 것만을 모두 고르면?

> ㄱ. 지방소비세
> ㄴ. 지방교육세
> ㄷ. 재산세
> ㄹ. 지방소득세
> ㅁ. 지역자원시설세

① ㄱ, ㄴ
② ㄴ, ㅁ
③ ㄷ, ㄹ
④ ㄹ, ㅁ

02. 정보화의 역기능 중 추측이나 뜬소문이 덧붙여진 부정확한 정보가 빠르게 전파되어 개인과 사회에 치명적인 영향을 미치는 말로 옳은 것은?

① 인포데믹스(infodemics)
② 집단극화(group polarization)
③ 전자팬옵티콘
④ 마태효과(Matthew effect)

03. 강화이론에 대한 설명으로 옳지 않은 것은?

① 외적인 행태변화에 초점을 맞춘 '행태론적 동기이론'이다.
② 파블로프(Pavlov)의 고전적 조건화이론, 스키너(Skinner)의 조작적 조건화이론 등이 대표적이다.
③ 견책, 해고 등 바람직하지 않은 결과를 제공하는 것은 소극적 강화에 해당한다.
④ 미리 결정된 일정한 시간간격으로 강화요인을 제공하는 것을 고정간격 강화라 한다.

04. 신공공서비스론에 대한 설명으로 옳지 않은 것은?

① 공익을 행정의 부산물이 아닌 목적으로 보며, 공익을 '공유하는 가치에 대한 담론의 결과'로 정의한다.
② 정부의 역할로 방향잡기가 아닌 서비스 제공자로서의 정부를 강조한다.
③ 신고전학파 경제이론을 토대로 행정의 폭넓은 재량을 강조한다.
④ 시민이 행정서비스의 고객이 되는 측면을 경시할 수 있다.

05. 국가공무원법상 임용 결격사유에 해당하지 않는 사람은?

① 피성년후견인
② 금고 이상의 실형을 선고받고 그 집행이 종료되거나 집행을 받지 아니하기로 확정된 후 5년이 지나지 아니한 자
③ 금고 이상의 형을 선고받고 그 집행유예 기간이 끝난 날부터 2년이 지나지 아니한 자
④ 징계로 해임처분을 받은 때부터 5년이 지나지 아니한 자

06. 다음에서 설명하는 정책유형으로 옳은 것을 고르면?

> - 리플리와 프랭클린(Ripley & Franklin)이 분류한 정책 유형이다.
> - 개인이나 집단의 권리행사나 행동의 자유를 통제하여 일반대중을 보호하려는 정책이다.
> - 식품·의약품규제, 근로기준규제 등이 그 예이다.

① 분배정책
② 재분배정책
③ 보호적 규제정책
④ 경쟁적 규제정책

07. 아담스(Adams)가 주장한 형평성이론에 대한 설명으로 옳지 않은 것은?

① 동기이론을 내용이론과 과정이론으로 구분한다면 과정이론에 가까운 이론이다.
② 노력에 대한 보상이 다른 동료들과 비교하여 불공정하다고 느끼면 동기부여가 어려워지는 점을 강조한다.
③ 호혜주의 규범과 인지일관성을 전제한다.
④ 공정한 보상의 중요성에 대해 인식시켜 주었으나, 동기가 유발되는 과정이 현실과 다르다는 비판을 받기도 한다.

08. 정치행정일원론에 대한 설명으로 옳지 않은 것은?

① 정치와 행정이 밀접·불가분의 관계에 있다고 본다.
② 행태론에서 처음 제시되었으며, 행정의 정책결정기능을 강조한다.
③ 공사행정이원론과 그 의미가 유사하다.
④ 애플비(Appleby)는 정치와 행정의 과정은 연속적·순환적 과정이므로 결합관계를 중요시하였다.

09. 다음에서 설명하는 민자유치제도로 옳은 것은?

> - 정부와 민간이 시설 투자비와 운영비용을 일정비율로 나누는 방식이다.
> - 손실과 이익을 나누기 때문에 상대적으로 민간이 부담하는 위험이 감소된다.
> - 우리나라는 신안산선 사업에서 처음으로 적용되었다.

① BLT(Build-Lease-Transfer)
② BTL(Build-Transfer-Lease)
③ BTO-a(Build·Transfer·Operate-adjusted)
④ BTO-rs(Build·Transfer·Operate-risk sharing)

10. 우리나라 지방자치단체의 구조에 대한 설명으로 옳지 않은 것은?

① 일반적으로 단층제를 이루고 있으나, 제주특별자치도와 세종특별자치시는 중층제를 이루고 있다.
② 단층제는 이중행정의 폐단을 방지할 수 있지만, 국토가 넓고 인구가 많으면 적용이 곤란하다.
③ 광역시는 대도시 가운데 법률에 의하여 '도'로부터 분리되어, '도'와 동등한 지위를 부여받은 지방자치단체이다.
④ 지방행정계층 간의 기능 및 사무가 중복되는 경우가 많아, 행정수행의 자율성이 제한되고 있다.

11. 페로우(Perrow)의 기술유형론 중 과업의 다양성이 높으며, 문제의 분석 가능성이 낮은 기술유형을 고르면?

① 일상적 기술
② 비일상적 기술
③ 장인적 기술
④ 공학적 기술

12. 다음 중 공직부패에 대한 설명으로 옳지 않은 것만을 모두 고르면?

> ㄱ. 공직부패에 대한 기능주의적 접근법은 공직부패가 어느 정도 국가발전에 긍정적 역할을 할 수 있다는 입장이다.
> ㄴ. 회색부패는 사회체제에 아주 명백하고 심각한 해를 끼치는 부패이다.
> ㄷ. 거래형 부패는 관료와 시민이 뇌물을 매개로 이권이나 특혜 등을 불법적으로 받는 경우이다.
> ㄹ. 명백한 위법행위만이 해당하며 비위행위나 부당한 행위는 공직부패에 해당하지 않는다.

① ㄱ, ㄷ
② ㄱ, ㄹ
③ ㄴ, ㄷ
④ ㄴ, ㄹ

13. 정책의제설정모형에 대한 설명으로 옳은 것은?

① 외부주도형은 특정 외부집단이 정부 내의 최고 정책결정자에게 접근하여 사회문제를 정부의제화 하는 경우이다.
② 동원형은 다수의 외부집단이 주도하여 정책의제의 채택을 정부에 강요하는 경우로서, 허쉬만(Hirschman)이 말하는 '강요된 정책문제'에 해당한다.
③ 내부접근형은 선진국의 무기구입계약, 개발도상국의 경제개발과정 등에서 나타난다.
④ 외부주도형은 정부의 힘이 강하고 민간부문의 힘이 취약한 개발도상국에서 많이 나타난다.

14. 조직구조의 기본변수에 대한 설명으로 옳지 않은 것은?

① 복잡성은 조직 내에 존재하는 분화의 정도를 말한다.
② 공식성은 업무수행에 관한 규칙과 절차가 표준화·정형화되는 현상을 말한다.
③ 집권성은 조직 내의 의사결정권한의 집중 정도를 말한다.
④ 조직의 규모가 커질수록 공식성과 집권성이 완화된다.

15. 다음에서 설명하는 예산분류의 방법으로 옳은 것은?

> • 지출대상별로 예산액의 한계를 명확히 배정하는 통제중심의 분류이다.
> • 행정부에 대한 의회의 통제가 용이하다.
> • 사업 간의 비교가 불가능하고 국민들이 이해하기에도 어렵다.

① 품목별 분류
② 기능별 분류
③ 조직별 분류
④ 경제성질별 분류

16. 민영화의 방식에 대한 설명으로 옳지 않은 것은?
    ① 정부가 민간조직에게 일정한 구역 내에서 공공서비스를 제공하는 권리를 인정하는 것도 민영화에 해당한다.
    ② 보조금의 지급은 서비스가 기술적으로 복잡하고 서비스의 목표를 어떻게 달성할 것인지가 불확실한 경우에 적합하다.
    ③ 바우처(voucher)는 서비스를 이용할 수 있는 구매권을 제공하는 방식으로, 서비스의 비용은 소비자가 부담한다.
    ④ 자원봉사자 방식은 공공서비스의 생산과 분배에 있어서 주민에 의한 자발적 서비스 제공방식이다.

17. 우리나라의 정보공개제도에 대한 설명으로 옳지 않은 것은?
    ① 모든 국민은 정보공개청구를 할 수 있다.
    ② 정보공개의 청구가 있는 때에는 청구를 받은 날로부터 10일 이내에 공개 여부를 결정하여야 한다.
    ③ 관료에 의한 정보독점을 막고, 행정의 투명성을 증진시킨다.
    ④ 행정의 비용을 감소시킬 수 있고, 공무원의 도전적이고 적극적인 행태를 조장할 수 있다.

18. 우리나라의 참여예산제도에 대한 설명으로 옳지 않은 것은?
    ① 주민참여예산제도는 지방재정법에 근거하며 운용이 법적으로 제도화되었다.
    ② 주민참여예산제도는 광주광역시 북구에서 우리나라 최초로 도입하였고, 2011년에는 제도의 운영이 의무화되었다.
    ③ 국민참여예산제도는 국민들이 예산사업을 제안하고 심사·우선순위 결정과정에도 참여하는 제도이다.
    ④ 국민참여예산제도는 주민참여예산제도보다 먼저 도입되었다.

19. 우리나라의 정책평가에 대한 설명으로 옳지 않은 것은?
    ① 정부업무평가위원회는 국무총리 소속으로, 위원장 2인을 포함한 15인 이내의 위원으로 구성한다.
    ② 국무총리는 최소한 3년마다 정부업무평가기본계획을 수정·보완하여야 한다.
    ③ 중앙행정기관의 장은 자체평가조직 및 자체평가위원회를 구성·운영하여야 하며, 자체평가위원의 2/3 이상은 현(現) 공직자로 하여야 한다.
    ④ 행정안전부장관은 국가위임사무에 대하여 관계중앙행정기관의 장과 합동으로 평가를 실시할 수 있다.

20. 조직의 갈등관리방안 중 갈등해소전략으로 옳지 않은 것은?
    ① 관리층이 리더십을 발휘하고, 문제를 공동으로 해결한다.
    ② 자원을 확충하고, 집단 간 상호의존성을 심화시킨다.
    ③ 공식적인 계층제와 조정기구를 통해 해소한다.
    ④ 갈등집단을 통·폐합한다.

21. 티부가설(Tiebout Hypothesis)에 대한 설명으로 옳지 않은 것은?
    ① 지방정부 간 경쟁을 유도하고 서비스 공급의 효율성을 높일 수 있다는 가설이다.
    ② 경쟁에서 완전히 배제되는 지방정부가 나타나지 않기 위해 주민들이 다른 지역으로 이동하지 않음을 전제한다.
    ③ 해당 지역의 공공서비스로 인한 이익은 해당 지역 주민들에게만 돌아가야 한다.
    ④ 주민의 소득은 배당수입에 의하며, 지방정부의 재원은 해당 지역 주민들의 재산세(property tax)로 충당한다.

22. 예산결정의 접근방법에 대한 설명으로 옳지 않은 것은?
    ① 합리주의적 예산결정모형은 정치적 합리성을 추구한다.
    ② 계획예산제도(PPBS), 영기준예산제도(ZBB) 등이 합리주의 예산결정모형에 속한다.
    ③ 점증주의 예산결정모형은 예산결정을 다원적인 정치세력 간의 교섭과 조절, 타협의 산물로 본다.
    ④ 점증주의 예산결정모형은 합리주의 예산결정모형에 비해 보수적인 성격을 지닌다.

23. 디징(Diesing)이 가장 강조한 합리성으로, 정책결정구조 및 과정의 합리성과 관련된 것을 고르면?
    ① 정치적 합리성
    ② 사회적 합리성
    ③ 경제적 합리성
    ④ 기술적 합리성

24. 우리나라의 공직분류에 대한 설명으로 옳지 않은 것은?
    ① 일반직공무원은 실적과 자격에 의해 임용되고 그 신분이 보장되는 공무원으로, 경력직과 특수경력직으로 나뉜다.
    ② 행정직 및 기술직 공무원과 임기제공무원은 일반직공무원에 해당한다.
    ③ 정무직공무원은 선거에 의해 취임하거나 국회의 동의·정치적 판단 등에 의하여 임명되는 공무원이다.
    ④ 별정직공무원은 직무의 성질이 공정성·기밀성이나 특별한 신임을 요하는 직위이다.

25. 다음 중 정책평가의 내적 타당도 저해요인이 아닌 것은 모두 몇 개인가?

    ㄱ. 역사적 요소
    ㄴ. 회귀인공요소
    ㄷ. 호손효과(Hawthorne Effect)
    ㄹ. 성숙효과
    ㅁ. 크리밍(creaming) 효과
    ㅂ. 모방효과

    ① 1개
    ② 2개
    ③ 3개
    ④ 4개

제5회 실전모의고사
군무원 공개경쟁채용 필기시험

행정직

해커스공무원
(gosi.Hackers.com)
모바일 자동 채점 +
성적 분석 서비스

제1과목	국어	제2과목	행정법
제3과목	행정학	제4과목	

응시번호		성 명	

〈응시자 준수사항〉

1. 답안지의 모든 기재 및 표기사항은 반드시 『컴퓨터용 흑색사인펜』으로만 작성하여야 합니다. (사인펜에 "컴퓨터용"으로 표시되어 있음) (사인펜 본인 지참)
    * 매년 지정된 펜을 사용하지 않아 답안지가 무효처리 되는 상황이 빈발하고 있으므로, 답안지는 반드시 『컴퓨터용 흑색사인펜』으로만 표기하시기 바랍니다.

2. 답안은 매 문항마다 반드시 하나의 답만 골라 그 숫자에 "●"로 표기해야 하며, 표기한 내용은 수정테이프를 이용하여 정정할 수 있습니다. 단, 시험시행본부에서 수정테이프를 제공하지 않습니다.
    (표기한 부분을 긁는 경우 오답처리 될 수 있으며, 수정스티커 또는 수정액은 사용 불가)
    * 답안지는 훼손·오염되거나 구겨지지 않도록 주의해야 하며, 특히 답안지 상단의 타이밍마크(❘❘❘❘❘)를 절대로 훼손해서는 안 됩니다.

3. 상단의 QR코드를 이용하여 해커스공무원의 '모바일 자동 채점 + 성적 분석 서비스'에 접속하시기 바랍니다. (해커스공무원 사이트의 가입자에 한해 이용 가능함)
    * 정답 및 해설은 해설집의 96쪽에서 확인 가능합니다.

해커스군무원

국 어
제1과목

응시번호: 성명:

01. 다음 중 띄어쓰기가 올바른 문장은?
① 보약을 먹고 부터 몸이 좋아졌다.
② 그 두 사람의 애정은 식을대로 식었다.
③ 어지럽혀진 집 안을 구석구석 청소할것이다.
④ 지금까지 내가 멋대로 행동해 온 것에 대한 벌인 듯싶었다.

02. 밑줄 친 ㉠의 예에 해당하는 것은?

> 합성어는 분류 기준에 따라 다양한 방식으로 나뉜다. 이때, '명사+명사', '용언의 관형사형+명사', '용언의 연결형+용언 어간'은 한국어 문장에서 흔히 나타나는 배열법이므로 이런 구성을 가진 합성어는 ㉠통사적 합성어이다. 반면, 어간이 어미 없이 바로 명사나 다른 용언 어간에 연결되는 '용언 어간+명사'나 '용언 어간+용언 어간', '비자립적 어근+명사'는 한국어의 문장에 나타나는 단어 배열법이 아니므로 이와 같은 단어들은 비통사적 합성어이다.

① 길짐승   ② 날뛰다
③ 먹거리   ④ 출랑개

03. 밑줄 친 부분에 어울리는 한자 성어로 가장 적절한 것은?

> 시집 〈예언자〉의 저자로 유명한 작가 칼릴 지브란은 생전에 이런 말을 남겼다. "나는 수다쟁이로부터 침묵을, 편협한 이로부터 관용을, 불친절한 이로부터 친절을 배웠다. 하지만 이상하게도 이 스승들에게 고맙지 않다."

① 走馬加鞭   ② 反面敎師
③ 隔靴搔癢   ④ 口尙乳臭

04. 한자어의 뜻을 잘못 풀이한 것은?
① 廉義 - 염치와 의리
② 惠澤 - 은혜와 덕택
③ 褒貶 - 가치를 깎아내림
④ 割賦 - 돈을 수차례 나누어 냄

05. 다음 중 띄어쓰기가 올바른 문장은?
① 한 걸음도 더 걷지 못하리 만큼 숨이 찼다.
② 하나도 모르면서 아는 체하다가 망신만 당했다.
③ 진용이는 아무 거리낌없이 그에게 심부름을 시켰다.
④ 그는 자신의 아버지를 회장 자리에서 밀어내버렸다.

06. 글쓴이의 견해와 부합하는 것은?

> 1960년대 등장한 단어인 '사이보그'는 새로운 환경에 효과적으로 적응하도록 돕는 외부 장치가 결합된 생물체를 의미했다. 이에 따르면, 우주복을 입은 우주 비행사는 우주라는 새로운 환경에 적응하기 위해 우주복이라는 외부 장치를 착용했기 때문에 사이보그의 한 사례라고 할 수 있었다. 그러나 최근 들어 '사이보그'는 인간을 인간 이상의 존재로 만들어 주는 기계식 신체 기관이 결합된 인간을 가리키는 것으로 그 의미가 확장되었다.
> 비록 로보캅과 같은 초인간은 아직까지 실제로 존재하지는 않지만 현실의 '사이보그' 기술의 발전은 신체의 일부 능력을 상실한 사람들의 신체 능력을 보완해줄 뿐만 아니라 새롭고 특별한 능력을 부여하기도 한다. 예를 들어 사고로 한쪽 눈을 잃은 미국의 영화감독 스펜스(spence)는 유리로 된 의안(義眼) 대신 안와(眼窩)에 카메라가 심어진 인공 눈을 삽입했다. 스펜스의 인공 눈은 그의 두뇌나 시신경에 연결되어 있는 것은 아니지만, 그가 보는 것을 실시간으로 녹화할 수 있다. 스펜스는 카메라가 부착된 자신의 인공 눈을 활용해 자신과 같이 '생체 공학적 신체 기관'을 가진 사람들에 관한 다큐멘터리 인터뷰를 녹화하는 데 사용하기도 했다.

① 사이보그 기술은 신체적 결함을 극복하도록 돕는다.
② 오늘날 사이보그 기술은 인간을 인간의 신체 기능을 초월한 존재로 만들어 준다.
③ 인간이 어떤 신체 기관을 상실하더라도 사이보그 기술을 통해 온전히 복원할 수 있다.
④ 사이보그 기술은 인간의 신체 기능을 퇴화시킬 수 있으므로 사려 깊게 발전시켜야 한다.

※ 다음 글을 읽고 물음에 답하시오. (07 ~ 09)

(가) 먼저 흄은 과거의 경험을 근거로 미래를 예측하는 귀납이 정당한 추론이 되려면 미래의 세계가 과거에 우리가 경험해 온 세계와 동일하다는 자연의 일양성, 곧 한결 같음이 가정되어야 한다고 보았다. 그런데 자연의 일양성은 (㉠)으로 알 수 있는 것이 아니라 경험에 기대어야 알 수 있는 것이다. 즉 "귀납이 정당한 추론이다."라는 주장은 "자연은 일양적이다."라는 다른 지식을 전제로 하는데 그 지식은 다시 귀납에 의해 정당화되어야 하는 경험적 지식이므로 귀납의 정당화는 순환 논리에 빠져 버린다는 것이다. 이것이 귀납의 정당화 문제이다.

(나) 귀납의 또 다른 논리적 한계로 어떤 현대 철학자는 미결정성의 문제를 지적한다. 이 문제는 관찰 증거만으로는 여러 가설 중에 어느 하나를 더 나은 것으로 결정할 수 없다는 것이다.

(다) 귀납의 정당화 문제로부터 과학의 방법인 귀납을 옹호하기 위해 라이헨바흐는 이 문제에 대해 현실적 구제책을 제시한다. 라이헨바흐는 자연이 일양적일 수도 있고 그렇지 않을 수도 있음을 전제한다. 먼저 자연이 일양적일 경우, 그는 지금까지의 우리의 경험에 따라 귀납이 점성술이나 예언 등의 다른 방법보다 성공적인 방법이라고 판단한다. 자연이 일양적이지 않다면, 어떤 방법도 체계적으로 미래 예측에 계속해서 성공할 수 없다는 논리적 판단을 통해 귀납은 최소한 다른 방법보다 나쁘지 않은 추론이라고 확언한다. 결국 자연이 일양적인지 그렇지 않은지 알 수 없는 상황에서는 귀납을 사용하는 것이 옳은 선택이라는 라이헨바흐의 논증은 귀납의 정당화 문제를 현실적 차원에서 해소하려는 시도로 볼 수 있다.

(라) 귀납은 기존의 정보나 관찰 증거 등을 근거로 새로운 사실을 추가하는 지식 확장적 특성을 지닌다. 이 특성으로 인해 귀납은 근대 과학 발전의 방법적 토대가 되었지만, 한편으로 귀납 자체의 논리적 한계를 지적하는 문제들에 부딪히기도 한다.

07. 문맥상 ㉠에 들어갈 단어로 가장 적절한 것은?
① 고식적(姑息的)
② 배타적(排他的)
③ 선험적(先驗的)
④ 실증적(實證的)

08. (가) ~ (라)의 순서 배열로 가장 적절한 것은?
① (가) - (다) - (라) - (나)
② (다) - (가) - (나) - (라)
③ (라) - (가) - (다) - (나)
④ (라) - (다) - (가) - (나)

09. 윗글을 이해한 내용으로 가장 적절하지 않은 것은?
① 라이헨바흐는 흄이 제기한 문제에 대한 대책을 제시했다.
② 자연이 일양적이지 않다면 점성술이 귀납보다 적절한 추론 방법이 된다.
③ 귀납은 기존의 경험을 바탕으로 새로운 사실을 도출해 내는 특성을 갖는다.
④ 흄은 미래의 사건이 과거의 경험과 동일할 때 귀납이 정당성을 갖는다고 주장했다.

10. 다음 시에 대한 감상으로 적절하지 않은 것은?

득음은 못하고 그저 시골장이나 떠돌던
소리꾼이 있었다, 신명 한 가락에
막걸리 한 사발이면 그만이던 흰 두루마기의 그 사내
꿈속에서도 폭포 물줄기로 내리치는
한 대목 절창을 찾아 떠돌더니
오늘은 왁새 울음 되어 우항산 솔밭을 다 적시고
우포늪 둔치, 그 눈부신 봄빛 위에 자운영 꽃불 질러 놓는다
살아서는 근본마저 알 길 없던 혈혈단신
텁텁한 얼굴에 달빛 같은 슬픔이 엉켜 수염을 흔들곤 했다
늙은 고수라도 만나면
어깨 들썩 산 하나를 흔들었다
필생 동안 그가 찾아 헤맸던 소리가
적막한 늪 뒷산 솔바람 맑은 가락 속에 있었던가
소목 장재 토평마을 양파들이 시퍼런 물살 몰아칠 때
일제히 깃을 치며 동편제 넘어가는
저 왁새들
완창 한 판 잘 끝냈다고 하늘 선회하는
그 소리꾼 영혼의 심연이
우포늪 꽃잔치를 자지러지도록 무르익힌다
　　　　　　　　　　　　　　- 배한봉, 『우포늪 왁새』

① 시각적 이미지를 활용하여 시상을 전개했다.
② '왁새'와 '소리꾼'을 동일시하며 '우포늪'의 생명력을 형상화했다.
③ 토속적인 어휘를 사용하여 전통적이고 향토적인 분위기를 조성했다.
④ 긍정적 공간과 부정적 공간의 대비를 통해 문명에 대한 비판 의식을 드러냈다.

11. 다음 글의 주장으로 가장 적절한 것은?

> 인생의 황혼기라고 할 수 있는 노년기는 흔히 신체적, 정신적으로 쇠퇴를 겪는 시기로 인식되곤 한다. 하지만 우리 주변에는 시간적 여유를 갖고 여가 생활을 하며 알차게 여생을 보내는 노인들을 심심찮게 볼 수 있다. 실제로 노년층은 다른 연령층보다 직업적 역할 수행을 덜 강요받기 때문에 여가 활동으로 하루를 채울 수 있게 된다.
>
> 여가 활동이란 그 자체로 중요하다. 여기서 여가란 단순히 '남는 시간' 동안 하는 것이 아니라, 오로지 '여가 그 자체'를 위한 활동을 의미한다. 이는 회사에서 월급을 받고 일을 한다거나 집안일을 하는 것과는 또 다른 차원의 삶의 질을 보장해 준다. 진정한 여가 활동을 통해 노년층은 삶의 활력을 얻을 뿐만 아니라 삶의 이유도 재발견할 수 있게 될 것이다. 아리스토텔레스가 여가 안에 행복이 있고, 여가가 인간의 이상적인 상태라고 말을 한 것도 이와 같은 맥락일 것이다.

① 노년층에게 직업적 활동을 강요해서는 안 된다.
② 노년기에는 여가 활동을 통해 삶의 의미를 발견해야 한다.
③ 노년기에는 여가 활동을 즐기며 자신이 가진 것을 나누어야 한다.
④ 노년기의 신체적, 정신적 쇠퇴를 방지하기 위해 여가 활동을 즐겨야 한다.

12. 다음 글에서 추론한 내용으로 가장 적절한 것은?

> 지식에 대한 상대주의자들은 한 문화에서 유래한 어떤 사고방식이 있을 때, 다른 문화가 그 사고방식을 수용하게 만들 만큼 논리적으로 위력적인 증거나 논증은 있을 수 없다고 주장한다. 왜냐하면 문화마다 사고방식의 수용 가능성에 대한 서로 다른 기준을 가지고 있기 때문이다. 이를 바탕으로 그들은 서로 다른 문화권의 과학자들이 이론적 합의에 합리적으로 이를 수 없다고 주장한다. 이러한 주장은 한 문화의 기준과 그 문화에서 수용되는 사고방식이 함께 진화하여 분리 불가능한 하나의 덩어리를 형성한다고 믿기 때문에 나타난다. 예를 들어 아래와 같이 문화적 차이가 큰 A와 B의 두 과학자 그룹이 있다고 하자.
>
> > A 그룹: 수학적으로 엄밀하고 놀라운 예측에 성공하는 이론만을 수용
> > B 그룹: 실제적 문제에 즉시 응용 가능한 이론만을 수용
>
> 그렇다면 각 그룹은 어떤 이론을 만들 때, 자신들의 기준을 만족할 수 있는 이론만을 만들 것이다. 그 결과 A 그룹에서 만든 이론은 엄밀하고 놀라운 예측을 제공하겠지만, 응용 가능성의 기준에서 보면 B 그룹에서 만든 이론보다 못할 것이다. 즉 A 그룹이 만든 이론은 A 그룹만이 수용할 것이고, B 그룹이 만든 이론은 B 그룹만이 수용할 것이다. 이처럼 문화마다 다른 기준은 자신의 문화에서 만들어진 이론만 수용하도록 만들 것이다. 이것이 상대주의자의 주장이다.

① 같은 그룹에 속한 과학자들끼리도 이론적 합의에 합리적으로 이르지 못할 수 있다.
② A 그룹과 B 그룹이 서로 문화적 차이와 다양성을 인정한다면 각 이론을 절충한 이론을 만들 수 있을 것이다.
③ A 그룹과 B 그룹이 제시한 이론 중 무엇이 더 합리적인지는 그것을 판단하는 사람이 속한 문화에 따라 달라질 것이다.
④ 다른 문화가 수용하기에 효용 가치가 있는 사고방식은 해당 문화를 설득할 수 있는 논리적 증거나 논증을 제시할 수 있다.

13. 다음에 서술된 상황을 가장 적절하게 표현한 한자 성어는?

> ○○군 농산물 협동조합은 지난해부터 온라인 중심의 전국적인 유통망을 갖추고 농산물 판매 사업을 시작하였다. 이로 인해 최근 몇 년간의 부진했던 실적을 극복하였을 뿐만 아니라 농림부의 사업 안정성 평가에서도 전국 3위에 올랐다.

① 自繩自縛
② 守株待兔
③ 漁夫之利
④ 刮目相對

14. 다음 글에 대한 이해로 적절하지 않은 것은?

> 칠복이는 아이를 업고 천천히 일어서서 희끄무레한 램프 불빛에 비춰 보이는 침울하게 가라앉은 마을 사람들의 얼굴들을 하나하나 가슴속 깊이깊이 새기며 찬찬히 뜯어 보았다. 그의 눈에서는 금방 눈물이 소나기처럼 주르륵 쏟아질 것만 같았다.
> "핑 서둘러 나가면 대처 나가는 버스를 탈 꺼여!"
> 강촌 영감이 앞서 술청을 나가며 하는 말이다. 강촌 영감을 따라 칠복이가 고개를 떨구고 나갔고, 뒤이어 봉구와 덕칠이, 팔만이가 차례로 몸을 움직였다.
> 봉구네 주막에서 나온 그들은 칠복이를 앞세우고 미루나무가 두 줄로 가지런히 비를 맞고 늘어서 있는 자갈길 구신작로를 향해 어둠 속을 걸었다. 그들은 아무도 입을 열지 않았다. 칠복이의 등에 업힌 그의 딸아이가 캘록캘록 기침을 하자, 바짝 뒤를 따르던 봉구가 잠바를 벗어 덮어씌워 주었다. 〈중 략〉
> 신작로에 당도해서 조금 기다리자 읍으로 들어가는 헌털뱅이 버스가 왔으며, 그들은 서둘러 차를 세우고 칠복이를 밀어 넣었다.
> "징헌 고향 다시는 오지 말어."
> 봉구가 천 원짜리 두 장을 칠복이의 호주머니에 푹 쑤셔 넣어 주며 울먹울먹한 목소리로 말했다.
> 칠복이가 무슨 말인가 하는 것 같았으나 부르릉 버스가 굴러가는 바람에 알아들을 수가 없었다.
> — 문순태, 『징 소리』

① '칠복'은 마을에 대한 미련을 버리지 못하고 있다.
② '봉구'는 '칠복'에 대한 이중적인 태도를 보이고 있다.
③ '마을 사람들'은 '칠복'이 떠나는 것을 말리지 않고 있다.
④ '강촌 영감'은 '칠복'이 마을을 떠나는 것을 아쉬워하고 있다.

15. 다음 중 표준어로만 묶인 것은?

① 개기다 – 널판지 – 설거지
② 애닯다 – 일찍이 – 하마터면
③ 끼어들기 – 헷갈리다 – 통틀어
④ 단출하다 – 애틋하다 – 짓물다

16. 높임법에 대한 설명으로 옳지 않은 것은?

> ㄱ. 할머니께 아침 문안 인사를 드렸다.
> ㄴ. 사장님, 저희와 함께 식사하러 가시겠습니까?
> ㄷ. 어머니께서는 소원을 빌며 탑 주위를 도셨다.
> ㄹ. 형이 귀가 어두우신 아버지를 찾아뵙고 집으로 왔어요.

① ㄱ, ㄷ: 서술의 주체를 높이고 있다.
② ㄱ, ㄹ: 특수한 어휘를 사용하여 높임을 표현하고 있다.
③ ㄴ, ㄹ: 듣는 이를 높이고 있다.
④ ㄷ, ㄹ: 선어말 어미 '-시-'를 사용하여 높임을 표현하고 있다.

17. 다음 글의 설명 방식으로 적절하지 않은 것은?

> 식물은 다른 생물을 잡아먹지 않아도 스스로 양분을 만들 수 있지만, 동물은 다른 생물을 먹어야만 양분을 얻을 수 있다. 이는 식물과 동물을 구분하는 극명한 차이점이다. 그런데 식물 중에는 극한의 상황에서 생존하기 위해 곤충이나 작은 동물을 잡아먹는 동물화된 식물도 있다. 그렇다면 반대로 식물화된 동물도 있지 않을까? 바로 '알몸 두더지'가 이에 해당한다. 오랜 기간 특이종을 연구해 온 일리노이 대학의 토머스 파크 교수에 따르면 알몸 두더지는 산소가 부족해지면 식물처럼 체내 과당 대사를 통해 살아남는다고 한다.

① 동물과 식물의 특징을 대조하고 있다.
② 생존을 위해 동물화된 식물들의 사례를 나열하고 있다.
③ 문답법을 통해 '알몸 두더지'가 식물화된 동물임을 제시하고 있다.
④ 전문가의 연구 결과를 인용하여 '알몸 두더지'의 특징을 제시하고 있다.

18. 다음 글의 전개 순서로 가장 자연스러운 것은?

> (가) 하지만 오늘날 '나', 즉 '자아'의 존재를 이해하는 것이 중요해지면서 금욕주의는 자기 부정을 통해 '자아'를 잃게 만들고 스스로를 깊은 고통에 빠뜨린다는 비판을 받고 있다.
> (나) 가령, 금욕주의자가 되고자 한다면 식욕, 성욕, 물욕과 같이 쾌락을 유발하는 행위를 스스로 끊임없이 통제함과 동시에 근면·성실을 제1의 기준으로 삼고 살아가야 한다.
> (다) 기원전 301년 키프로스의 제논이 창시한 금욕주의는 아테네의 전성기에 등장한 철학 사조 중 하나로 인간의 육체적·정신적 욕구나 욕망을 통제하거나 금(禁)함으로써 도덕이나 종교적 이상을 성취하고자 하는 사상이다.
> (라) 따라서 금욕주의자는 욕구나 욕망이 아닌 오직 이성(理性)의 명령에 따라 사유하고 행동하였으며 기쁨과 고통 같은 감정은 한 사람의 정신을 흐린다고 여겼다.
> (마) 이러한 끊임없는 자기 통제 속에서 금욕주의자는 점차 자신의 이성(理性)에 눈을 뜨게 되고 욕구 충족을 위해 살아가는 존재가 아닌 정서적인 혼란으로부터 자유로운 이상적 존재로 거듭나게 된다.

① (다) - (가) - (나) - (라) - (마)
② (다) - (가) - (라) - (마) - (나)
③ (다) - (라) - (가) - (마) - (나)
④ (다) - (라) - (나) - (마) - (가)

19. (가) ~ (라)에 대한 설명으로 적절하지 않은 것은?

> (가) 뫼흔 길고 길고 물은 멀고 멀고.
>   어버이 그린 뜻은 많고 많고 하고 하고.
>   어디서 외기러기는 울고 울고 가느니.
> (나) 충신(忠臣)은 만조정(滿朝廷)이요 효자(孝子)는 가가재(家家在)라.
>   우리 성주(聖主)는 애민적자(愛民赤子)ᄒᆞ시ᄂᆞᆫ듸,
>   명천(明天)이 이 뜻을 알오셔 우순풍조(雨順風調)ᄒᆞ소셔.
> (다) 가마귀 검다 ᄒᆞ고 백로(白鷺)ㅣ야 웃지 마라.
>   것치 거믄들 속조차 거믈소냐.
>   아마도 것 희고 속 검을손 너쑨인가 ᄒᆞ노라.
> (라) 미암이 밉다 울고 쓰르람이 쓰다 우니,
>   산채(山菜)를 밉다는가 박주(薄酒)를 쓰다는가.
>   우리는 초야(草野)에 뭇쳐시니 밉고 쓴 줄 몰ᄂᆞ라.

① (가): 화자의 감정을 사물에 투영하여 심화하고 있다.
② (나): 대구법을 사용하여 화자의 충성심을 드러내고 있다.
③ (다): 대조적인 소재를 통해 위선적 인물을 비판하고 있다.
④ (라): 언어유희를 통해 부정적 대상을 표현하고 있다.

20. 한글 맞춤법에 맞게 표기된 것은?
① 멧나물, 베갯잇, 윗어른
② 거북치, 시원찮다, 실망케
③ 굵다랗다, 굵직하다, 널따랗다
④ 공염불(空念佛), 당뇨(糖尿), 은닉(隱匿)

21. 다음 글에 대한 설명으로 적절하지 않은 것은?

> 이날 사향이 틈을 타 침소에 들어가 금봉차와 옥장도를 훔쳐 낭자의 사사로운 그릇 속에 감추었더니 그 후에 부인이 잔치에 가려고 봉차를 찾으니 간 데 없는지라. 괴이하게 여겨 세간을 내어 살펴보니 장도 또한 없거늘 모든 시녀를 죄 주었다. 〈중 략〉
> 부인이 말하기를,
> "숙향의 빙옥같은 마음에 어찌 그런일이 있으리오?"
> 사향이 말하기를
> "숙향이 예전에는 그런 일이 없더니 근간 혼인 의논을 들은 후로는 당신의 세간을 장만하노라 그러하온지 가장 부정함이 많습니다. 어쨌든 숙향의 세간을 뒤져 보십시오."
> 부인이 또한 의심하여 숙향을 불러 말하기를,
> "봉차와 장도가 혹 네 방에 있나 살펴보라."
> 숙향이 말하기를,
> "소녀의 손으로 가져온 일이 없사오니 어찌 소녀 방에 있겠습니까?" 하고 그릇을 내어 친히 찾게 하니 과연 봉차와 장도가 있는지라. 부인이 대로하여 말하기를,
> "네 아니 가져왔으면 어찌 네 그릇에 들어있느냐?"
> 하고 승상께 들어가 말하기를,
> "숙향을 친딸같이 길렀으나 이제 장도와 봉차를 가져다 제 함 속에 넣고 종시 몰라라 하다가 제게 들켰사오니, 봉차는 계집의 노리개니 이상하지 않으나 장도는 계집에게 어울리지 않는 물건이라 그 일이 가장 수상합니다. 어찌 처치하면 마땅하겠습니까?"

① 서술자가 개입하는 부분은 나타나지 않는다.
② 등장인물 간의 대화를 중심으로 사건이 전개된다.
③ 작품 속 숙향은 이중적인 면모를 지닌 인물로 표현된다.
④ 이후 숙향이 고난을 겪는 이야기가 전개될 것임을 짐작할 수 있다.

22. 다음 중 뜻이 다르게 설명된 것은?
① 비교(比較): 서로 달라서 대비가 됨
② 가책(呵責): 자기나 남의 잘못에 대하여 꾸짖어 책망함
③ 강구(講究): 좋은 대책과 방법을 궁리하여 찾아내거나 좋은 대책을 세움
④ 규범(規範): 인간이 행동하거나 판단할 때에 마땅히 따르고 지켜야 할 가치 판단의 기준

23. ㉠과 가장 유사한 의미로 쓰인 것은?

> 피아노만 보면 그리도 달려들던 아이가, 정작 제 것을 사 주니 어쩔 줄을 모르는 모양이었다. 아이는 내 얼굴과 피아노를 한참 동안이나 번갈아 보았다. 그리고는 손을 들어 긴장한 표정으로 피아노를 ㉠치기 시작했다.

① 사무실에서 타자를 치는 소리가 들렸다.
② 권투 경기에서는 상대의 하반신을 칠 수 없다.
③ 그녀의 이야기가 끝나자 사람들은 모두 손뼉을 쳤다.
④ 그는 일요일 아침마다 공원에 가서 배드민턴을 친다.

24. 다음 중 제시된 공손성의 원리에 대한 예문이 바르게 연결되지 않은 것은?
① 요령의 격률: (창문을 열어 달라고 요청하기 위해) 죄송합니다만, 사무실이 너무 더운 것 같지 않습니까?
② 관용의 격률: 제가 귀가 안 좋아서 그러는데, 다시 한번 설명해 주시겠습니까?
③ 동의의 격률: 너는 어쩜 그렇게 피아노를 잘 치니? 전문가의 연주를 들으니 나도 수준이 올라가는 것 같네.
④ 겸양의 격률: 이번 제 프로젝트의 성공을 축하해 주셔서 감사합니다. 그래도 저는 아직 더 배워야 할 점이 많습니다.

25. 다음 중 로마자 표기가 옳은 것은?
① 알약 allyak
② 독도 Dok-do
③ 죽변 Jukbbyeon
④ 의정부시 Uijeungbu-si

행정법
제2과목

응시번호 :   성명 :

01. 위헌결정에 대한 설명으로 옳지 않은 것은? (다툼이 있는 경우 판례에 의함)
   ① 이미 취소소송의 제기기간을 경과하여 확정력이 발생한 행정처분의 경우에는 위헌결정의 소급효가 미치지 않는다.
   ② 법률의 위헌결정은 법원과 그 밖의 국가기관 및 지방자치단체를 기속한다.
   ③ 헌법재판소의 위헌결정은 행정청이 개인에 대해 공적인 견해를 표명한 것으로 그 결정에 관련한 개인의 행위에 대하여는 신뢰보호의 원칙이 적용된다.
   ④ 과세처분 이후 조세 부과의 근거가 되었던 법률규정에 대하여 위헌결정이 내려진 경우, 그 조세채권의 집행을 위한 체납처분은 당연무효라고 보아야 한다.

02. 행정지도에 대한 설명으로 옳지 않은 것을 모두 고르면? (다툼이 있는 경우 판례에 의함)

   ㄱ. 행정지도는 상대방의 임의적 협력을 전제로 하고 행정상 사실행위라는 점에서 법률의 근거를 요하지 않는다.
   ㄴ. 행정지도는 그 목적달성에 필요한 최소한도에 그쳐야 하며, 행정지도의 상대방의 의사에 반하여 부당하게 강요하여서는 아니 된다.
   ㄷ. 현행 행정절차법은 행정지도가 서면(문서)의 형식에 의하여 이루어져야 한다고 명문으로 규정하고 있다.
   ㄹ. 행정지도가 강제성을 띠지 않은 비권력적 작용으로서 행정지도의 한계를 일탈하지 아니하였다면, 그로 인하여 상대방에게 어떤 손해가 발생한 경우 행정기관은 그에 대한 손해배상책임이 있다.

   ① ㄱ, ㄹ
   ② ㄷ, ㄹ
   ③ ㄱ, ㄴ, ㄷ
   ④ ㄴ, ㄷ, ㄹ

03. 인·허가의제에 대한 설명으로 가장 옳지 않은 것은? (다툼이 있는 경우 판례에 의함)
   ① 인·허가의제 효과를 수반하는 건축신고는 수리를 요하는 신고에 해당한다.
   ② 행정기본법의 제정으로 인·허가의제에 대한 일반적 규정이 마련되었다고 볼 수 있다.
   ③ 건축법상 인·허가의제의 취지는 행정절차의 간소화를 위하여 의제된 인·허가 사항에 관한 개별 법령상의 절차나 요건 심사를 배제하는 데 있다.
   ④ 구 중소기업창업 지원법에 따른 사업계획승인의 경우, 의제된 인·허가만 취소 내지 철회함으로써 사업계획에 대한 승인의 효력은 유지하면서 해당 의제된 인·허가의 효력만을 소멸시킬 수 있다.

04. 군무원에 대한 설명으로 옳지 않은 것은?
   ① 국가공무원법에 대한 특별법으로, 군인에 대하여는 군인사법이 적용되고 군무원에 대하여는 군무원인사법이 적용된다.
   ② 군인의 경우에는 대한민국 국적과 외국 국적을 함께 가지고 있으면 임용 결격사유에 해당하지만, 군무원의 경우에는 이중 국적이 임용 결격사유에 해당하지 않는다.
   ③ 군무원의 정년은 60세이나, 전시·사변 등의 국가비상시에는 예외로 한다.
   ④ 군무원에 대한 징계는 파면, 해임, 강등, 정직, 감봉, 견책이 있으나, 임기제일반군무원의 경우에는 강등은 제외한다.

05. 하자의 승계에 대한 설명으로 옳지 않은 것은? (다툼이 있는 경우 판례에 의함)

① 후행처분인 대집행영장발부통보처분의 취소청구 소송에서 선행처분인 계고처분이 위법하다는 이유로 대집행영장발부통보처분도 위법한 것이라는 주장은 할 수 없다.

② 선행처분과 후행처분이 서로 독립하여 별개의 법률효과를 목적으로 하는 때에도 선행처분이 당연무효이면 선행처분의 하자를 이유로 후행처분의 효력을 다툴 수 있다.

③ 수용보상금의 증액을 구하는 소송에서 선행처분으로서 그 수용대상 토지 가격 산정의 기초가 된 비교표준지공시지가결정의 위법을 독립한 사유로 주장할 수 있다.

④ 선행처분인 도시·군계획시설결정에 하자가 있더라도 그것이 당연무효가 아닌 한 원칙적으로 후행처분인 실시계획인가에 승계되지 않는다.

06. 소의 이익 또는 법률상 이익에 대한 설명으로 옳지 않은 것은? (다툼이 있는 경우 판례에 의함)

① 행정처분을 다툴 협의의 소의 이익은 일반·보편적인 사정을 고려하여 판단하여야 한다.

② 행정소송법은 처분등의 효과가 기간의 경과, 처분등의 집행, 그 밖의 사유로 인하여 소멸된 뒤에도 그 처분등의 취소로 인하여 회복되는 법률상 이익이 있는 자가 취소소송을 제기할 수 있음을 명문으로 규정하고 있다.

③ 행정소송법 제35조에 규정된 '무효확인을 구할 법률상 이익'이 있는지를 판단할 때, 행정처분의 무효를 전제로 한 이행소송 등과 같은 직접적인 구제수단이 있는지 여부를 따질 필요가 없다.

④ 공공기관으로부터 공개거부처분을 받은 청구인은 행정소송으로 그 처분의 취소를 구할 법률상의 이익이 있다.

07. 국가배상법상 공무원에 관한 판례의 내용으로 옳지 않은 것은?

① 지방자치단체가 '교통할아버지'로 선정한 노인도 공무원에 해당하며, 교통할아버지가 위탁받은 업무의 범위를 넘어 교차로 중앙에서 교통정리를 하다가 교통사고를 발생시킨 경우 지방자치단체는 배상책임을 부담한다.

② 향토예비군은 동원기간 중에는 국가배상법 제2조의 공무원에 포함된다.

③ 서울시 산하 구청소속의 청소차량 운전원은 단순노무만을 행하는 직원이어도 지방공무원법상 공무원에 해당한다.

④ 소방법에 의하여 시, 읍, 면이 소방서장의 소방업무를 보조하기 위해 설치한 의용소방대는 국가기관으로서 공무원에 해당된다.

08. 행정계획에 대한 설명으로 옳지 않은 것은? (다툼이 있는 경우 판례에 의함)

① 선행처분인 도시·군계획시설결정에 당연무효에 해당하는 하자가 있는 경우 그 하자는 후행처분인 실시계획인가에 승계된다.

② 원칙적으로 직접 구속력을 갖지 않고 사실상의 준비행위나 사전안내 또는 행정기관 내부 지침에 지나지 않는 행정계획은 헌법소원의 대상이 되지 아니한다.

③ 행정주체가 구체적인 행정계획을 입안·결정할 때에 가지는 비교적 광범위한 형성의 자유는 공익과 사익간에는 물론이고, 공익 상호간의 이익을 비교교량하여야 하지만 사익 상호간까지는 고려 대상이 아니다.

④ 행정주체가 구체적인 행정계획을 입안·결정하면서 이익형량을 하였으나 정당성과 객관성이 결여된 경우에는 행정계획결정은 형량에 하자가 있어 위법하게 된다.

09. 공무원 징계에 대한 설명으로 옳은 것은? (다툼이 있는 경우 판례에 의함)

① 계약직공무원에 대한 채용계약해지의 의사표시의 유효 여부를 판단함에 있어서 이를 일반직공무원에 대한 징계처분과 같이 보아야 한다.

② 국방일보의 발행책임자인 국방홍보원장으로 채용된 자가 부하직원에 대한 지휘·감독을 소홀히 함으로써 북한의 혁명가극인 '피바다'에 관한 기사가 국방일보에 게재되어 사회적 물의를 야기하였더라도, 그 채용계약의 기초가 되는 신뢰관계가 파괴되어 채용계약을 그대로 유지하기 어려운 정도에 이르렀다고 볼 수 없다.

③ 국가공무원법상 징계의 종류로는 파면·해임·강등·정직·감봉·견책이 있는 반면에, 지방공무원법상 징계의 종류는 명문 규정으로 정하지 않고 국가공무원법상 징계의 종류를 준용하고 있다.

④ 공립학교 교사로 임용되기 전의 뇌물공여행위가 교사로서의 위신 또는 체면을 손상시켰다는 것을 사유로 한 징계처분은 적법하다.

10. 이행강제금에 대한 설명으로 옳지 않은 것은? (다툼이 있는 경우 판례에 의함)

① 이행강제금은 의무자에게 심리적 압박을 주어 장래를 향하여 의무의 이행을 확보하려는 간접적인 행정상 강제집행 수단이다.

② 이행강제금은 대체적 작위의무의 위반에 대하여도 부과될 수 있다.

③ 무허가 건축행위에 대한 형사처벌과 시정명령 위반에 대한 이행강제금 부과는 이중처벌에 해당한다고 볼 수 없다.

④ 농지법상 이행강제금에 대한 불복절차는 비송사건절차법에 따른 재판으로 한정하고 있으나 관할청이 당해 이행강제금 부과처분을 하면서 행정소송을 할 수 있다고 잘못 안내한 경우에는 행정법원의 항고소송 재판관할이 생긴다.

11. 행정행위의 부관에 대한 설명으로 옳지 않은 것은? (다툼이 있는 경우 판례에 의함)

① 일반적으로 기속행위에는 부관을 붙일 수 없으나, 부관을 붙였다 하더라도 이는 무효의 것이라고 볼 수는 없다.

② 행정행위의 부관은 그 자체로서 직접 법적 효과를 발생하는 독립된 처분이 아니므로 현행 행정쟁송제도 아래에서는 부관 그 자체만을 독립된 쟁송의 대상으로 할 수 없는 것이 원칙이나, 부담의 경우에는 행정쟁송의 대상이 될 수 있다.

③ 행정청이 수익적 행정처분을 하면서 부가한 부담이 처분 당시 법령을 기준으로 적법하다면 처분 후 부담의 전제가 된 주된 행정처분의 근거법령이 개정됨으로써 행정청이 더 이상 부관을 붙일 수 없게 되었다 하더라도 곧바로 위법하게 되거나 그 효력이 소멸하게 되는 것은 아니다.

④ 해제조건의 경우에 조건이 성취되면 행정행위의 효력은 당연히 소멸되지만, 부담의 경우에 부담에 의해 부과된 의무의 불이행은 행정행위의 철회사유가 될 뿐 당연히 소멸하는 것은 아니다.

12. 행정기본법에 명시된 행정의 일반원칙에 대한 내용이다. 다음 중 ㄱ~ㄷ에 들어갈 내용을 순서대로 나열한 것으로 옳은 것은?

- (ㄱ)의 원칙: 행정청은 합리적 이유 없이 국민을 차별하여서는 아니 된다.
- (ㄴ)의 원칙: 행정청은 행정작용을 할 때 상대방에게 해당 행정작용과 실질적인 관련이 없는 의무를 부과해서는 아니 된다.
- (ㄷ)의 원칙: 행정작용은 행정작용으로 인한 국민의 이익 침해가 그 행정작용이 의도하는 공익보다 크지 않아야 한다.

① 신뢰보호, 부당결부금지, 성실의무
② 평등, 부당결부금지, 비례
③ 신뢰보호, 권한남용금지, 비례
④ 평등, 비례, 권한남용금지

13. 행정절차법상 용어의 정의로 옳지 않은 것은?

① 행정청은 행정에 관한 의사를 결정하여 표시하는 국가 또는 지방자치단체의 기관, 기타 법령이나 자치법규에 의하여 행정권한을 가지고 있거나 위임 또는 위탁받은 공공단체나 그 기관 또는 사인(私人)을 말한다.

② 정보통신망이란 전기통신설비를 활용하거나 전기통신설비와 컴퓨터 및 컴퓨터 이용기술을 활용하여 정보를 수집·가공·저장·검색·송신 또는 수신하는 정보통신체제를 말한다.

③ 공청회란 행정청이 공개적인 토론을 통하여 어떠한 행정작용에 대하여 당사자 등, 전문지식과 경험을 가진 사람, 그 밖의 일반인으로부터 의견을 널리 수렴하는 절차를 말한다.

④ 행정지도란 행정청이 행하는 구체적 사실에 관한 법 집행으로서의 공권력의 행사 또는 그 거부와 그 밖에 이에 준하는 행정작용을 말한다.

14. 행정의 실효성 확보수단에 대한 설명으로 옳지 않은 것은? (다툼이 있는 경우 판례에 의함)

① 제1차로 창고건물의 철거 및 하천부지에 대한 원상복구명령을 하였음에도 불구하고 이에 불응하므로 대집행계고를 하면서 다시 자진철거 및 토사를 반출하여 하천부지를 원상복구할 것을 명한 경우, 대집행계고서에 기재된 자진철거 및 원상복구명령은 취소소송의 대상이 되는 독립한 행정처분이라 할 수 없다.

② 지방자치단체의 장에 의한 수도의 공급거부는 항고소송의 대상이 된다.

③ 위법한 행정대집행이 완료되면 그 처분의 무효확인 또는 취소를 구할 소의 이익은 없다 하더라도, 미리 그 행정처분의 취소판결이 있어야만 그 행정처분의 위법임을 이유로 한 손해배상청구를 할 수 있다.

④ 독점규제 및 공정거래에 관한 법률상의 시정명령은 과거의 위반행위는 물론 가까운 장래에 반복될 우려가 있는 동일한 유형의 위반행위에 대해서도 할 수 있다.

15. A동 일대가 지역문화단지를 위한 도시개발구역으로 지정되어 甲이 사업시행자가 되었고, 해당 구역에 위치한 주거용 건물에 거주하고 있던 乙은 이주대책의 대상자가 되었다. 이에 대한 설명으로 옳지 않은 것은? (다툼이 있는 경우 판례에 의함)

① 甲은 보상 또는 이주대책에 관한 업무를 지방자치단체에 위탁할 수 있다.

② 乙은 주거 이전에 필요한 비용과 가재도구 등 동산의 운반에 필요한 비용을 보상받는다.

③ 만일 乙이 세입자인 경우, 법령상 이주대책의 대상자에서 세입자를 제외하는 것으로 규정하였다면 헌법상 乙의 재산권을 침해하는 것이라고 볼 수 있다.

④ 乙의 주거이전비 보상청구권은 법률상 요건을 충족하는 경우 당연히 발생하는 것으로, 주거이전비 보상청구소송은 행정소송법상의 당사자소송에 의하여야 한다.

16. 행정조직법상 권한 및 위임에 대한 설명으로 옳지 않은 것은? (다툼이 있는 경우 판례에 의함)

① 국가사무가 지방자치단체의 장에게 위임된 기관위임사무는 원칙적으로 자치조례의 제정범위에 속하지 않는다.

② 행정기관이 하부기관에 대하여 소관권한을 내부위임 하였을 경우에는 수임기관은 위임기관의 명의로서 처분하여야 한다.

③ 행정권한의 위임은 법령이 위임을 허용하고 있는 경우에 한하여 인정된다.

④ 행정권한의 위임 및 위탁에 관한 규정상 수임 및 수탁사무의 처리에 관하여 위임 및 위탁기관은 수임 및 수탁기관에 대하여 사전승인을 받거나 협의를 할 것을 요구할 수 없다.

17. 항고소송의 대상적격에 대한 설명으로 옳은 것은? (다툼이 있는 경우 판례에 의함)
   ① 진실·화해를 위한 과거사정리 기본법에 따른 과거사정리위원회의 진실규명결정은 피해자 등에게 진실규명 신청권 및 그 결정에 대한 이의신청권 등이 부여되고, 그 결정에서 규명된 진실에 따라 국가가 법률상 의무를 부담하게 된다는 점 등에서 항고소송의 대상이 된다.
   ② 과세관청의 소득처분에 따른 원천납세의무자(소득의 귀속자)에 대한 소득금액변동통지는 항고소송의 대상이 되는 행정처분에 해당한다.
   ③ 군의관이 수행하는 병역법상 신체등위판정은 그에 따라 병역법상의 권리의무가 정해지는 것이므로 행정처분에 해당한다.
   ④ 지방자치단체장이 개발제한구역 안에서의 혐오시설 설치허가에 앞서 건설부훈령인 개발제한구역관리규정에 의하여 사전승인신청을 함에 따라 건설교통부장관이 한 승인행위는 항고소송의 대상이 된다.

18. 행정입법에 대한 설명으로 옳은 것(○)과 옳지 않은 것(×)을 올바르게 조합한 것은? (다툼이 있는 경우 판례에 의함)

   ㄱ. 행정청은 대통령령을 입법예고할 경우에는 국회 소관 상임위원회에 이를 제출하여야 한다.
   ㄴ. 법규명령의 위임근거가 되는 법률에 대하여 위헌결정이 선고되더라도 그 법규명령은 특별한 규정이 없는 한 별도의 폐지행위가 있어야 효력을 상실한다.
   ㄷ. 헌법재판소는 법률이 일정한 사항을 행정규칙에 위임하더라도 그 위임은 전문적·기술적 사항이나 경미한 사항으로서 업무의 성질상 위임이 불가피한 사항에 한정된다고 한다.
   ㄹ. 법률이 공법적 단체 등의 정관에 자치법적 사항을 위임한 경우에도 그 사항이 국민의 권리·의무에 관련되는 것인 경우에는 적어도 국민의 권리·의무에 관한 기본적이고 본질적인 사항은 국회가 정하여야 한다.

	ㄱ	ㄴ	ㄷ	ㄹ
①	○	×	○	○
②	○	○	○	×
③	×	×	○	×
④	×	○	×	○

19. 공공기관의 정보공개에 관한 법률에 대한 설명으로 옳지 않은 것은?
   ① 비공개 결정을 통지받은 청구인은 통지를 받은 날로부터 20일 이내에 해당 공공기관에 문서로 이의신청을 할 수 있다.
   ② 학술·연구를 위하여 일시적으로 체류 중인 외국인은 정보공개를 청구할 수 있다.
   ③ 중앙행정기관 및 대통령령으로 정하는 기관은 전자적 형태로 보유·관리하는 정보 중 공개대상으로 분류된 정보를 국민의 정보공개 청구가 없더라도 공개하여야 한다.
   ④ 공공기관은 정보의 공개를 결정한 경우에는 공개의 일시 및 장소 등을 분명히 밝혀 청구인에게 통지하여야 한다.

20. 병역법상 정의 규정에 대한 설명으로 옳지 않은 것은?
   ① "입영"이란 병역의무자가 징집·소집 또는 지원에 의하여 군부대에 들어가는 것을 말한다.
   ② "소집"이란 국가가 병역의무자에게 현역에 복무할 의무를 부과하는 것을 말한다.
   ③ "전환복무"란 현역병으로 복무 중인 사람이 의무경찰대원 또는 의무소방원의 임무에 복무하도록 군인으로서의 신분을 다른 신분으로 전환하는 것을 말한다.
   ④ "상근예비역"이란 징집에 의하여 현역병으로 입영한 사람이 일정기간을 현역병으로 복무하고 예비역에 편입된 후 지역방위와 이와 관련된 업무를 지원하기 위하여 소집되어 복무하는 사람을 말한다.

21. 행정소송에 대한 설명으로 옳지 않은 것은? (다툼이 있는 경우 판례에 의함)
    ① 처분 등을 취소하는 확정판결은 그 사건에 관하여 당사자인 행정청과 그 밖의 관계행정청을 기속한다.
    ② 집행정지결정의 효력은 결정주문에서 정한 기간까지 존속하다가 그 기간의 만료와 동시에 당연히 소멸한다.
    ③ 법원은 당사자의 소제기가 있어야만 심리를 개시할 수 있고, 분쟁대상도 원칙적으로 당사자가 청구한 범위에 한정된다.
    ④ 피고의 방어권 보장을 위해 기본적 사실관계의 동일성이 없더라도 처분사유의 추가·변경이 인정된다.

22. 법치행정의 원리에 대한 설명으로 옳지 않은 것은? (다툼이 있는 경우 판례에 의함)
    ① 행정작용은 법률에 위반되어서는 아니 되며, 국민의 권리를 제한하거나 의무를 부과하는 경우와 그 밖에 국민생활에 중요한 영향을 미치는 경우에는 법률에 근거하여야 한다.
    ② 법률우위의 원칙이란 국가의 행정은 합헌적 절차에 따라 제정된 법률에 위반되어서는 안 된다는 것을 의미하고, 행정의 전 영역에 적용된다.
    ③ 법률유보의 원칙에 있어서 법률은 형식적 의미의 법률을 의미하므로 관습법은 포함되지 않는다.
    ④ 예산도 일종의 법규범이고 법률과 마찬가지로 국회의 의결을 거쳐 제정되며, 국가기관뿐만 아니라 일반국민도 구속한다고 본다.

23. 사인의 공법행위로서 신고에 대한 판례의 입장으로 옳은 것은?
    ① 의료법에 따라 정신과의원을 개설하려는 자가 법령에 규정되어 있는 요건을 갖추어 개설신고를 한 경우라도 관할 시장·군수·구청장은 법령에서 정한 요건 이외의 사유를 들어 의원급 의료기관 개설신고의 수리를 거부할 수 있다.
    ② 장기요양기관의 폐업신고는 이른바 '수리를 필요로 하는 신고'에 해당하나, 행정청이 그 신고를 수리하였더라도 위조 등으로 인해 신고행위 자체가 효력이 없다면 그 수리행위는 유효한 대상이 없는 것으로서 당연무효이다.
    ③ 유료노인복지주택의 설치신고를 받은 행정관청은 유료노인복지주택의 시설 및 운영기준이 위 법령에 부합하는지에 대해서만 심사할 수 있고, 그 유료노인복지주택이 적법한 입소대상자에게 분양되었는지와 설치신고 당시 부적격자들이 입소하고 있지는 않은지 여부까지 심사하여 그 신고의 수리 여부를 결정할 수는 없다.
    ④ 일반적인 건축신고가 수리를 요하지 않는 신고라면 인·허가의제 효과를 수반하는 건축신고도 특별한 사정이 없는 한 수리를 요하지 않는 신고로 보아야 한다.

24. 행정심판법에 대한 설명으로 옳지 않은 것은?
    ① 심판청구는 원칙적으로 처분이 있음을 안 날로부터 90일 이내, 처분이 있은 날로부터 180일 이내에 제기하여야 한다.
    ② 행정심판의 결과에 이해관계가 있는 제3자 또는 행정청은 행정심판위원회의 의결이 있기 전까지 그 사건에 대하여 심판참가를 할 수 있다.
    ③ 청구인이 사망한 경우에는 상속인이나 그 밖에 법령에 따라 심판청구의 대상에 관계되는 권리나 이익을 승계한 자가 청구인의 지위를 승계한다.
    ④ 행정심판위원회는 당사자의 신청에 의한 경우에만 임시처분을 결정할 수 있다.

25. 행정절차법에 대한 설명으로 옳은 것을 모두 고르면? (다툼이 있는 경우 판례에 의함)

> ㄱ. 행정절차법의 적용이 제외되는 외국인의 출입국에 관한 사항이란 해당 행정작용의 성질상 행정절차를 거치기 곤란하거나 거칠 필요가 없다고 인정되는 사항 등을 의미하며, 외국인의 출입국에 관한 사항이라고 하여 행정절차를 거칠 필요가 당연히 부정되는 것은 아니다.
> ㄴ. 신청에 대한 거부처분은 특별한 사정이 없는 한 행정절차법상 처분의 사전통지대상이라는 것이 대법원의 입장이다.
> ㄷ. 행정청은 식품위생법 규정에 의하여 영업자 지위승계 신고 수리처분을 함에 있어서 종전의 영업자에 대하여 행정절차법상 사전통지를 하고 의견 제출 기회를 주어야 한다.
> ㄹ. 행정처분의 상대방이 통지된 청문일시에 불출석한 경우 관계 법령상 요구되는 청문절차 없이 침해적 행정처분을 할 수 있다.

① ㄱ, ㄹ ② ㄱ, ㄷ
③ ㄴ, ㄷ ④ ㄴ, ㄹ

행정학
제3과목

01. 비배제성과 경합성의 성격을 지니기 때문에 과다사용과 자원 손실의 문제가 발생하는 재화의 유형으로 옳은 것은?

① 공공재
② 공유재
③ 유료재
④ 사적재

02. 조직구조의 원리 중 계층제의 원리에 대한 설명으로 옳지 않은 것은?

① 계층제 내에서 권력은 계층에 따라 차등적으로 배분되고, 계층 간에는 엄격한 상명하복 관계가 형성된다.
② 계층제는 업무의 곤란도나 책임도를 기준으로 하는 수직적 분업의 일종이다.
③ 통솔범위가 넓어지면 계층의 수는 많아지고, 통솔범위가 좁아지면 계층의 수는 적어진다.
④ 구성원의 의사결정 참여를 제한하여 귀속감이나 참여감을 저해할 수 있다.

03. 조직의 수평적 조정기제 중 가장 강력한 수평연결장치로, 관련부서 간의 장기적이고 강력한 협력을 요할 때 적합한 장치로 옳은 것은?

① 직접 접촉
② 사업관리자(Project Manager)
③ 사업팀(Project Team)
④ 태스크포스(Task Force)

04. 다음 중 행정부에 대한 외부통제는 모두 몇 개인가?

ㄱ. 국회의 국정감사
ㄴ. 예산결산특별위원회의 예산안 종합심사
ㄷ. 감사원의 회계감사
ㄹ. 국민권익위원회의 행정제도의 개선에 관한 실태조사와 평가
ㅁ. 헌법재판소의 권한쟁의심판

① 1개
② 2개
③ 3개
④ 4개

05. 인간관계론에 대한 설명으로 옳지 않은 것은?

① 메이요(Mayo)가 실시한 호손실험이 인간관계론에 대한 대표적인 연구이다.
② 사회적인 존재로서의 인간을 파악하고 사회적 욕구와 사회적 유인에 의한 동기부여를 강조하였다.
③ 궁극적인 목적은 구성원들의 잠재가능성을 구현하는 것이며, 자아실현적 인간관의 성격을 지닌다.
④ 조직을 환경과 상호작용하지 않는 폐쇄적인 체제로 연구하였다.

06. 우리나라의 분쟁조정제도 중 행정안전부 소속으로, 시·도 간 또는 그 장 간의 분쟁을 심의·의결하는 곳은?

① 행정협의조정위원회
② 중앙분쟁조정위원회
③ 지방분쟁조정위원회
④ 중앙지방협력회

07. 근무성적평정상의 오류 중 어떤 평정요소에 대한 평정자의 인상이 다른 평정요소에 영향을 미치거나 피평정자의 전반적인 인상이 평정에 영향을 미치는 현상을 고르면?

① 연쇄효과
② 관대화 경향
③ 집중화 효과
④ 고정관념

08. 탈신공공관리론에 대한 설명으로 옳지 않은 것은?

① 지나치게 능률성만을 강조하는 것을 경계하고, 민주성·형평성 등의 가치를 함께 고려한다.
② 조직개편은 소규모의 자율적 조직으로 분절화할 것을 강조하였다.
③ 민영화에 대해 신중하게 접근하며, 민간·공공부문의 파트너십을 강조한다.
④ 신공공관리론을 완전히 대체하는 것이 아닌 조정하는 것으로 본다.

09. 정책유형에 대한 설명으로 옳지 않은 것은?

① 분배정책은 특정 개인, 기업 등에 공공서비스와 편익을 배분하는 정책으로, 수혜자 집단 간의 이권다툼이 심각하게 나타나 정책집행이 매우 곤란하다.
② 규제정책은 특정 개인이나 일부 집단에 대해 재산권 행사나 행동의 자유를 구속·억제하여 다수를 보호하는 정책으로, 포획현상이나 대립현상이 발생한다.
③ 재분배정책의 예로는 누진세제도, 영세민 취로사업이나 임대주택의 건설, 세액공제나 감면 등이 있다.
④ 구성정책은 대외적 가치배분에는 거의 영향을 주지 않지만 대내적으로는 게임의 법칙이 나타난다.

10. 영기준예산제도(ZBB; Zero-Base Budget)에 대한 설명으로 옳지 않은 것은?

① 경제적 합리성을 제도화하여 점증주의를 극복하기 위한 예산제도라 할 수 있다.
② 1970년대 정부 기능의 확대에 의하여 재정적자가 일상화되자, 카터(Carter) 행정부는 연방정부예산에 영기준예산을 도입했다.
③ 재정운영의 경직성을 타파하고 예산운영의 다양성과 신축성을 확보할 수 있다.
④ 상향적인 의사결정을 택하고 업무량과 비용을 대폭 절감시킬 수 있어 공무원들의 지지를 받았다.

11. 부정청탁 및 금품등 수수의 금지에 관한 법률상 다음에 들어갈 금액으로 옳은 것은?

> 공직자 등은 직무 관련 여부 및 기부·후원·증여 등 그 명목에 관계없이 동일인으로부터 1회에 (ㄱ) 또는 매 회계연도에 (ㄴ)을 초과하는 금품 등을 받거나 요구 또는 약속해서는 아니 된다.

	ㄱ	ㄴ
①	100만 원	300만 원
②	100만 원	500만 원
③	300만 원	500만 원
④	300만 원	1,000만 원

12. 재정통제방안에 대한 설명으로 옳지 않은 것은?

① 배정은 기획재정부장관이 각 중앙관서의 장에게 일정기간 동안 집행할 수 있는 금액과 소재를 명확히 하는 절차를 말한다.
② 재배정은 중앙관서의 장이 배정받은 예산액의 범위 내에서 산하기관에 예산을 다시 배정하는 것이다.
③ 예비타당성조사제도는 기술적 측면에서 사업의 타당성을 검증하는 제도로, 사업을 주관하는 해당 부처가 실시한다.
④ 지방재정진단제도는 지방재정운영의 사후적 평가를 통해 재정운영의 책임성과 효율성을 도모하기 위한 제도이다.

13. 예산의 종류에 대한 설명으로 옳지 않은 것은?

① 일반회계는 조세수입 등을 주요 세입으로 하여 국가의 일반적인 세출에 충당하기 위하여 설치한다.
② 국가에서 특정한 사업을 운영할 때 설치하는 기업특별회계로는 우정사업, 우체국예금, 양곡관리, 조달 등이 있다.
③ 기금은 법률로 설치되는 예산 외의 특별재원으로, 별도의 국회의결이 필요하지 않다.
④ 특별회계와 기금은 예산 단일성의 원칙의 예외가 된다.

14. 공공기관의 운영에 관한 법률상의 공공기관에 대한 설명으로 옳지 않은 것은?

① 공기업과 준정부기관 모두 직원 300명 이상, 총수입액 200억 원 이상, 자산규모 30억 원 이상의 공공기관 중에서 지정한다.
② 공기업은 자체수입액이 총수입액의 50% 이상이어야 한다.
③ 한국방송공사(KBS)와 한국교육방송공사(EBS)는 공공기관으로 지정되어 있지 않다.
④ 공기업은 공무원연금공단 등의 기금관리형과 한국관광공사 등의 위탁집행형으로 나눌 수 있다.

15. 핵크만과 올드햄(Hackman & Oldham)의 직무특성이론에 대한 설명으로 옳지 않은 것은?

① 직무의 특성이 직무수행자의 성장욕구수준에 부합될 때 그 직무가 구성원에게 동기를 유발시킨다는 이론이다.
② 욕구의 개인차를 고려하지 못했다는 비판을 받는다.
③ 직무수행자의 성장욕구수준이 낮은 경우, 정형화되고 단순한 직무를 제공하면 직무 자체에 대한 내재적 동기가 유발될 수 있다고 본다.
④ 핵심직무특성 중 자율성과 환류가 동기부여에 많은 영향을 미친다고 주장하였다.

16. 정책평가의 요소 중 타당도는 '정책평가가 정책의 효과를 얼마나 진실에 가깝게 추정하는지에 대한 정도'를 나타내는 개념이다. 타당도의 종류 중 특정 상황에서의 정책평가가 일반적인 상황에도 적용될 수 있는 정도를 뜻하는 것은?

① 구성적 타당도
② 통계적 결론의 타당도
③ 내적 타당도
④ 외적 타당도

17. 지방자치단체의 재원을 자주재원과 의존재원으로 나눌 때, 다음 중 자주재원에 해당하는 것만을 모두 고르면?

> ㄱ. 지방소비세
> ㄴ. 지방소득세
> ㄷ. 사용료(공용주차장 요금 등)
> ㄹ. 부동산교부세
> ㅁ. 국고보조금
> ㅂ. 조정교부금

① ㄱ, ㄴ, ㄷ
② ㄱ, ㄹ, ㅁ
③ ㄴ, ㄷ, ㄹ
④ ㄷ, ㅁ, ㅂ

18. 특별지방행정기관에 대한 설명으로 옳지 않은 것은?

① 독립된 법인격을 가진 국가기관으로, 주민의 참여를 증대시키기 때문에 지방자치의 발전에 도움을 준다.
② 신속하고 통일적인 행정수행에 유용하다.
③ 기능의 중복으로 인해 책임이 분산되고 인력과 예산이 낭비되는 등 행정의 비능률을 초래할 수 있다.
④ 지방자치단체의 하급행정기관은 특별지방행정기관에 해당하지 않는다.

19. 다음에서 설명하는 정책분석의 비교방법으로 옳은 것은?

> • 의사결정분석(decision tree)과 함께 대안을 선택하거나 우선순위를 설정하는 데 널리 이용되는 방법이다.
> • 각 계층에 포함된 하위목표 또는 평가기준으로 표현되는 구성요소들을 둘씩 짝을 지어, 바로 상위의 목표 또는 평가기준에 비추어 평가하는 쌍쌍비교를 시행한다.
> • 1970년대 사티(Saaty)교수가 개발하였다.

① 회귀분석
② 계층화분석법(AHP)
③ 비용편익분석
④ 시계열분석

20. 행정학의 주요이론에 대한 설명으로 옳은 것은?

① 과학적 관리론은 정치행정이원론의 성립에 기여하였다.
② 행태론은 규범적 연구를 배제하는 논리실증주의적 접근법을 경계하고 행정문화를 중시하였다.
③ 생태론은 행정을 둘러싸고 있는 환경을 고려하지 않는 폐쇄체제의 특징을 지닌다.
④ 신행정론은 현상학적 연구방법을 비판하며, 능률성을 가장 우선적인 가치로 두었다.

21. 다음에서 설명하는 동기이론으로 옳은 것은?

> • 민간부문과 공공부문의 동기 연구를 달리 해야 하며, 공무원은 사회에 대한 관심과 공익을 위한 이타적인 동기를 지닌다고 전제한다.
> • 구성요소로 합리적 차원, 규범적 차원, 감성적 차원 세 가지를 제시하였다.

① 샤인(Schein)의 복잡인모형
② 페리와 와이스(Perry & Wise)의 공공봉사동기이론
③ 오우치(Ouchi)의 Z이론
④ 리커트(Likrert)의 관리체제이론

22. 나카무라(Nakamura)와 스몰우드(Smallwood)는 정책결정자와 정책집행자와의 관계를 다섯 가지 유형으로 구분하였다. 그 중 정책집행자의 재량이 가장 큰 유형은?
① 재량적 실험가형
② 관료적 기업가형
③ 협상가형
④ 지시적 위임가형

23. 자본예산제도(CBS)에 대한 설명으로 옳지 않은 것은?
① 국·공채를 발행하여 불경기를 극복하려는 적극적 재정수단으로, 스웨덴정부에서 최초로 도입하였다.
② 반복적이고 단기적인 경상계정과 비반복적이고 장기적인 자본계정으로 구분하는 복식예산제도이다.
③ 공채를 통해 수익자 부담의 원칙을 구현하여 세대 간의 형평에 기여한다.
④ 국가의 장기적 계획수립에 기여하며, 물가안정을 통한 경제안정을 실현하기 용이하다.

24. 우리나라 직위분류제의 구성요소에 대한 설명으로 옳지 않은 것은?
① 직위는 1인의 공무원에게 부여할 수 있는 직무와 책임이다.
② 직렬은 채용·보수 기타 인사행정상 동일하게 다룰 수 있는 직위의 집단이다.
③ 직류는 동일한 직렬 내에서 담당분야가 동일한 직무의 군이다.
④ 등급은 직무의 종류는 다르지만 직무의 곤란성·책임도와 자격요건이 유사하여 동일한 보수를 줄 수 있는 모든 직위이다.

25. 우리나라의 옴부즈만인 국민권익위원회에 대한 설명으로 옳지 않은 것은?
① 입법부 소속인 일반적인 옴부즈만과 달리 행정부 소속이다.
② 공무원의 위법행위뿐만 아니라 부당하거나 소극적인 처분, 비능률, 태만 등 다양한 행위에 대해서 고발할 수 있다.
③ 고충민원을 접수한 경우에는 지체 없이 그 내용에 관하여 필요한 조사를 하여야 하며, 민원 신청이 없더라도 직권으로 조사할 수 있다.
④ 시정·개선 조치 및 징계의 권고나 요구만 가능하며, 직접 시정·개선 조치를 하지 못한다.

MEMO

이것도 알면 합격!

나카무라(Nakamura)와 스몰우드(Smallwood)의 정책집행유형

구분	정책결정자의 역할	정책집행자의 역할	정책평가기준
고전적 기술자형	• 추상적·구체적 목표설정 • 정책집행자에게 기술적 권한위임	정책결정자의 목표를 지지하고 기술적 권한을 강구	능률성과 효과성
지시적 위임자형	• 추상적·구체적 목표설정 • 행정적 권한위임	정책집행자 상호간 행정적 권한에 관하여 교섭	능률성과 효과성
협상가형	• 추상적·구체적 목표설정 • 정책집행자가 목표와 달성수단에 관해 협상	정책목표와 수단에 관하여 정책결정자와 협상	주민만족도 (정치적 참여)
재량적 실험가형	• 추상적 목표를 지지 • 정책집행자에게 광범위한 재량권 위임	정책집행자는 구체적 목표와 수단을 확보	수익자 대응성 (반응성)
관료적 기업가형	정책집행자가 설정한 목표와 목표달성수단을 지지	정책목표달성을 위해 필요한 수단을 형성시키고 정책결정자로 하여금 그 목표를 받아들이도록 설득	체제유지도

23 Ⅴ 자본예산제도(CBS) 정답 ④

정답 분석

④ 자본예산제도(CBS)는 국·공채 발행을 통해서 장기간에 걸친 사업을 시행하므로 국가의 장기적 계획수립에 기여한다. 하지만 부채동원·채권발행 등에 의하여 적자예산편성에 치중하고 인플레이션을 가속화시켜 경제안정을 해칠 수 있다.

선지 분석

① 국·공채를 발행하여 불경기를 극복하려는 적극적 재정수단으로서 시장실패를 극복하기 위한 행정국가의 재정적 산물이다. 1930년대 경제대공황을 타개하기 위해 스웨덴정부에서 최초로 도입하였다.
② 예산을 단기적인 경상적 계정과 장기적인 자본적 계정으로 구분하고 경상지출은 경상적 수입에 의하여 충당하며 균형이 되어야 하나, 자본적 지출은 그 대부분을 공채의 발행에 의하여 충당하는 복식예산(double budget)을 말한다.
③ 지출의 효과가 장기간 지속되는 자본지출은 오히려 공채를 발행하여 장래의 납세자가 부담하도록 하거나, 수익이 발생하는 사업에의 자본투자를 통해 이용자가 비용을 부담하도록 하는 수익자 부담의 원칙을 구현한다.

24 Ⅳ 직위분류제의 구성요소 정답 ②

정답 분석

② 채용·보수 기타 인사행정상 동일하게 다룰 수 있는 직위의 집단은 직급이다. 직급은 직위에 내포되는 직무의 종류와 곤란성·책임도가 상당히 유사한 직위의 군이다. 직렬은 직무의 종류가 유사하고 곤란성과 책임도가 상이한 직급의 군이다.

선지 분석

① 직위는 1인의 공무원에게 부여할 수 있는, 즉 한 사람의 근무를 필요로 하는 직무와 책임이다.
③ 직류는 동일한 직렬 내에서 담당분야가 동일한 직무의 군으로, 직렬 내에서 직무의 성질이 더욱 유사한 것끼리 세부적으로 분류하면 직류가 된다.
④ 등급은 직무의 종류는 다르지만 곤란도와 책임도 측면에서 유사하다는 것을 의미하고 동일한 보수를 지급하게 된다.

25 Ⅵ 국민권익위원회 정답 ③

정답 분석

③ 국민권익위원회는 신청에 의한 조사만 가능하고 직권조사권이 없다. 또한 사전심사권이 없어 사전적인 예방제도가 될 수 없고 사후적인 심사수단에 불과하다.

선지 분석

① 스웨덴식의 일반적인 옴부즈만은 입법부 소속이지만, 국민권익위원회는 국무총리 소속이다.
② 공무원의 위법행위뿐만 아니라 부당하거나 소극적인 처분(사실행위 및 부작위 포함), 비능률, 태만 등 다양한 행위에 대해서 고발할 수 있다. 즉, 합법성뿐만 아니라 합목적성에 문제가 있는 공무원의 행정행위도 조사대상이 된다.
④ 시정·개선 조치 및 징계의 권고나 요구만 가능하며, 직접적으로 무효로 하거나 취소할 수 있는 권한은 없다.

이것도 알면 합격!

일반적인 옴부즈만과 국민권익위원회의 비교

구분		전형적인 옴부즈만 (스웨덴식)	국민권익위원회
차이점	기능	헌법상 기관, 공식적·외부통제	법률상 기관, 공식적·내부통제
	소속	입법부 소속	행정부(국무총리) 소속
	직권조사권 유무	신청에 의한 조사 외 직권조사권 있음	신청에 의한 조사 (직권조사권 없음)
공통점		• 합법성 외 합목적성 차원의 조사가 가능 • 직접적으로 무효로 하거나 취소할 수 있는 권한은 없음(간접적 권한 보유)	

18 Ⅶ 특별지방행정기관 　　　정답 ①

정답 분석
① 특별지방행정기관(일선기관)은 독립된 법인격이 없는 국가기관으로, 관치행정의 성격이 강해 지방자치의 발전을 저해할 수 있다는 우려가 있다.

선지 분석
② 국가에 의한 신속한 업무처리가 가능하고 중앙정부의 정책을 일관성 있게 추진할 수 있다.
③ 중앙부서에서는 지방자치단체에서 처리할 수 있는 사무에 대해서도 자신들의 특별지방행정기관을 통해 집행할 가능성이 높기 때문에 특별지방행정기관은 지방분권의 관점에서 볼 때 지방자치단체의 권한과 책임성을 저해하는 요인이 될 수 있다. 또한 특별지방행정기관과 지방자치단체 간의 기능이 중복되어 인력과 예산이 낭비됨으로써 지방행정의 비효율성이 초래될 수 있다.
④ 지방자치단체의 하급행정기관이란 지방자치단체 밑에 설치된 읍·면·동 등을 뜻하므로 특별행정기관에 해당하지 않는다.

19 Ⅱ 계층화분석법(AHP) 　　　정답 ②

정답 분석
② 1970년대 사티(Saaty)교수가 개발한 계층화분석법(AHP)은 하나의 문제를 시스템으로 보고 당면한 문제를 여러 개의 계층으로 분해한 다음 각 계층별로 복수의 평가기준(구성요소)이나 대안들을 설정하여 네트워크 형태로 구조화하고 이들이 상위계층의 평가기준들을 얼마나 만족시키는가에 따라 대안들의 선호도를 숫자로 전환하여 종합적으로 평가하는 방법이다.

선지 분석
① 회귀분석은 통계적 관계를 이용하여 하나 혹은 둘 이상의 독립변수들과 한 개의 종속변수 간의 인과관계를 파악하기 위한 기법이다.
③ 비용편익분석은 자원의 합리적 배분을 위한 기법으로, 일정편익을 최소비용으로 얻거나 일정비용으로 최대편익을 얻고자 하는 계량적 분석기법이다.
④ 시계열분석은 과거의 변동추이를 시간적으로 분석하여 그것을 토대로 미래의 결과를 전망(추정)해 보기 위한 기법을 말한다.

20 Ⅰ 행정학의 주요이론 　　　정답 ①

정답 분석
① 과학적 관리론으로 인해 정치적 작용이 아닌 관리적 작용으로서의 행정의 개념이 확대됨에 따라 정치행정이원론의 성립에 기여하였다.

선지 분석
② 행태론은 규범적 연구를 거부하고 자연과학적 방법을 이용하여 이론을 정립하기 위해서 가설을 세우고 경험적 자료를 수집하여 이를 검증하는, 절차와 논리를 따르는 논리실증주의적 접근을 특징으로 한다.
③ 생태론은 행정을 둘러싸고 있는 환경들에 대해서 고려하였다. 즉, 행정과 외부환경과의 관계를 최초로 인식하였다.
④ 신행정론은 행태주의자들의 실증적 연구를 비판하며 탈실증주의적 연구로서의 현상학적 연구방법을 중시하였으며, 현실적인 불평등문제를 해결하기 위해서 사회적 형평성을 우선시하였다.

21 Ⅲ 공공봉사동기이론 　　　정답 ②

정답 분석
② 페리와 와이스(Perry & Wise)의 공공봉사동기이론은 민간부문과 공공부문의 동기 연구를 달리 해야 하며 공무원은 사회에 대한 관심과 공익을 위해 봉사하여야 한다고 전제한다. 기존 동기이론들은 개인주의적 편향, 친사회적, 이타적 행동을 설명하지 못한다고 주장하며, 동기유발요인으로 금전적, 물질적 보상보다 지역공동체나 국가, 인류를 위해 봉사하려는 이타심에 주목하는 이론이다.

이것도 알면 합격!

공공봉사동기이론의 구성요소

합리적 차원 (이성적 계산)	• 공무원의 자신의 효용극대화 동기와 관련됨 • 자신의 자아실현적 욕구를 충족시키는 차원에서 정책과 자신을 동일시하는 것 • 정책형성 과정에의 참여, 공공정책에 대한 일체감, 호감도와 매력, 특정 이해관계에 대한 지지 등
규범적 차원 (공익 의무감)	• 본질적이고 이타적인 내용으로 의무감에 바탕을 둔 동기 • 공익봉사의 욕구, 의무와 정부 전체에 대한 충성, 사회적 형평의 추구 등
감성적 차원 (감정적 접근)	• 이성이나 의무감이 아닌 감정적으로 생기는 동기 • 정책의 사회적 중요성에 기인한 몰입, 선의의 애국심 등

22 Ⅱ 정책집행유형 　　　정답 ②

정답 분석
② 정책집행자의 재량이 가장 큰 유형은 관료적 기업가형이다. 나카무라(Nakamura)와 스몰우드(Smallwood)는 정책결정자와 정책집행자와의 관계를 다섯 가지 유형으로 구분한 후, 정책결정자와 정책집행자의 역할 및 정책집행자의 권한과 요구되는 역량 등에 대한 기본가정과 각 유형에서 발생할 가능성이 높은 정책집행의 실패원인에 대해서 설명하였다. 고전적 기술자형에서 관료적 기업가형으로 나아갈수록 정책결정자의 권한과 통제는 약해지고 정책집행자의 재량은 커진다고 보았다.

④ 예산 단일성의 원칙은 예산이 가능한 단일의 회계 내에서 정리되어야 한다는 원칙이다. 특별회계와 기금은 일반예산과는 별도로 구분되기 때문에 예산 단일성의 원칙의 예외가 된다.

14 Ⅲ 공공기관 정답 ④

정답 분석
④ 공기업은 자산규모와 자체수입액에 따라 시장형 공기업과 준시장형 공기업으로 나뉜다. 기금관리형과 위탁집행형으로 나뉘는 것은 준정부기관이다(공공기관의 운영에 관한 법률 제5조).

선지 분석
① 기획재정부장관은 직원 300명 이상, 총수입액 200억 원 이상, 자산규모 30억 원 이상의 기준에 해당하는 공공기관을 공기업·준정부기관으로 지정한다(공공기관의 운영에 관한 법률 시행령 제7조 제1항).
② 기획재정부장관은 총수입액 중 자체수입액이 차지하는 비중이 100분의 50 이상인 공공기관을 공기업으로 지정한다(공공기관의 운영에 관한 법률 시행령 제7조 제2항).
③ 한국방송공사(KBS)와 한국교육방송공사(EBS)는 정부가 전액 출자하는 공기업에 해당하지만 언론의 중립성과 공정성을 보장하기 위하여 공공기관의 운영에 관한 법률상 공공기관으로 지정되어 있지 않다.

이것도 알면 합격!

공공기관의 유형

공기업		준정부기관		기타 공공기관
직원 300명 이상, 총수입액 200억 원 이상, 자산규모 30억 원 이상에서 지정				
자체수입액이 총수입액의 50% 이상		자체수입액이 총수입액의 50% 미만		
시장형 공기업: 자산규모가 2조 원 이상이고 자체수입액이 총수입액의 85% 이상	준시장형 공기업: 자체수입액이 총수입액의 50% 이상 85% 미만	기금관리형 준정부기관	위탁집행형 준정부기관	공공기관 - (공기업 + 준정부기관)

15 Ⅲ 직무특성이론 정답 ②

정답 분석
② 핵크만과 올드햄(Hackman & Oldham)의 직무특성이론은 욕구의 개인적 차이를 고려하고 구체적으로 직무특성, 심리상태, 성과 등의 관계를 제시하였다는 점에서 욕구충족이원론보다 발전한 이론이라고 평가받는다.

선지 분석
① 직무의 특성이 직무수행자의 성장욕구수준에 부합될 때 직무가 그 직무수행자에게 더 큰 의미와 책임감을 주고, 이로 인해 동기유발의 측면에서 긍정적인 성과를 얻게 된다고 본다.
③ 직무수행자의 성장욕구수준이 낮은 경우엔 정형화되고 단순한 직무를 제공하고, 직무수행자의 성장욕구수준이 높은 경우엔 직무를 재구성하고 자율성을 부여해야 한다.
④ 핵심직무특성으로 기술다양성, 직무정체성, 직무중요성, 자율성, 환류를 제시하였고, 자율성과 환류가 동기부여에 많은 영향을 미친다고 본다.

16 Ⅱ 타당도 정답 ④

정답 분석
④ 외적 타당도는 조작화된 구성요소들 중 관찰된 효과들이 당초의 연구가설에 구체화된 것 이외에 다른 이론적 구성요소들에까지도 일반화될 수 있는 정도를 의미한다. 어떤 특정한 상황에서 정책이 집행되고 그 결과로서 나타난 정책효과를 정확하게 판단하여 평가의 내적 타당도가 있는 경우에, 이 판단이 다른 상황에서 그 정책을 집행하여 나타날 효과에 대해서도 그대로 적용되면 그 평가는 외적 타당도가 있다고 할 수 있다.

선지 분석
① 구성적 타당도는 처리, 결과, 모집단 및 상황들에 대한 이론적 구성요소들이 성공적으로 조작화된 정도이다.
② 통계적 결론의 타당도는 만일 정책의 결과가 존재하고 이것이 제대로 조작되었다고 할 때, 이에 대한 효과를 찾아낼 만큼 충분히 정밀하고 강력하게 연구 설계가 이루어진 정도이다.
③ 내적 타당도는 조작화된 결과에 의하여 발생한 효과가 다른 경쟁적인 원인(외생변수)들에 의해서라기 보다는 조작화된 처리에 기인된 것이라고 볼 수 있는 정도이다.

17 Ⅶ 지방자치단체의 재원 정답 ①

정답 분석
① 자주재원은 지방자치단체가 직접 징수하는 수입으로, 지방세와 세외수입으로 구성된다. 의존재원은 국가나 광역자치단체로부터 제공받는 수입으로, 지방교부세와 국고보조금으로 구성된다. 자주재원으로 옳은 것은 ㄱ, ㄴ, ㄷ이다.

ㄱ, ㄴ. 지방소비세와 지방소득세 등 지방세는 자주재원에 해당한다.
ㄷ. 사용료, 수수료, 재산임대수입 등은 세외수입으로 자주재원에 해당한다.

선지 분석
ㄹ. 부동산교부세는 지방교부세로 의존재원에 해당한다.
ㅁ, ㅂ. 국고보조금, 조정교부금은 의존재원에 해당한다.
주의 조정교부금은 기초가 광역에 의존하는 재원이다.

> 이것도 알면 **합격!**

분배정책과 재분배정책의 비교

구분	분배정책	재분배정책
행정이념	능률성, 효과성	형평성
이데올로기적 성격	약함	강함
정책결정양태	구유통 정치, 통나무 굴리기	엘리트 정치
게임양태	논제로섬 (non-zero sum)	제로섬 (zero sum)
집행의 용이성	용이	곤란
비용부담	불특정 다수	고소득층
수혜자	특정 개인, 기업체, 조직, 지역사회 등	저소득층

---

10 Ⅴ 영기준예산제도(ZBB) 정답 ④

정답 분석

④ 영기준예산제도는 조직의 모든 사업과 활동을 새롭게 평가하고 분석하는 과정을 거치기 때문에, 분석·평가·서류작업 등에 투입하는 시간과 노력의 부담이 과중하다. 이로 인해 공무원들로부터 환영받지 못하였다.

선지 분석

① 과거의 관행을 전혀 참조하지 않고(zero base 상태에서) 목적과 방법, 자원에 대한 근본적인 재평가를 바탕으로 예산을 편성하기 때문에 점증주의를 극복하기 위한 제도라 할 수 있다.

② 1970년대 자원난 시대에 접어들어 정부 기능의 확대에 의하여 재정적자가 일상화되고 납세자의 저항이 커지자 자원배분의 효율을 높이기 위해 카터(Carter) 행정부는 연방정부예산에 영기준예산을 도입했다. 영기준예산은 우선순위가 낮은 사업의 폐지를 통하여 조세부담의 증가를 막고, 이를 통해 예산의 감축을 기하여 자원난의 극복에 기여한다.

③ 모든 사업을 재검토한다는 점에서 재정운영의 경직성을 타파하고 탄력성을 확보할 수 있다. 또한 의사결정단위가 조직단위가 될 수도, 사업단위가 될 수도 있다는 점에서 운영 면에서 다양성과 신축성을 갖는다.

---

11 Ⅳ 부정청탁 및 금품 등 수수의 금지에 관한 법률 정답 ①

정답 분석

① 공직자 등은 직무 관련 여부 및 기부·후원·증여 등 그 명목에 관계없이 동일인으로부터 1회에 100만 원 또는 매 회계연도에 300만 원을 초과하는 금품 등을 받거나 요구 또는 약속해서는 아니 된다(부정청탁 및 금품 등 수수의 금지에 관한 법률 제8조 제1항).

> 관련 법령

부정청탁 및 금품 등 수수의 금지에 관한 법률상 금품 등의 수수 금지

제8조【금품 등의 수수 금지】① 공직자 등은 직무 관련 여부 및 기부·후원·증여 등 그 명목에 관계없이 동일인으로부터 1회에 100만 원 또는 매 회계연도에 300만 원을 초과하는 금품 등을 받거나 요구 또는 약속해서는 아니 된다.
② 공직자 등은 직무와 관련하여 대가성 여부를 불문하고 제1항에서 정한 금액 이하의 금품 등을 받거나 요구 또는 약속해서는 아니 된다.

---

12 Ⅴ 재정통제방안 정답 ③

정답 분석

③ 기술적 측면에서 사업의 타당성을 검증하는 제도로, 사업을 주관하는 해당 부처가 실시하는 것은 타당성조사에 대한 설명이다. 예비타당성조사는 대규모 개발사업에 대한 경제적·재정적·정책적 측면의 타당성을 검증하는 제도로 기획재정부에서 실시한다.

선지 분석

① 배정은 기획재정부장관이 각 중앙관서의 장에게 각 분기별로 집행할 수 있는 금액과 책임 소재를 명확히 하는 절차로 지출원인행위의 근거가 된다.

② 재배정은 각 중앙관서의 장이 배부받은 예산액의 범위 내에서 다시 산하기관에 일정기간 사용할 수 있는 예산액을 배분하는 것이다. 중앙관서의 장으로 하여금 각 기관의 예산집행 상황을 감독·통제하고, 재정적 한도를 엄수하게 하기 위함이다.

④ 지방재정진단제도는 지방재정운영의 사후적 평가를 통해 재정운영의 책임성과 효율성을 도모하기 위한 제도이다. 평가결과에 따라 행정안전부장관 및 시·도지사는 해당 지방자치단체를 대상으로 지방재정건전화 계획을 수립하여 시행할 수 있다.

---

13 Ⅴ 예산의 종류 정답 ③

정답 분석

③ 기금이란 국가가 특정한 목적을 위하여 특정한 자금을 운용할 필요가 있을 때 법률로써 특별히 설치할 수 있는 자금이다. 행정부는 기금운용계획안을 작성하여야 하고, 예산과 같이 국회의 의결이 필요하다.

선지 분석

① 일반회계는 중앙정부의 내국세·관세 등 조세수입(90% 이상)과 차관수입·재화나 용역의 판매수입과 같은 세외수입 등을 통해 조성되고, 정부의 일반행정경비·방위비·사회개발비·지방재정교부금 등에 지출된다.

② 특별회계는 특정한 세입으로 특정한 세출에 충당하기 위하여 일반회계와 별도로 구분하여 경리하는 예산이다. 국가에서 특정한 사업을 운영하기 위해 설치한 특별회계는 우정사업, 우체국예금, 양곡관리, 조달 등의 기업특별회계와 책임운영기관특별회계가 있다.

07 IV 근무성적평정상의 오류 정답 ①

정답 분석

① 연쇄효과는 평정자가 가장 중요시하는 하나의 평정요소에 대한 평가결과가 성격이 다른 나머지 평정요소에도 연쇄적으로 영향을 미쳐 유사한 수준으로 평가결과가 나타나는 것이다.

선지 분석

② 관대화 경향은 하급자와의 인간관계를 의식하여 평정등급이 전반적으로 높아지는 현상으로, 평정자의 통솔력 부족이나 부하와의 인간관계 고려·평정결과 공개 등으로 인해 발생한다.
③ 집중화 효과는 무난하게 주로 중간 등급을 주는 현상으로, 평정결과를 공개할 때 많이 발생한다.
④ 고정관념은 유형화(상동화·유형화)의 착오에 해당하는 것으로, 출신학교·지역 등 평정의 요소와 관계가 없는 다른 요소 등에 대해 평정자가 갖고 있는 편견이 평정에 영향을 미치는 것이다.

이것도 알면 합격!

근무성적평정상의 오류

연쇄효과 (halo effect)	하나의 평정요소가 다른 평정요소에 영향을 미치는 오류
집중화의 오류	무난하게 주로 중간등급을 주는 오류
관대화의 오류	실제 수준보다 높게 평가하는 오류
엄격화의 오류	실제 수준보다 낮게 평가하는 오류
규칙적 오류	평정자의 가치관 및 평정기준의 차이에 의한 규칙적 오류
총계적 오류	평정자의 피평정자에 대한 불규칙적 오류
논리적 오류	평정요소 간 논리적 상관관계가 있다는 관념에 의한 오류
선입견에 의한 오류	평정자가 갖고 있는 선입견(편견)이 평정에 영향을 미치는 오류
시간적 오류 (근접오류)	최근의 실적이나 사건이 평가에 영향을 미치는 것
대비적 오류	평정대상자를 바로 직전의 피평정자와 비교하여 평정하는 오류
유사적 오류	평정자가 자신과 유사한 피평정자에게 우수한 점수를 주는 오류
선택적 지각	부분적인 정보만을 받아들여 평정하는 오류
방어적 지각	자신에게 불리한 정보를 회피하고 유리한 것만 받아들이는 오류
이기적 착오	잘된 성과는 자신의 내적 요소에 의한 것, 잘못된 성과는 외적 요소에 의한 것으로 평정하는 오류
근본적 귀속의 착오	개인적 요인은 과대평가하고, 상황적 요소는 과소평가하는 경향의 오류
피그말리온 (스티그마)효과	자기충족적·미충족적 예언이 긍정적·부정적 효과를 가져오는 오류

08 I 탈신공공관리론 정답 ②

정답 분석

② 조직개편으로 소규모의 자율적 조직으로 분절화할 것을 강조하는 것은 신공공관리론에 대한 설명이다. 탈신공공관리론은 구조적 통합을 통해 분절화를 축소하며 총체적인 정부를 강조한다.

이것도 알면 합격!

신공공관리론과 탈신공공관리론의 비교

구분	신공공관리론	탈신공공관리론
주요 가치와 시장과의 관계	• 능률성 강조 • 규제 완화 • 시장지향주의	• 민주성·형평성 강조 • 정부의 정치·행정적 역량 강화 • 재규제의 강조
조직구조의 특징과 개혁방향	• 탈관료제모형 • 분권화 • 행정의 분절화	• 관료제와 탈관료제 모형의 조화 • 재집권화(분권과 집권의 조화) • 분절화 축소, 총체적 정부 강조
조직관리기법	• 민간부문의 관리기법 도입 • 결과·산출 중심의 통제 • 경쟁적 인사관리 및 개방형 인사제도	• 공공책임성 중시 • 자율성과 책임성의 증대

09 II 정책유형 정답 ①

정답 분석

① 분배정책은 특정 개인, 기업, 조직, 지역에 공공서비스와 편익을 배분하는 정책이다. 혜택을 보는 수혜자들은 서로 더 많은 것을 얻기 위해 경쟁하지만, 수혜자와 비용부담자 간에 직접적인 갈등이나 다툼이 발생하지 않으며, 이데올로기적 논쟁이 부재하거나 미약하기 때문에 상대적으로 정책집행이 용이하다.

선지 분석

② 규제정책은 규제를 받는 사람과 규제를 가하려고 하는 사람들 사이에 심각한 대립이 있기 때문에 포획현상(주로 경제적 규제)이나 대립현상(주로 사회적 규제)이 발생한다.
③ 재분배정책은 재산, 권력, 권리들을 많이 소유하고 있는 집단으로부터 그렇지 못한 집단으로 이전시키는 정책으로, 계급대립적 성격을 지니고 이데올로기적 논쟁이 심하며 정책집행이 매우 곤란하다. 누진과세, 영세민 생계지원사업, 임대주택의 건설 등이 그 예이다.
④ 구성정책은 정치체제·행정체제의 구성과 운영에 관련된 정책을 말한다. 전체 환경의 변화에 주력하므로 사회적 가치배분에는 크게 영향을 미치지 않지만, 조직 내부적으로 유리한 기관구성을 위하여 조직 간 게임의 법칙 등이 나타난다.

04 Ⅵ 외부통제　　　　　　정답 ③

정답 분석

③ 행정부에 대한 외부통제로 옳은 것은 ㄱ, ㄴ, ㅁ으로 3개이다.
ㄱ. 국회의 국정감사는 국민의 대표기관인 입법부에 의한 행정통제이다.
ㄴ. 예산결산특별위원회는 국회의 특별위원회로 예산안 종합심사는 입법부에 의한 행정통제이다.
ㅁ. 헌법재판소는 입법부, 사법부와 함께 행정부에 대해 외부통제의 기능을 지닌다.

선지 분석

ㄷ. 감사원은 대통령 직속기구로 내부통제에 해당한다.
ㄹ. 국민권익위원회는 국무총리 소속으로 내부통제에 해당한다.

이것도 알면 합격!

행정통제의 유형

구분		내부통제	외부통제
공식적		• 행정수반(대통령) • 계층제 • 독립통제기관(감사원, 국민권익위원회) • 교차기능조직 • 정부업무평가	• 입법부 • 사법부 • 헌법재판소 • 옴부즈만제도
비공식적		• 공익 • 행정윤리 • 대표관료제 • 비공식조직(규범)	• 시민통제 • NGO • 이익집단 • 언론매체 · • 정당

05 Ⅰ 인간관계론　　　　　　정답 ③

정답 분석

③ 인간관계론의 궁극적 목적은 과학적 관리론과 마찬가지로 생산성·능률성의 향상이다. 조직 내의 인간적 가치를 존중해줌으로써 생산성 향상을 기하였고, 구성원 스스로 자아성취적 욕구에 의해서 동기부여가 되지 않는다고 보아 동기부여의 피동성 및 외재성을 전제한다.

선지 분석

① 메이요(Mayo)는 서부 전기회사의 호손공장에서 실험을 통해 작업집단의 사회적·심리적 요인이 관리에 있어서 중요한 것임을 밝혀냈다.
② 사회적·심리적 만족과 같은 비경제적 보수가 조직구성원의 동기부여와 행복을 결정하는 데에 중요한 역할을 한다고 보았다.
④ 과학적 관리론보다 인간에 대한 관심이 증대되었지만 여전히 외부환경의 변수들을 고려하지 않는, 즉 조직을 환경과 상호작용하지 않는 폐쇄적인 체제로 연구하였다.

06 Ⅶ 분쟁조정제도　　　　　　정답 ②

정답 분석

② 중앙분쟁조정위원회는 행정안전부 소속으로, 시·도 또는 그 장 간의 분쟁, 시·도를 달리하는 시·군 및 자치구 또는 그 장 간의 분쟁 등을 심의·의결한다(지방자치법 제166조 제2항).

선지 분석

① 행정협의조정위원회는 국무총리 소속으로 중앙행정기관과 지방자치단체 간의 분쟁을 협의·조정한다(지방자치법 제187조).
③ 지방분쟁조정위원회는 중앙분쟁조정위원회의 권한에 해당하지 아니하는 지방자치단체·지방자치단체조합 또는 그 장 간의 분쟁을 심의·의결한다(지방자치법 제166조 제3항).
④ 중앙지방협력회는 국가와 지방자치단체 간의 협력을 도모하고 지방자치 발전과 지역 간 균형발전에 관련되는 중요 정책을 심의한다(지방자치법 제186조).

관련 법령

지방자치법상 분쟁조정제도

제166조【지방자치단체중앙분쟁조정위원회 등의 설치와 구성 등】① 제165조 제1항에 따른 분쟁의 조정과 제173조 제1항에 따른 협의사항의 조정에 필요한 사항을 심의·의결하기 위하여 행정안전부에 지방자치단체중앙분쟁조정위원회(이하 "중앙분쟁조정위원회"라 한다)를, 시·도에 지방자치단체지방분쟁조정위원회(이하 "지방분쟁조정위원회"라 한다)를 둔다.
② 중앙분쟁조정위원회는 다음 각 호의 분쟁을 심의·의결한다.
1. 시·도 간 또는 그 장 간의 분쟁
2. 시·도를 달리하는 시·군 및 자치구 간 또는 그 장 간의 분쟁
3. 시·도와 시·군 및 자치구 간 또는 그 장 간의 분쟁
4. 시·도와 지방자치단체조합 간 또는 그 장 간의 분쟁
5. 시·도를 달리하는 시·군 및 자치구와 지방자치단체조합 간 또는 그 장 간의 분쟁
6. 시·도를 달리하는 지방자치단체조합 간 또는 그 장 간의 분쟁
③ 지방분쟁조정위원회는 제2항 각 호에 해당하지 아니하는 지방자치단체·지방자치단체조합 간 또는 그 장 간의 분쟁을 심의·의결한다.

제186조【중앙지방협력회의의 설치】① 국가와 지방자치단체 간의 협력을 도모하고 지방자치 발전과 지역 간 균형발전에 관련되는 중요 정책을 심의하기 위하여 중앙지방협력회의를 둔다.

제187조【중앙행정기관과 지방자치단체 간 협의·조정】① 중앙행정기관의 장과 지방자치단체의 장이 사무를 처리할 때 의견을 달리하는 경우 이를 협의·조정하기 위하여 국무총리 소속으로 행정협의조정위원회를 둔다.

제3과목 행정학

01 Ⅰ 재화의 유형   정답 ②

정답 분석
② 공유재는 재화의 유형에서 볼 때, 경합성과 배제불가능성을 지닌 재화이다. 공유재의 비배제성으로 인해 합리적이고 이기적인 개인들은 자신의 이익극대화를 위해 공유지를 무분별하게 사용한다. 그러나 개인들의 공유지에 대한 무분별한 사용은 결국 공유지의 자원의 고갈이라는 '공유지의 비극'을 발생시켜 사회적으로는 바람직하지 않은 결과를 초래하게 된다.

이것도 알면 합격!

재화의 유형

구분	비배제성 (평등성·무임승차성)	배제성 (차별성·수익자부담)
	공공재·집합재	요금재·유료재
비경합성 (공동소비성, 비분할성)	• 공급상 문제점: 무임승차 • 정부개입: 공급문제 해결을 위해 정부가 직접 공급(무료)하며 공급비용은 세금 등 강제적 수단으로 징수 • 예: 국방, 외교, 치안서비스, 등대 등	• 공급상 문제점: 규모의 경제와 자연독점 • 정부개입: 직접 공급, 공기업, 민간참여 • 예: 전기, 가스, 수도 등
	공유재	사적재·민간재
경합성 (개별소비성, 분할가능성)	• 공급상 문제점: 과다사용과 자원손실(공유지의 비극), 비배제성에 따른 비용회피 • 정부개입: 사유재산권을 설정, 사용량을 제한하는 규제 • 예: 자연자원 등	• 공급상 문제점: 거의 없음 • 정부개입: 원칙적으로 민간기업이 생산하도록 자율성을 보장 • 예: 일반적인 재화(냉장고, 세탁기, 자동차 등)

02 Ⅲ 계층제의 원리   정답 ③

정답 분석
③ 계층의 수는 통솔범위와 반비례한다. 통솔범위가 넓어지면 계층의 수는 적어지는 반면, 통솔범위가 좁아지면 계층의 수는 많아진다.

선지 분석
①② 계층제의 원리는 권한, 의무, 책임의 정도에 따라 상하의 계층을 설정하는 것으로, 권한의 위임이 계층에 따라 이루어진다. 일반적으로 계층수준이 높을수록 주요 정책에 관한 비정형적인 업무를 담당하고, 계층수준이 낮을수록 정형적 업무나 구체적인 운영을 담당하게 된다.

④ 조직구성원의 개성과 창의성을 저해하며, 귀속감을 감소시켜 인간관계 형성을 방해할 위험이 있다.

03 Ⅲ 조직의 수평적 조정기제   정답 ③

정답 분석
③ 사업팀(Project Team)은 가장 강력한 수평연결장치이다. 사업 추진을 위해서 관련 부서 간에 장기간 강력한 협동을 요할 때 적합하며, 조직이 대규모의 사업, 중요한 혁신, 새로운 생산라인이 필요할 때 이 장치를 채택한다.

선지 분석
① 직접 접촉은 조직 문제에 관계된 관리자와 직원이 직접 접촉하는 방식으로, 연락담당자를 두어 다른 부서와 의사소통 및 조정의 책임을 수행하게 할 수 있다.
② 사업관리자(Project Manager)는 수평적 조정을 담당할 정규직위를 두는 방식으로, 부서 내에 위치하는 연락담당자와는 달리 부서들 밖에 위치하여 여러 부서 간의 조정을 책임진다.
④ 태스크포스(Task Force)는 특정 문제에 관련된 각 부서들의 대표로 구성된 임시위원회로서 일시적 문제에 대한 부서 간의 직접 조정에 효과적이다.

이것도 알면 합격!

수평적 조정기제

정보시스템	부서 간 정보를 공유할 수 있는 통합정보시스템
직접 접촉	한 단계 높은 수평연결장치로서 연락책 등을 활용한 부서 간 의사소통 및 조정을 추구함
태스크포스 (Task Force)	• 임시작업단, 임시위원회라고도 불리며, 여러 부서 간의 연결은 이와 같은 복잡한 장치가 필요함 • 각 부서대표로 구성된 임시위원회는 일시적 문제에 대한 부서 간 직접 조정에 효과적
사업관리자 (Project Manager)	• 강력한 수평연결장치로서 수평적 조정을 담당할 정규직위를 두는 방식 • 산출물관리자, 브랜드관리자라고도 불리며, 이 조정자는 특별한 인간관계기술과 조정을 위한 전문지식 및 설득력이 요구됨
사업팀 (Project Team)	• 가장 강력한 수평연결장치 • 사업팀은 관련부서 간의 장기적이고 강력한 협력을 요할 때 적합한 장치

25 III 행정절차법   정답 ②

정답 분석

옳은 것은 ㄱ, ㄷ이다.

ㄱ. 행정절차법의 적용이 제외되는 외국인의 출입국에 관한 사항이란 해당 행정작용의 성질상 행정절차를 거치기 곤란하거나 거칠 필요가 없다고 인정되는 사항이나 행정절차에 준하는 절차를 거친 사항으로서 행정절차법 시행령으로 정하는 사항만을 가리킨다. 외국인의 출입국에 관한 사항이라고 하여 행정절차를 거칠 필요가 당연히 부정되는 것은 아니다(대판 2019.7.11. 2017두38874).

ㄷ. 행정청이 구 식품위생법 규정에 의하여 영업자 지위승계신고를 수리하는 처분은 종전의 영업자의 권익을 제한하는 처분이라 할 것이고 따라서 종전의 영업자는 그 처분에 대하여 직접 그 상대가 되는 자에 해당한다고 봄이 상당하므로, 행정청으로서는 위 신고를 수리하는 처분을 함에 있어서 행정절차법 규정 소정의 당사자에 해당하는 종전의 영업자에 대하여 위 규정 소정의 행정절차를 실시하고 처분을 하여야 한다(대판 2003.2.14. 2001두7015).

선지 분석

ㄴ. 신청에 따른 처분이 이루어지지 아니한 경우에는 아직 당사자에게 권익이 부과되지 아니하였으므로 특별한 사정이 없는 한 신청에 대한 거부처분이라고 하더라도 직접 당사자의 권익을 제한하는 것은 아니어서 신청에 대한 거부처분을 여기에서 말하는 당사자의 권익을 제한하는 처분에 해당한다고 할 수 없는 것이어서 처분의 사전통지 대상이 된다고 할 수 없다(대판 2003.11.28. 2003두674).

ㄹ. 행정처분의 상대방이 통지된 청문일시에 불출석하였다는 이유만으로 행정청이 관계 법령상 그 실시가 요구되는 청문을 실시하지 아니한 채 침해적 행정처분을 할 수는 없을 것이므로, 행정처분의 상대방에 대한 청문통지서가 반송되었다거나, 행정처분의 상대방이 청문일시에 불출석하였다는 이유로 청문을 실시하지 아니하고 한 침해적 행정처분은 위법하다(대판 2001.4.13. 2000두3337).

② 행정소송법 제23조에 의한 집행정지결정의 효력은 결정주문에서 정한 시기까지 존속하며 그 시기의 도래와 동시에 효력이 당연히 소멸하는 것이다(대판 1999.2.23. 98두14471).
③ 법원은 당사자가 신청하지 아니한 사항에 대하여는 판결할 수 없는 것이고, 행정소송법 제26조에서 직권심리주의를 채용하고 있으나 이는 행정소송에 있어서 원고의 청구범위를 초월하여 그 이상의 청구를 인용할 수 있다는 의미가 아니라 원고의 청구범위를 유지하면서 그 범위 내에서 필요에 따라 주장 외의 사실에 관하여도 판단할 수 있다는 뜻이다(대판 1987.11.10. 86누491).

22 Ⅰ 행정법의 일반원칙 정답 ④

정답 분석
④ 예산은 일종의 법규범이고 법률과 마찬가지로 국회의 의결을 거쳐 제정되지만 법률과 달리 국가기관만을 구속할 뿐 일반국민을 구속하지 않는다(헌재 2006.4.25. 2006헌마409).

선지 분석
① 행정기본법 제8조에 대한 옳은 내용이다.

> 제8조【법치행정의 원칙】행정작용은 법률에 위반되어서는 아니 되며, 국민의 권리를 제한하거나 의무를 부과하는 경우와 그 밖에 국민생활에 중요한 영향을 미치는 경우에는 법률에 근거하여야 한다.

② 법률우위의 원칙이란 국가의 행정은 합헌적 절차에 따라 제정된 법률에 위반되어서는 안 된다는 것을 의미하고, 행정의 전 영역에 적용되는 원칙이다. 따라서 공법형식의 국가작용뿐만 아니라 사법형식으로 이루어지는 국가작용에도 적용된다.
③ 법률유보에서의 '법률'은 국회에서 제정한 형식적 의미의 법률을 의미하므로, 불문법으로서의 관습법 등은 이에 포함되지 않는다.

23 Ⅰ 사인의 공법행위 정답 ②

정답 분석
② 장기요양기관의 폐업신고와 노인의료복지시설의 폐지신고는, 행정청이 관계 법령이 규정한 요건에 맞는지를 심사한 후 수리하는 이른바 '수리를 필요로 하는 신고'에 해당한다. 그러나 행정청이 그 신고를 수리하였다고 하더라도, 신고서 위조 등의 사유가 있어 신고행위 자체가 효력이 없다면, 그 수리행위는 유효한 대상이 없는 것으로서, 수리행위 자체에 중대·명백한 하자가 있는지를 따질 것도 없이 당연히 무효이다(대판 2018.6.12. 2018두33593).

선지 분석
① 정신과의원을 개설하려는 자가 법령에 규정되어 있는 요건을 갖추어 개설신고를 한 때에, 행정청은 원칙적으로 이를 수리하여 신고필증을 교부하여야 하고, 법령에서 정한 요건 이외의 사유를 들어 의원급 의료기관 개설신고의 수리를 거부할 수는 없다(대판 2018.10.25. 2018두44302).

③ 노인복지시설을 건축한다는 이유로 건축부지 취득에 관한 조세를 감면받고 일반 공동주택에 비하여 완화된 부대시설 설치기준을 적용받아 건축허가를 받은 자로서는 당연히 그 노인복지시설에 관한 설치신고 당시에도 당해 시설이 노인복지시설로 운영될 수 있도록 조치하여야 할 의무가 있고, 따라서 같은 법 제33조 제2항에 의한 유료노인복지주택의 설치신고를 받은 행정관청으로서는 그 유료노인복지주택의 시설 및 운영기준이 위 법령에 부합하는지와 아울러 그 유료노인복지주택이 적법한 입소대상자에게 분양되었는지와 설치신고 당시 부적격자들이 입소하고 있지는 않은지 여부까지 심사하여 그 신고의 수리 여부를 결정할 수 있다(대판 2007.1.11. 2006두14537).
④ 인·허가의제 효과를 수반하는 건축신고는 일반적인 건축신고와는 달리, 특별한 사정이 없는 한 행정청이 그 실체적 요건에 관한 심사를 한 후 수리하여야 하는 이른바 '수리를 요하는 신고'로 보는 것이 옳다(대판 2011.1.20. 2010두14954 전합).

24 Ⅵ 행정심판법 정답 ④

정답 분석
④ 행정심판위원회는 당사자의 신청에 의한 경우 또는 직권으로 임시처분을 결정할 수 있다.

> 행정심판법 제31조【임시처분】① 위원회는 처분 또는 부작위가 위법·부당하다고 상당히 의심되는 경우로서 처분 또는 부작위 때문에 당사자가 받을 우려가 있는 중대한 불이익이나 당사자에게 생길 급박한 위험을 막기 위하여 임시지위를 정하여야 할 필요가 있는 경우에는 직권으로 또는 당사자의 신청에 의하여 임시처분을 결정할 수 있다.

선지 분석
① 행정심판법 제27조 제1항, 제3항에 대한 옳은 내용이다.

> 제27조【심판청구의 기간】① 행정심판은 처분이 있음을 알게 된 날부터 90일 이내에 청구하여야 한다.
> ③ 행정심판은 처분이 있었던 날부터 180일이 지나면 청구하지 못한다. 다만, 정당한 사유가 있는 경우에는 그러하지 아니하다.

② 행정심판법 제20조 제1항에 대한 옳은 내용이다.

> 제20조【심판참가】① 행정심판의 결과에 이해관계가 있는 제3자나 행정청은 해당 심판청구에 대한 제7조 제6항 또는 제8조 제7항에 따른 위원회나 소위원회의 의결이 있기 전까지 그 사건에 대하여 심판참가를 할 수 있다.

③ 행정심판법 제16조 제1항에 대한 옳은 내용이다.

> 제16조【청구인의 지위 승계】① 청구인이 사망한 경우에는 상속인이나 그 밖에 법령에 따라 심판청구의 대상에 관계되는 권리나 이익을 승계한 자가 청구인의 지위를 승계한다.

ㄹ. [O] 법률이 공법적 단체 등의 정관에 자치법적 사항을 위임한 경우에는 헌법 제75조가 정하는 포괄적인 위임입법의 금지는 원칙적으로 적용되지 않는다고 봄이 상당하고, 그렇다 하더라도 그 사항이 국민의 권리·의무에 관련되는 것일 경우에는 적어도 국민의 권리·의무에 관한 기본적이고 본질적인 사항은 국회가 정하여야 한다(대판 2007.10.12. 2006두14476).

19 Ⅲ 정보공개법   정답 ①

정답 분석

① 비공개 결정을 통지받은 청구인은 통지를 받은 날 또는 정보공개 청구 후 20일이 경과한 날부터 30일 이내에 해당 공공기관에 문서로 이의신청을 할 수 있다.

> 공공기관의 정보공개에 관한 법률 제18조【이의신청】① 청구인이 정보공개와 관련한 공공기관의 비공개 결정 또는 부분 공개 결정에 대하여 불복이 있거나 정보공개 청구 후 20일이 경과하도록 정보공개 결정이 없는 때에는 공공기관으로부터 정보공개 여부의 결정 통지를 받은 날 또는 정보공개 청구 후 20일이 경과한 날부터 30일 이내에 해당 공공기관에 문서로 이의신청을 할 수 있다.

선지 분석

② 공공기관의 정보공개에 관한 법률 시행령 제3조에 대한 옳은 내용이다.

> 시행령 제3조【외국인의 정보공개 청구】법 제5조 제2항에 따라 정보공개를 청구할 수 있는 외국인은 다음 각 호의 어느 하나에 해당하는 자로 한다.
> 1. 국내에 일정한 주소를 두고 거주하거나 학술·연구를 위하여 일시적으로 체류하는 사람
> 2. 국내에 사무소를 두고 있는 법인 또는 단체

③ 공공기관의 정보공개에 관한 법률 제8조의2에 대한 옳은 내용이다.

> 제8조의2【공개대상 정보의 원문공개】공공기관 중 중앙행정기관 및 대통령령으로 정하는 기관은 전자적 형태로 보유·관리하는 정보 중 공개대상으로 분류된 정보를 국민의 정보공개 청구가 없더라도 정보통신망을 활용한 정보공개시스템 등을 통하여 공개하여야 한다.

④ 공공기관의 정보공개에 관한 법률 제13조 제1항에 대한 옳은 내용이다.

> 제13조【정보공개 여부 결정의 통지】① 공공기관은 제11조에 따라 정보의 공개를 결정한 경우에는 공개의 일시 및 장소 등을 분명히 밝혀 청구인에게 통지하여야 한다.

20 Ⅶ 병역법   정답 ②

정답 분석

② 징집에 대한 설명이다.

> 병역법 제2조【정의 등】① 이 법에서 사용되는 용어의 뜻은 다음과 같다.
> 1. "징집"이란 국가가 병역의무자에게 현역에 복무할 의무를 부과하는 것을 말한다.

선지 분석

① 병역법 제2조 제1항 제3호에 대한 옳은 내용이다.

> 제2조【정의 등】① 이 법에서 사용되는 용어의 뜻은 다음과 같다.
> 3. "입영"이란 병역의무자가 징집·소집 또는 지원에 의하여 군부대에 들어가는 것을 말한다.

③ 병역법 제2조 제1항 제7호에 대한 옳은 내용이다.

> 제2조【정의 등】① 이 법에서 사용되는 용어의 뜻은 다음과 같다.
> 7. "전환복무"란 현역병으로 복무 중인 사람이 의무경찰대원 또는 의무소방원의 임무에 복무하도록 군인으로서의 신분을 다른 신분으로 전환하는 것을 말한다.

④ 병역법 제2조 제1항 제8호에 대한 옳은 내용이다.

> 제2조【정의 등】① 이 법에서 사용되는 용어의 뜻은 다음과 같다.
> 8. "상근예비역"이란 징집에 의하여 현역병으로 입영한 사람이 일정기간을 현역병으로 복무하고 예비역에 편입된 후 지역방위와 이와 관련된 업무를 지원하기 위하여 소집되어 복무하는 사람을 말한다.

21 Ⅵ 행정소송   정답 ④

정답 분석

④ 여기서 기본적 사실관계의 동일성 유무는 처분사유를 법률적으로 평가하기 이전의 구체적인 사실에 착안하여 그 기초인 사회적 사실관계가 기본적인 점에서 동일한지 여부에 따라 결정되며 이와 같이 기본적 사실관계와 동일성이 인정되지 않는 별개의 사실을 들어 처분사유로 주장하는 것이 허용되지 않는다(대판 2003.12.11. 2001두8827).

선지 분석

① 행정소송법 제30조 제1항에 대한 옳은 내용이다.

> 제30조【취소판결 등의 기속력】① 처분 등을 취소하는 확정판결은 그 사건에 관하여 당사자인 행정청과 그 밖의 관계행정청을 기속한다.

선지 분석

① 공익사업을 위한 토지 등의 취득 및 보상에 관한 법률 제81조 제1항 제1호에 대한 옳은 내용이다.

> 제81조【보상업무 등의 위탁】① 사업시행자는 보상 또는 이주대책에 관한 업무를 다음 각 호의 기관에 위탁할 수 있다.
> 1. 지방자치단체

② 공익사업을 위한 토지 등의 취득 및 보상에 관한 법률 제78조 제6항에 대한 옳은 내용이다.

> 제78조【이주대책의 수립 등】⑥ 주거용 건물의 거주자에 대하여는 주거 이전에 필요한 비용과 가재도구 등 동산의 운반에 필요한 비용을 산정하여 보상하여야 한다.

④ 구 공익사업을 위한 토지 등의 취득 및 보상에 관한 법률의 각 조문을 종합하여 보면, 세입자의 주거이전비 보상청구권은 그 요건을 충족하는 경우에 당연히 발생하는 것이므로, 주거이전비 보상청구소송은 행정소송법 제3조 제2호에 규정된 당사자소송에 의하여야 한다(대판 2008.5.29. 2007다8129).

16 Ⅶ 행정권한의 위임 정답 ③

정답 분석

③ 법령이 아닌 법률이 위임을 허용하고 있는 경우에 한하여 인정된다.

> **관련 판례**
> 행정권한의 위임은 행정관청이 법률에 따라 특정한 권한을 다른 행정관청에 이전하여 수임관청의 권한으로 행사하도록 하는 것이어서 권한의 법적인 귀속을 변경하는 것이므로 법률이 위임을 허용하고 있는 경우에 한하여 인정된다 할 것이다(대판 1995.11.28. 94누6475).

선지 분석

① 구 지방자치법 제15조, 제9조에 의하면, 지방자치단체가 자치조례를 제정할 수 있는 사항은 지방자치단체의 고유사무인 자치사무와 개별법령에 의하여 지방자치단체에 위임된 단체위임사무에 한하는 것이고, 국가사무가 지방자치단체의 장에게 위임된 기관위임사무는 원칙적으로 자치조례의 제정범위에 속하지 않는다 할 것이고, 다만 기관위임사무에 있어서도 그에 관한 개별법령에서 일정한 사항을 조례로 정하도록 위임하고 있는 경우에는 위임받은 사항에 관하여 개별법령의 취지에 부합하는 범위 내에서 이른바 위임조례를 정할 수 있다(대판 2000.5.30. 99추85).

② 행정기관이 하부기관에 대하여 소관권한을 내부위임 하였을 경우에는 수임기관은 위임기관의 명의로서 처분하여야 한다(대판 1969.1.21. 68누193).

④ 행정권한의 위임 및 위탁에 관한 규정 제7조에 대한 옳은 내용이다.

> 제7조【사전승인 등의 제한】수임 및 수탁사무의 처리에 관하여 위임 및 위탁기관은 수임 및 수탁기관에 대하여 사전승인을 받거나 협의를 할 것을 요구할 수 없다.

17 Ⅵ 항고소송의 대상 정답 ①

정답 분석

① 진실·화해를 위한 과거사정리 기본법 제26조에 따른 진실·화해를 위한 과거사정리위원회의 진실규명결정이 항고소송의 대상이 되는 행정처분이라고 보는 것이 타당하다(대판 2013.1.16. 2010두22856).

선지 분석

② 소득의 귀속자가 소득세 부과처분에 대한 취소소송 등을 통하여 소득처분에 따른 원천납세의무의 존부나 범위를 충분히 다툴 수 있는 점 등에 비추어 보면, 구 소득세법 시행령 제192조 제1항 단서에 따른 소득의 귀속자에 대한 소득금액변동통지는 원천납세의무자인 소득의 귀속자에 대한 법률상 지위에 직접적인 변동을 가져오는 것이 아니므로 항고소송의 대상이 되는 행정처분에 해당하지 않는다(대판 2015.1.29. 2013두4118).

③ 병역법상 신체등위판정은 행정청이라고 볼 수 없는 군의관이 하도록 되어 있으며, 그 자체만으로 바로 병역법상의 권리의무가 정하여지는 것이 아니라 그에 따라 지방병무청장이 병역처분을 함으로써 비로소 병역의무의 종류가 정하여지는 것이므로 항고소송의 대상이 되는 행정처분이라 보기 어렵다(대판 1993.8.27. 93누3356).

④ 상급행정기관의 하급행정기관에 대한 승인·동의·지시 등은 행정처분에 해당하지 않는다.

> **관련 판례**
> 지방자치단체장이 개발제한구역 안에서의 혐오시설 설치허가에 앞서 건설부훈령인 "개발제한구역관리규정"에 의하여 사전승인 신청을 함에 따라 건설교통부장관이 한 승인행위가 항고소송의 대상이 되는 행정처분에 해당하지 않는다(대판 1997.9.26. 97누8540).

18 Ⅱ 행정입법 정답 ①

정답 분석

옳은 것은 ㄱ, ㄷ, ㄹ이고, 옳지 않은 것은 ㄴ이다.

ㄱ. [O] 행정절차법 제42조 제2항에 대한 옳은 내용이다.

> 제42조【예고방법】② 행정청은 대통령령을 입법예고하는 경우 국회 소관 상임위원회에 이를 제출하여야 한다.

ㄴ. [X] 근거법률이 위헌결정으로 효력을 상실하면 법규명령도 원칙적으로 효력을 상실한다(대판 2001.6.12. 2000다18547).

ㄷ. [O] 행정규칙은 법규명령과 같은 엄격한 제정 및 개정절차를 요하지 아니하므로, 재산권 등과 같은 기본권을 제한하는 작용을 하는 법률이 입법위임을 할 때에는 "대통령령", "총리령", "부령" 등 법규명령에 위임함이 바람직하고, 금융감독위원회의 고시와 같은 형식으로 입법위임을 할 때에는 적어도 행정규제기본법 제4조 제2항 단서에서 정한 바와 같이 법령이 전문적·기술적 사항이나 경미한 사항으로서 업무의 성질상 위임이 불가피한 사항에 한정된다 할 것이고, 그러한 사항이라 하더라도 포괄위임금지의 원칙상 법률의 위임은 반드시 구체적·개별적으로 한정된 사항에 대하여 행하여져야 한다(헌재 2004.10.28. 99헌바91).

12 | Ⅱ 행정기본법 | 정답 ②

정답 분석

ㄱ. 평등의 원칙에 대한 설명이다.

> **행정기본법 제9조 【평등의 원칙】** 행정청은 합리적 이유 없이 국민을 차별하여서는 아니 된다.

ㄴ. 부당결부금지의 원칙에 대한 설명이다.

> **행정기본법 제13조 【부당결부금지의 원칙】** 행정청은 행정작용을 할 때 상대방에게 해당 행정작용과 실질적인 관련이 없는 의무를 부과해서는 아니 된다.

ㄷ. 비례의 원칙에 대한 설명이다.

> **행정기본법 제10조 【비례의 원칙】** 행정작용은 다음 각 호의 원칙에 따라야 한다.
> 1. 행정목적을 달성하는 데 유효하고 적절할 것
> 2. 행정목적을 달성하는 데 필요한 최소한도에 그칠 것
> 3. 행정작용으로 인한 국민의 이익 침해가 그 행정작용이 의도하는 공익보다 크지 아니할 것

13 | Ⅲ 행정절차법 | 정답 ④

정답 분석

④ 행정청이 행하는 구체적 사실에 관한 법 집행으로서의 공권력의 행사 또는 그 거부와 그 밖에 이에 준하는 행정작용은 처분에 대한 정의이다.

> **행정절차법 제2조 【정의】** 이 법에서 사용하는 용어의 뜻은 다음과 같다.
> 2. "처분"이란 행정청이 행하는 구체적 사실에 관한 법 집행으로서의 공권력의 행사 또는 그 거부와 그 밖에 이에 준하는 행정작용을 말한다.
> 3. "행정지도"란 행정기관이 그 소관 사무의 범위에서 일정한 행정목적을 실현하기 위하여 특정인에게 일정한 행위를 하거나 하지 아니하도록 지도, 권고, 조언 등을 하는 행정작용을 말한다.

선지 분석

① 행정절차법 제2조 제1호에 대한 옳은 내용이다.

> **제2조 【정의】** 이 법에서 사용하는 용어의 뜻은 다음과 같다.
> 1. "행정청"이란 다음 각 목의 자를 말한다.
>   가. 행정에 관한 의사를 결정하여 표시하는 국가 또는 지방자치단체의 기관
>   나. 그 밖에 법령 또는 자치법규(이하 "법령 등"이라 한다)에 따라 행정권한을 가지고 있거나 위임 또는 위탁받은 공공단체 또는 그 기관이나 사인(私人)

② 행정절차법 제2조 제9호에 대한 옳은 내용이다.

> **제2조 【정의】** 이 법에서 사용하는 용어의 뜻은 다음과 같다.
> 9. "정보통신망"이란 전기통신설비를 활용하거나 전기통신설비와 컴퓨터 및 컴퓨터 이용기술을 활용하여 정보를 수집·가공·저장·검색·송신 또는 수신하는 정보통신체제를 말한다.

③ 행정절차법 제2조 제6호에 대한 옳은 내용이다.

> **제2조 【정의】** 이 법에서 사용하는 용어의 뜻은 다음과 같다.
> 6. "공청회"란 행정청이 공개적인 토론을 통하여 어떠한 행정작용에 대하여 당사자 등, 전문지식과 경험을 가진 사람, 그 밖의 일반인으로부터 의견을 널리 수렴하는 절차를 말한다.

14 | Ⅳ 행정의 실효성 확보수단 | 정답 ③

정답 분석

③ 위법한 행정대집행이 완료되면 그 처분의 무효확인 또는 취소를 구할 소의 이익은 없다 하더라도, 미리 그 행정처분의 취소판결이 있어야만 그 행정처분의 위법임을 이유로 한 손해배상청구를 할 수 있는 것은 아니다(대판 1972.4.28. 72다337).

선지 분석

① 제1차로 창고건물의 철거 및 하천부지에 대한 원상복구명령을 하였음에도 이에 불응하므로 대집행계고를 하면서 다시 자진철거 및 토사를 반출하여 하천부지를 원상복구할 것을 명한 경우, 행정대집행법상의 철거 및 원상복구의무는 제1차 철거 및 원상복구명령에 의하여 이미 발생하였다 할 것이어서, 대집행계고서에 기재된 자진철거 및 원상복구명령은 새로운 의무를 부과하는 것이라고 볼 수 없으며, 단지 종전의 철거 및 원상복구를 독촉하는 통지에 불과하므로 취소소송의 대상이 되는 독립한 행정처분이라고 할 수 없다(대판 2004.6.10. 2002두12618).

② 종로구청장이 한 단수처분은 항고소송의 대상이 되는 행정처분에 해당한다(대판 1979.12.28. 79누218).

④ 독점규제 및 공정거래에 관한 법률에서 시정명령 제도를 둔 취지에 비추어 시정명령의 내용은 가까운 장래에 반복될 우려가 있는 동일한 유형의 행위의 반복금지까지 명할 수 있는 것으로 해석함이 상당하다(대판 2010.11.25. 2008두23177).

15 | Ⅴ 토지보상법 | 정답 ③

정답 분석

③ 공익사업을 위한 토지 등의 취득 및 보상에 관한 법률 시행령 제40조 제3항 제3호가 이주대책의 대상자에서 세입자를 제외하고 있는 것이 세입자의 재산권을 침해하는 것이라 볼 수 없다(헌재 2003.2.23. 2004헌마19).

기소되기에 이르렀으며 그와 같은 사실이 언론기관을 통하여 널리 알려졌다면, 비록 위와 같은 뇌물을 공여한 행위는 공립학교 교사로 임용되기 전이었더라도 그 때문에 임용 후의 공립학교 교사로서의 체면과 위신이 크게 손상되었다고 하지 않을 수 없으므로 이를 징계사유로 삼은 것은 정당하다(대판 1990.5.22. 89누7368).

선지 분석

① 계약직공무원에 대한 현행 법령의 규정에 비추어 볼 때, 계약직공무원 채용계약해지의 의사표시는 일반공무원에 대한 징계처분과는 달라서 항고소송의 대상이 되는 처분 등의 성격을 가진 것으로 인정되지 아니하고, 일정한 사유가 있을 때에 국가 또는 지방자치단체가 채용계약 관계의 한쪽 당사자로서 대등한 지위에서 행하는 의사표시로 취급되는 것으로 이해되므로, 이를 징계해고 등에서와 같이 그 징계사유에 한하여 효력 유무를 판단하여야 하거나, 행정처분과 같이 행정절차법에 의하여 근거와 이유를 제시하여야 하는 것은 아니다(대판 2002.11.26. 2002두5948).

② 국방일보의 발행책임자인 국방홍보원장으로 채용된 자가 부하직원에 대한 지휘·감독을 소홀히 함으로써 북한의 혁명가극인 '피바다'에 관한 기사가 국방일보에 게재되어 사회적 물의를 야기한 경우, 그 채용계약의 기초가 되는 신뢰관계가 파괴되어 채용계약을 그대로 유지하기 어려운 정도에 이르렀다고 볼 것이다(대판 2002.11.26. 2002두5948).

③ 지방공무원법상 징계의 종류를 명시적으로 규정하고 있으며, 그 내용은 국가공무원법과 동일하다.

> 국가공무원법 제79조 【징계의 종류】 징계는 파면·해임·강등·정직·감봉·견책(譴責)으로 구분한다.
> 지방공무원법 제70조 【징계의 종류】 징계는 파면·해임·강등·정직·감봉 및 견책으로 구분한다.

10 Ⅳ 이행강제금 정답 ④

정답 분석

④ 농지법상 이행강제금 부과처분을 하면서 행정소송을 할 수 있다고 잘못 안내하였더라도 행정법원의 항고소송 재판관할이 생기지는 않는다.

> **관련 판례**
> 농지법상 이행강제금 부과처분에 불복하는 경우에는 비송사건절차법에 따른 재판절차가 적용되어야 하고, 행정소송법상 항고소송의 대상은 될 수 없다. 농지법 제62조 제6항·제7항이 위와 같이 이행강제금 부과처분에 대한 불복절차를 분명하게 규정하고 있으므로, 이와 다른 불복절차를 허용할 수는 없다. 설령 관할청이 이행강제금 부과처분을 하면서 재결청에 행정심판을 청구하거나 관할 행정법원에 행정소송을 할 수 있다고 잘못 안내하거나 관할 행정심판위원회가 각하재결이 아닌 기각재결을 하면서 관할 법원에 행정소송을 할 수 있다고 잘못 안내하였다고 하더라도, 그러한 잘못된 안내로 행정법원의 항고소송 재판관할이 생긴다고 볼 수도 없다(대판 2019.4.11. 2018두42955).

선지 분석

① 이행강제금은 행정법상의 부작위의무 또는 비대체적 작위의무를 이행하지 않은 경우에 '일정한 기한까지 의무를 이행하지 않을 때에는 일정한 금전적 부담을 과할 뜻'을 미리 '계고'함으로써 의무자에게 심리적 압박을 주어 장래를 향하여 의무의 이행을 확보하려는 간접적인 행정상 강제집행 수단이다(대판 2015.6.24. 2011두2170).

② 전통적으로 행정대집행은 대체적 작위의무에 대한 강제집행수단으로, 이행강제금은 부작위의무나 비대체적 작위의무에 대한 강제집행 수단으로 이해되어 왔으나, 이는 이행강제금제도의 본질에서 오는 제약은 아니며, 이행강제금은 대체적 작위의무의 위반에 대하여도 부과될 수 있다(헌재 2004.2.26. 2001헌바80).

③ 무허가 건축행위에 대한 형사처벌시에 위법건축물에 대한 시정명령의 위반행위까지 함께 평가된다고 할 수 없어 시정명령 위반행위를 무허가 건축행위의 불가벌적 사후행위라고 할 수도 없다. 따라서 건축법 제108조, 제110조에 의한 형사처벌의 대상이 되는 행위와 이 사건 법률조항에 따라 이행강제금이 부과되는 행위는 기초적 사실관계가 동일한 행위가 아니라 할 것이므로 이런 점에서도 이 사건 법률조항은 헌법 제13조 제1항의 이중처벌금지의 원칙에 위반되지 아니한다(헌재 2011.10.25. 2009헌바140).

11 Ⅱ 행정행위의 부관 정답 ①

정답 분석

① 일반적으로 기속행위나 기속적 재량행위에는 부관을 붙일 수 없고, 가사 부관을 붙였다 하더라도 이는 무효의 것이다(대판 1988.4.27. 87누1106).

선지 분석

② 행정행위의 부관 중에서도 행정행위에 부수하여 그 행정행위의 상대방에게 일정한 의무를 부과하는 행정청의 의사표시인 부담은 독립하여 행정쟁송의 대상이 될 수 있다.

> **관련 판례**
> 행정행위의 부관은 부담인 경우를 제외하고는 독립하여 행정소송의 대상이 될 수 없다(대판 2001.6.15. 99두509).

③ 행정청이 수익적 행정처분을 하면서 부가한 부담의 위법 여부는 처분 당시 법령을 기준으로 판단하여야 하고, 부담이 처분 당시 법령을 기준으로 적법하다면 처분 후 부담의 전제가 된 주된 행정처분의 근거법령이 개정됨으로써 행정청이 더 이상 부관을 붙일 수 없게 되었다 하더라도 곧바로 위법하게 되거나 그 효력이 소멸하게 되는 것은 아니다(대판 2009.2.12. 2005다65500).

④ 해제조건은 조건이 성취되면 행정행위의 효력이 당연히 소멸하게 되지만, 부담부 행정행위는 부담을 불이행하더라도 철회사유가 될 뿐이므로 별도로 철회를 하지 않는 한 당연히 행정행위의 효력이 소멸하는 것은 아니다.

> **관련 판례**
> 행정소송법 제4조에서는 무효확인소송을 항고소송의 일종으로 규정하고 있고, 행정소송법 제38조 제1항에서는 처분 등을 취소하는 확정판결의 기속력 및 행정청의 재처분 의무에 관한 행정소송법 제30조를 무효확인소송에도 준용하고 있으므로 무효확인판결 자체만으로도 실효성을 확보할 수 있다. 그리고 무효확인소송의 보충성을 규정하고 있는 외국의 일부 입법례와는 달리 우리나라 행정소송법에는 명문의 규정이 없어 이로 인한 명시적 제한이 존재하지 않는다. 이와 같은 사정을 비롯하여 행정에 대한 사법통제, 권익구제의 확대와 같은 행정소송의 기능 등을 종합하여 보면, 행정처분의 근거 법률에 의하여 보호되는 직접적이고 구체적인 이익이 있는 경우에는 행정소송법 제35조에 규정된 '무효확인을 구할 법률상 이익'이 있다고 보아야 하고, 이와 별도로 무효확인소송의 보충성이 요구되는 것은 아니므로 행정처분의 무효를 전제로 한 이행소송 등과 같은 직접적인 구제수단이 있는지 여부를 따질 필요가 없다고 해석함이 상당하다(대판 2008.3.20. 2007두6342 전합).

④ 국민의 정보공개청구권은 법률상 보호되는 구체적인 권리이므로, 공공기관에 대하여 정보의 공개를 청구하였다가 공개거부처분을 받은 청구인은 행정소송을 통하여 그 공개거부처분의 취소를 구할 법률상의 이익이 있다(대판 2010.12.23. 2008두13101).

07 V 국가배상법 제2조 정답 ④

정답 분석

④ 소방법 제63조의 규정에 의하여 시, 읍, 면이 소방서장의 소방업무를 보조하게 하기 위하여 설치한 의용소방대를 국가기관이라고 할 수 없음은 물론 또 그것이 이를 설치한 시, 읍, 면에 예속된 기관이라고도 할 수 없다(대판 1978.7.11. 78다584).

선지 분석

① 지방자치단체가 '교통할아버지 봉사활동 계획'을 수립한 후 관할 동장으로 하여금 '교통할아버지'를 선정하게 하여 어린이 보호, 교통안내, 거리질서 확립 등의 공무를 위탁하여 집행하게 하던 중 '교통할아버지'로 선정된 노인이 위탁받은 업무 범위를 넘어 교차로 중앙에서 교통정리를 하다가 교통사고를 발생시킨 경우, 지방자치단체가 국가배상법 제2조 소정의 배상책임을 부담한다(대판 2001.1.5. 98다39060).

② 향토예비군도 그 동원기간 중에는 국가배상법 제2조 소정의 공무원 중에 포함된다고 보는 것이 상당하다(대판 1970.5.26. 70다471).

③ 서울시 산하 구청소속의 청소차량 운전원이 지방잡급직규정에 의하여 단순노무제공만을 행하는 기능직 잡급직원이라면 이는 지방공무원법 제2조 제2항 제7호 소정의 단순한 노무에 종사하는 별정직 공무원에 해당한다(대판 1980.9.24. 80다1051).

08 Ⅱ 행정계획 정답 ③

정답 분석

③ 행정주체가 구체적인 행정계획을 입안·결정할 때에 가지는 비교적 광범위한 형성의 자유는 무제한적인 것이 아니라 행정계획에 관련되는 자들의 이익을 공익과 사익 사이에서는 물론이고 공익 상호간과 사익 상호간에도 정당하게 비교교량하여야 한다는 제한이 있는 것이다(대판 2012.1.12. 2010두5806).

선지 분석

① 선행처분인 도시·군계획시설결정의 하자는 원칙적으로 후행처분인 실시계획인가에 승계되지 않으나, 선행처분의 하자가 당연무효의 수준인 경우에는 그 하자가 후행처분에도 승계된다.

> **관련 판례**
> 선행처분인 도시·군계획시설결정에 하자가 있더라도 그것이 당연무효가 아닌 한 원칙적으로 후행처분인 실시계획인가에 승계되지 않는다(대판 2017.7.18. 2016두49938).

② 행정계획이 헌법소원의 대상이 되는 공권력의 행사에 해당하는지 여부는 해당 계획의 구체적 성격을 고려하여 개별적으로 판단하여야 한다. 국민의 권리와 의무를 발생시키거나 변경하는 행정계획은 공권력의 행사로 볼 수 있지만, 직접 구속력을 갖지 않고 사실상의 준비행위나 사전안내 또는 행정기관 내부 지침에 지나지 않는 행정계획은 원칙적으로 헌법소원의 대상이 되는 공권력의 행사라 할 수 없다(헌재 2016.10.27. 2013헌마576).

④ 행정주체가 행정계획을 입안·결정하면서 이익형량을 전혀 행하지 않거나 이익형량의 고려 대상에 마땅히 포함시켜야 할 사항을 빠뜨린 경우 또는 이익형량을 하였으나 정당성과 객관성이 결여된 경우에는 행정계획결정은 형량에 하자가 있어 위법하게 된다(대판 2012.1.12. 2010두5806).

09 Ⅶ 공무원 징계 정답 ④

정답 분석

④ 국가공무원으로 임용되기 전의 행위일지라도 공무원 임용 후의 공무원의 체면 또는 위신을 손상하게 된 경우에는 징계사유로 삼을 수 있다고 본다.

> **관련 판례**
> 국가공무원으로 임용되기 전의 행위는 국가공무원법 제78조 제2항·제3항의 경우 외에는 원칙적으로 재직 중의 징계사유로 삼을 수 없다 할 것이나, 비록 임용 전의 행위라 하더라도 이로 인하여 임용 후의 공무원의 체면 또는 위신을 손상하게 된 경우에는 위 제1항 제3호의 징계사유로 삼을 수 있다고 보아야 할 것인바, 원고가 장학사 또는 공립학교 교사로 임용해 달라는 등의 인사청탁과 함께 금 1,000만원을 제3자를 통하여 서울시 교육감에게 전달함으로써 뇌물을 공여하였고, 그후 공립학교 교사로 임용되어 재직 중 검찰에 의하여 위 뇌물공여죄로 수사를 받다가

04 Ⅶ 군무원 정답 ②

정답 분석

② 대한민국 국적과 외국 국적을 함께 가지고 있는 사람은 군무원 임용 결격사유에 해당한다.

> 군무원인사법 제10조【결격사유】다음 각 호의 어느 하나에 해당하는 사람은 군무원에 임용될 수 없다.
> 1. 대한민국의 국적을 가지지 아니한 사람
> 2. 대한민국 국적과 외국 국적을 함께 가지고 있는 사람
> 3. 국가공무원법 제33조 각 호의 어느 하나에 해당하는 사람

선지 분석

① 군인사법 및 군무원인사법은 국가공무원법에 대한 특례를 정하고 있으므로 국가공무원법의 특별법에 해당한다. 군인사법은 군인에게 적용되고, 군무원인사법은 군무원에게 적용된다.

> 군인사법 제1조【목적】이 법은 군인의 책임 및 직무의 중요성과 신분 및 근무조건의 특수성을 고려하여 그 임용, 복무, 교육훈련, 사기 및 신분보장 등에 관하여 국가공무원법에 대한 특례를 규정함을 목적으로 한다.
> 군무원인사법 제1조【목적】이 법은 군무원(軍務員)의 책임·직무·신분 및 근무조건의 특수성을 고려하여 그 자격·임용·복무·보수 및 신분보장 등에 관하여 국가공무원법에 대한 특례를 규정함을 목적으로 한다.

③ 군무원인사법 제31조에 대한 옳은 내용이다.

> 제31조【정년】군무원의 정년은 60세로 한다. 다만, 전시·사변 등의 국가비상시에는 예외로 한다.

④ 군무원인사법 제39조 제1항에 대한 옳은 내용이다.

> 제39조【징계의 종류와 효력】① 징계는 파면, 해임, 강등, 정직, 감봉 및 견책으로 구분한다. 다만, 제45조 제1항에 따른 임기제일반군무원의 경우에는 강등은 제외한다.

05 Ⅱ 행정행위의 하자 승계 정답 ①

정답 분석

① 후행처분인 대집행영장발부통보처분 자체에는 아무런 하자가 없다고 하더라도, 후행처분인 대집행영장발부통보처분의 취소를 청구하는 소송에서 청구원인으로 선행처분인 계고처분이 위법한 것이기 때문에 그 계고처분을 전제로 행하여진 대집행영장발부통보처분도 위법한 것이라는 주장을 할 수 있다(대판 1996.2.9. 95누12507).

선지 분석

② 선행처분과 후행처분이 서로 독립하여 별개의 법률효과를 목적으로 하는 때에도 선행처분이 당연무효이면 선행처분의 하자를 이유로 후행처분의 효력을 다툴 수 있다(대판 2017.7.11. 2016두35120).

③ 표준지공시지가결정이 위법한 경우에는 그 자체를 행정소송의 대상이 되는 행정처분으로 보아 그 위법 여부를 다툴 수 있음은 물론, 수용보상금의 증액을 구하는 소송에서도 선행처분으로서 그 수용대상 토지가격 산정의 기초가 된 비교표준지공시지가결정의 위법을 독립한 사유로 주장할 수 있다(대판 2008.8.21. 2007두13845).

④ 도시·군계획시설결정과 실시계획인가는 도시·군계획시설사업을 위하여 이루어지는 단계적 행정절차에서 별도의 요건과 절차에 따라 별개의 법률효과를 발생시키는 독립적인 행정처분이다. 그러므로 선행처분인 도시·군계획시설결정에 하자가 있더라도 그것이 당연무효가 아닌 한 원칙적으로 후행처분인 실시계획인가에 승계되지 않는다(대판 2017.7.18. 2016두49938).

이것도 알면 합격!

행정행위의 하자 승계 여부

하자 승계 인정	하자 승계 부정
• 무효인 조례와 지방세 부과처분 • 계고, 통지, 실행, 비용징수 간 • 귀속재산의 임대처분과 매각처분 • 친일반민족행위자결정과 독립유공자 예우에 관한 법률의 적용배제결정 • 표준공시지가결정과 수용재결(보상금산정) • 개별공시지가결정과 과세처분	• 과세처분과 체납처분 • 건물철거명령과 대집행계고처분 • 직위해제처분과 면직처분 • 보충역편입처분과 공익근무요원 소집처분 • 표준공시지가결정과 개별공시지가결정 • 도시관리계획결정과 수용재결처분 • 사업인정과 수용재결처분

06 Ⅵ 소의 이익 정답 ①

정답 분석

① 행정처분을 다툴 협의의 소의 이익은 개별·구체적 사정을 고려하여 판단하여야 한다(대판 2020.12.24. 2020두30450).

선지 분석

② 행정소송법 제12조에 대한 옳은 내용이다.

> 행정소송법 제12조【원고적격】취소소송은 처분등의 취소를 구할 법률상 이익이 있는 자가 제기할 수 있다. 처분등의 효과가 기간의 경과, 처분등의 집행 그 밖의 사유로 인하여 소멸된 뒤에도 그 처분등의 취소로 인하여 회복되는 법률상 이익이 있는 자의 경우에는 또한 같다.

③ 무효확인소송의 보충성은 별도로 요구되지 않으므로, 행정소송법 제35조에 규정된 '무효확인을 구할 법률상 이익'을 판단할 때에는 행정처분의 무효를 전제로 한 이행소송 등과 같은 직접적인 구제수단이 있는지 여부를 따질 필요가 없다고 본다.

제2과목 행정법

01 Ⅱ 위헌결정 정답 ③

정답 분석
③ 헌법재판소의 위헌결정은 행정청이 개인에 대하여 신뢰의 대상이 되는 공적인 견해를 표명한 것이라고 할 수 없으므로 그 결정에 관련한 개인의 행위에 대하여는 신뢰보호의 원칙이 적용되지 아니한다(대판 2003.6.27. 2002두6965).

선지 분석
① 위헌인 법률에 근거한 행정처분이 당연무효인지의 여부는 위헌결정의 소급효와는 별개의 문제로서, 위헌결정의 소급효가 인정된다고 하여 위헌인 법률에 근거한 행정처분이 당연무효가 된다고는 할 수 없고, 오히려 이미 취소소송의 제기기간을 경과하여 확정력이 발생한 행정처분에는 위헌결정의 소급효가 미치지 않는다고 보아야 한다(대판 1994.10.28. 92누9463).
② 법률의 위헌결정은 법원과 그 밖의 국가기관 및 지방자치단체를 기속한다.

> 헌법재판소법 제47조【위헌결정의 효력】① 법률의 위헌결정은 법원과 그 밖의 국가기관 및 지방자치단체를 기속(羈束)한다.
> ② 위헌으로 결정된 법률 또는 법률의 조항은 그 결정이 있는 날부터 효력을 상실한다.
> ③ 제2항에도 불구하고 형벌에 관한 법률 또는 법률의 조항은 소급하여 그 효력을 상실한다. 다만, 해당 법률 또는 법률의 조항에 대하여 종전에 합헌으로 결정한 사건이 있는 경우에는 그 결정이 있는 날의 다음 날로 소급하여 효력을 상실한다.
> ④ 제3항의 경우에 위헌으로 결정된 법률 또는 법률의 조항에 근거한 유죄의 확정판결에 대하여는 재심을 청구할 수 있다.
> ⑤ 제4항의 재심에 대하여는 형사소송법을 준용한다.

④ 위헌결정 이후에 조세채권의 집행을 위한 새로운 체납처분에 착수하거나 이를 속행하는 것은 더 이상 허용되지 않고, 나아가 이러한 위헌결정의 효력에 위배하여 이루어진 체납처분은 그 사유만으로 하자가 중대하고 객관적으로 명백하여 당연무효라고 보아야 한다(대판 2012.2.16. 2010두10907 전합).

02 Ⅱ 행정지도 정답 ②

정답 분석
옳지 않은 것은 ㄷ, ㄹ이다.

ㄷ. 행정지도는 서면(문서)뿐만 아니라 말로써도 가능하다.

> 행정절차법 제49조【행정지도의 방식】① 행정지도를 하는 자는 그 상대방에게 그 행정지도의 취지 및 내용과 신분을 밝혀야 한다.
> ② 행정지도가 말로 이루어지는 경우에 상대방이 제1항의 사항을 적은 서면의 교부를 요구하면 그 행정지도를 하는 자는 직무 수행에 특별한 지장이 없으면 이를 교부하여야 한다.

ㄹ. 행정지도가 강제성을 띠지 않은 비권력적 작용으로서 행정지도의 한계를 일탈하지 아니하였다면, 그로 인하여 상대방에게 어떤 손해가 발생하였다 하더라도 행정기관은 그에 대한 손해배상책임이 없다(대판 2008.9.25. 2006다18228).

선지 분석
ㄱ. 행정지도는 국민에 대한 법적 구속력이 발생하지 않으므로 법률적 근거가 없어도 가능하다는 법적근거불요설이 판례와 다수설의 입장이다.
ㄴ. 행정절차법 제48조 제1항에 대한 옳은 내용이다.

> 제48조【행정지도의 원칙】① 행정지도는 그 목적 달성에 필요한 최소한도에 그쳐야 하며, 행정지도의 상대방의 의사에 반하여 부당하게 강요하여서는 아니 된다.

03 Ⅱ 인·허가의제 정답 ③

정답 분석
③ 건축법에서 인·허가의제 제도를 둔 취지는, 인·허가의제 사항과 관련하여 건축허가 또는 건축신고의 관할 행정청으로 그 창구를 단일화하고 절차를 간소화하며 비용과 시간을 절감함으로써 국민의 권익을 보호하려는 것이지, 인·허가의제 사항 관련 법률에 따른 각각의 인·허가 요건에 관한 일체의 심사를 배제하려는 것으로 보기는 어렵다(대판 2011.1.20. 2010두14954 전합).

선지 분석
① 인·허가의제 효과를 수반하는 건축신고는 일반적인 건축신고와는 달리, 특별한 사정이 없는 한 행정청이 그 실체적 요건에 관한 심사를 한 후 수리하여야 하는 이른바 '수리를 요하는 신고'로 보는 것이 옳다(대판 2011.1.20. 2010두14954 전합).
② 행정기본법이 제정되면서 인·허가의제에 대한 일반적 규정이 마련되었다고 볼 수 있다. 단, 인·허가의제와 관련된 조항들의 시행일은 2023년 3월 24일로 명시되어 있으므로, 2022년 기준으로는 아직 적용되지 않고 있음을 주의하여야 한다.
④ 구 중소기업창업 지원법(이하 '중소기업창업법'이라 한다) 제35조 제1항, 제33조 제4항, 구 중소기업창업 지원법 시행령 제24조 제1항, 중소기업청장이 고시한 '창업사업계획의 승인에 관한 통합업무처리지침'(이하 '업무처리지침'이라 한다)의 내용, 체계 및 취지 등에 비추어 보면 다음과 같은 이유로 구 중소기업창업법에 따른 사업계획승인의 경우 의제된 인·허가만 취소 내지 철회함으로써 사업계획에 대한 승인의 효력은 유지하면서 해당 의제된 인·허가의 효력만을 소멸시킬 수 있다(대판 2018.7.12. 2017두48734).

이것도 알면 합격!

건축법상 건축신고 및 건축허가

구분		성질	거부의 처분성
건축신고	일반	자기완결적 신고	○
	인·허가의제 효과 수반	행위요건적 신고 (수리를 요하는 신고)	○
건축허가		• 원칙: 기속행위 • 예외: 재량행위	○

23 | 어법 | 의미 (다의어의 의미) | 정답 ③

정답 분석

③ 피아노를 치기 시작했다: 이때 '치다'는 '손이나 물건 등을 부딪쳐 소리나게 하다'를 뜻한다. 이와 유사한 의미로 쓰인 것은 ③ '손뼉을 쳤다'의 '치다'이다.

오답 분석

① 타자를 치는 소리: 이때 '치다'는 '일정한 장치를 손으로 눌러 글자를 찍거나 신호를 보내다'를 뜻한다.
② 상대의 하반신을 칠 수 없다: 이때 '치다'는 '손이나 손에 든 물건으로 세게 부딪게 하다'를 뜻한다.
④ 배드민턴을 친다: 이때 '치다'는 '손이나 손에 든 물건으로 물체를 부딪게 하는 놀이나 운동을 하다'를 뜻한다.

24 | 비문학 | 화법의 원리 (공손성의 원리) | 정답 ③

정답 분석

③ 상대방의 피아노 치는 솜씨에 대한 칭찬을 극대화하고 있으므로 '찬동의 격률'이 사용되었다. '동의의 격률'은 자신과 상대방의 의견이 일치하지 않는 경우, 상대방의 말에 먼저 동의를 표현한 다음 자신의 의견을 제시하는 것이다.

오답 분석

① 상대방에게 부담을 주는 표현을 최소화하고 정중한 표현을 사용함으로써 창문을 열어 달라고 요청하고 있으므로 '요령의 격률'이 바르게 연결되었다.
② 화자의 관점에서 자신에게 부담을 주는 표현을 최대화함으로써 상대에게 다시 설명해 줄 것을 요청하고 있으므로 '관용의 격률'이 바르게 연결되었다.
④ 자신에 대한 칭찬은 최소화하고 자신을 내세우거나 자랑하지 않음으로써 프로젝트 성과에 대해 겸손한 태도를 드러내고 있으므로 '겸양의 격률'이 바르게 연결되었다.

이것도 알면 합격!

공손성의 원리

요령의 격률	• 상대방에게 부담이 되는 표현은 최소화하고 상대방의 이익을 최대화함 • 듣기 좋고 도움이 되는 말과, 간접적이고 우회적인 표현법을 사용함
관용의 격률	자신에게 주는 혜택은 최소화하고, 자신에게 부담을 주는 표현은 최대화함
찬동의 격률	다른 사람에 대한 비방은 최소화하고, 칭찬은 최대화함
겸양의 격률	자신에 대한 칭찬은 최소화하고, 비방은 최대화함
동의의 격률	자신의 의견과 다른 사람의 의견 사이의 다른 점은 최소화하고, 일치점을 최대화함

25 | 어법 | 국어의 로마자 표기 | 정답 ①

정답 분석

① 알약[알략] allyak(○): '알약'은 'ㄴ' 첨가로 인해 [알냑]이 되고, 첨가된 [ㄴ]이 '알'의 받침 'ㄹ'의 영향을 받아 [알략]으로 발음된다. 국어의 로마자 표기에서 [ㄹㄹ]은 'll'로 적으므로 'allyak'은 옳은 표기이다.

오답 분석

② 독도[독또] Dok-do(×) → Dokdo(○): '독도'는 자연 지물명으로, 이때 '도'는 행정 구역 단위가 아니며 자연 지물명은 붙임표(-) 없이 붙여 써야 하므로 'Dokdo'로 표기해야 한다.
③ 죽변[죽뼌] Jukbbyeon(×) → Jukbyeon(○): '죽변'은 안울림소리 'ㄱ'과 안울림소리 'ㅂ'이 만나 'ㅂ'이 된소리 [ㅃ]으로 바뀌므로 [죽뼌]으로 발음한다. 된소리되기는 국어의 로마자 표기에 반영하지 않으므로 'Jukbyeon'으로 표기해야 한다.
④ 의정부시[의정부시] Uijeungbu-si (×) → Uijeongbu-si (○): '의정부시'의 표준 발음은 [의정부시]이다. 로마자 표기법에서 모음 'ㅓ'는 'eo'로 표기하며, 행정 구역 단위인 '시'는 'si'로 적고 그 앞에는 붙임표(-)를 넣으므로 'Uijeongbu-si'로 표기해야 한다. 참고로 로마자 표기에서 모음 'ㅢ'는 'ㅣ'로 소리 나더라도 'ui'로 적는다.

오답 분석

① • 멧나물(○): 순우리말로 된 합성어로(메 + 나물), [멘나물]로 발음된다. 발음 시 뒷말 첫소리 'ㄴ' 앞에서 'ㄴ' 소리가 덧나고 앞말이 모음으로 끝나므로, 사이시옷을 받쳐 적는다.

• 베갯잇(○): 순우리말로 된 합성어로(베개 + 잇), [베갠닏]으로 발음된다. 발음 시 뒷말 첫소리 모음 앞에서 'ㄴㄴ' 소리가 덧나고 앞말이 모음으로 끝나므로, 사이시옷을 받쳐 적는다.

• 윗어른(×) → 웃어른(○): '어른'은 '아래, 위'의 대립이 없으므로 '웃-'이 결합한 '웃어른'으로 적는다.

② • 거북치(×) → 거북지(○): '거북하지'에서 '하' 앞의 받침이 안울림소리 'ㄱ'이므로, 준말은 어간의 끝음절 '하'가 아주 준 형태인 '거북지'로 적어야 한다.

• 시원찮다(○): '시원하지 않다'에서 '-하지' 뒤에 '않-'이 결합하여 '-찮-'이 될 때에는 줄어든 대로 적으므로 '시원하지 않다'는 '시원찮다'로 적는다.

• 실망케(○): '실망하게'에서 '하' 앞의 받침이 울림소리 'ㅇ'일 때는 어간의 끝음절 '하'의 'ㅏ'가 줄고, 'ㅎ'은 다음 음절의 첫소리와 어울려 거센소리가 된다. 따라서 '실망하게'의 준말은 '실망케'로 적는다.

③ • 굵다랗다(○): [국:따라타]로 발음하며 겹받침 'ㄺ'의 끝소리가 드러나고 단어의 어원이 분명하므로, 어간의 형태를 밝혀 '굵다랗다'로 적는다.

• 굴찍하다(×) → 굵직하다(○): [국찌카다]로 발음하며 겹받침 'ㄺ'의 끝소리가 드러나고 단어의 어원이 분명하므로 '굵직하다'로 적는다. 참고로, 어간 뒤에 자음으로 시작된 접미사가 붙은 말 중 겹받침의 끝소리가 드러나지 않는 경우와, 어원이 분명하지 않거나 본뜻에서 멀어진 경우에만 소리 나는 대로 적는다.

• 널따랗다(○): [널따라타]로 발음하며 겹받침 'ㄼ'의 끝소리가 드러나지 않는 것은 소리 나는 대로 적으므로 '널따랗다'로 적는다.

이것도 알면 합격!

두음 법칙이 적용되는 경우

단어 첫머리에 오는 한자어	(1) 한자음 '녀, 뇨, 뉴, 니' → '여, 요, 유, 이' 예 여자(女子) (2) 한자음 '랴, 려, 례, 료, 류, 리' → '야, 여, 예, 요, 유, 이' 예 양심(良心) (3) 한자음 '라, 래, 로, 뢰, 루, 르' → '나, 내, 노, 뇌, 누, 느' 예 낙원(樂園)
단어 첫머리 이외의 한자어	(1) 접두사처럼 쓰이는 한자가 붙어서 된 말이나 합성어의 경우 예 공염불(空念佛), 신여성(新女性) (2) 모음이나 'ㄴ' 받침 뒤에 이어지는 '렬, 률'의 경우 예 나열(羅列), 백분율(百分率) (3) 고유어나 외래어 뒤에 결합한 한자어의 경우 예 먹이양(-量), 에너지양(-量) (4) 둘 이상의 단어로 이루어진 고유 명사를 붙여 쓰는 경우 예 한국여자대학, 서울여관 (5) 십진법에 따라 쓰는 수(數)의 경우 예 육천육백육십육(六千六百六十六)

---

21 문학 작품의 종합적 감상 (소설)
정답 ③

정답 분석

③ 제시된 작품의 1~3번째 줄을 통해 사향이 금봉차와 옥장도를 숙향의 그릇에 몰래 넣어서 숙향에게 누명을 씌운 것임을 알 수 있다. 따라서 부인의 추궁에 숙향이 결백을 주장하는 것은 사향의 음모를 모른 채 사실대로 진술한 것이므로 숙향이 이중적 면모를 지닌 인물이라는 ③의 설명은 적절하지 않다.

오답 분석

① 제시된 부분에서 서술자의 개입은 드러나지 않는다.

② 사향이 부인에게 숙향을 모함하는 부분과 부인이 숙향을 추궁하는 부분에서 인물 간의 대화를 중심으로 사건이 전개됨을 알 수 있다.

④ 부인의 마지막 말에서 사향의 모함으로 인해 부인은 숙향을 의심하고 있음을 알 수 있다. 이를 통해 앞으로 도둑으로 몰린 숙향의 고난이 시작될 것임을 짐작할 수 있다.

이것도 알면 합격!

작자 미상, '숙향전'의 이야기 구조

'숙향전'은 숙향의 삶을 중심으로 사건이 전개되면서 영웅의 일대기 구조에 따라 여성의 수난을 그리고 있는 것이 특징이다. 즉, 여성 주인공 숙향이 고귀한 혈통으로 태어나 어려서 고아가 되고, 구출자를 만나 위기를 극복하며 마침내 행복한 삶을 누리는 영웅 소설의 구조를 갖추고 있다. 일반적인 영웅 소설에서는 남자 주인공이 중심이 되어 학문이나 무예에서 최고의 실력을 보이며 승부해 나가지만, 이 작품에서는 여성인 숙향이 숱한 고난을 이겨 내고 자신의 사랑을 찾아 지켜 나가는 것이 중심 내용이다.

---

22 어휘 한자어 (한자어의 의미)
정답 ①

정답 분석

① '비교(比較: 견줄 비, 견줄 교)'는 '둘 이상의 사물을 견주어 서로 간의 유사점, 차이점, 일반 법칙 등을 고찰하는 일'을 뜻한다. 따라서 한자어의 뜻이 다르게 설명된 것은 ①이다. 참고로, '서로 달라서 대비가 됨'은 '대조'의 뜻이다.

• 대조(對照: 대할 대, 비칠 조): 1. 둘 이상인 대상의 내용을 맞대어 같고 다름을 검토함 2. 서로 달라서 대비가 됨

오답 분석

② 가책(呵責: 꾸짖을 가, 꾸짖을 책)

③ 강구(講究: 외울 강, 연구할 구)

④ 규범(規範: 법 규, 법 범)

17 비문학 논지 전개 방식 정답 ②

정답 분석
② 4~5번째 줄에서 생존하기 위해 곤충이나 동물을 잡아먹는 동물화된 식물이 있음을 설명하고 있으나, 그 사례를 제시하고 있지는 않으므로 ②는 적절하지 않다.

오답 분석
① 1~3번째 줄에서 스스로 양분을 만들 수 있는 식물과 다른 생물을 먹어야만 양분을 얻을 수 있는 동물의 특징을 대조하고 있다.
[관련 부분] 식물은 다른 생물을 잡아먹지 않아도 스스로 양분을 만들 수 있지만, 동물은 다른 생물을 먹어야만 양분을 얻을 수 있다. 이는 식물과 동물을 구분하는 극명한 차이점이다.
③ 끝에서 4~5번째 줄에서 식물화된 동물이 있는지 질문한 뒤, '알몸 두더지'가 이에 해당한다고 답하는 문답법을 활용하고 있다.
[관련 부분] 그렇다면 반대로 식물화된 동물도 있지 않을까? 바로 '알몸 두더지'가 이에 해당한다.
④ 끝에서 1~4번째 줄에서 전문가인 토머스 파크 교수의 연구 결과를 바탕으로 체내 과당 대사를 통해 생존한다는 알몸 두더지의 특징을 제시하고 있다.
[관련 부분] 오랜 기간 특이종을 연구해 온 일리노이 대학의 토머스 파크 교수에 따르면 알몸 두더지는 산소가 부족해지면 식물처럼 체내 과당 대사를 통해 살아남는다고 한다.

18 비문학 글의 구조 파악 (문단 배열) 정답 ④

정답 분석
④ (다) - (라) - (나) - (마) - (가)의 순서가 가장 자연스럽다.

순서	중심 내용	순서 판단의 단서와 근거
(다)	금욕주의란 자신의 욕망, 욕구를 통제함으로써 도덕, 종교적 이상을 성취하고자 하는 철학 사조임	지시어나 접속어로 시작하지 않으며 제시문의 중심 화제인 '금욕주의'를 설명함
(라)	금욕주의자는 오직 이성만을 추구하며 욕구, 욕망, 감정을 배척하였음	접속어 '따라서': (다)에서 언급한 금욕주의의 정의를 바탕으로 금욕주의자의 특성을 설명함
(나)	금욕주의자는 감정과 욕구를 스스로 끊임없이 통제하고 근면하게 살아야 함	접속어 '가령': (라)에서 언급한 금욕주의자의 특성을 바탕으로 금욕주의자가 되기 위한 방식을 설명함
(마)	자신에 대한 엄격한 통제를 통해 금욕주의자가 되면 이상적 존재로 거듭날 수 있음	지시 표현 '이러한 끊임없는 자기 통제 속에서': (나)에서 언급한 금욕주의자가 되기 위한 방식(자기 통제)을 가리킴
(가)	오늘날 금욕주의는 자아를 고통에 빠뜨린다는 점에서 비판받음	접속어 '하지만': (마)에서 금욕주의를 긍정한 것과는 반대로 오늘날 금욕주의에 대한 비판을 제시함

19 문학 수사법 정답 ②

정답 분석
② 초장에서 대구법이 사용되었으나, 이는 충성스러운 신하가 조정에 가득하고 효자가 집집마다 가득한 현실에 대한 만족감을 드러낸 것일 뿐 화자의 충성심을 드러내는 것은 아니므로 답은 ②이다.

오답 분석
① 종장에서 부모님에 대한 화자의 그리움과 애상적 정서가 '외기러기'라는 객관적 상관물에 투영되어 나타난다.
③ 겉과 속의 색이 같은 '가마귀'와 겉은 하얗고 속은 검은 '백로'를 대조하여, 겉과 속이 다른 위선적인 인물인 '너(백로)'를 비판하고 있다.
④ '매미(미암)'과 '맵다(밉다)', '쓰르라미(쓰르람이)'와 '쓰다'의 발음이 유사한 점을 이용한 언어유희적 표현을 통해 세속의 혼란스러운 삶을 부정적으로 표현하고 있다. 이와 대비하여 화자는 초야에 묻혀 여유롭게 사는 삶에 대한 만족감을 드러내고 있다.

지문 풀이
(가) 산은 길고 길고 물은 멀고 멀고
부모님 그리워하는 뜻은 많기도 많다.
어디서 외기러기는 슬피 울며 가는구나.

(나) 충성스러운 신하는 조정에 가득하고 효자는 집집마다 있다.
우리 임금은 백성을 아기같이 아끼는데
밝은 하늘(천지신명)께서도 이 뜻을 알아 때맞춰 비 내리고 바람도 고르게 불게 하소서.

(다) 까마귀가 검다고 백로야 웃지 마라.
겉이 검다고 해서 속조차 검을 것 같으냐.
겉은 희고 속 검은 이는 너뿐인가 하노라.

(라) 매미가 맵다 울고 쓰르라미가 쓰다고 우니
산나물이 맵다고 우는 것인가, 변변치 못한 술이 쓰다 우는 것인가?
우리는 시골의 궁벽한 곳에 묻혀 살고 있으니 맵고 쓴 줄을 모르겠노라.

20 어법 한글 맞춤법 (맞춤법에 맞는 표기) 정답 ④

정답 분석
④ '공염불', '당뇨', '은닉'은 모두 한글 맞춤법에 맞게 표기된 단어들이다.
- 공염불(空念佛)(○): 접두사처럼 쓰이는 한자가 붙어서 된 말은 뒷말의 첫소리가 'ㄴ'으로 나더라도 두음 법칙에 따라 적는다. '공염불'에서 '공(空)-'은 접두사이므로, 두음 법칙을 적용하여 '공염불'로 적는다.
- 당뇨(糖尿)(○), 은닉(隱匿)(○): 한자음 '뇨(尿)', '닉(匿)'이 단어의 첫머리 이외의 자리에 온 것이므로 두음 법칙을 따르지 않고 본음대로 적는다.

오답 분석

① 1문단 5~7번째 줄에서 서로 다른 문화권(그룹)에 속한 과학자들은 이론적 합의에 합리적으로 이르지 못한다는 것을 설명하고 있으나, 같은 그룹에 속한 과학자들이 이론적 합의에 합리적으로 이르지 못하는 경우에 대한 내용은 제시문에 언급되어 있지 않으므로 ①은 추론할 수 없다.

② 2문단 1~2번째 줄에서 각 그룹은 이론을 만들 때 자신들의 기준을 만족시키는 이론만을 만들 것이라고 하였으나, 문화적 다양성과 차이에 대한 내용과 각 이론의 절충에 대한 내용은 제시문에 언급되어 있지 않으므로 ②는 추론할 수 없다.

④ 1문단 2~4번째 줄에서 다른 문화의 사고방식을 수용하기 위해서는 논리적으로 위력적인 증거나 논증이 있어야 하나, 이와 같은 증거나 논증은 존재할 수 없다고 설명하고 있다. 따라서 사고방식의 효용 가치의 유무와 상관없이 다른 문화를 설득할 수 있는 증거나 논증은 제시할 수 없으므로 ④는 적절하지 않은 추론이다.

③ '마을 사람들'은 마을을 떠나는 칠복을 보며 침울한 표정을 짓지만 '칠복'이 마을을 떠나는 것을 말리고 있지는 않으므로 적절하다.

이것도 알면 합격!

문순태, 「징 소리」의 주제와 특징

1. 주제: 산업화 과정에서 고향을 상실한 사람들의 소외된 삶과 한
2. 특징
   (1) '징 소리'라는 상징적인 소재를 통해 주제를 형상화함
   (2) 역순행적 구성을 바탕으로 사건을 전개함
   (3) 방언을 사용해 현장감을 높이고 향토적 분위기를 형성함

---

13 / 어휘   한자 성어   정답 ④

정답 분석

④ 제시문은 ○○군 농산물 협동조합이 온라인 판매 사업을 통해 부진한 실적을 극복하고 좋은 성과를 거두었다는 내용으로, 이러한 상황을 가장 적절하게 표현한 한자 성어는 ④ '刮目相對(괄목상대)'이다.

- 刮目相對(괄목상대): 눈을 비비고 상대편을 본다는 뜻으로, 남의 학식이나 재주가 놀랄 만큼 부쩍 늚을 이르는 말

오답 분석

① 自繩自縛(자승자박): 자기의 줄로 자기 몸을 옭아 묶는다는 뜻으로, 자기가 한 말과 행동에 자기 자신이 옭혀 곤란하게 됨을 비유적으로 이르는 말

② 守株待兔(수주대토): 한 가지 일에만 얽매여 발전을 모르는 어리석은 사람을 비유적으로 이르는 말

③ 漁夫之利(어부지리): 두 사람이 이해관계로 서로 싸우는 사이에 엉뚱한 사람이 애쓰지 않고 가로챈 이익을 이르는 말

---

14 / 문학   인물의 심리 및 태도   정답 ④

정답 분석

④ '강촌 영감'은 '칠복'에게 마을을 떠나는 버스를 타는 곳을 알려 주면서 버스 정류장으로 향하는 길에 앞장서고 있을 뿐, '칠복'이 마을을 떠나는 것을 아쉬워하고 있지는 않으므로 적절하지 않다.

오답 분석

① 마을을 떠나는 '칠복'이 '마을 사람들'의 얼굴을 하나하나 새기며 눈물을 보이는 모습을 통해 마을에 미련을 갖고 있음을 알 수 있다.

② '봉구'는 '칠복'에게 고향에 다시 오지 말라며 그를 고향에서 쫓아내면서도 천 원짜리 두 장을 쥐어 주며 연민의 태도를 드러낸다. 이를 통해 '봉구'가 '칠복'에 대해 이중적인 태도를 보이고 있음을 알 수 있다.

---

15 / 어법   표준어 사정 원칙 (표준어의 구분)   정답 ③

정답 분석

③ '끼어들기, 헛갈리다, 통틀어'는 모두 표준어이다. 참고로, '헛갈리다'와 동일한 의미의 '헷갈리다' 또한 표준어이며, '끼여들기', '통털어'는 비표준어이다.

오답 분석

① 널판지(×) → 널빤지(○): '판판하고 넓게 켠 나뭇조각'을 뜻하는 표준어는 '널빤지'이다.

② 애닮다(×) → 애달프다(○): '마음이 안타깝거나 쓰라리다'를 뜻하는 표준어는 '애달프다'이다.

④ • 단촐하다(×) → 단출하다(○): '일이나 차림차림이 간편하다'를 뜻하는 표준어는 '단출하다'이다.
  • 짓물다(×) → 짓무르다(○): '살갗이 헐어서 문드러지다'를 뜻하는 표준어는 '짓무르다'이다.

---

16 / 어법   문장 (높임 표현)   정답 ①

정답 분석

① ㄷ은 주격 조사의 높임말 '께서'를 사용하여 서술의 주체인 '어머니'를 높이고 있으나, ㄱ은 조사 '께'와 서술어 '드리다'를 사용하여 서술의 객체인 '할머니'를 높일 뿐, 서술의 주체를 높이고 있지는 않다. 따라서 높임법에 대한 설명으로 옳지 않은 것은 ①이다.

오답 분석

② • ㄱ: 객체 높임 어휘인 '드리다'를 사용하여 '할머니'를 높였다.
  • ㄹ: 객체 높임 어휘인 '찾아뵙다'를 사용하여 '아버지'를 높였다.

③ • ㄴ: 하십시오체 종결형 어미인 '-습니까'를 사용하여 듣는 이인 '사장님'을 높였다.
  • ㄹ: 해요체 종결형 어미인 '-어요'를 사용하여 듣는 이를 높였다.

④ • ㄷ: 서술어 '도셨다'에 주체 높임 선어말 어미 '-(으)시-'를 사용하여 문장의 주체인 '어머니'를 높였다.
  • ㄹ: 높여야 할 대상의 신체 부위(귀)를 서술하기 위해 '-(으)시-'를 사용하여 '아버지'를 높였다.

09 비문학 세부 내용 파악 정답 ②

정답 분석
② (다)의 끝에서 5~8번째 줄을 통해 라이헨바흐는 자연이 일양적이지 않다면, 귀납 외에 어떠한 방법도 미래 예측에 계속해서 성공할 수 없으므로 귀납이 다른 방법보다 나은 추론이라고 확언함을 알 수 있다. 따라서 자연이 일양적이지 않다면 점성술이 귀납보다 적절한 추론 방법이 된다는 내용은 적절하지 않다.

[관련 부분] 자연이 일양적이지 않다면, 어떤 방법도 체계적으로 미래 예측에 계속해서 성공할 수 없다는 논리적 판단을 통해 귀납은 최소한 다른 방법보다 나쁘지 않은 추론이라고 확언한다.

오답 분석
① (다)의 1~3번째 줄을 통해 확인할 수 있는 내용이다.
[관련 부분] 귀납의 정당화 문제로부터 과학의 방법인 귀납을 옹호하기 위해 라이헨바흐는 ~ 현실적 구제책을 제시한다.
③ (라)의 1~2번째 줄을 통해 확인할 수 있는 내용이다.
[관련 부분] 귀납은 기존의 정보나 관찰 증거 등을 근거로 새로운 사실을 추가하는 지식 확장적 특성을 지닌다.
④ (가)의 1~4번째 줄을 통해 확인할 수 있는 내용이다.
[관련 부분] 흄은 ~ 귀납이 정당한 추론이 되려면 미래의 세계가 과거에 우리가 경험해 온 세계와 동일하다는 자연의 일양성, 곧 한결같음이 가정되어야 한다고 보았다.

10 문학 작품의 종합적 감상 (현대 시) 정답 ④

정답 분석
④ 제시된 작품은 우포늪의 생명력을 강조하고 있을 뿐, 긍정적 공간과 부정적 공간의 대비는 나타나지 않으며, 문명에 대한 비판 의식도 드러나지 않으므로 ④는 적절하지 않다. 참고로 1행에 '시골장'이라는 공간이 제시되어 있으나, 이는 득음을 하지 못했던 소리꾼이 살아생전 공연을 했었던 장소임을 나타낼 뿐, 부정적인 공간은 아니다.

오답 분석
① 폭포 물줄기가 내리치는 모습, 슬픔을 달빛과 같다고 표현한 것, 수염이 흔들리는 모습, 산이 흔들린다고 표현한 것을 통해 시각적 이미지를 활용해 시상이 전개되고 있음을 알 수 있다.
② 1~7행에서 전생에 득음을 하지 못한 '소리꾼'이 '우포늪'에서 '왁새 울음'이 되었다고 표현하고 있는데, 이를 통해 화자가 '우포늪'의 '왁새'와 상상 속 인물인 '소리꾼'을 동일시하며 시상을 전개하고 있음을 알 수 있다. 또한 12~13행의 '소리꾼'이 평생을 찾아 헤맨 진정한 소리가 '적막한 늪(우포늪)'에 있었다는 표현과, 17~19행의 '소리꾼'의 완창이 꽃잔치를 무르익게 했다는 표현을 통해 '우포늪'의 생명력과 그 가치를 형상화하고 있음을 알 수 있다.
③ '소목 장재 토평마을', '동편제'와 같은 토속적인 어휘를 사용하여 전통적이고 향토적인 분위기를 조성했다.

이것도 알면 합격!

배한봉, 「우포늪 왁새」의 주제와 특징
1. 주제: 우포늪의 생명적 가치
2. 특징
  (1) 시각적 이미지를 바탕으로 시상을 전개함
  (2) 왁새의 울음소리를 소리꾼의 목소리에 빗대어 표현함
  (3) 소리꾼의 진정한 소리로 우포늪이 지닌 생명적 가치를 형상화함

11 비문학 주제 및 중심 내용 파악 정답 ②

정답 분석
② 제시문의 1문단에서는 노년기에 여가 활동을 즐길 수 있는 시간적 여유가 있음을 설명하였다. 이어서 2문단에서는 삶의 질, 삶의 활력, 삶의 이유 등의 측면에서 노년층에게 여가 활동이 중요하다고 말하고 있다. 따라서 제시문의 주장으로 가장 적절한 것은 ②이다.

오답 분석
① 1문단 끝에서 1~3번째 줄을 통해 노년기에는 직업적 활동을 다른 연령층에 비해 덜 강요받음은 알 수 있으나, 노년층에게 직업적 활동을 강요해서는 안 된다는 내용은 제시문을 통해 확인할 수 없다.
[관련 부분] 실제로 노년층은 다른 연령층보다 직업적 역할 수행을 덜 강요받기 때문에
③ 제시문을 통해 노년기에 여가 활동을 즐기는 것이 긍정적임을 알 수 있으나, 자신의 것을 나누어야 한다는 내용은 제시문을 통해 확인할 수 없다.
④ 1문단 1~2번째 줄을 통해 그동안 노년기를 신체적, 정신적 쇠퇴기로 여겨왔음을 알 수 있다. 그러나 2문단 끝에서 3~4번째 줄에서 여가 활동을 통해 노년층이 삶의 활력을 얻고, 삶의 이유를 재발견할 수 있다고 주장할 뿐, '여가 활동'을 통해 신체적, 정신적 쇠퇴를 방지한다는 주장은 확인할 수 없다.
[관련 부분] 노년기는 흔히 신체적, 정신적으로 쇠퇴를 겪는 시기로 인식되곤 한다.

12 비문학 내용 추론 정답 ③

정답 분석
③ 1문단 끝에서 2~4번째 줄에서 문화의 기준과 문화 내에서 수용되는 사고방식은 분리할 수 없는 한 덩어리임을 설명하고 있고, 2문단 끝에서 2~3번째 줄에서 문화마다 다른 기준에 따라 자신의 문화에 맞는 이론만을 수용하게 된다고 설명하고 있다. 이를 통해 문화적 차이가 큰 A 그룹과 B 그룹의 이론 중 어느 것이 더 합리적인지에 대한 판단은 그것을 판단하는 사람이 속한 문화에 따라서 달라질 것임을 추론할 수 있다. 따라서 답은 ③이다.

04 어휘 한자어 정답 ③

정답 분석

③ 포폄(褒貶: 기릴 포, 낮출 폄)은 '옳고 그름이나 선하고 악함을 판단하여 결정함'을 뜻한다. 참고로, '가치를 깎아내림'을 뜻하는 한자어로는 폄하(貶下: 낮출 폄, 아래 하) 등이 있다.

오답 분석

① 염의(廉義: 청렴할 염, 옳을 의): 염치와 의리를 아울러 이르는 말
② 혜택(惠澤: 은혜 혜, 못 택): 은혜와 덕택을 아울러 이르는 말
④ 할부(割賦: 벨 할, 부세 부): 돈을 여러 번에 나누어 냄

05 어법 한글 맞춤법 (띄어쓰기) 정답 ②

정답 분석

② 아는∨체하다가(○): '체하다'는 의존 명사 '체'와 '-하다'가 결합한 보조 동사이므로 용언의 관형사형 '아는'과 띄어 쓴다.

오답 분석

① • 한∨걸음(○): 관형사 '한'과 명사 '걸음'은 띄어 쓴다. 참고로, '쉬지 않고 내처 걷는 걸음이나 움직임'을 뜻하는 '한걸음'은 한 단어이므로 붙여 쓴다.
   • 못하리∨만큼(×) → 못하리만큼(○): '-리만큼'은 '-ㄹ 정도로'를 뜻하는 연결 어미이므로 용언의 어간 '못하-'와 붙여 쓴다.
③ 거리낌없이(×) → 거리낌∨없이(○): 명사 '거리낌'과 부사 '없이'는 별개의 단어이므로 서로 띄어 쓴다.
④ 밀어내버렸다(×) → 밀어내∨버렸다(○): '밀어내'는 '밀어내다(밀다 + 내다)'의 활용형으로, 합성 용언이다. 본용언이 합성어이며 3음절이므로 보조 용언과 띄어 쓴다. 참고로, 본용언이 합성어나 파생어라도 그 활용형이 2음절인 경우에는 본용언과 보조 용언을 붙여 쓸 수 있다.

06 비문학 관점과 태도 파악 정답 ①

정답 분석

① 2문단 2~4번째 줄에서 사이보그 기술의 발전을 통해 신체 일부 능력을 상실한 사람들이 신체 능력을 보완하거나 새로운 능력을 얻을 수 있다고 하였으므로 글쓴이의 견해와 부합하는 것은 ①이다.

오답 분석

② 2문단 1~2번째 줄에서 초인간은 아직 존재하지 않는다고 하였으므로 글쓴이의 견해에 부합하지 않는다.
③ 2문단 끝에서 5~6번째 줄에서 사이보그 기술을 통해 복원된 스펜스의 인공 눈이 두뇌와 시신경에 연결되어 있지 않다고 설명하고 있는데, 이를 통해 사이보그 기술을 통해 상실한 신체 기관을 보완할 수는 있으나 온전히 복원할 수 없음을 알 수 있다.
④ 제시문을 통해 알 수 없는 내용이다.

07 비문학+어휘 내용 추론, 한자어 정답 ③

정답 분석

③ ㉠의 앞에서 귀납이 정당한 추론이 되기 위해서는 다가올 미래가 우리가 경험했던 과거와 동일하다는 자연의 일양성이 가정되어야 하며, ㉠의 뒤에서 이러한 자연의 일양성은 경험을 통해 알 수 있는 것이라고 설명하고 있다. 따라서 ㉠에는 경험하지 않고 알 수 있다는 의미의 단어가 들어가야 하므로 '경험에 앞서서 인식의 주관적 형식이 인간에게 있다고 주장하는 것'을 뜻하는 '선험적(先驗的)'이 들어가는 것이 적절하다.

오답 분석

① 고식적(姑息的): 근본적인 대책을 세우지 아니하고 임시변통으로 하는 것
② 배타적(排他的): 남을 배척하는 것
④ 실증적(實證的): 사고(思考)에 의하여 논증하는 것이 아니고, 경험적 사실의 관찰과 실험에 따라 적극적으로 증명하는 것

08 비문학 글의 구조 파악 (문단 배열) 정답 ③

정답 분석

③ (라) - (가) - (다) - (나)의 순서가 가장 자연스럽다.

순서	중심 내용	순서 판단의 단서와 근거
(라)	귀납은 지식 확장적 특성을 지녀 근대 과학 발전의 방법적 토대가 되었으나, 귀납 자체의 논리적 한계에 부딪힘	접속어나 지시어로 시작하지 않으며, 제시문의 중심 내용인 '귀납'에 대해 언급함
(가)	흄이 지적한 귀납의 정당화 문제	부사 '먼저': (라)에서 언급한 귀납의 첫 번째 논리적 한계를 설명함
(다)	라이헨바흐가 제시한 귀납의 정당화 문제에 대한 현실적인 구제책	키워드 '귀납의 정당화 문제': (가)의 귀납의 정당화 문제에 대한 구체적인 구제책에 대해 설명함
(나)	귀납의 또 다른 논리적 한계인 미결정성의 문제	키워드 '또 다른 논리적 한계': 앞서 (가)와 (다)에서 언급한 한계(귀납의 정당화) 외에 다른 한계를 제시함

제1과목 국어

01 어법 한글 맞춤법 (띄어쓰기) 정답 ④

정답 분석

④ 띄어쓰기가 올바른 문장은 ④이다.
- 멋대로(○): 이때 '멋대로'는 명사 '멋'과 조사 '대로'가 결합하여 형성된 부사로, 사전에 한 단어로 등재되어 있다.
- 벌인∨듯싶었다(○): 이때 '듯싶다'는 '앞말이 뜻하는 사건이나 상태 등을 짐작하거나 추측함'을 나타내는 보조 형용사이므로 본용언 '벌인'과 띄어 쓴다.

오답 분석

① 먹고∨부터(×) → 먹고부터(○): '부터'는 조사이므로 앞말에 붙여 쓴다.
② ・두∨사람(○): 이때 '두'는 그 수량이 둘임을 나타내는 관형사이므로 명사 '사람'과 띄어 쓴다.
・식을대로(×) → 식을∨대로(○): 이때 '대로'는 용언의 관형사형 '식을' 뒤에서 '어떤 상태가 매우 심함'을 나타내는 의존 명사로 쓰였으므로 앞말과 띄어 쓴다.
③ ・집∨안(○): 이때 '안'은 명사이므로 '집'과 띄어 쓴다. 참고로, '가족을 구성원으로 하여 살림을 꾸려 나가는 공동체. 또는 가까운 일가'를 뜻하는 '집안'은 한 단어이므로 붙여 쓴다.
・청소할것이다(×) → 청소할∨것이다(○): '것'은 의존 명사이므로 용언의 관형사형 '청소할'과 띄어 쓴다.

02 어법 단어 (단어의 형성) 정답 ①

정답 분석

① '길짐승'은 용언 '기다'의 어간 '기-'에 관형사형 어미 '-ㄹ'이 결합한 용언의 관형사형 '길'과 명사 '짐승'이 결합된 통사적 합성어이다. 따라서 ㉠ '통사적 합성어'의 예에 해당하는 것은 ①이다.

오답 분석

② 날뛰다: 용언 '날다'의 어간 '날-'과 용언 '뛰다'가 연결 어미 없이 결합한 비통사적 합성어이다.
③ 먹거리: 용언 '먹다'의 어간 '먹-'과 명사 '거리'가 연결 어미 없이 결합한 비통사적 합성어이다.
④ 촐랑개: 용언 '촐랑거리다'의 어근 '촐랑'과 명사 '개'가 연결 어미 없이 결합한 비통사적 합성어이다.

이것도 알면 합격!

통사적 합성어와 비통사적 합성어의 개념과 형성 방법

1. 통사적 합성어

개념	우리말의 일반적인 단어 배열법과 일치하는 합성어
형성 방법	• 명사 + 명사 예 논밭, 소나무 • 주어 + 서술어(조사 생략 인정) 예 바람나다, 수많다 • 목적어 + 서술어(조사 생략 인정) 예 본받다, 수놓다 • 관형어 + 명사 예 새해, 작은집 • 부사 + 용언 예 가로눕다, 잘생기다 • 부사 + 부사 예 이리저리, 비틀비틀 • 감탄사 + 감탄사 예 얼씨구절씨구 • 용언의 어간 + 연결 어미 + 용언 예 들어가다, 알아보다

2. 비통사적 합성어

개념	우리말의 일반적인 단어 배열법과 일치하지 않는 합성어
형성 방법	• 어간 + 명사(관형사형 어미 생략) 예 접칼 • 어간 + 용언(연결 어미 생략) 예 검붉다, 여닫다 • 부사 + 명사 예 부슬비, 산들바람, 척척박사 • 한자어 어순이 우리말과 다른 경우 예 독서(讀書), 등산(登山)

03 어휘 한자 성어 정답 ②

정답 분석

② 밑줄 친 부분은 부정적인 인물로부터 침묵, 관용, 친절을 배웠다고 말하고 있으므로, 이에 어울리는 한자 성어로 가장 적절한 것은 ② '反面教師(반면교사)'이다.
- 反面教師(반면교사): 사람이나 사물 등의 부정적인 면에서 얻는 깨달음이나 가르침을 주는 대상을 이르는 말

오답 분석

① 走馬加鞭(주마가편): 달리는 말에 채찍질한다는 뜻으로, 잘하는 사람을 더욱 장려함을 이르는 말
③ 隔靴搔癢(격화소양): 신을 신고 발바닥을 긁는다는 뜻으로, 성에 차지 않거나 철저하지 못한 안타까움을 이르는 말
④ 口尚乳臭(구상유취): 입에서 아직 젖내가 난다는 뜻으로, 말이나 행동이 유치함을 이르는 말

제5회 실전모의고사

셀프 체크

권장 풀이 시간	75분(OMR 표기 시간 포함)
실제 풀이 시간	___시 ___분 ~ ___시 ___분
맞힌 답의 개수	___개 / 75개

정답

제1과목 국어

01	④	06	①	11	②	16	①	21	③
02	①	07	③	12	③	17	②	22	①
03	②	08	③	13	④	18	④	23	③
04	③	09	②	14	④	19	②	24	③
05	②	10	④	15	③	20	④	25	①

제2과목 행정법

01	③	06	①	11	①	16	③	21	④
02	②	07	④	12	②	17	①	22	④
03	③	08	③	13	④	18	①	23	②
04	②	09	④	14	③	19	①	24	④
05	①	10	④	15	③	20	②	25	②

제3과목 행정학

01	②	06	②	11	①	16	④	21	②
02	③	07	①	12	③	17	①	22	②
03	③	08	②	13	③	18	①	23	④
04	③	09	①	14	④	19	②	24	②
05	③	10	④	15	②	20	①	25	③

취약 단원 분석표

제1과목 국어

단원	맞힌 답의 개수
어법	/ 8
비문학	/ 8
문학	/ 4
어휘	/ 4
혼합	/ 1
TOTAL	/ 25

제2과목 행정법

단원	맞힌 답의 개수
Ⅰ 일반론	/ 2
Ⅱ 행정작용	/ 8
Ⅲ 행정과정	/ 3
Ⅳ 실효성 확보수단	/ 2
Ⅴ 손해전보	/ 2
Ⅵ 행정쟁송	/ 4
Ⅶ 행정법각론	/ 4
TOTAL	/ 25

제3과목 행정학

단원	맞힌 답의 개수
Ⅰ 행정학 총설	/ 4
Ⅱ 정책학	/ 4
Ⅲ 행정조직론	/ 5
Ⅳ 인사행정론	/ 3
Ⅴ 재무행정론	/ 4
Ⅵ 지식정보화 사회와 환류론	/ 2
Ⅶ 지방행정론	/ 3
TOTAL	/ 25

24 Ⅳ 공직분류 정답 ①

정답 분석

① 실적과 자격에 의해 임용되고 그 신분이 보장되며, 평생토록 공무원으로 근무할 것이 예정되는 공무원은 경력직공무원이다. 경력직공무원은 다시 일반직과 특정직으로 나뉜다.

선지 분석

② 일반직공무원은 행정일반 또는 기술·연구를 담당하는 공무원을 의미한다. 반면, 임기제공무원은 전문지식·기술 등이 요구되는 업무를 담당하도록 일정 기간 동안 임기를 정하여 일반직으로 임용하는 공무원이다.
③ 정무직공무원은 선거에 의해 임용되는 자(대통령, 국회의원, 지방자치단체장 등), 임명에 국회 동의가 요구되는 공무원(감사원장 등), 고도의 정책결정 업무나 이를 보조할 공무원(국무총리, 각 부처 장·차관 등)으로 법률로 지정한다.
④ 별정직공무원은 법령에 따라 특정 업무의 담당을 위해 별도의 자격기준에 의해 임용되는 공무원(국회의원 보좌관·비서관·비서, 국회수석전문위원)이다.

이것도 알면 합격!

우리나라의 공직분류

경력직	일반직	• 일반행정사무 담당 • 행정일반, 기술분야, 연구·지도직공무원
	특정직	• 특수한 업무 • 검사, 법관, 소방, 경찰, 교육, 외무, 군인, 군무원 등
특수경력직	정무직	선거 또는 정치적 임용
	별정직	• 별도의 절차로 임용 • 공정성, 기밀성, 신임을 요하는 직위에 임용

25 Ⅰ 정책평가의 타당도 저해요인 정답 ②

정답 분석

② 내적 타당도 저해요인이 아닌 것은 ㄷ, ㅁ으로 2개이다.
ㄷ. 호손효과(Hawthorne Effect)는 자신이 관찰되고 있다는 인식으로 인해 평상시와 다른 행동을 하는 경우로서 외적 타당도 저해요인에 해당한다.
ㅁ. 크리밍(creaming) 효과는 표본선정 시 실험의 효과가 크게 나타날 사람들만을 실험집단에 포함시켜 실시하는 외적 타당도 저해요인에 해당한다.

이것도 알면 합격!

정책평가의 타당도 저해요인

내적 타당도 저해요인	선발요소 (외재적 요인)	실험집단과 통제집단의 표본선정과 정상의 오류(동질성 부족)
	역사적 요소 (사건효과)	실험기간 동안에 일어난 역사적 사건이 실험에 영향을 미치게 되는 것
	성숙효과 (성장효과)	실험기간 중 집단구성원의 자연적 성장이나 발전에 의한 효과로서 실험기간이 길어질수록 사건효과나 성장효과는 커짐
	회귀-인공요소	실험이 진행되는 동안 구성원들이 원래 자신의 성향으로 돌아갈 경우에 나타나는 오차
	측정요소	실험 전에 측정한 사실 그 자체가 연구되는 현상에 영향을 주는 것
	측정도구의 변화	프로그램의 집행 전과 집행 후에 사용하는 측정절차·측정도구의 변화로 인한 오류
	상실요소	연구기간 중 구성원의 이탈 등 두 집단 간 구성상 변화에 의한 효과
	모방효과 (오염효과)	통제집단 구성원이 실험집단 구성원의 행동을 모방하는 것(오염 또는 확산효과)
	선발과 성숙의 상호작용	두 집단의 선발에서부터 차이가 있었을 뿐 아니라 두 집단의 성숙속도가 다름으로 인해 발생함
	처치와 상실의 상호작용	집단들의 서로 다른 처치로 인하여 두 집단으로부터 처치기간 동안에 서로 다른 성질의 구성원들이 상실되는 경우 남아 있는 개인들을 대상으로 처치효과를 추정하게 되면 그 결과가 왜곡될 가능성이 존재
외적 타당도 저해요인	표본의 비대표성	두 집단 간 동질성이 있더라도 사회적 대표성이 없으면 일반화하기 곤란함
	호손효과	실험집단 구성원이 실험의 대상이라는 사실로 인하여 평소와는 다른 특별한 심리적 행동을 보이는 현상으로, 일반화하기 곤란함
	다수적 처리에 의한 간섭	동일집단에 여러 번의 실험적 처리를 실시하는 경우 실험조작에 익숙해짐으로 인한 영향이 발생하면 일반화하기 곤란함
	실험조작과 측정의 호작용	실험 전 측정과 피조사자의 실험조작의 상호작용으로 실험의 결과가 나타난 경우 이를 일반화하기 곤란함
	크리밍 (creaming) 효과	표본선정 시에 실험의 효과가 크게 나타날 사람들만을 실험집단에 포함시켜 실시할 경우 그 효과를 일반화하기 곤란함

20 Ⅲ 갈등   정답 ②

정답 분석

② 조직의 갈등을 해소하기 위해서는 자원을 확충하고, 집단 간 상호의존성을 감소시켜야 한다.

이것도 알면 합격!

갈등관리전략

해소전략	• 리더십을 발휘하고, 문제를 공동으로 해결 • 상위목표를 설정[상위이념(상위목표) 제시(Gulick)] • 의사전달을 촉진하고, 인사교류 및 공동교육훈련을 실시 • 자원을 확충하고, 집단 간 상호의존성을 감소시킴 • 공식경로를 통해 고충을 해결 • 공식적인 계층제와 조정기구를 통해 해소 • 조직을 개편(구조적 요인의 개편) • 공동경쟁대상(공동의 적)을 설정 • 평가기준과 보상시스템을 명확히 함 • 갈등집단을 통·폐합 • 협상과 타협을 통해 갈등을 완화
조성전략	• 의사전달통로를 변경 • 제도적 갈등조장방안을 마련 • 충격요법적 방법: 긴장과 갈등을 야기 • 인사정책적 방법: 순환보직 등 인사이동을 실시 • 정보전달을 억제하거나 정보를 과다하게 조성 • 경쟁상황의 창출: 보수·인사 등에 있어 경쟁원리를 도입(성과급, 공모·개방형직위 등)

21 Ⅰ 티부가설   정답 ②

정답 분석

② 티부가설(Tiebout Hypothesis)은 주민들이 지방정부를 자유롭게 이동할 수 있다는 전제하에 지방정부가 독자적으로 결정을 내리는 분권화된 체제가 지방공공자원의 효율적 배분을 가져온다는 것으로, 지방자치의 당위성을 강조한 이론이다.

선지 분석

① 지방공공자원에 대한 주민들의 선호가 표출되어 경쟁의 원리에 의하여 효율적으로 공급될 수 있다.
③ 해당 지역의 프로그램의 이익은 해당 지역 주민들에게만 돌아가며 이웃지역의 주민들에게 이익(경제) 또는 불이익(불경제)을 주지 말아야 한다. 외부효과가 존재한다면 지역 간 이동이 불필요해질 수도 있기 때문이다.
④ 모든 시민은 지역 내 소득과 재산에 의한 배당수입(dividend)에 의존하여 생계를 유지하며, 지방정부의 재원은 지방소비세가 아니라 재산세(property tax)에 의하여 충당되는 것으로 상정한다. 즉, 비슷한 재산과 소득을 가진 사람들이 모여 살게 된다는 것이다.

22 Ⅴ 예산결정의 접근방법   정답 ①

정답 분석

① 합리주의적 예산결정모형은 경제적 합리성을 추구한다.

선지 분석

② 계획예산제도(PPBS)와 영기준예산제도(ZBB)는 대표적인 합리주의적 예산결정모형이다.
③ 점증주의 예산결정모형은 경제적 합리성보다는 정치·사회적 지지를 얻을 수 있는 정치적 합리성을 추구하며, 예산결정을 다원적인 정치세력 간의 교섭과 조절·타협의 산물로 본다.
④ 점증주의 예산결정모형은 정치적 실현 가능성과 정책결정체제의 안정성을 중시함으로써 현존 상태를 옹호하는 보수주의적 성격을 지닌다.

이것도 알면 합격!

합리주의와 점증주의의 비교

구분	합리주의	점증주의
목적	효율적인 자원배분	공정한 자원배분, 재정 민주주의
결정 기준	경제적 합리성	정치적 합리성
대안 범위	포괄적(모든 대안)	부분적(한정된 수)
예산 과정	이상적, 규범적, 총체적, 체계적	부수적, 현실적, 단편적
결정 방법	분석적 기법 (비용·편익분석 등)	정치적 타협과 협상
예산 담당자	개혁적 성향	보수적 성향

23 Ⅰ 합리성   정답 ①

정답 분석

① 정치적 합리성은 디징(Diesing)이 가장 강조한 합리성으로, 정책결정 구조 및 과정의 합리성, 다수결 원리 등과 관련된다.

선지 분석

② 사회적 합리성은 사회구성요소 간 조화 있는 통합·조정, 갈등 해결 장치의 보유 정도를 의미한다.
③ 경제적 합리성은 비용과 편익을 측정·비교하여 대안의 우선순위를 결정하는 것이다.
④ 기술적 합리성은 최소의 노력으로 최대의 목표달성이 가능한 수단의 채택 여부로, 하나의 목표를 성취하기 위한 적합한 수단들을 찾는 것이다.

이것도 알면 합격!

외부 민영화의 유형

정부기능의 민간이양	정부기능의 완전한 민간이양
정부 자산이나 주식의 매각	정부 보유 주식이나 자산을 민간에 이전·매각
보조금 방식	공공성을 가지는 서비스를 제공하는 민간부문에 재정이나 현물을 지원
면허	• 경쟁적 허가 • 민간부문에게 일정 영역 내에서 공공서비스를 제공할 권리 인정
프랜차이즈(특허권)	• 독점적 허가 • 특허권 부여
구매권제도 (voucher or coupon)	특정 계층의 소비자에게 재화나 서비스를 선택하여 구매할 수 있는 권리증서(쿠폰) 제공
자원봉사자	자원봉사자에 의한 자발적 서비스 제공 (서비스공급자 ≠ 수혜자)
자조활동	서로 돕는 방식(서비스공급자 = 수혜자)
규제 완화 및 경쟁 촉진	규제의 제거·완화를 통해서 정부가 독점하는 공공서비스를 민간에서 공급할 수 있도록 허용

선지 분석

① 주민참여예산제도는 지방재정법 제39조에 근거한다.

② 주민참여예산제도는 2004년 광주광역시 북구에서 우리나라 최초로 도입한 이래 여러 기초단체로 확대되었으며, 2011년에는 제도의 운영이 의무화되었다.

③ 국민참여예산제도는 국민이 예산사업을 제안하고, 심사·우선순위 결정과정에도 참여함으로써 재정운영의 투명성과 예산에 대한 관심도를 높이기 위한 제도이다.

관련 법령

지방재정법상 주민참여예산제도

제39조【지방예산 편성 등 예산과정의 주민 참여】① 지방자치단체의 장은 대통령령으로 정하는 바에 따라 지방예산 편성 등 예산과정에 주민이 참여할 수 있는 제도(이하 이 조에서 "주민참여예산제도"라 한다)를 마련하여 시행하여야 한다.
② 지방예산 편성 등 예산과정의 주민 참여와 관련되는 다음 각 호의 사항을 심의하기 위하여 지방자치단체의 장 소속으로 주민참여예산위원회 등 주민참여예산기구를 둘 수 있다.
1. 주민참여예산제도의 운영에 관한 사항
2. 제3항에 따라 지방의회에 제출하는 예산안에 첨부하여야 하는 의견서의 내용에 관한 사항
3. 그 밖에 지방자치단체의 장이 주민참여예산제도의 운영에 필요하다고 인정하는 사항
③ 지방자치단체의 장은 주민참여예산제도를 통하여 수렴한 주민의 의견서를 지방의회에 제출하는 예산안에 첨부하여야 한다.

17 Ⅵ 정보공개제도 정답 ④

정답 분석

④ 정보공개제도를 운영하는 데 비용이 많이 들고 행정의 부담이 늘어난다. 또한 정보공개에 따라 실책이 드러나거나 말썽이 생길 것을 걱정하는 공무원들이 위축되고 업무추진에 소극적인 태도를 보일 수 있다.

선지 분석

① 모든 국민은 정보의 공개를 청구할 권리를 가진다. 국내에 거소를 가지고 일정기간 거주하는 외국인 또한 대통령이 정하는 바에 따라 청구할 수 있다(공공기관의 정보공개에 관한 법률 제5조).

② 정보공개의 청구가 있는 때에는 청구를 받은 날로부터 10일 이내에 공개 여부를 결정하여야 하며, 10일간 연장이 가능하다(공공기관의 정보공개에 관한 법률 제11조).

③ 국민과 관료 간의 정보격차를 해소하여 대리손실을 줄이고, 국민으로 하여금 행정에 대한 감시와 통제를 강화할 수 있게 해준다.

18 Ⅴ 참여예산제도 정답 ④

정답 분석

④ 주민참여예산제도가 국민참여예산제도보다 먼저 도입되었다.

19 Ⅱ 우리나라의 정책평가 정답 ③

정답 분석

③ 중앙행정기관의 장은 그 소속기관의 정책 등을 포함하여 자체평가를 실시해야 하며, 자체평가조직 및 자체평가위원회를 구성·운영하여야 한다. 이 경우 평가의 공정성과 객관성을 확보하기 위하여 자체평가위원의 3분의 2 이상은 민간위원으로 하여야 한다.

선지 분석

① 정부업무평가의 실시와 평가기반의 구축을 체계적·효율적으로 추진하기 위해 국무총리 소속하에 정부업무평가위원회를 둔다. 위원회는 위원장 2인(국무총리와 민간위원 중에서 대통령이 지명하는 자)을 포함한 15인 이내의 위원으로 구성한다.

② 국무총리는 위원회의 심의·의결을 거쳐 정부업무의 성과관리 및 정부업무평가에 관한 정책목표와 방향을 설정한 정부업무평가기본계획을 수립해야 하며, 최소한 3년마다 수정·보완하여야 한다.

④ 지방자치단체 또는 그 장이 위임받아 처리하는 국가사무, 국고보조사업 그 밖에 대통령령이 정하는 국가의 주요시책 등에 대하여 국정의 효율적인 수행을 위하여 평가가 필요한 경우에는 행정안전부장관이 관계중앙행정기관의 장과 합동으로 평가를 실시할 수 있다.

ㄷ. 거래형 부패는 가장 전형적인 관료부패로, 관료와 시민이 뇌물을 매개로 이권이나 특혜 등을 불법적으로 받는 경우이다. 관료와 시민 간에 직접적인 거래가 있으며, 물질적인 수단이 부패의 매개체로 이용된다.

13 Ⅱ 정책의제설정모형 정답 ③

정답 분석

③ 내부접근형은 관료집단이나 정책결정자에게 쉽게 접근할 수 있는 외부집단이 최고정책결정자에게 접근하여 사회문제를 정부의제화하는 경우로, 선진국의 무기구입계약, 개발도상국의 경제개발과정 등에서 나타난다.

선지 분석

① 특정 외부집단이 정부 내의 최고 정책결정자에게 접근하여 사회문제를 정부의제화하는 경우는 내부접근형이다.
② 동원형은 사회문제에 관해 정부조직 내부에서 주도되어 행정 PR을 통하여 공중의제화되는 형태이다. 허쉬만(Hirschman)의 '채택된 정책문제'에 해당한다.
④ 정부의 힘이 강하고 민간부문의 힘이 취약한 개발도상국에서 많이 나타나는 유형은 동원형이다.

이것도 알면 합격!

메이(May)의 정책의제설정모형

구분		대중적 지지	
		높음	낮음
논쟁의 주도자	사회적 행위자	외부주도형	내부주도형 (내부접근형)
	국가	공고화형 (굳히기형)	동원형

14 Ⅲ 조직구조의 기본변수 정답 ④

정답 분석

④ 조직의 규모가 커질수록 표준화되고 공식성은 높아지며, 집권성은 줄어들고 분권화가 일어난다.

선지 분석

① 복잡성은 조직 내에 존재하는 분화의 정도를 가리키는 것으로서, 분화의 정도가 높으면 조직은 복잡성이 높아진다.
② 공식성은 조직을 구성하는 여러 단위나 개인의 지위·역할 및 권한이 명시적으로 성문화되고, 업무수행에 관한 규칙과 절차가 표준화·정형화되는 현상을 말한다. 일반적으로 공식화가 높을수록 일종의 기계적 조직구조를 갖게 된다.
③ 집권성은 조직 내의 의사결정권한이 집중된 정도로서, 조직의 의사결정권이 조직의 상위층에 비교적 집중되어 있는 경우 집권성이 높다고 본다.

15 Ⅴ 예산분류의 방법 정답 ①

정답 분석

① 품목별 분류는 지출대상별로 예산액의 한계를 명확히 배정하는 것으로서, 관료의 권한과 재량을 제한하고 회계책임을 명확히 할 수 있는 통제 중심의 예산제도이다. 예산액을 지출대상별로 한계를 명확히 정하여 배정함으로써 관료의 권한과 재량권을 제한하고, 회계책임의 명확화를 기할 수 있으며, 행정부 통제가 용이하다. 하지만 사업과 지출에 따른 성과나 효과에 대해서 파악하기 어렵고, 국민들이 이해하기에도 어렵다.

선지 분석

② 기능별 분류는 정부가 수행하는 기능을 중심으로 예산을 분류하는 방식이다. 국민들이 정부예산을 통해 정부활동 및 정책의 우선순위를 파악할 수 있는 유용한 예산정보이다.
③ 조직별 분류는 예산을 부처별·기관별로 분류하는 방식으로 조직단위를 중심으로 한다. 예산심의에 가장 적합하고 예산집행에도 용이하다.
④ 경제성질별 분류는 국가의 예산편성이 국민소득의 기본요소인 소비·저축·투자에 어떠한 영향을 미치게 되고, 재정정책이 국민경제의 구조에 어떠한 영향을 미치는가를 파악하는 예산의 분류방법이다.

16 Ⅰ 민영화 정답 ③

정답 분석

③ 바우처(voucher)는 저소득층과 같은 특정계층의 소비자에게 구매권에 명시된 금액만큼 특정재화나 서비스를 구매할 수 있는 증서(쿠폰)를 제공하는 방식이다. 공공서비스의 생산을 민간부문에 넘기면서 시민들의 서비스 구입부담을 완화시키기 위해 금전적 가치가 있는 쿠폰을 시민들에게 제공하는 방식으로, 서비스의 비용은 정부가 지불한다.

선지 분석

① 민간조직에게 일정한 구역 내에서 공공서비스를 제공하는 권리를 인정하는 면허에 대한 설명이다. 시민 또는 이용자는 서비스 제공자에게 비용을 지불하며 정부가 서비스 수준과 질을 규제한다.
② 보조금의 지급은 민간조직 또는 개인의 서비스 제공 활동에 대해 재정 혹은 현물을 지원하는 방식으로, 공공서비스에 대한 요건을 구체적으로 명시하기 곤란하거나 서비스가 기술적으로 복잡하고 서비스의 목표를 어떻게 달성할 것인지가 불확실한 경우에 사용된다.
④ 자원봉사자 방식은 주민에 의한 자발적 서비스 제공 방식으로, 레크리에이션, 안전 모니터링, 복지사업 등 다양한 분야에서 많이 활용된다.

선지 분석

③ 손익공유형 민자사업(BTO-a; Build·Transfer·Operate-adjusted)은 정부가 전체 민간 투자금액의 70%에 대한 원리금 상환액을 보전해 주고 초과이익이 발생하면 공유하는 방식이다. 손실이 발생하면 민간이 30%까지는 떠안고, 30%가 넘어가면 재정이 지원되며, 초과이익은 정부와 민간이 7대 3의 비율로 나눈다. 민간의 사업 위험을 줄이는 동시에 시설 이용요금을 낮출 수 있는 것이 장점이다. 대표적으로 서울 경전철 사업, 하수·폐수 처리시설 등의 환경시설에 적용할 수 있다.

이것도 알면 합격!

BTO, BTO-rs, BTO-a의 비교

구분	BTO	BTO-rs (risk-sharing) 위험분담형	BTO-a (adjusted) 손익공유형
민간 리스크	• 손실, 이익 모두 민간 • 높음	• 손실, 이익 정부와 민간 (5:5) • 중간	• 손실: 민간이 먼저 30% 손실, 30% 넘을 시 정부가 재정지원 • 이익: 정부와 민간이 공유(정부7:민간3) • 낮음
정부 손익 부담주체 (비율)	없음	정부부담분 투자비 및 운영비용	정부가 민간 투자금액의 70%에 대한 원리금 상환액을 보전
수익율	7~8%	5~6%	4~5%
적용가능 사업	도로, 항만 등	철도, 경전철 등	환경관련사업
사용료 수준	협약, 물가 반영		공기업 수준

④ 하위계층의 권한 이양이 미진하며, 오히려 책임만을 지우려는 경향이 있다. 또한 하위계층에 대한 지시와 감독이 중첩되어 행정수행의 자율성이 제한되고 있다.

11 Ⅲ 페로우(Perrow)의 기술유형론   정답 ②

정답 분석

② 비일상적 기술은 과업의 다양성은 높고, 분석가능성이 낮은 경우로서 고도의 경험과 지식이 요구되는 유기적 구조에 적합하다.

선지 분석

① 일상적 기술은 과업의 다양성이 낮고, 분석가능성이 높은 경우로서 과업을 공식화하고 표준화시키는 기계적 구조에 적합하다.
③ 장인적 기술은 과업의 다양성이 낮고, 분석가능성도 낮은 경우로서 과업수행을 위해서는 광범위한 경험과 훈련이 요구된다.
④ 공학적 기술은 과업의 다양성이 높고 분석가능성도 높은 경우로서 일상적 기술보다는 직무수행이 복잡하나, 체계적인 지식에 기초한 업무수행절차·공식 등이 요구된다.

이것도 알면 합격!

페로우(Perrow)의 기술유형

구분		과업의 다양성(예외의 수)	
		낮음 (소수의 예외)	높음 (다수의 예외)
문제의 분석 가능성 (정보의 명확성)	낮음 (분석 불가능)	장인적 기술	비일상적 기술
	높음 (분석 가능)	일상적 기술	공학적 기술

10 Ⅶ 지방자치단체의 구조   정답 ①

정답 분석

① 우리나라는 일반적으로 광역자치단체와 기초자치단체의 중층제(2층제)를 이루고 있으나, 제주특별자치도와 세종특별자치시는 단층제를 이루고 있다.

선지 분석

② 단층제는 이중행정(감독)의 폐단을 방지할 수 있고 신속한 행정을 도모할 수 있지만, 국토가 넓고 인구가 많으면 적용이 곤란하고 중앙집권화의 우려가 있다.
③ 광역시는 대도시(일반적으로 인구 100만 이상의 시) 가운데 법률에 의하여 '도'로부터 분리되어, 도와 동등한 지위를 부여받은 지방자치단체이다. 광역시의 설치에 관한 구체적인 기준은 법제화되어 있지 않고, 정치적 판단에 따른 개별 법률의 제정에 의해 설치한다.

12 Ⅳ 공직부패   정답 ④

정답 분석

④ 공직부패에 대한 설명으로 옳지 않은 것은 ㄴ, ㄹ이다.
ㄴ. 사회체제에 아주 명백하고 심각한 해를 끼치는 부패는 흑색부패이다. 회색부패는 사회체제에 파괴적인 영향을 미칠 수 있는 잠재성을 지닌 부패로서, 사회구성원 가운데 일부 집단은 처벌을 원하지만 다른 일부 집단은 처벌을 원하지 않는 부패이다.
ㄹ. 위법행위뿐만 아니라 비위행위, 부당한 행위 등이 모두 다 포함될 수 있다.

선지 분석

ㄱ. 공직부패에 대한 접근법 중 기능주의적 접근법은 무능한 것이 부패한 것보다 더 나쁘며, 공직부패가 어느 정도 국가발전에 긍정적 역할을 할 수 있다는 입장이다. 국가가 성장하여 어느 정도 발전 단계에 들어섰을 경우, 부패는 자동적으로 사라지는 일시적·자기파괴적인 것으로 본다.

05 Ⅳ 국가공무원법상 임용 결격사유　　정답 ④

정답 분석

④ 징계로 해임처분을 받은 때부터 3년이 지난 자는 국가공무원법상 임용 결격사유에 해당하지 않는다. 징계로 파면처분을 받은 때부터 5년이 지나지 아니한 자는 임용 결격사유에 해당한다.

관련 법령

국가공무원법상 임용 결격사유

제33조【결격사유】다음 각 호의 어느 하나에 해당하는 자는 공무원으로 임용될 수 없다.
1. 피성년후견인
2. 파산선고를 받고 복권되지 아니한 자
3. 금고 이상의 실형을 선고받고 그 집행이 종료되거나 집행을 받지 아니하기로 확정된 후 5년이 지나지 아니한 자
4. 금고 이상의 형을 선고받고 그 집행유예 기간이 끝난 날부터 2년이 지나지 아니한 자
5. 금고 이상의 형의 선고유예를 받은 경우에 그 선고유예 기간 중에 있는 자
6. 법원의 판결 또는 다른 법률에 따라 자격이 상실되거나 정지된 자
6의2. 공무원으로 재직기간 중 직무와 관련하여 형법 제355조 및 제356조에 규정된 죄를 범한 자로서 300만 원 이상의 벌금형을 선고받고 그 형이 확정된 후 2년이 지나지 아니한 자
6의3. 성폭력범죄의 처벌 등에 관한 특례법 제2조에 규정된 죄를 범한 사람으로서 100만 원 이상의 벌금형을 선고받고 그 형이 확정된 후 3년이 지나지 아니한 사람
6의4. 미성년자에 대한 다음 각 목의 어느 하나에 해당하는 죄를 저질러 파면·해임되거나 형 또는 치료감호를 선고받아 그 형 또는 치료감호가 확정된 사람(집행유예를 선고받은 후 그 집행유예기간이 경과한 사람을 포함한다)
　가. 성폭력범죄의 처벌 등에 관한 특례법 제2조에 따른 성폭력범죄
　나. 아동·청소년의 성보호에 관한 법률 제2조 제2호에 따른 아동·청소년대상 성범죄
7. 징계로 파면처분을 받은 때부터 5년이 지나지 아니한 자
8. 징계로 해임처분을 받은 때부터 3년이 지나지 아니한 자

06 Ⅱ 정책유형　　정답 ③

정답 분석

③ 보호적 규제정책은 각종 민간활동이 허용되는 조건을 설정함으로써 국민(일반대중)을 보호하기 위해서 금지·제한을 가하는 것을 말한다. 식품 및 의약품의 허가, 근로기준 설정, 최저임금제, 독과점 규제 및 공정거래법 등이 그 예이다.

선지 분석

④ 경쟁적 규제정책은 다수의 경쟁자 중에서 특정한 개인이나 단체에게 일정한 재화나 서비스·권리 등을 공급할 수 있도록 하면서 공익을 위해 서비스 제공의 일정한 측면을 규제하는 정책을 말한다.

07 Ⅲ 아담스(Adams)의 형평성이론　　정답 ②

정답 분석

② 개인은 준거인(능력이 비슷한 동료)과 비교하여 자신의 노력과 보상 간에 불일치(보상의 불공평성)를 지각하면, 이를 제거하는 방향으로 동기가 부여된다. 공평성의 여부는 자신의 투입·산출을 준거인의 투입·산출과 비교하여 평가하게 된다.

선지 분석

① 어떤(how) 과정을 거쳐서 동기가 유발되는가에 초점을 두는 과정이론이다.
③ 다른 사람과 공정한 교환을 하고자 하는 호혜주의 규범과 행위와 생각을 일치시키고자 하는 인지일관성을 전제한다.
④ 불공정성을 해소하기 위하여 동기가 유발된다고 하나 대부분의 사람들은 동기유발보다는 결근이나 사직을 하는 등 조직을 이탈하는 경향이 나타난다.

08 Ⅰ 정치행정이원론　　정답 ②

정답 분석

② 정치행정일원론은 통치기능론에서 제시된 개념이다. 행정이 단순히 정책을 집행하는 영역에 국한되지 않고, 시장실패 등의 사회문제를 해결하기 위한 정책결정기능을 강조한다. 행태론은 가치가 배제된(가치중립성) 사실 중심의 합리적인 연구를 중시한다.

선지 분석

① 1930년대 경제공황과 제2차 세계대전을 겪으면서, 행정의 전문화·신속한 정책결정의 필요성이 대두되었다. 이로 인해 행정부가 정책결정에서 적극적인 역할을 수행할 수밖에 없다는 논거로 정치와 행정이 밀접·불가분의 관계에 있다는 정치행정일원론이 주장되었다.
③ 공사행정이원론은 경영에 대한 행정의 특수성을 강조하는 측면에서 행정과 경영의 차이점 및 행정과 정치의 불가분성을 주장한다.
④ 디목(Dimock), 애플비(Appleby), 세이어(Sayre)는 정치행정이원론을 주장한 대표적인 학자들이다.

09 Ⅴ 민자유치제도　　정답 ④

정답 분석

④ 위험분담형 민자사업(BTO-rs; Build·Transfer·Operate-risk sharing)은 정부와 민간이 시설 투자비와 운영 비용을 일정비율로 나누는 새로운 민자사업 방식이다. 사업 위험을 민간이 대부분 부담하는 BTO와 정부가 부담하는 BTL로 단순화되어 있는 기존 방식을 보완하는 제도로 도입되었다. 손실과 이익을 절반씩 나누기 때문에 BTO 방식보다 민간이 부담하는 사업 위험이 낮아진다.

제3과목 행정학

01 Ⅶ 목적세   정답 ②

정답 분석
② 목적세에 해당하는 것은 ㄴ. 지방교육세와 ㅁ. 지역자원시설세이다.

이것도 알면 합격!

지방세의 체계

지방세 (11종)	광역자치단체		기초자치단체	
	특별시· 광역시	도	자치구	시·군
보통세	취득세, 주민세, 자동차세, 담배소비세, 레저세, 지방소비세, 지방소득세	취득세, 등록면허세, 레저세, 지방소비세	등록면허세, 재산세	주민세, 재산세, 자동차세, 담배소비세, 지방소득세
목적세	지방교육세, 지역자원 시설세	지방교육세, 지역자원 시설세	–	–

02 Ⅵ 정보화의 역기능   정답 ①

정답 분석
① 인포데믹스(infodemics)란 정보(information)와 전염병(epidemics)의 합성어로, 정보 확산으로 인한 부작용으로 추측이나 뜬소문이 덧붙여진 부정확한 정보가 인터넷이나 휴대전화를 통해 전염병처럼 빠르게 전파됨으로써 개인의 사생활 침해는 물론 경제, 정치, 안보 등에 치명적인 영향을 미치는 것을 말한다.

선지 분석
② 집단극화(group polarization)는 집단의 의사결정이 개인의 의사결정보다 더 극단적인 방향으로 이행하는 현상을 말한다.
③ 전자팬옵티콘은 전자 기기를 이용한 감시 체계를 가리키는 말로써 정보를 장악한 소수가 다수를 감시하고 통제하는 전자감옥을 의미한다.
④ 마태효과(Matthew effect)란 부자는 더욱 부자가 되고, 가난한 자는 더욱 가난해지는 현상을 가리키는 말로, 정보화 사회에서 정보의 부익부 빈익빈 현상이 초래된다는 이론이다.

03 Ⅲ 강화이론   정답 ③

정답 분석
③ 소극적 강화는 바람직하지 않은 결과를 제거하여 바람직한 행동의 빈도를 늘리는 것을 말한다. 바람직하지 않은 결과를 제공하는 것은 처벌에 해당한다.

선지 분석
① 기존의 동기이론들이 주로 행동의 원인과 관련된 내면적·심리적 과정을 다루었던 반면, 학습이론은 '어떤 외부적 조건에 의하여 어떤 일관된 행동(행태)이 나타나는가'라는 외적인 행태변화에 초점을 맞춘 '행태론적 동기이론'이다.
② 파블로프(Pavlov)의 고전적 조건화이론, 스키너(Skinner)의 조작적 조건화이론은 대표적인 강화이론이다.
④ 고정간격 강화는 행동이 얼마나 발생하는가에 상관없이 미리 결정된 일정한 시간간격으로 강화요인을 제공하는 것이다.

이것도 알면 합격!

스키너(Skinner)의 강화유형

반응 행동	강화의 유형	영향
바람직한 행동	적극적(긍정적) 강화	바람직한 행동의 반복
	소극적(부정적) 강화	
바람직하지 않은 행동	처벌(Punishment)	바람직하지 않은 행동의 감소
	중단(Extinction, 소거)	

04 Ⅰ 신공공서비스론   정답 ③

정답 분석
③ 신고전학파 경제이론을 토대로 행정의 폭넓은 재량을 강조한 것은 신공공관리론에 대한 설명이다. 신공공서비스론은 민주주의이론, 비판이론, 포스트모더니즘 등 복합적 이론을 토대로 하며, 재량과 그에 대한 책임을 함께 강조한다.

선지 분석
① 공익을 공유 가치에 대한 담론의 결과로 보고, 관료는 시민이 담론을 통해 공유된 가치를 표명하고 이와 함께 공익에 대한 집단적 의미로 발전시킬 수 있는 활동의 장을 만드는 데 기여해야 한다고 본다.
② 정부의 역할로 노젓기나 방향잡기가 아닌 봉사를 강조한다. 정부는 공유된 가치 창출을 위해 시민, 지역공동체 집단들과 이익을 협상하고 중재한다.
④ 시민의 공동체 중심적·공익추구적 성향을 과신하여 시민이 행정서비스의 고객이 되는 측면을 경시할 수 있다.

④ 피고들이 아무런 권원 없이 이 사건 시설물을 설치함으로써 이 사건 토지를 불법점유하고 있는 이상, 특별한 사정이 없는 한, 국가로서는 소유권에 기한 방해배제청구권을 행사하여 시설물의 철가 및 토지의 인도를 구할 수 있으나, 이 사건 토지는 잡종재산인 국유재산으로서, 국유재산법 제52조는 "정당한 사유 없이 국유재산을 점유하거나 이에 시설물을 설치한 때에는 행정대집행법을 준용하여 철거 기타 필요한 조치를 할 수 있다."고 규정하고 있으므로, 관리권자인 보령시장은 행정대집행으로 시설물을 철거할 수 있고, 이러한 행정대집행의 절차가 인정되는 경우 따로 민사소송의 방법으로 피고에 대한 시설물의 철거를 구하는 것은 허용되지 않는다(대판 2009.6.11. 2009다1122).

이것도 알면 합격!

행정의 새로운 의무이행확보수단

금전적 제재	과징금, 부과금, 가산세, 가산금 등
비금전적 제재	공급거부, 공표, 명단공개, 관허사업의 제한, 행정행위의 철회·정지, 취업제한, 해외여행제한, 세무조사 등

25 Ⅶ 군사행정   정답 ②

정답 분석

② 국방부장관이 행한 직권면직의 인사발령은 임기만료로 당연퇴직한 군무원에 대한 이른바 관념의 통지에 불과할 뿐이므로 항고소송의 대상이 되지 않는다.

관련 판례

군속인사법이 군무원인사법으로 전면 개정된 후에는 주한 미군측 고용기간을 임기로 한 번역군무원에 임용된 것으로 간주되었는데 주한 미군측에서 위 군무원을 고용해제하자 그 통보를 받은 국방부장관이 위 군무원에 대하여 직권면직의 인사발령을 하였다면, 위 군무원은 군무원관계를 소멸시키기 위한 임면권자의 별도 행정처분을 요하지 아니하고 임기만료로 당연퇴직하였고, 위 직권면직의 인사발령은 그 문면상의 표현에도 불구하고 법률상 당연히 발생한 퇴직의 사유 및 시기를 공적으로 확인하여 알려주는 이른바 관념의 통지에 불과할 뿐 군무원의 신분을 상실시키는 새로운 형성적 행위가 아니므로 항고소송의 대상이 되는 행정처분이라고 할 수 없다(대판 1997.11.11. 97누1990).

선지 분석

① 국가의 안전보장과 국토방위의 의무를 수행하기 위하여 군인은 강인한 체력과 정신력을 바탕으로 한 전투력을 유지할 필요가 있고, 이를 위해 군 조직은 위계질서의 확립과 기강확보가 어느 조직보다 중요시된다. 이러한 군의 특수성을 고려할 때 부사관의 임용연령상한을 제한하는 심판대상조항은 그 입법목적이 정당하고, 부사관보다 상위 계급인 소위의 임용연령상한도 27세로 정해져 있는 점, 연령과 체력의 보편적 상관관계 등을 고려할 때 수단의 적합성도 인정된다(헌재 2014.9.25. 2011헌마414).

③ 병무청장이 법무부장관에게 '가수 甲이 공연을 위하여 국외여행허가를 받고 출국한 후 미국 시민권을 취득함으로써 사실상 병역의무를 면탈하였으므로 재외동포 자격으로 재입국하고자 하는 경우 국내에서 취업, 가수활동 등 영리활동을 할 수 없도록 하고, 불가능할 경우 입국 자체를 금지해 달라'고 요청함에 따라 법무부장관이 甲의 입국을 금지하는 결정을 하고, 그 정보를 내부전산망인 '출입국관리정보시스템'에 입력하였으나, 甲에게는 통보하지 않은 사안에서, 행정청이 행정의사를 외부에 표시하여 행정청이 자유롭게 취소·철회할 수 없는 구속을 받기 전에는 '처분'이 성립하지 않으므로 법무부장관이 출입국관리법 제11조 제1항 제3호 또는 제4호, 출입국관리법 시행령 제14조 제1항, 제2항에 따라 위 입국금지결정을 했다고 해서 '처분'이 성립한다고 볼 수는 없고, 위 입국금지결정은 법무부장관의 의사가 공식적인 방법으로 외부에 표시된 것이 아니라 단지 그 정보를 내부전산망인 '출입국관리정보시스템'에 입력하여 관리한 것에 지나지 않으므로, 위 입국금지결정은 항고소송의 대상이 될 수 있는 '처분'에 해당하지 않는데도, 위 입국금지결정이 처분에 해당하여 공정력과 불가쟁력이 있다고 본 원심판단에 법리를 오해한 잘못이 있다(대판 2019.7.11. 2017두38874).

④ 재외동포에 대한 사증발급은 행정청의 재량행위에 속하는 것으로서 재외동포가 사증발급을 신청한 경우 출입국관리법 시행령 [별표 1의2]에서 정한 재외동포체류자격의 요건을 갖추었다고 해서 무조건 사증을 발급해야 하는 것은 아니다. 재외동포에게 출입국관리법 제11조 제1항 각 호에서 정한 입국금지사유 또는 재외동포법 제5조 제2항에서 정한 재외동포체류자격 부여 제외사유(예컨대 '대한민국 남자가 병역을 기피할 목적으로 외국국적을 취득하고 대한민국 국적을 상실하여 외국인이 된 경우')가 있어 그의 국내 체류를 허용하지 않음으로써 달성하고자 하는 공익이 그로 말미암아 발생하는 불이익보다 큰 경우에는 행정청이 재외동포체류자격의 사증을 발급하지 않을 재량을 가진다(대판 2019.7.11. 2017두38874).

선지 분석

① 집행정지의 결정에 대한 즉시항고에는 결정의 집행을 정지하는 효력이 없다.

> **행정소송법 제23조【집행정지】** ⑤ 제2항의 규정에 의한 집행정지의 결정 또는 기각의 결정에 대하여는 즉시항고할 수 있다. 이 경우 집행정지의 결정에 대한 즉시항고에는 결정의 집행을 정지하는 효력이 없다.

③ 행정소송법 제23조 제3항에서 규정하고 있는 집행정지의 장애사유로서의 공공복리에 중대한 영향을 미칠 우려라 함은 일반적·추상적인 공익에 대한 침해의 가능성이 아니라 당해 처분의 집행과 관련된 구체적·개별적인 공익에 중대한 해를 입힐 개연성을 말하는 것으로서 이러한 집행정지의 소극적 요건에 대한 주장·소명책임은 행정청에게 있다(대결 2004.5.17. 2004무6).

④ 집행정지결정을 하려면 이에 대한 본안소송이 법원에 제기되어 계속 중임을 요건으로 하는 것이므로 집행정지결정을 한 후에라도 본안소송이 취하되어 소송이 계속하지 아니한 것으로 되면 집행정지결정은 당연히 그 효력이 소멸되는 것이고 별도의 취소조치를 필요로 하는 것이 아니다(대판 1975.11.11. 75누97).

이것도 알면 합격!

집행정지의 요건

적극적 요건	• 적법한 본안소송의 계속이 있을 것 • 정지대상인 처분 등이 존재할 것 • 회복되기 어려운 손해가 발생할 우려가 있을 것 • 긴급한 필요가 존재할 것
소극적 요건	• 공공복리에 중대한 영향을 미칠 우려가 없을 것 • 본안판단에서 이유 없음이 명백하지 않을 것

23 Ⅳ 행정조사 정답 ①

정답 분석

① 원칙적으로 같은 세목 및 과세기간에 대하여 거듭된 세무조사를 할 수 없다.

> **관련 판례**
> 세무조사는 국가의 과세권을 실현하기 위한 행정조사의 일종으로서 국세의 과세표준과 세액을 결정 또는 경정하기 위하여 질문을 하고 장부·서류 그 밖의 물건을 검사·조사하거나 그 제출을 명하는 일체의 행위를 말하며, 부과처분을 위한 과세관청의 질문조사권이 행하여지는 세무조사의 경우 납세자 또는 그 납세자와 거래가 있다고 인정되는 자 등(이하 '납세자 등'이라 한다)은 세무공무원의 과세자료 수집을 위한 질문에 대답하고 검사를 수인하여야 할 법적 의무를 부담한다. 한편 같은 세목 및 과세기간에 대한 거듭된 세무조사는 납세자의 영업의 자유나 법적 안정성 등을 심각하게 침해할 뿐만 아니라 세무조사권의 남용으로 이어질 우려가 있으므로 조세공평의 원칙에 현저히 반하는 예외적인 경우를 제외하고는 금지될 필요가 있다(대판 2017.3.16. 2014두8360).

선지 분석

② 행정조사기본법 제15조 제1항에 대한 옳은 내용이다.

> **제15조【중복조사의 제한】** ① 제7조에 따라 정기조사 또는 수시조사를 실시한 행정기관의 장은 동일한 사안에 대하여 동일한 조사대상자를 재조사 하여서는 아니 된다. 다만, 당해 행정기관이 이미 조사를 받은 조사대상자에 대하여 위법행위가 의심되는 새로운 증거를 확보한 경우에는 그러하지 아니하다.

③ 행정조사기본법 제4조 제2항, 제19조 제1항에 대한 옳은 내용이다.

> **제4조【행정조사의 기본원칙】** ② 행정기관은 조사목적에 적합하도록 조사대상자를 선정하여 행정조사를 실시하여야 한다.
>
> **제19조【제3자에 대한 보충조사】** ① 행정기관의 장은 조사대상자에 대한 조사만으로는 당해 행정조사의 목적을 달성할 수 없거나 조사대상이 되는 행위에 대한 사실 여부 등을 입증하는 데 과도한 비용 등이 소요되는 경우로서 다음 각 호의 어느 하나에 해당하는 경우에는 제3자에 대하여 보충조사를 할 수 있다.
> 1. 다른 법률에서 제3자에 대한 조사를 허용하고 있는 경우
> 2. 제3자의 동의가 있는 경우

④ 마약류 불법거래 방지에 관한 특례법 제4조 제1항에 따른 조치의 일환으로 특정한 수출입물품을 개봉하여 검사하고 그 내용물의 점유를 취득한 행위는 위에서 본 수출입물품에 대한 적정한 통관 등을 목적으로 조사를 하는 경우와는 달리, 범죄수사인 압수 또는 수색에 해당하여 사전 또는 사후에 영장을 받아야 한다(대판 2017.7.18. 2014도8719).

24 Ⅳ 실효성 확보수단 정답 ②

정답 분석

② 자동차운수사업면허조건 등을 위반한 사업자에 대하여 행정청이 행정제재수단으로 사업정지를 명할 것인지, 과징금을 부과할 것인지, 과징금을 부과키로 한다면 그 금액은 얼마로 할 것인지에 관하여 재량권이 부여되었다 할 것이므로 과징금부과처분이 법이 정한 한도액을 초과하여 위법할 경우 법원으로서는 그 전부를 취소할 수밖에 없고, 그 한도액을 초과한 부분이나 법원이 적정하다고 인정되는 부분을 초과한 부분만을 취소할 수 없다(대판 1998.4.10. 98두2270).

선지 분석

① 다수설은 의무위반자에 대한 명단공표는 명예나 신용 등에 사실상 심각한 불이익을 초래하게 된다는 점에서 원칙적으로 법적 근거가 필요하다는 입장이다.

③ 행정법규 위반에 대한 제재조치는 행정목적의 달성을 위하여 행정법규 위반이라는 객관적 사실에 착안하여 가하는 제재이므로, 반드시 현실적인 행위자가 아니라도 법령상 책임자로 규정된 자에게 부과되고, 특별한 사정이 없는 한 위반자에게 고의나 과실이 없더라도 부과할 수 있다(대판 2017.5.11. 2014두8773).

④ 행정소송법 제21조 제1항, 제42조에 대한 옳은 내용이다.

> 제21조 【소의 변경】 ① 법원은 취소소송을 당해 처분 등에 관계되는 사무가 귀속하는 국가 또는 공공단체에 대한 당사자소송 또는 취소소송 외의 항고소송으로 변경하는 것이 상당하다고 인정할 때에는 청구의 기초에 변경이 없는 한 사실심의 변론종결시까지 원고의 신청에 의하여 결정으로서 소의 변경을 허가할 수 있다.
> 제42조 【소의 변경】 제21조의 규정은 당사자소송을 항고소송으로 변경하는 경우에 준용한다.

20 Ⅴ 행정상 손실보상　　정답 ③

정답 분석

③ 그 자체로 중대한 공익상의 필요가 있는 공익사업이 시행되어 토석채취허가를 연장받지 못하게 되었다고 하더라도 토석채취허가가 연장되지 않게 됨으로 인한 손실과 공익사업 사이에 상당인과관계가 있다고 할 수 없을 뿐 아니라, 특별한 사정이 없는 한 그러한 손실이 적법한 공권력의 행사로 가하여진 재산상의 특별한 희생으로서 손실보상의 대상이 된다고 볼 수도 없다(대판 2009.6.23. 2009두2672 ; 대판 1996.9.20. 96다24545).

선지 분석

① 지장물인 건물은 그 건물이 적법한 건축허가를 받아 건축된 것인지 여부에 관계없이 토지수용법상의 사업인정의 고시 이전에 건축된 건물이기만 하면 손실보상의 대상이 됨이 명백하다(대판 2000.3.10. 99두10896).

② 헌법이 규정한 정당한 보상이란 손실보상의 원인이 되는 재산권 침해가 기존의 법질서 안에서 개인의 재산권에 대한 개별적인 침해인 경우에는 그 손실보상은 원칙적으로 피수용재산의 객관적인 재산가치를 완전하게 보상하는 것이어야 한다는 완전보상을 뜻하는 것으로서, 보상금액뿐만 아니라 보상의 시기나 방법 등에 있어서도 어떠한 제한을 두어서는 아니 된다는 것을 의미한다(헌재 1997.11.27. 96헌바12).

④ 공공사업의 시행 결과 그 공공사업의 시행이 기업지 밖에 미치는 간접손실에 관하여 그 피해자와 사업시행자 사이에 협의가 이루어지지 아니하고 그 보상에 관한 명문의 근거 법령이 없는 경우라고 하더라도, 헌법 제23조 제3항은 "공공필요에 의한 재산권의 수용·사용 또는 제한 및 그에 대한 보상은 법률로써 하되, 정당한 보상을 지급하여야 한다."고 규정하고 있고, 이에 따라 국민의 재산권을 침해하는 행위 그 자체는 반드시 형식적 법률에 근거하여야 한다(대판 1999.10.8. 99다27231).

21 Ⅵ 원고적격　　정답 ②

정답 분석

옳은 것은 ㄴ, ㄹ이다.

ㄴ. 원자력법 제12조 제2호의 취지는 원자로 등 건설사업이 방사성물질 및 그에 의하여 오염된 물질에 의한 인체·물체·공공의 재해를 발생시키지 아니하는 방법으로 시행되도록 함으로써 방사성물질 등에 의한 생명·건강상의 위해를 받지 아니할 이익을 일반적 공익으로서 보호하려는 데 그치는 것이 아니라 방사성물질에 의하여 보다 직접적이고 중대한 피해를 입으리라고 예상되는 지역 내의 주민들의 위와 같은 이익을 직접적·구체적 이익으로서도 보호하려는 데에 있다 할 것이므로, 위와 같은 지역 내의 주민들에게는 방사성물질 등에 의한 생명·신체의 안전침해를 이유로 부지사전승인처분의 취소를 구할 원고적격이 있다(대판 1998.9.4. 97누19588).

ㄹ. 행정처분의 직접 상대방이 아닌 제3자라도 당해 행정처분의 취소를 구할 법률상의 이익이 있는 경우에는 원고적격이 인정된다 할 것이나, 여기서 말하는 법률상의 이익은 당해 처분의 근거법률에 의하여 보호되는 직접적이고 구체적인 이익이 있는 경우를 말하고, 다만 간접적이거나 사실적·경제적 이해관계를 가지는 데 불과한 경우는 여기에 포함되지 아니한다(대판 1994.4.12. 93누24247).

선지 분석

ㄱ. 처분시가 아닌 사실심의 변론종결시를 기준으로 판단한다.

> **관련 판례**
> 처분의 취소나 효력 유무의 확인을 구할 법률상 이익의 유무는 그 처분의 성립시나 소제기시가 아니라 사실심의 변론종결시를 기준으로 판단하여야 한다(대판 1992.10.27. 91누9329).

ㄷ. 행정처분에 있어서 불이익처분의 상대방은 직접 개인적 이익의 침해를 받은 자로서 원고적격이 인정되지만 수익처분의 상대방은 그의 권리나 법률상 보호되는 이익이 침해되었다고 볼 수 없으므로 달리 특별한 사정이 없는 한 취소를 구할 이익이 없다(대판 1995.8.22. 94누8129).

22 Ⅵ 집행정지　　정답 ②

정답 분석

② 거부처분에 대한 효력을 정지시키는 것은 그 효용성이 없으므로, 거부처분에 대한 취소소송에서의 집행정지는 허용되지 아니한다.

> **관련 판례**
> 신청에 대한 거부처분의 효력을 정지하더라도 거부처분이 없었던 것과 같은 상태, 즉 거부처분이 있기 전의 신청시의 상태로 되돌아가는 데에 불과하고 행정청에게 신청에 따른 처분을 하여야 할 의무가 생기는 것이 아니므로, 거부처분의 효력정지는 그 거부처분으로 인하여 신청인에게 생길 손해를 방지하는 데에 아무런 소용이 없어 그 효력정지를 구할 이익이 없다(대결 1992.2.13. 91두47).

③ 국유재산법 제35조 제1항에 대한 옳은 내용이다.

> 제35조【사용허가기간】① 행정재산의 사용허가기간은 5년 이내로 한다. 다만, 제34조 제1항 제1호의 경우에는 사용료의 총액이 기부를 받은 재산의 가액에 이르는 기간 이내로 한다.

17 Ⅱ 행정행위의 하자 정답 ①

정답 분석
① 행정처분이 발하여진 후에 헌법재판소가 그 행정처분의 근거가 된 법률을 위헌으로 결정하였다면 결과적으로 행정처분은 법률의 근거가 없이 행하여진 것과 마찬가지가 되어 하자가 있는 것이 된다고 할 것이나, 특별한 사정이 없는 한 그 행정처분의 취소소송의 전제가 될 수 있을 뿐 당연무효사유는 아니라고 봄이 상당하다(대판 2014.3.27. 2011두24057).

선지 분석
② 어느 행정처분에 대하여 그 행정처분의 근거가 된 법률이 위헌이라는 이유로 무효확인청구의 소가 제기된 경우에는 다른 특별한 사정이 없는 한 법원으로서는 그 법률이 위헌인지 여부에 대하여는 판단할 필요 없이 그 무효확인청구를 기각하여야 한다(대판 1994.10.28. 92누9463).
③ 행정처분을 한 처분청은 처분의 성립에 하자가 있는 경우 별도의 법적 근거가 없더라도 직권으로 이를 취소할 수 있다고 봄이 원칙이다(대판 2017.3.30. 2015두43971).
④ 징계처분이 중대하고 명백한 흠 때문에 당연무효의 것이라면 징계처분을 받은 자가 이를 용인하였다 하여 그 흠이 치유되는 것은 아니다(대판 1989.12.12. 88누8869).

이것도 알면 합격!

하자 있는 행정행위의 처리

무효 사유	• 문서에 의하지 아니한 경우 • 서명 또는 날인을 결여한 경우 • 필수적인 절차를 위반한 경우 • 적법한 권한이 없는 자의 행위인 경우
취소 사유	• 경미한 형식을 결여한 경우 • 내용이 단순위법인 경우 • 내용이 공익에 반하는 경우 • 권한을 초과하는 행위인 경우

18 Ⅰ 사인의 공법행위 정답 ④

정답 분석
④ 관할 관청에 신고업의 신고서가 제출되었다면 담당공무원이 법령에 규정되지 아니한 다른 사유를 들어 그 신고를 수리하지 아니하고 반려하였다고 하더라도, 그 신고서가 제출된 때에 신고가 있었다고 볼 것이다(대판 1999.12.24. 98다57419·57426).

선지 분석
① 수산제조업의 신고를 하고자 하는 자는 그 규칙에서 정한 양식에 따른 수산제조업 신고서에 주요 기기의 명칭·수량 및 능력에 관한 서류, 제조공정에 관한 서류를 첨부하여 시장·군수·구청장에게 제출하면 되고, 시장·군수·구청장에게 수산제조업 신고에 대한 실질적인 검토를 허용하고 있다고 볼 만한 규정을 두고 있지 아니하고 있으므로, 수산제조업의 신고를 하고자 하는 자가 그 신고서를 구비서류까지 첨부하여 제출한 경우 시장·군수·구청장으로서는 형식적 요건에 하자가 없는 한 수리하여야 할 것이다(대판 1999.12.24. 98다57419·57426).
② 행정절차법 제40조 제2항 제3호·제3항에 대한 옳은 내용이다.

> 제40조【신고】② 제1항에 따른 신고가 다음 각 호의 요건을 갖춘 경우에는 신고서가 접수기관에 도달된 때에 신고 의무가 이행된 것으로 본다.
> 3. 그 밖에 법령 등에 규정된 형식상의 요건에 적합할 것
> ③ 행정청은 제2항 각 호의 요건을 갖추지 못한 신고서가 제출된 경우에는 지체 없이 상당한 기간을 정하여 신고인에게 보완을 요구하여야 한다.

③ 행정관청에 대한 신고는 일정한 법률사실 또는 법률관계에 관하여 관계 행정관청에 일방적인 통고를 하는 것을 뜻하는 것으로 법령에 별도의 규정이 있거나 다른 특별한 사정이 없는 한 행정관청에 대한 통고로써 그치는 것이고 그에 대한 행정관청의 반사적 결정을 기다릴 필요가 없는 것이다(대결 1993.7.6. 93마635 ; 대판 1999.12.24. 98다57419·57426).

19 Ⅵ 당사자소송 정답 ③

정답 분석
③ 당사자소송으로 제기해야 할 사건을 민사소송으로 잘못 제기한 경우, 수소법원이 행정소송에 대한 관할을 가지고 있지 않다면 당해 소송이 당사자소송으로서의 소송요건을 갖추지 못하였음이 명백하지 않는 한 당사자소송의 관할법원으로 이송하여야 한다(대판 1997.5.30. 95다28960).

선지 분석
① 행정소송법 제26조, 제44조 제1항에 대한 옳은 내용이다.

> 제26조【직권심리】법원은 필요하다고 인정하는 때에는 직권으로 증거조사를 할 수 있고, 당사자가 주장하지 아니하는 사실에 대하여도 판단할 수 있다.
> 제44조【준용 규정】① 제14조 내지 제17조, 제22조, 제25조, 제26조, 제30조 제1항, 제32조 및 제33조의 규정은 당사자소송의 경우에 준용한다.

② 당사자소송에 대하여는 행정소송법 제23조 제2항의 집행정지에 관한 규정이 준용되지 아니하므로, 이를 본안으로 하는 가처분에 대하여는 행정소송법 제8조 제2항에 따라 민사집행법상 가처분에 관한 규정이 준용되어야 한다(대결 2015.8.21. 2015무26).

14   Ⅲ 개인정보 보호법   정답 ④

정답 분석

④ 개인정보처리자는 정보주체에게 다른 개인정보의 처리에 대한 동의와 별도로 동의를 받은 경우라 하더라도 주민등록번호는 법에서 정한 예외적 인정사유에 해당하지 않는 한 처리할 수 없다.

> 개인정보 보호법 제24조의2【주민등록번호 처리의 제한】① 제24조 제1항에도 불구하고 개인정보처리자는 다음 각 호의 어느 하나에 해당하는 경우를 제외하고는 주민등록번호를 처리할 수 없다.
> 1. 법률·대통령령·국회규칙·대법원규칙·헌법재판소규칙·중앙선거관리위원회규칙 및 감사원규칙에서 구체적으로 주민등록번호의 처리를 요구하거나 허용한 경우
> 2. 정보주체 또는 제3자의 급박한 생명, 신체, 재산의 이익을 위하여 명백히 필요하다고 인정되는 경우
> 3. 제1호 및 제2호에 준하여 주민등록번호 처리가 불가피한 경우로서 보호위원회가 고시로 정하는 경우

선지 분석

① 개인정보 보호법 제7조 제1항에 대한 옳은 내용이다.

> 제7조【개인정보 보호위원회】① 개인정보 보호에 관한 사무를 독립적으로 수행하기 위하여 국무총리 소속으로 개인정보 보호위원회(이하 "보호위원회"라 한다)를 둔다.

② 개인정보 보호법 제39조 제3항에 대한 옳은 내용이다.

> 제39조【손해배상책임】③ 개인정보처리자의 고의 또는 중대한 과실로 인하여 개인정보가 분실·도난·유출·위조·변조 또는 훼손된 경우로서 정보주체에게 손해가 발생한 때에는 법원은 그 손해액의 5배를 넘지 아니하는 범위에서 손해배상액을 정할 수 있다. 다만, 개인정보처리자가 고의 또는 중대한 과실이 없음을 증명한 경우에는 그러하지 아니하다.

③ 개인정보 보호법 제24조 제3항에 대한 옳은 내용이다.

> 제24조【고유식별정보의 처리 제한】③ 개인정보처리자가 제1항 각 호에 따라 고유식별정보를 처리하는 경우에는 그 고유식별정보가 분실·도난·유출·위조·변조 또는 훼손되지 아니하도록 대통령령으로 정하는 바에 따라 암호화 등 안전성 확보에 필요한 조치를 하여야 한다.

15   Ⅵ 행정심판법   정답 ②

정답 분석

② 심리기일의 변경은 당사자의 신청으로도 가능하다.

> 행정심판법 제38조【심리기일의 지정과 변경】① 심리기일은 위원회가 직권으로 지정한다.
> ② 심리기일의 변경은 직권으로 또는 당사자의 신청에 의하여 한다.

선지 분석

① 행정심판법 제37조에 대한 옳은 내용이다.

> 제37조【절차의 병합 또는 분리】위원회는 필요하면 관련되는 심판청구를 병합하여 심리하거나 병합된 관련 청구를 분리하여 심리할 수 있다.

③ 행정심판법 제40조 제1항에 대한 옳은 내용이다.

> 제40조【심리의 방식】① 행정심판의 심리는 구술심리나 서면심리로 한다. 다만, 당사자가 구술심리를 신청한 경우에는 서면심리만으로 결정할 수 있다고 인정되는 경우 외에는 구술심리를 하여야 한다.

④ 행정심판법 제42조 제1항에 대한 옳은 내용이다.

> 제42조【심판청구 등의 취하】① 청구인은 심판청구에 대하여 제7조 제6항 또는 제8조 제7항에 따른 의결이 있을 때까지 서면으로 심판청구를 취하할 수 있다.

16   Ⅶ 국유재산   정답 ④

정답 분석

④ 사용·수익허가 없이 행정재산을 유형적·고정적으로 특정한 목적을 위하여 사용·수익하거나 점유하는 경우 공유재산법 제81조 제1항에서 정한 변상금 부과대상인 '무단점유'에 해당하고, 반드시 그 사용이 독점적·배타적일 필요는 없으며, 점유 부분이 동시에 일반 공중의 이용에 제공되고 있다고 하여 점유가 아니라고 할 수는 없다(대판 2019.9.9. 2018두48298).

선지 분석

① 공유재산의 관리청이 행정재산의 사용·수익에 대한 허가는 순전히 사경제주체로서 행하는 사법상의 행위가 아니라 관리청이 공권력을 가진 우월적 지위에서 행하는 행정처분으로서 특정인에게 행정재산을 사용할 수 있는 권리를 설정하여 주는 강학상 특허에 해당한다(대판 1998.2.27. 97누1105).

② 행정재산의 사용·수익허가처분의 성질에 비추어 국민에게는 행정재산의 사용·수익허가를 신청할 법규상 또는 조리상의 권리가 있다고 할 것이므로 공유재산의 관리청이 행정재산의 사용·수익에 대한 허가 신청을 거부한 행위 역시 행정처분에 해당한다(대판 1998.2.27. 97누1105).

> **관련 판례**
>
> 도시·군계획시설(이하 '도시계획시설'이라 한다)사업 사업시행자 지정을 위한 동의를 받기 위하여 토지소유자에게 제공되어야 할 동의 대상 사업에 관한 정보는, 해당 도시계획시설의 종류·명칭·위치·규모 등이고, 이러한 정보는 일반적으로 도시계획시설결정 및 그 고시를 통해 제공되므로 토지소유자의 동의는 도시계획시설결정 이후에 받는 것이 원칙이라고 할 수 있다. … 도시계획시설결정 이전에 받은 동의라고 하더라도, 동의를 받을 당시 앞으로 설치될 도시계획시설의 종류·명칭·위치·규모 등에 관한 정보가 토지소유자에게 제공되었고, 이후의 도시계획시설결정 내용이 사전에 제공된 정보와 중요한 부분에서 동일성을 상실하였다고 볼 정도로 달라진 경우가 아닌 이상, 도시계획시설결정 이전에 받은 사업시행자 지정에 관한 동의라고 하여 무효라고 볼 수는 없다(대판 2018.7.24. 2016두48416).

③ 기반시설을 조성하는 행정계획 영역에서 행정주체는 광범위한 재량을 가지지만 도시·군계획시설결정을 하거나 실시계획인가처분을 할 때 행사하는 재량권에는 한계가 있으므로, 재량통제의 대상이 된다.

> **관련 판례**
>
> 기반시설을 조성하는 행정계획 영역에서 행정주체가 가지는 광범위한 재량, 현대 도시생활의 복잡·다양성과 질적 수준 향상의 정도 등을 고려하면, 어떤 시설이 국토계획법령이 정하고 있는 기반시설에 형식적으로 해당할 뿐 아니라, 그 시설이 다수 일반 시민들이 행복한 삶을 추구하는 데 보탬이 되는 기반시설로서의 가치가 있고 그 시설에 대한 일반 시민의 자유로운 접근 및 이용이 보장되는 등 공공필요성의 요청이 충족되는 이상, 그 시설이 영리 목적으로 운영된다는 이유만으로 기반시설에 해당되지 않는다고 볼 것은 아니다. 다만, 행정주체가 기반시설을 조성하기 위하여 도시·군계획시설결정을 하거나 실시계획인가처분을 할 때 행사하는 재량권에는 한계가 있음이 분명하고 이는 재량통제의 대상이 된다(대판 2018.7.24. 2016두48416).

④ 행정기본법에는 행정계획에 대한 일반규정은 없다. 다만, 2022년 7월 12일에 시행되는 행정절차법(법률 제18748호, 2022.1.11. 일부개정)에 행정계획에 대한 일반규정의 내용이 신설되었다.

> **행정절차법 제40조의4 【행정계획】** 행정청은 행정청이 수립하는 계획 중 국민의 권리·의무에 직접 영향을 미치는 계획을 수립하거나 변경·폐지할 때에는 관련된 여러 이익을 정당하게 형량하여야 한다.

12 Ⅰ 행정상 법률관계 정답 ③

정답 분석

③ 관리관계는 대등한 법률관계로서 공법적 규율을 받는 범위 내에서의 법적 분쟁은 행정소송 중 당사자소송의 대상이 된다.

선지 분석

① 공무수탁사인은 행정청이기도 하기 때문에 공무수탁사인은 행정주체이면서 동시에 행정청의 지위를 가진다.

② 국가를 당사자로 하는 계약에 관한 법률에 따라 국가가 당사자가 되는 이른바 공공계약은 사경제 주체로서 상대방과 대등한 위치에서 체결하는 사법상 계약으로서 본질적인 내용은 사인간의 계약과 다를 바가 없으므로, 그에 관한 법령에 특별한 정함이 있는 경우를 제외하고는 사적 자치와 계약자유의 원칙 등 사법의 원리가 그대로 적용된다(대판 2020.5.14. 2018다298409).

④ 협의의 사법관계란 행정주체가 사인과 동일한 지위에서 재산권의 주체로서 사법적 효력을 발생시키는 사경제적 활동으로, 공공성과는 무관한 활동을 말한다. 이 경우에 행정주체의 행위는 사법(私法)의 적용을 받으며, 그에 관한 분쟁은 민사소송의 대상이 된다. 예컨대, 국가 또는 지방자치단체가 사인과 물품매매계약·공사도급계약, 국·공유 일반재산(구 잡종재산)매각을 하는 등의 행위이다.

13 Ⅴ 토지보상법 정답 ①

정답 분석

① 공익사업으로 인하여 영업을 폐지하거나 휴업하는 자가 사업시행자로부터 구 공익사업법에 따라 영업손실에 대한 보상을 받기 위해서는 구 공익사업법 등에 규정된 재결절차를 거친 다음 그 재결에 대하여 불복이 있는 때에 비로소 구 공익사업법 제83조 내지 제85조에 따라 권리구제를 받을 수 있을 뿐, 이러한 재결절차를 거치지 않은 채 곧바로 사업시행자를 상대로 손실보상을 청구하는 것은 허용되지 않는다(대판 2011.9.29. 2009두10963).

선지 분석

② 공익사업을 위한 토지 등의 취득 및 보상에 관한 법률 제72조의 문언, 연혁 및 취지 등에 비추어 보면, 위 규정이 정한 수용청구권은 토지보상법 제74조 제1항이 정한 잔여지 수용청구권과 같이 손실보상의 일환으로 토지소유자에게 부여되는 권리로서 그 청구에 의하여 수용효과가 생기는 형성권의 성질을 지니므로, 토지소유자의 토지수용청구를 받아들이지 아니한 토지수용위원회의 재결에 대하여 토지소유자가 불복하여 제기하는 소송은 토지보상법 제85조 제2항에 규정되어 있는 '보상금의 증감에 관한 소송'에 해당하고, 피고는 토지수용위원회가 아니라 사업시행자로 하여야 한다(대판 2015.4.9. 2014두46669).

③ 특정한 공익사업의 사업시행자가 보상하여야 하는 손실은, 동일한 소유자에게 속하는 일단의 토지 중 일부를 사업시행자가 그 공익사업을 위하여 취득하거나 사용함으로 인하여 잔여지에 발생하는 것임을 전제로 한다. 따라서 이러한 잔여지에 대하여 현실적 이용 상황 변경 또는 사용가치 및 교환가치의 하락 등이 발생하였더라도, 그 손실이 토지의 일부가 공익사업에 취득되거나 사용됨으로 인하여 발생하는 것이 아니라면 특별한 사정이 없는 한 토지보상법 제73조 제1항 본문에 따른 잔여지 손실보상 대상에 해당한다고 볼 수 없다(대판 2017.7.11. 2017두40860).

④ 공공용지의 취득 및 손실보상에 관한 특례법에 의한 협의취득 또는 보상합의는 공공기관이 사경제주체로서 행하는 사법상 매매 내지 사법상 계약의 실질을 가지는 것으로서, 당사자간의 합의로 같은 법 소정의 손실보상의 요건을 완화하는 약정을 할 수 있고, 그와 같은 당사자간의 합의로 같은 법 소정의 손실보상의 기준에 의하지 아니한 매매대금을 정할 수 있다(대판 1999.3.23. 98다48866).

이것도 알면 합격!

기속행위와 재량행위의 구분

구분	기속행위	재량행위
규정방식	'~하여야 한다'	'~할 수 있다'
법적 성질	• 강학상 허가 • 주로 침익적 행위 • 기본권 관련성	• 강학상 특허 • 주로 수익적 행위 • 공익 관련성
위반효과	위법	부당
행정소송	가능	일탈·남용시 가능
부관	불가능 (단, 규정이 있으면 가능)	가능
공권의 성립	발생	발생하지 않음 (단, 무하자재량청구권, 행정개입청구권은 가능)
요건충족시 효과부여	반드시 효과를 부여하여야 함	이익형량의 과정을 거쳐 효과를 부여함
불가변력	발생	발생하지 않음
입증책임 주체	행정청	원고
입증할 내용	처분의 적법성	재량의 일탈·남용

09 Ⅲ 정보공개법 정답 ③

정답 분석

> 공공기관의 정보공개에 관한 법률 제18조 【이의신청】 ① 청구인이 정보공개와 관련한 공공기관의 비공개 결정 또는 부분 공개 결정에 대하여 불복이 있거나 정보공개 청구 후 (**20일**)이 경과하도록 정보공개 결정이 없는 때에는 공공기관으로부터 정보공개 여부의 결정 통지를 받은 날 또는 정보공개 청구 후 (**20일**)이 경과한 날부터 (**30일**) 이내에 해당 공공기관에 문서로 이의신청을 할 수 있다.
> ③ 공공기관은 이의신청을 받은 날부터 (**7일**) 이내에 그 이의신청에 대하여 결정하고 그 결과를 청구인에게 지체 없이 문서로 통지하여야 한다. 다만, 부득이한 사유로 정하여진 기간 이내에 결정할 수 없을 때에는 그 기간이 끝나는 날의 다음 날부터 기산하여 7일의 범위에서 연장할 수 있으며, 연장 사유를 청구인에게 통지하여야 한다.

10 Ⅱ 행정규칙 정답 ②

정답 분석

② 수입선다변화품목의 지정 및 그 수입절차 등에 관한 1991.5.13.자 상공부 고시 제91-21호는 그 근거가 되는 대외무역법 시행령 제35조의 규정을 보충하는 기능을 가지면서 그와 결합하여 대외적인 구속력이 있는 법규명령으로서의 효력을 가지는 것으로서 그 시행절차에 관하여 대외무역관리규정은 아무런 규정을 두고 있지 않으나, 그 자체가 법령은 아니고 행정규칙에 지나지 않으므로 적당한 방법으로 이를 일반인 또는 관계인에게 표시 또는 통보함으로써 그 효력이 발생한다(대판 1993.11.23. 93도662).

선지 분석

① 공공기관의 운영에 관한 법률 제39조 제2항·제3항에 따라 입찰참가자격 제한기준을 정하고 있는 구 공기업·준정부기관 계약사무규칙 및 국가를 당사자로 하는 계약에 관한 법률 시행규칙 등은 비록 부령의 형식으로 되어 있으나 규정의 성질과 내용이 공기업·준정부기관(이하 '행정청'이라 한다)이 행하는 입찰참가자격 제한처분에 관한 행정청 내부의 재량준칙을 정한 것에 지나지 아니하여 대외적으로 국민이나 법원을 기속하는 효력이 없으므로, 입찰참가자격 제한처분이 적법한지 여부는 이러한 규칙에서 정한 기준에 적합한지 여부만에 따라 판단할 것이 아니라 공공기관의 운영에 관한 법률상 입찰참가자격 제한처분에 관한 규정과 그 취지에 적합한지 여부에 따라 판단하여야 한다(대판 2014.11.27. 2013두18964).

③ 경찰청예규로 정해진 채증규칙은 법률의 구체적인 위임 없이 제정된 경찰청 내부의 행정규칙에 불과하고, 청구인들은 구체적인 촬영행위에 의해 비로소 기본권을 제한받게 되므로, 이 사건 채증규칙이 직접 기본권을 침해한다고 볼 수 없다(헌재 2018.8.30. 2014헌마843).

④ 보건복지부 고시인 약제급여·비급여목록 및 급여상한금액표(보건복지부 고시 제2002-46호로 개정된 것)는 다른 집행행위의 매개 없이 그 자체로서 국민건강보험가입자, 국민건강보험공단, 요양기관 등의 법률관계를 직접 규율하는 성격을 가지므로 항고소송의 대상이 되는 행정처분에 해당한다(대판 2006.9.22. 2005두2506).

11 Ⅱ 행정계획 정답 ①

정답 분석

① 도시계획법의 각 규정을 종합하면, 도시기본계획은 도시의 기본적인 공간구조와 장기발전방향을 제시하는 종합계획으로서 그 계획에는 토지이용계획, 환경계획, 공원녹지계획 등 장래의 도시개발의 일반적인 방향이 제시되지만, 그 계획은 도시계획입안의 지침이 되는 것에 불과하여 일반 국민에 대한 직접적인 구속력은 없는 것이다(대판 2002.10.11. 2000두8226).

선지 분석

② 도시계획시설결정 이전에 받은 사업시행자에 관한 동의라도 당연무효로 볼 수는 없다.

06 Ⅱ 행정기본법　　정답 ②

정답 분석

옳은 것은 ㄱ, ㄴ, ㄹ이다.

ㄱ. 행정기본법 제14조 제1항에 대한 옳은 내용이다.

> 제14조【법 적용의 기준】① 새로운 법령 등은 법령 등에 특별한 규정이 있는 경우를 제외하고는 그 법령 등의 효력 발생 전에 완성되거나 종결된 사실관계 또는 법률관계에 대해서는 적용되지 아니한다.

ㄴ. 행정기본법 제14조 제2항에 대한 옳은 내용이다.

> 제14조【법 적용의 기준】② 당사자의 신청에 따른 처분은 법령 등에 특별한 규정이 있거나 처분 당시의 법령 등을 적용하기 곤란한 특별한 사정이 있는 경우를 제외하고는 처분 당시의 법령 등에 따른다.

ㄹ. 행정기본법 제14조 제3항 단서에 대한 옳은 내용이다.

> 행정기본법 제14조【법 적용의 기준】③ … 다만, 법령 등을 위반한 행위 후 법령 등의 변경에 의하여 그 행위가 법령 등을 위반한 행위에 해당하지 아니하거나 제재처분 기준이 가벼워진 경우로서 해당 법령 등에 특별한 규정이 없는 경우에는 변경된 법령 등을 적용한다.

선지 분석

ㄷ. 위반한 행위 당시의 법령 등에 따른다.

> 행정기본법 제14조【법 적용의 기준】③ 법령 등을 위반한 행위의 성립과 이에 대한 제재처분은 법령 등에 특별한 규정이 있는 경우를 제외하고는 법령 등을 위반한 행위 당시의 법령 등에 따른다. 다만, 법령 등을 위반한 행위 후 법령 등의 변경에 의하여 그 행위가 법령 등을 위반한 행위에 해당하지 아니하거나 제재처분 기준이 가벼워진 경우로서 해당 법령 등에 특별한 규정이 없는 경우에는 변경된 법령 등을 적용한다.

07 Ⅱ 행정행위　　정답 ①

정답 분석

① 유기장영업허가는 유기장영업권을 설정하는 설권행위가 아니고 일반적 금지를 해제하는 영업자유의 회복이라 할 것이다(대판 1985.2.8. 84누369).

선지 분석

② 신고에 하자가 있는 경우, 신고로서의 효력이 발생하지 아니한다.

> **관련 판례**
> 소정의 시설을 갖추지 못한 체육시설업의 신고는 부적법한 것으로 그 수리가 거부될 수밖에 없고 그러한 상태에서 신고체육시설업의 영업행위를 계속하는 것은 무신고 영업행위에 해당할 것이다(대판 1998.4.24. 97도3121).

③ 선행처분이 후행처분에 흡수되어 소멸하면 선행처분의 취소를 구할 수 없다.

> **관련 판례**
> 공정거래위원회가 부당한 공동행위를 행한 사업자로서 구 독점규제 및 공정거래에 관한 법률(2013.7.16. 법률 제11937호로 개정되기 전의 것) 제22조의2에서 정한 자진신고자나 조사협조자에 대하여 과징금 부과처분(이하 '선행처분'이라 한다)을 한 뒤, 독점규제 및 공정거래에 관한 법률 시행령 제35조 제3항에 따라 다시 자진신고자 등에 대한 사건을 분리하여 자진신고 등을 이유로 한 과징금 감면처분(이하 '후행처분'이라 한다)을 하였다면, 후행처분은 자진신고 감면까지 포함하여 처분 상대방이 실제로 납부하여야 할 최종적인 과징금액을 결정하는 종국적 처분이고, 선행처분은 이러한 종국적 처분을 예정하고 있는 일종의 잠정적 처분으로서 후행처분이 있을 경우 선행처분은 후행처분에 흡수되어 소멸한다. 따라서 위와 같은 경우에 선행처분의 취소를 구하는 소는 이미 효력을 잃은 처분의 취소를 구하는 것으로 부적법하다(대판 2015.2.12. 2013두987).

④ 영업정지나 영업장폐쇄명령 모두 대물적 처분으로 보아야 할 이치이고, 만일 어떠한 공중위생영업에 대하여 그 영업을 정지할 위법사유가 있다면, 관할 행정청은 그 영업이 양도·양수되었다 하더라도 그 업소의 양수인에 대하여 영업정지처분을 할 수 있다고 봄이 상당하다(대판 2001.6.29. 2001두1611).

08 Ⅱ 재량행위　　정답 ④

정답 분석

올바르게 연결되지 않은 것은 ㄴ, ㄹ이다.

ㄴ. 주택건설촉진법 제44조 및 동법 시행령 제42조 소정의 주택조합에 대한 설립인가처분이 재량행위라는 전제 아래 피고가 원고들에 대하여 한 이 사건 주택조합설립인가신청의 반려처분은 재량권의 범위 내에서 이루어진 적법한 것이라고 판단한 것은 옳고, 거기에 소론과 같은 법리오해나 심리미진 등의 위법이 있다고 할 수 없다(대판 1995.12.12. 94누12302).

ㄹ. 병역의무자가 보충역에 해당하는 이상 지방병무청장으로서는 관련 법령에 따라 병역의무자를 공익근무요원으로 소집하여야 하는 것이고, 이와 같이 보충역을 공익근무요원으로 소집함에 있어 지방병무청장에게 재량이 있다고 볼 여지는 없다(대판 2002.8.23. 2002두820).

선지 분석

ㄱ. 자동차운수사업법에 의한 개인택시운송사업면허는 특정인에게 특정한 권리나 이익을 부여하는 행정행위로서 법령에 특별한 규정이 없는 한 재량행위이다(대판 1997.9.26. 97누8878).

ㄷ. 방위사업법 제34조 제1항, 제48조 제1항·제3항, 같은 법 시행령 제39조 제1항, 제64조 제1항의 각 규정을 종합하면, 방산물자 지정 및 지정취소는 그 규정형식 등에 비추어 볼 때, 행정청에게 재량권이 부여되어 있는 재량행위에 속한다(대판 2010.9.9. 2010다39413).

② 지방자치단체가 구 지방재정법 시행령 제71조(현행 지방재정법 시행령 제83조)의 규정에 따라 기부채납 받은 공유재산을 무상으로 기부자에게 사용을 허용하는 행위는 사경제주체로서 상대방과 대등한 입장에서 하는 사법상 행위이지 행정청이 공권력의 주체로서 행하는 공법상 행위라고 할 수 없으므로, 기부자가 기부채납한 부동산을 일정기간 무상사용한 후에 한 사용허가기간 연장신청을 거부한 행정청의 행위도 단순한 사법상의 행위일 뿐 행정처분 기타 공법상 법률관계에 있어서의 행위는 아니다(대판 1994.1.25. 93누7365).

③ 조세채무가 금전채무라는 사실에서 사법상의 채무와 공통점을 갖지만, 조세채무는 법률의 규정에 의하여 정해지는 법정채무로서 당사자가 그 내용 등을 임의로 정할 수 없고, 조세채무관계는 공법상의 법률관계이고 그에 관한 쟁송은 원칙적으로 행정사건으로서 행정소송법의 적용을 받는다(대판 2007.12.14. 2005다11848).

이것도 알면 합격!

근무 관계의 법적 성질

사법관계	공법관계
• 한국조폐공사 직원의 근무 관계 • 서울지하철공사 직원의 근무 관계 • 청원주에 의해 고용된 청원 경찰의 근무 관계 • 종합유선방송위원회 직원의 근무 관계	• 농지개량조합과 직원의 복무 관계 • 도시재개발조합의 조합원 지위확인 • 국가 및 지방자치단체에 근무하는 청원경찰의 근무 관계 • 서울특별시 시립무용단원의 위촉

04 Ⅶ 공무원의 권리와 의무 정답 ①

정답 분석

① 구 지방공무원법 제55조에서의 '품위'라 함은 주권자인 국민의 수임자로서의 직책을 맡아 수행해 나가기에 손색이 없는 인품을 말하는 것이므로 공무원이 모든 국민에게 보장된 기본권을 행사하는 행위를 하였다 할지라도 그 권리행사의 정도가 권리를 인정한 사회적 의의를 벗어날 정도로 지나쳐 주권자인 국민의 입장에서 보아 바람직스럽지 못한 행위라고 판단되는 경우라면 공무원의 그와 같은 행위는 그 품위를 손상하는 행위에 해당한다 할 것이다(대판 1987.12.8. 87누657·658).

선지 분석

② 군인은 부당한 대우를 받거나 현저히 불편 또는 불리한 상태에 있다고 판단될 경우 지휘계통에 따라 상담, 건의 또는 고충심사를 청구할 수 있다(군인복무규율 제25조 제1항). 그런데 이를 두고 군인에게 건의나 고충심사를 청구하여야 할 의무를 부과한 조항이라고 해석하는 것은 문언의 통상적인 의미를 벗어난다. 나아가 관련 법령의 문언과 체계에 비추어 보면, 건의 제도의 취지는 위법 또는 오류의 의심이 있는 명령을 받은 부하가 명령 이행 전에 상관에게 명령권자의 과오나 오류에 대하여 자신의 의견을 제시할 수 있도록 함으로써 명령의 적법성과 타당성을 확보하고자 하는 것일 뿐, 그것이 군인의 재판청구권 행사에 앞서 반드시 거쳐야 하는 군내 사전절차로서의 의미를 갖는다고 보기 어렵다(대판 2018.4.12. 2011두22808).

③ 임용결격자가 공무원으로 임용되어 사실상 근무하여 왔다 하더라도 적법한 공무원으로서의 신분을 취득하지 못한 자로서는 공무원연금법이나 근로자퇴직급여 보장법에서 정한 퇴직급여를 청구할 수 없다(대판 2017.5.11. 2012다200486).

④ 지방공무원도 임금을 목적으로 근로를 제공하는 근로기준법 제14조의 근로자라 할 것이므로 지방공무원법 등에 특별한 규정이 없는 경우에는 지방공무원에 대하여도 그 성질에 반하지 아니하는 한 근로기준법이 적용될 수 있다(대판 2005.4.15. 2004두14915).

05 Ⅲ 정보공개법 정답 ④

정답 분석

④ 공개 청구한 정보가 비공개 대상에 해당하는 부분과 공개 가능한 부분이 혼합되어 있는 경우로서 공개 청구의 취지에 어긋나지 아니하는 범위에서 두 부분을 분리할 수 있는 경우에는 비공개 대상에 해당하는 부분을 제외하고 공개하여야 한다(공공기관의 정보공개에 관한 법률 제14조).

선지 분석

① 공공기관의 정보공개에 관한 법률 제9조 제1항 제8호에 대한 옳은 내용이다.

> 제9조【비공개 대상 정보】① 공공기관이 보유·관리하는 정보는 공개 대상이 된다. 다만, 다음 각 호의 어느 하나에 해당하는 정보는 공개하지 아니할 수 있다.
> 8. 공개될 경우 부동산 투기, 매점매석 등으로 특정인에게 이익 또는 불이익을 줄 우려가 있다고 인정되는 정보

② 공공기관의 정보공개에 관한 법률 제4조 제2항에 대한 옳은 내용이다.

> 제4조【적용 범위】② 지방자치단체는 그 소관 사무에 관하여 법령의 범위에서 정보공개에 관한 조례를 정할 수 있다.

③ 공공기관의 정보공개에 관한 법률 시행령 제2조 제1호에 대한 옳은 내용이다. 유아교육법, 초·중등교육법, 고등교육법에 따른 각급 학교 또는 그 밖의 다른 법률에 따라 설치된 학교에는 초·중등학교, 대학·대학교가 있고, 국·공립학교와 사립학교를 불문한다. 따라서 사립 고등학교도 공공기관의 정보공개에 관한 법률에서 말하는 '공공기관'에 포함된다.

> 시행령 제2조【공공기관의 범위】공공기관의 정보공개에 관한 법률(이하 "법"이라 한다) 제2조 제3호 마목에서 "대통령령으로 정하는 기관"이란 다음 각 호의 기관 또는 단체를 말한다.
> 1. 유아교육법, 초·중등교육법, 고등교육법에 따른 각급 학교 또는 그 밖의 다른 법률에 따라 설치된 학교

제2과목 　 행정법

01 　 Ⅱ 행정행위의 효력 　 정답 ③

정답 분석

③ 공정력은 비록 행정행위에 하자가 있는 경우에도 그 하자가 중대하고 명백하여 당연무효인 경우를 제외하고는 권한 있는 기관에 의하여 취소될 때까지는 이를 유효한 것으로 보아 누구든지(상대방은 물론 제3의 국가기관 포함) 그 효력을 부인하지 못하는 힘을 의미한다. 따라서 처음부터 행정행위라 할 만한 실체조차 존재하지 않는 부존재와 행정행위의 하자가 중대하고 명백하여 무효인 경우에는 공정력이 인정되지 않는다.

선지 분석

① 공정력은 행정행위의 상대방인 국민에 대한 구속력인 것에 반해, 구성요건적 효력은 타 국가기관에 대한 구속력이다.
② 행정행위가 법정요건을 갖추어 행해진 경우에 발생하는 구속력은 그 내용에 따라 상대방·관계인 및 행정청을 구속하는 실체법적 효과가 발생하는 효력이다.
④ 불가쟁력과 불가변력은 상호 독립적이므로 불가쟁력이 발생한 행정행위라도 불가변력이 발생한 행정행위가 아닌 한 처분청은 직권으로 취소·변경할 수 있다.

이것도 알면 합격!

행정행위의 효력

- **구속력**
  행정행위가 법정요건(성립요건과 효력요건)을 갖추어 행해진 경우에 그 내용에 따라 상대방·관계인 및 행정청을 구속하는 실체법적 효과가 발생하는 힘
- **공정력**
  비록 행정행위에 하자가 있는 경우라도 그 하자가 중대·명백하여 당연무효인 경우를 제외하고는 권한 있는 기관에 의하여 취소될 때까지는 일응 유효한 것으로 인정되는 효력
- **구성요건적 효력**
  유효한 행정행위가 존재하는 이상 처분청 이외의 국가기관은 그의 존재를 존중하며, 스스로의 판단의 기초로 삼아야 하는 효력
- **확정력**
  일단 행정행위가 행해진 후 제소기간의 경과 등 일정한 사유가 발생하면 상대방 등이 더 이상 효력을 다툴 수 없게 되고, 또한 일정한 행정행위에 대해서는 행정청 자신도 이를 취소·철회할 수 없게 되는 효력

불가쟁력 (형식적 확정력)	행정행위에 대하여 쟁송기간이 경과하거나, 쟁송수단을 모두 거친 경우에는 행정행위의 상대방 및 기타 이해관계인이 더 이상 행정행위의 효력을 다툴 수 없게 되는 효력
불가변력 (실질적 확정력)	일정한 행정행위의 경우 행정행위가 행해지면 성질상 행정청 자신도 직권으로 취소·변경할 수 없는 효력

02 　 Ⅶ 지방자치단체의 사무 　 정답 ③

정답 분석

지방자치단체의 사무 범위로 옳은 것은 4개(ㄱ, ㄴ, ㄷ, ㅂ)이다.

지방자치법 제13조【지방자치단체의 사무 범위】 ② 제1항에 따른 지방자치단체의 사무를 예시하면 다음 각 호와 같다. 다만, 법률에 이와 다른 규정이 있으면 그러하지 아니하다. (이하 각 목 생략)
1. 지방자치단체의 구역, 조직, 행정관리 등
2. 주민의 복지증진
3. 농림·수산·상공업 등 산업 진흥
4. 지역개발과 자연환경보전 및 생활환경시설의 설치·관리
5. 교육·체육·문화·예술의 진흥
6. 지역민방위 및 지방소방
7. 국제교류 및 협력
　나. 외국 지방자치단체와의 교류·협력

선지 분석

ㄹ. 국가사무로서 지방자치단체가 처리할 수 없는 사무에 해당한다.

지방자치법 제15조【국가사무의 처리 제한】 지방자치단체는 다음 각 호의 국가사무를 처리할 수 없다. 다만, 법률에 이와 다른 규정이 있는 경우에는 국가사무를 처리할 수 있다.
1. 외교, 국방, 사법(司法), 국세 등 국가의 존립에 필요한 사무

ㅁ. 국가사무로서 지방자치단체가 처리할 수 없는 사무에 해당한다.

지방자치법 제15조【국가사무의 처리 제한】 지방자치단체는 다음 각 호의 국가사무를 처리할 수 없다. 다만, 법률에 이와 다른 규정이 있는 경우에는 국가사무를 처리할 수 있다.
2. 물가정책, 금융정책, 수출입정책 등 전국적으로 통일적 처리를 할 필요가 있는 사무

03 　 Ⅰ 공법관계와 사법관계 　 정답 ④

정답 분석

④ 사립중학교에 대한 중학교 의무교육의 위탁관계는 초·중등교육법 제12조 제3항·제4항 등 관련 법령에 의하여 정해지는 공법적 관계이다(대판 2015.1.29. 2012두7387).

선지 분석

① 국유재산의 관리청이 그 무단점유자에 대하여 하는 변상금부과처분은 순전히 사경제 주체로서 행하는 사법상의 법률행위라 할 수 없고 이는 관리청이 공권력을 가진 우월적 지위에서 행한 것으로서 행정소송의 대상이 되는 행정처분이라고 보아야 한다(대판 1988.2.23. 87누1046·1047).

이것도 알면 합격!

정한숙, '이어도'의 줄거리

'나'와 순복이, 상운이는 한 마을에서 같은 해 같은 날에 태어난 친구이다. 어린 시절 셋은 이어도를 찾아 나섰다가 표류한 적이 있는데, 다른 배의 도움으로 집에 돌아오지만 그때의 기억을 잊지 못하고 살아간다. 그날의 일 이후 '나'는 '이어도'의 환상을 쫓으며 사는 사람이 되었다. 순복이도 '나'와 같은 환상에 사로잡히지만, 그는 곧 '이어도'가 현실이 아니라는 사실을 깨닫고 길자와 결혼하여 가정생활 속에서 이어도의 꿈을 실현시키고자 한다. 그러나 6·25 전쟁이 나고 세 친구의 운명은 어두워진다. 상운이는 전사하고 '나'와 순복이는 귀환한다. 순복이는 행방이 묘연해진 아내를 찾아 다른 지역을 헤매다 좌절만 하고 돌아온다. 어느 날 '나'는 순복이에게 밀수선을 탈 것을 제안하고 둘은 바다로 나가는데, 순복이가 바닷속에 투신하여 자살한다. 그후 길자가 돌아오고, '나'는 순복이의 죽음에 자책감을 느낀다. 순복이의 아들 길남은 아버지가 이어도에 있다고 믿으며 '나'에게 바다로 나가자고 한다.

24 문학 서술상의 특징 정답 ④

정답 분석

④ 작품 속의 '나'가 자신이 어렸을 적 직접 경험한 이야기를 회상하는 방식으로 이야기를 전개하고 있으며, '나'가 느낀 좌절과 감동 등이 서술되고 있으므로 답은 ④이다.

오답 분석

① 1인칭 관찰자 시점의 특징이다.
② 3인칭 관찰자 시점의 특징이다.
③ 전지적 작가 시점의 특징이다.

이것도 알면 합격!

소설의 시점

시점	특징
1인칭 주인공 시점	주인공 '나'가 자신의 이야기를 하는 시점으로, 독자에게 신뢰감과 친근감을 주며 주인공의 내면 세계를 드러내는 데에 효과적임
1인칭 관찰자 시점	'나'가 관찰자의 입장에서 주인공에 대해 이야기하는 시점으로, 인물의 초점은 '나'가 아닌 주인공에게 있는 것이 특징이며, '나'가 관찰한 외부 세계만을 다룰 수밖에 없다는 특징을 가짐
전지적 작가 시점	서술자가 인물의 심리나 행동을 분석하여 서술하는 시점으로, 서술자가 작품 속에 직접 개입하여 사건을 진행시키고 인물을 논평하는 것이 특징이며, 독자의 상상적 참여를 제한할 가능성이 있음
3인칭 관찰자 시점	작가가 외부 관찰자의 입장에서 객관적으로 서술하는 시점으로, 서술자의 태도가 객관적이므로 독자의 상상력이 개입할 부분이 많음

25 비문학 세부 내용 파악 정답 ④

정답 분석

④ 1문단 6~8번째 줄에서 백인 아이들의 75퍼센트가 기혼 부모와 함께 산다고 하였으며, 흑인 아이들은 단지 38퍼센트만이 기혼 부모와 함께 산다고 하였으므로 기혼 부모와 거주하지 않는 흑인 아이들의 비율은 62퍼센트이다. 따라서 기혼 부모와 거주하는 백인 아이들의 비율(75퍼센트)이 기혼 부모와 거주하지 않는 흑인 아이들의 비율(62퍼센트)보다 높음을 알 수 있다.

오답 분석

① 1문단에서 부모의 교육 수준(학력)과 인종에 따라 가족 구성 형태에도 차이가 있음을 설명하고 있다.
② 2문단 1~3번째 줄에서 확인할 수 있다.

  [관련 부분] 가장 설득력이 있는 가설은 기혼 가정의 안정적인 경제적 구조가 불평등을 야기한다는 것이다.

③ 1문단 2~5번째 줄에서 확인할 수 있다.

  [관련 부분] 학사 학위 이상의 어머니를 둔 아이들은 84퍼센트가 기혼 상태인 부모님과 함께 거주하는 반면, 고등학교 졸업 이하의 학력을 지닌 어머니를 둔 아이들은 58퍼센트만 기혼 상태인 부모님과 함께 거주하고 있었다.

18 어법 표준어 사정 원칙 (표준어의 구분) 정답 ④

정답 분석

④ 안절부절못하다(○): '안절부절못하다'는 '마음이 초조하고 불안하여 어찌할 바를 모르다'를 뜻하는 표준어이다. 참고로 '안절부절하다'는 비표준어이다.

오답 분석

① 덩쿨(×) → 넝쿨/덩굴(○): '덩쿨'은 표준어 '넝쿨'과 '덩굴'의 잘못된 표기이다.

② 여지껏(×) → 여태껏/이제껏/입때껏(○): '여지껏'은 '여태껏'의 잘못된 표기이다. 참고로, '이제껏', '입때껏'도 표준어이다.

③ 떨어먹다(×) → 털어먹다(○): '떨어먹다'는 '털어먹다'의 잘못된 표기이다.
 • 털어먹다: 재산이나 돈을 함부로 써서 몽땅 없애다.

19 문학 시어 및 시구의 의미 정답 ④

정답 분석

④ 5연의 '외로된사업(事業)'은 분열된 자아인 거울 속의 '나'가 현실적 자아인 거울 밖의 '나'를 배제한 채 행하는 혼자만의 일을 의미한다. 이로 미루어 보아 ② '외로된사업(事業)에골몰할게요'는 현실적 자아의 의지에서 완전히 벗어난 내면적 자아의 독립적인 행동이며, 이는 곧 화자의 자아 분열이 심각한 상태에 이르렀음을 의미하는 시구이다.

오답 분석

① 1연의 ⊙ '거울속에는소리가없소'의 거울은 현실과 달리 소리가 없는 조용한 세상이므로 현실과 단절된 세계임을 알 수 있다. 즉, 화자는 현실과 거울 속의 세계를 분리해서 인식하고 있으며 거울 속의 세계는 화자의 분열된 자의식의 세계를 의미한다.

② 3연에서 화자는 거울 속의 '나(분열된 자아)'와의 화해를 위해 악수를 시도하지만 거울 속의 '나'는 왼손잡이이기 때문에 실패하게 된다. 즉 ⓒ '내악수(握手)'에서 악수를 시도하는 행위는 분열된 두 자아 간의 화해의 시도를 의미한다.

③ ⓒ '거울이아니었던들내가어찌거울속의나를만나보기만이라도했겠소'에서 화자는 '거울'이 아니었다면 거울 속의 나와 거울 밖의 나가 만날 수조차 없었다고 이야기하고 있다. 즉 3연은 거울 속의 나와 거울 밖의 나를 차단하는 동시에 매개하는 거울의 이중성이 드러나는 부분으로, ⓒ의 '거울'은 분열된 두 자아들 간의 매개체 역할을 하고 있다.

20 문학 내용 추리 정답 ②

정답 분석

② 성이 '麴(누룩 국)'이고, 이름이 '醇(전국술 순)'이라는 점과, 그의 성품이 크고 깊어 맑았다는 점, 사람들에게 기운을 더해 주었다는 점, 일좌가 (같은 자리에 있는 사람들이) 모두 절도했다는(몸을 가누지 못했다는) 점을 통해 '술'을 의인화하고 있음을 알 수 있다. 참고로, '출렁대고 넘실거림이 ~ 흐리지 않으며'는 술잔에 담긴 술의 모습을 묘사한 표현이다.

21 비문학 주제 및 중심 내용 파악 정답 ②

정답 분석

② 1문단은 인간관계에서 신뢰감은 유능성, 호의성, 성실성과 관련하여 형성됨을 말하고 있으며, 2~4문단에서는 이러한 요소와 관련하여 신뢰감을 형성하는 말과 행동에 대해서 구체적으로 설명하고 있다. 따라서 윗글의 주제로 적절한 것은 ② '신뢰감을 형성할 수 있는 말과 행동을 해야 한다'이다.

오답 분석

① 1문단 3~4번째 줄에서 호의성이 신뢰감 형성의 한 가지 요소임은 언급하고 있으나, 제시문 전체를 포괄하는 주제로 볼 수 없다.

③ 제시문에서 확인할 수 없는 내용이다.

④ 2문단 2~5번째 줄에서 교육이나 모임, 행사와 같은 곳에서 만난 사람들에게 짧은 시간 동안 신뢰감을 형성하지 못하면 인간관계가 이어지지 못한다는 점을 설명하고 있으나, 제시문 전체를 포괄하는 주제로 볼 수 없다.

22 문학 서술상의 특징 정답 ③

정답 분석

③ 부인은 공자가 어리고 어리석어 세상에 내보내지 않으려 하고 있다. 따라서 공자의 무능함을 자신의 탓으로 돌리며 반박하고 있는 것이 아니므로 답은 ③이다.

오답 분석

① 대사는 중국의 고사를 인용하여 공자의 목숨이 하늘에 달려 있으니 공자가 세상 밖으로 나가는 것에 대해 걱정하지 말라며 부인을 설득하고 있다.

② 대사는 설의법을 통해 '공자를 세상에 내보내야 한다'라는 자신의 주장을 강하게 드러내고 있다.

④ 부인은 아들(공자)을 타국으로 보낸 후 의지할 곳 없이 지내게 될 자신의 상황을 '사고무친(四顧無親)'한 곳'이라고 언급하며 이에 대한 우려를 드러내고 있다.
 • 사고무친(四顧無親): 의지할 만한 사람이 아무도 없음

23 문학 인물의 심리 및 태도 정답 ②

정답 분석

② 제시된 작품은 정한숙의 '이어도'로, 이때 '그물'은 아버지가 배의 주인에게 빌린 물건이며 식구의 생계가 걸린 중요한 물건이다. 따라서 ⊙은 살길을 찾기 위해 생계 수단인 '그물'을 자르는 것에 대한 죄송스러움과 죄책감으로 인한 '나'의 행동으로 볼 수 있다.

오답 분석

① 5문단에서 과학에 대한 '막스 셸러'의 의견을 인용하여 과학적 방법은 인간을 이해하기에 한계가 있다는 필자의 주장을 뒷받침하고 있다.
② 1문단 3~7번째 줄에서 '인간이란 무엇인가?'라는 물음이 생겨나는 순간들을 예로 들어 독자의 이해를 돕고 있다.
③ 1문단 1번째 줄에서 '인간이란 무엇인가?'라는 질문을 통해 '인간의 존재 해명'이라는 화제를 제시하여 독자들의 관심을 끌어오고 있다.

이것도 알면 합격!

김시습, '만복사저포기'의 주제와 특징

1. 주제: 삶과 죽음을 뛰어넘는 남녀 간의 지극한 사랑
2. 특징
   (1) 만남, 사랑, 이별의 순서로 사건이 전개되고 비극적 결말을 맞이함
   (2) 한문 문어체를 사용하였으며, 사물을 미화하여 표현함
   (3) 중간에 시를 삽입하여 인물의 정서를 전달함

15 비문학 세부 내용 파악 정답 ③

정답 분석

③ 제시문의 마지막 문단을 통해 과학적 방법만으로는 인간을 이해하는 데에 한계가 있으므로 철학적 인간학이 필요할 것이라는 추론은 가능할 수 있으나, 제시문에서 정확히 언급된 바는 없다. 또한 인간 존재에 대한 해답은 제시문을 통해 확인할 수 없으므로 답은 ③이다.

오답 분석

① 3문단 5~6번째 줄을 통해 확인할 수 있다.
② 1문단과 2문단의 내용을 통해 개인적 차원이나 사회적·범지구적 차원에서 위기의식을 느낄 때 인간 존재에 대한 물음이 생긴다는 것을 확인할 수 있다.
④ 3문단 끝에서 1~4번째 줄을 통해 확인할 수 있다.

17 문학 인물의 심리 및 태도 정답 ④

정답 분석

④ '현'은 '연호'에게 총을 쏘고 난 뒤 '연호'를 가여워하고 있다. 이어서 '현'은 인간은 죄인이라는 말의 의미를 생각하는데, 이는 자신이 '연호'를 살인하게 된 것에 대해 죄의식을 느끼고 있기 때문이다. 따라서 ④는 제시된 작품의 내용과 부합하지 않는다.

오답 분석

① '현'의 소총과 '연호'의 권총에서 동시에 불이 튀었다는 부분을 통해 알 수 있다.
② 끝에서 5~9번째 줄에서 '현'은 죽음의 위기 앞에서 소극적이고 순응적으로 살아온 자신의 삼십 년의 삶을 회고하고 있다.
③ 1~5번째 줄에서 '고 노인'은 자신의 죽음을 받아들이며 손자인 '현'에게 살아야 한다고 당부하는데, 이를 통해 자신의 생존보다 '현'의 안위를 걱정하고 있음을 알 수 있다.

16 문학 내용 추리 정답 ③

정답 분석

③ 새벽에 여인과 함께 마을을 지나가자 개가 짖고 사람들은 여인을 보지 못하고 있다. 이를 통해, 여인이 이 세상 사람이 아님을 짐작할 수 있다.

오답 분석

① 산 사람인 양생이 죽은 사람인 여인을 만나고 있으므로 둘의 만남은 비현실적이다.
② 작품 전체에는 불교적 윤회 사상이 드러나 있으나 제시된 부분에는 윤회 사상과 관련된 내용이 드러나 있지 않으므로 추리하기 어렵다.
④ 양생과 여인의 인연이 꿈속에서 벌어진 일이라고 추리할 수 있는 근거는 나타나지 않는다.

이것도 알면 합격!

선우휘, '불꽃'의 전체 줄거리

현은 인민재판 중에 난동을 피운 후 동굴로 피신하여 지난날을 회고한다. 현의 아버지는 현이 태어나기 전에 3·1 운동을 하다가 경찰의 총을 맞고 동굴로 피신했다가 숨을 거둔다. 할아버지의 지극한 관심을 받으며 자란 현은 일본 유학을 다녀온 뒤 학도병으로 중국 전선으로 끌려갔다가 탈영하여 공산당 단체에 들어간다. 공산당 단체의 이중성에 반감을 느낀 현은 해방이 된 후 고향으로 돌아와 교사로 근무하나, 교장과의 갈등으로 인해 학교를 그만두게 된다. 월북했다가 공산주의자가 되어 6·25 전쟁 때 돌아온 친구 연호는 마을에서 인민재판을 벌이고, 이에 분노한 현은 연호를 구타한 뒤 총을 빼앗아 동굴로 피신한다. 연호는 현의 할아버지를 인질로 삼아 현의 투항을 종용하고, 현에게 살아야 한다고 외치던 할아버지는 연호가 쏜 총에 맞게 된다. 현은 연호에게 총을 쏘고, 현 역시 총에 맞아 의식이 희미해져 가는 속에서도 살아야 한다는 의지를 드러낸다.

10 어법 외래어 표기 정답 ③

정답 분석

③ 챔피언십(○): 'championship[tʃæmpiənʃip]'에서 [ə]는 '어'로 적고 [ʃ]는 이어지는 [i]와 함께 '시'로 적으므로 '챔피언십'은 옳은 표기이다.

오답 분석

① 매니아(×) → 마니아(○): 'mania[meiniə]'는 관용에 따라 '마니아'로 표기한다.
② 팡파레(×) → 팡파르(○): 프랑스어 'fanfare[faf aːr]'에서 어말의 [r]은 '르'로 적으므로 '팡파르'로 표기한다.
④ 프리젠테이션(×) → 프레젠테이션(○): 'presentation[prezənteiʃən]'에서 [e]는 'ㅔ'로 적으므로 '프레젠테이션'으로 표기한다.

11 어휘 혼동하기 쉬운 어휘 정답 ④

정답 분석

④ 손실을 부동산을 매각함으로써 보존하였다(×) → 손실을 부동산을 매각함으로써 보전하였다(○): 문맥상 '부족한 부분을 보태어 채우다'를 뜻하는 '보전하다'를 쓰는 것이 적절하다.
• 보존하다: 잘 보호하고 간수하여 남기다.

오답 분석

① 여느: 그 밖의 예사로운. 또는 다른 보통의
② 단근질: 불에 달군 쇠로 몸을 지지는 일
③ 등쌀: 몹시 귀찮게 구는 짓

12 어휘 한자어 (한자어의 표기) 정답 ②

정답 분석

② 한자 표기가 옳은 것은 '알선(斡旋)'이다.
• 알선(斡旋: 돌 알, 돌 선): 남의 일이 잘되도록 주선하는 일

오답 분석

① 균열(龜烈: 터질 균, 매울 열)(×) → 균열(龜裂: 터질 균, 찢을 열)(○): 거북의 등에 있는 무늬처럼 갈라져 터짐
③ 석별(席別: 자리 석, 나눌 별)(×) → 석별(惜別: 아낄 석, 나눌 별)(○): 서로 애틋하게 이별함. 또는 그런 이별
④ 도탄(道炭: 길 도, 숯 탄)(×) → 도탄(塗炭: 칠할 도, 숯 탄)(○): '진구렁에 빠지고 숯불에 탄다'라는 뜻으로, 몹시 곤궁하여 고통스러운 지경을 이르는 말

13 문학 화자의 정서 및 태도 정답 ③

정답 분석

③ 제시된 작품과 ③ 모두 자연의 섭리에 순응하며 질서와 조화에 따라 자연스럽게 살아가는 삶을 추구하고 있다. 따라서 글의 내용에 가장 부합하는 시조는 ③이다.

오답 분석

① 농민을 시적 화자로 내세워 농사의 고달픔과 휴식의 기쁨을 나타내고 있다.
② '여울물'에 슬픈 감정을 의탁하여 단종을 향한 충의를 드러내고 있다.
④ '백구'를 의인화하여 자연에 묻혀 살고 싶은 심정을 드러내고 있다.

지문 풀이

① 땀은 떨어질 대로 떨어지고 볕은 쬘 대로 쬔다.
맑은 바람에 옷깃을 열고 긴 휘파람을 멋들어지게 불 때,
어디서 길 가는 손님이 아는 듯이 멈춰 서 있는가. — 위백규
② 간밤에 울며 흐르던 여울, 슬피 울어 흘렀는데.
이제야 생각해 보니 임이 울면서 물을 보냈구나.
저 물이 거슬러 흐르고자 하는데 나도 울면서 가리라. — 원호
③ 푸른 산도 저절로 (된 것이며) 푸른 물도 저절로 (된 것이다.)
(이처럼) 산과 물이 자연 그대로이니 그 속에서 자란 나도 역시 자연 그대로이다.
자연 속에서 저절로 자란 몸이니, 이제 늙는 것도 자연의 순리에 따라가리라. — 송시열
④ (한가롭게 노니는) 갈매기야 말 좀 물어 보자. (너를 해치지 않으니) 놀라지 말려무나.
경치가 좋기로 이름난 곳이 어디어디 벌려 있더냐?
나에게 자세히 말해 주면 너와 거기에 가서 함께 놀리라.
— 김천택

이것도 알면 합격!

이규보, '괴토실설'의 주제와 특징

1. 주제: 자연의 질서를 따르며 살아가는 삶을 추구
2. 특징
  (1) 자연 친화적 가치관이 드러남
  (2) 일상에서 겪은 일화를 바탕으로 주제를 전달함

14 비문학 글의 전략 파악 정답 ④

정답 분석

④ 2문단에서 필자는 사회적 위기의식을 유발하는 문제를 열거하고, 이러한 문제들로 인해 인간 존재에 대한 물음이 생겨난다고 설명하고 있다. 하지만 이러한 문제에 대한 해결 방안을 제시하고 있지는 않으므로 답은 ④이다.

06 어법 말소리 (국어의 음운 체계) 정답 ③

정답 분석

③ '입천장소리(구개음)'이면서 '울림소리'인 것은 'ㅇ'이므로 답은 ③이다.

오답 분석

① 'ㄱ'은 '입천장소리(구개음)'이면서 '안울림소리'이다.
②④ 'ㄴ'과 'ㄹ'은 '잇몸소리(치조음)'이면서 '울림소리'이다.

이것도 알면 합격!

국어의 자음 체계

조음 방법		조음 위치	양순음	치조음	경구개음	연구개음	후음
안울림소리	파열음	예사소리	ㅂ	ㄷ		ㄱ	
		된소리	ㅃ	ㄸ		ㄲ	
		거센소리	ㅍ	ㅌ		ㅋ	
	파찰음	예사소리			ㅈ		
		된소리			ㅉ		
		거센소리			ㅊ		
	마찰음	예사소리		ㅅ			ㅎ
		된소리		ㅆ			
울림소리	비음		ㅁ	ㄴ		ㅇ	
	유음			ㄹ			

07 어법 한글 맞춤법 (띄어쓰기) 정답 ②

정답 분석

② 띄어쓰기가 옳은 문장은 ②이다.
- 다∨써∨버려서(ㅇ): '다'는 부사이므로 뒷말과 띄어 쓰며, 본용언 '써'와 보조 용언 '버려서'는 띄어 쓰는 것이 원칙이나, 붙여 쓰는 것도 허용된다.
- 만∨원은커녕∨천∨원도(ㅇ): '원'은 단위를 나타내는 의존 명사이므로 앞말과 띄어 쓰고, '은커녕'은 하나의 조사이므로 붙여 쓴다.

오답 분석

① • 얼마∨어치(×) → 얼마어치(ㅇ): '-어치'는 '그 값에 해당하는 분량'의 뜻을 더하는 접미사이므로 앞말과 붙여 쓴다.
  • 물어보았다(ㅇ): '물어보다'는 한 단어이므로 서로 붙여 쓴다.
③ • 십∨년∨간(×) → 십∨년간(ㅇ): 이때 '년'은 단위를 나타내는 의존 명사이므로 앞말과 띄어 쓰고 '-간'은 '동안'의 뜻을 더하는 접미사이므로 앞말에 붙여 쓴다.
  • 같이한(ㅇ): '같이하다'가 '경험이나 생활 등을 얼마 동안 더불어 하다'를 뜻할 때에는 한 단어이므로 서로 붙여 쓴다.
④ • 다∨하고(×) → 다하고(ㅇ): '다하다'가 '어떤 일을 위하여 힘, 마음 등을 모두 들이다'를 뜻할 때에는 한 단어이므로 서로 붙여 쓴다.
  • 문제없을(ㅇ): '문제없다'는 한 단어이므로 서로 붙여 쓴다.

08 비문학 주제 및 중심 내용 파악 정답 ③

정답 분석

③ 제시문은 올바른 양치질을 하지 않아 잇몸 내 세균이 발생하면 이로 인해 다른 질환이 발병될 확률이 높음을 언급하며, 평소에 바른 양치질 습관을 통해 건강을 지켜야 함을 이야기하고 있으므로 글의 중심 내용으로 가장 적절한 것은 ③이다.

09 어법 문장 (높임 표현) 정답 ②

정답 분석

② ②는 주체 높임법이 쓰였으나, ①③④는 객체 높임법이 쓰였으므로 높임법의 쓰임이 다른 것은 ②이다. ②는 서술의 주체인 '과장님'을 높이기 위해 주격 조사 '께서'와 주체 높임 선어말 어미 '-시-'를 사용하였다.

오답 분석

① 서술의 객체인 '할머니'를 높이기 위해 특수 어휘 '뵙다'를 사용하였다.
③ 서술의 객체인 '선생님'을 높이기 위해 부사격 조사 '께'와 특수 어휘 '여쭈어보다'를 사용하였다.
④ 서술의 객체인 '어머니'를 높이기 위해 특수 어휘 '드리다'를 사용하였다.

이것도 알면 합격!

주체 높임법과 객체 높임법

주체 높임법		서술상의 주체가 화자보다 나이가 많거나 사회적 지위가 높을 때 서술의 주체를 높이는 표현
	직접 높임	주체를 직접적으로 높이는 방법 예 • 아버지께서 노하셨나 보다. • 할머니께서 집에 계신다.
	간접 높임	주체를 간접적으로 높이는 방법으로, 주체의 신체 부분이나 생활에 필수적인 사물, 개인적인 소유물과 같이 주체와 관련된 것을 높임 예 • 곧 선생님의 말씀이 있으시겠습니다. • 할머니께서는 손가락이 아프시다. • 사장님, 시간 좀 있으십니까?
객체 높임법		목적어나 부사어가 지시하는 대상인 서술의 객체를 높이는 표현 예 • 나는 아버지를 모시고 집으로 왔다. • 나는 어머님께 용돈을 드렸다.

제1과목 국어

01 비문학+어휘 | 내용 추론, 한자어 | 정답 ③

정답 분석

③ 괄호의 앞뒤 내용을 통해 국한문 혼용체는 그 당시 사회에서 널리 쓰이는 문체였으며, 교육을 받은 계층이 아니면 국한문 혼용체를 읽기 어렵기 때문에 문맹률이 높았다는 것을 알 수 있다. 따라서 문맥상 괄호 안에 들어갈 말로 적절한 것은 ③ '지배적(支配的)'임을 추론할 수 있다.

- 지배적(支配的): 매우 우세하거나 주도적인 것

오답 분석

① 자의적(恣意的): 일정한 질서를 무시하고 제멋대로 하는 것
② 배타적(排他的): 남을 배척하는 것
④ 부수적(附隨的): 주된 것이나 기본적인 것에 붙어서 따르는 것

02 비문학 | 주제 및 중심 내용 파악 | 정답 ④

정답 분석

④ 1문단에서 외국인들 특히 일본인들이 당파성은 한국의 민족성이며, 당파성을 원인으로 하여 한국 민족은 자립할 수 없다고 주장함을 알 수 있다. 2문단에서는 우리나라의 역사 속 당쟁이 한국 민족의 선천적 성격(민족성)에서 비롯된 것이 아니라, 그저 각 민족이 처한 역사적·사회적인 특수한 조건에 따른 역사적 산물임을 설명하고 있다. 따라서 제시문의 제목으로 가장 적절한 것은 ④ '한국사의 당쟁에 대한 잘못된 인식과 왜곡된 민족성'이다.

오답 분석

① 1문단에서 외국인들이 한국의 타율성에 대해서 주장하였음은 알 수 있으나 이는 부분적인 내용이므로 제시문 전체를 포괄하는 제목으로 적절하지 않다.
- 타율성: 자신의 의지와 관계없이 정하여진 원칙이나 규율에 따라 움직이는 성질
② ③ 한국 현대 사회에서 일어난 일들, 역사 속 당쟁 등 한국에서 일어나는 역사적 사실과 민족적 당파성이 관계가 있다는 것은 외국인들의 주장이므로 제시문에서 주장하고 있는 내용과 상반된 내용이다. 따라서 제시문의 제목으로 적절하지 않다.

03 어법 | 표준 발음법 | 정답 ②

정답 분석

② 결막염[결마겸](×) → [결망념](○): '결막+염'이 결합한 합성어로, 앞말이 자음으로 끝나고 뒷말의 첫소리가 모음 '여'이므로 'ㄴ'이 첨가된다. 이후 첨가된 'ㄴ'으로 인해 '막'의 받침 'ㄱ'이 [ㅇ]으로 발음되므로(비음화) '결막염'의 표준 발음은 [결망념]이다.

오답 분석

① 학생증[학쌩쯩](○): '학'의 받침 'ㄱ' 뒤에 이어지는 'ㅅ'은 된소리 [ㅆ]으로 발음되며, '증'은 한자어에서의 수의적 경음화에 의해 [쯩]으로 발음된다.
③ 생산량[생산냥](○): '생산량'은 'ㄴ'과 'ㄹ'이 만날 때 유음화가 일어나지 않고 'ㄹ'이 [ㄴ]으로 발음되는 단어이다.
④ 겉핥고[거탈꼬](○): '겉'의 받침 'ㅌ'은 음절의 끝소리 규칙으로 인해 대표음 [ㄷ]으로 발음되고 이어지는 'ㅎ'와 결합하여 [ㅌ]으로 발음된다(축약). 그리고 겹받침 'ㄾ' 뒤에 결합되는 어미의 첫소리 'ㄱ'은 된소리로 발음된다.

04 어휘 | 한자 성어 | 정답 ④

정답 분석

④ 문맥상 길손이는 어른들에게 집안을 이끌어 나갈 기둥 또는 인재라는 칭찬을 들었다고 보는 것이 자연스럽다. 따라서 괄호 안에는 '기둥과 들보로 쓸 만한 재목'을 뜻하는 ④ '棟梁之材(동량지재)'가 들어가는 것이 적절하다.

- 棟梁之材(동량지재): '마룻대와 들보로 쓸 만한 재목'이라는 뜻으로, 집안이나 나라를 떠받치는 중대한 일을 맡을 만한 인재를 이르는 말

오답 분석

① 井底之蛙(정저지와): '우물 안의 개구리'라는 뜻으로, 소견이 매우 좁거나 안목이 낮음을 이르는 말
② 嘗糞之徒(상분지도): 대변이라도 맛볼 듯이 부끄러움을 돌아보지 않고 몹시 아첨하는 사람을 낮잡아 이르는 말
③ 膠柱鼓瑟(교주고슬): '아교풀로 비파나 거문고의 기러기발을 붙여 놓으면 음조를 바꿀 수 없다'라는 뜻으로, 고지식하여 조금도 융통성이 없음을 이르는 말

05 비문학 | 내용 추론 | 정답 ④

정답 분석

④ 전문가의 말을 통해 기업은 사람들의 소비 생활을 이끄는 방안으로 '단수 가격 전략'을 활용하고 있음을 알 수 있다. 이는 실제로는 100원 차이더라도 훨씬 저렴하다고 느끼게 만듦으로써 소비를 유도하는 전략에 해당하는 것이다. 따라서 이러한 전문가의 대답을 이끌어내기 위한 적절한 질문은 기업의 소비 유발 전략을 묻고 있는 ④이다.

오답 분석

① 전문가는 사람들이 합리적으로 소비 생활을 한다고 쉽게 착각한다는 것을 이야기하고 있으나 이는 '단수 가격 전략'을 설명하기에 앞서, 실생활에서 볼 수 있는 기업의 판매 전략 효과를 언급하여 흥미를 유발하기 위함일 뿐이다. 또한 소비자들의 소비가 합리적인지에 대한 전문가의 구체적인 답변은 확인할 수 없으므로 ①은 기자의 질문으로 적절하지 않다.

제4회 실전모의고사

▶ 셀프 체크

권장 풀이 시간	75분(OMR 표기 시간 포함)
실제 풀이 시간	___시 ___분 ~ ___시 ___분
맞힌 답의 개수	___개 / 75개

▶ 정답

제1과목 국어

01	③	06	③	11	④	16	③	21	②
02	④	07	②	12	②	17	④	22	③
03	②	08	③	13	③	18	④	23	②
04	④	09	②	14	④	19	④	24	④
05	④	10	③	15	③	20	②	25	④

제2과목 행정법

01	③	06	②	11	①	16	④	21	②
02	③	07	①	12	③	17	①	22	②
03	④	08	④	13	①	18	④	23	①
04	①	09	③	14	④	19	③	24	②
05	④	10	②	15	②	20	③	25	②

제3과목 행정학

01	②	06	③	11	②	16	③	21	②
02	①	07	②	12	④	17	④	22	①
03	③	08	②	13	③	18	④	23	①
04	③	09	④	14	④	19	③	24	①
05	④	10	①	15	①	20	②	25	②

▶ 취약 단원 분석표

제1과목 국어

단원	맞힌 답의 개수
어법	/ 6
비문학	/ 7
문학	/ 8
어휘	/ 3
혼합	/ 1
TOTAL	/ 25

제2과목 행정법

단원	맞힌 답의 개수
Ⅰ 일반론	/ 3
Ⅱ 행정작용	/ 7
Ⅲ 행정과정	/ 3
Ⅳ 실효성 확보수단	/ 2
Ⅴ 손해전보	/ 2
Ⅵ 행정쟁송	/ 4
Ⅶ 행정법각론	/ 4
TOTAL	/ 25

제3과목 행정학

단원	맞힌 답의 개수
Ⅰ 행정학 총설	/ 6
Ⅱ 정책학	/ 3
Ⅲ 행정조직론	/ 5
Ⅳ 인사행정론	/ 3
Ⅴ 재무행정론	/ 4
Ⅵ 지식정보화 사회와 환류론	/ 2
Ⅶ 지방행정론	/ 2
TOTAL	/ 25

23 Ⅲ 관료제의 역기능   정답 ③

정답 분석

③ 피터(Peter)의 법칙은 조직의 구성원들은 자신들의 무능력 수준까지 승진하는 경향이 있다는 원리이다. 조직의 팽창으로 인해 구성원들이 무능력자로 가득 채워져 조직의 능률이 저하되는 점을 설명하는 이론이다.

선지 분석

① 전문화로 인한 무능이란 한 가지의 지식 또는 기술에 관하여 훈련받고 기존 규칙을 준수하도록 길들여진 사람은 다른 대안을 생각하지 못하는 경직성을 지닌다는 뜻이다.
② 동조과잉은 관료가 목표달성을 위한 수단인 규칙·절차에 지나치게 영합·동조하는 경향이다.
④ 파킨슨(Parkinson)의 법칙이란 관료제하에서 조직구성원들은 자기보존 및 세력 확장을 도모하려 하기 때문에, 그 업무량과는 상관없이 기구와 인력을 증대시키는 경향을 보인다는 것이다.

24 Ⅱ 로위(Lowi)의 정책유형   정답 ①

정답 분석

① 분배정책은 국민들에게 권리·편익·서비스를 배분하는 정책(보조금 지급 등)으로, 수혜집단은 개인·집단 등으로 특정적이나 비용부담집단은 일반국민으로 불특정하므로 집단 간의 갈등이나 대립이 미미하다. 따라서 갈라먹기식 결정(pork barrel politics)과 서로 후원 및 상부상조하는 통나무 굴리기(log rolling) 현상이 발생한다.

선지 분석

② 규제정책은 경제적·사회적 질서유지를 위하여 특정 집단에 대한 규제를 실시하는 정책이다.
③ 재분배정책은 엘리트적 정치, 이데올로기적 논쟁이 발생한다.
④ 구성정책은 정부조직의 신설이나 변경, 선거구의 조정 등과 관련 있는 정책이다.

이것도 알면 합격!

로위(Lowi)의 정책유형

구분		강제력의 적용대상	
		개인의 행위	행위의 환경
강제력의 행사방법	간접적	분배정책	구성정책
	직접적	규제정책	재분배정책

25 Ⅳ 공직윤리   정답 ④

정답 분석

④ 공직자 등은 직무 관련 여부 및 기부·후원·증여 등 그 명목에 관계없이 동일인으로부터 1회에 100만 원 또는 매 회계연도에 300만 원을 초과하는 금품 등을 받거나 요구 또는 약속해서는 아니 된다. 다만 공직자의 친족이 제공하는 물품이나 불특정 다수인에게 배포하기 위한 기념품 등은 포함되지 않는다(부정청탁 및 금품등 수수의 금지에 관한 법률 제8조).

관련 법령

공직윤리에 관한 주요 법률

공직자윤리법

제2조의2【이해충돌 방지 의무】① 국가 또는 지방자치단체는 공직자가 수행하는 직무가 공직자의 재산상 이해와 관련되어 공정한 직무수행이 어려운 상황이 일어나지 아니하도록 노력하여야 한다.
② 공직자는 자신이 수행하는 직무가 자신의 재산상 이해와 관련되어 공정한 직무수행이 어려운 상황이 일어나지 아니하도록 직무수행의 적정성을 확보하여 공익을 우선으로 성실하게 직무를 수행하여야 한다.

제15조【외국 정부 등으로부터 받은 선물의 신고】① 공무원 또는 공직유관단체의 임직원은 외국으로부터 선물을 받거나 그 직무와 관련하여 외국인에게 선물을 받으면 지체 없이 소속 기관·단체의 장에게 신고하고 그 선물을 인도하여야 한다. 이들의 가족이 외국으로부터 선물을 받거나 그 공무원이나 공직유관단체 임직원의 직무와 관련하여 외국인에게 선물을 받은 경우에도 또한 같다.

부패방지 및 국민권익위원회의 설치와 운영에 관한 법률

제56조【공직자의 부패행위 신고의무】
공직자는 그 직무를 행함에 있어 다른 공직자가 부패행위를 한 사실을 알게 되었거나 부패행위를 강요 또는 제의받은 경우에는 지체 없이 이를 수사기관·감사원 또는 위원회에 신고하여야 한다.

부정청탁 및 금품등 수수의 금지에 관한 법률

제8조【금품 등의 수수 금지】① 공직자 등은 직무 관련 여부 및 기부·후원·증여 등 그 명목에 관계없이 동일인으로부터 1회에 100만 원 또는 매 회계연도에 300만 원을 초과하는 금품 등을 받거나 요구 또는 약속해서는 아니 된다.
③ 외부강의 등에 관한 사례금 또는 다음 각 호의 어느 하나에 해당하는 금품 등의 경우에는 수수를 금지하는 금품 등에 해당하지 아니한다.
4. 공직자 등의 친족이 제공하는 금품 등
7. 불특정 다수인에게 배포하기 위한 기념품 또는 홍보용품 등이나 경연·추첨을 통하여 받는 보상 또는 상품 등

19 Ⅵ 옴부즈만제도   정답 ③

정답 분석

③ 옴부즈만은 기존의 행정결정이나 법원의 결정·행위를 무효 또는 취소, 변경할 권한은 가지고 있지 않으며, 담당기관에 이를 시정조치해 줄 것을 건의할 수 있다.

선지 분석

① 옴부즈만제도는 1809년 스웨덴에서 처음 명문화되어 핀란드가 1919년에, 노르웨이가 1952년에, 덴마크가 1953년에 도입하였고, 영국, 미국 등 많은 나라에서 도입하고 있다.

② 공무원의 위법·부당 및 비능률, 태만 등 다양한 행위에 대해서 고발할 수 있다. 즉, 합법성뿐만 아니라 합목적성의 문제도 옴부즈만의 조사대상이 된다.

④ 대부분 국가의 경우 옴부즈만은 의회 소속의 공무원이다. 그러나 우리나라의 옴부즈만인 국민권익위원회는 국무총리 소속이므로 내부통제에 해당한다.

20 Ⅳ 공무원의 임용   정답 ④

정답 분석

④ 파견근무는 일시적이고 임시적인 부서나 기관 간 이동근무이다. 기관 간 업무의 공동수행이나 업무량이 과다한 타기관의 행정지원 등을 위하여 소속기관을 유지한 채 다른 기관으로 자리를 옮겨 근무한다.

선지 분석

① 자격 있는 모든 지원자에게 평등하게 지원기회를 부여하고 공개된 경쟁시험을 통하여 임용후보자를 선발하는 것은 공개경쟁채용이다. 경력경쟁채용은 공개경쟁시험에 의한 채용이 부적당하거나 곤란한 경우 또는 특별한 자격을 가지고 있는 사람을 채용하는 경우의 임용방식이다.

② 직급은 동일하나 직렬을 달리하는 직위로의 수평적 이동으로 시험이 필요한 것은 전직에 대한 설명이다. 전보는 동일한 직급·직렬 내에서의 보직변경이다.

③ 금고 이상의 실형을 선고받고 그 집행이 종료되거나 집행을 받지 아니하기로 확정된 후 5년이 지나지 아니한 자는 공무원으로 임용될 수 없다.

21 Ⅴ 국가재정법상 예산의 원칙   정답 ③

정답 분석

③ 국가재정법상 예산의 원칙에 지방재정에 대한 내용은 규정되어 있지 않다.

관련 법령

국가재정법상 예산의 원칙

제16조【예산의 원칙】정부는 예산을 편성하거나 집행할 때 다음 각 호의 원칙을 준수하여야 한다.
1. 정부는 재정건전성의 확보를 위하여 최선을 다하여야 한다.
2. 정부는 국민부담의 최소화를 위하여 최선을 다하여야 한다.
3. 정부는 재정을 운용할 때 재정지출 및 조세특례제한법 제142조의2 제1항에 따른 조세지출의 성과를 제고하여야 한다.
4. 정부는 예산과정의 투명성과 예산과정에의 국민참여를 제고하기 위하여 노력하여야 한다.
5. 정부는 성별영향평가법 제2조 제1호에 따른 성별영향평가의 결과를 포함하여 예산이 여성과 남성에게 미치는 효과를 평가하고, 그 결과를 정부의 예산편성에 반영하기 위하여 노력하여야 한다.
6. 정부는 예산이 기후위기 대응을 위한 탄소중립·녹색성장 기본법 제2조 제5호에 따른 온실가스 감축에 미치는 효과를 평가하고, 그 결과를 정부의 예산편성에 반영하기 위하여 노력하여야 한다.

22 Ⅶ 우리나라의 주민참여제도   정답 ①

정답 분석

① 18세 이상의 주민으로서 해당 지방자치단체의 관할 구역에 주민등록이 되어 있는 사람은 해당 지방자치단체의 의회에 조례를 제정하거나 개정 또는 폐지할 것을 청구할 수 있다(주민조례발안에 관한 법률 제2조).

선지 분석

② 수사 또는 재판에 관여하게 되는 사항, 개인의 사생활을 침해할 우려가 있는 사항 등은 주민감사청구대상에서 제외된다.

③ 지방자치단체의 장은 주민에게 과도한 부담을 줄 가능성이 있거나 중대한 영향을 미칠 수 있는 지방자치단체의 주요 결정사항 등에 대하여 주민투표에 부칠 수 있다.

④ 주민소환은 주민들이 지방자치단체의 행정처분이나 결정에 심각한 문제점이 있다고 판단할 경우 지방자치단체장과 지방의회의원을 통제할 수 있는 제도이다. 단, 비례대표의원은 그 대상에서 제외된다.

관련 법령

주민조례발안에 관한 법률상 주민조례청구

제2조【주민조례청구권자】18세 이상의 주민으로서 다음 각 호의 어느 하나에 해당하는 사람은 해당 지방자치단체의 의회에 조례를 제정하거나 개정 또는 폐지할 것을 청구할 수 있다.
1. 해당 지방자치단체의 관할 구역에 주민등록이 되어 있는 사람
2. 출입국관리법 제10조에 따른 영주(永住)할 수 있는 체류자격 취득일 후 3년이 지난 외국인으로서 같은 법 제34조에 따라 해당 지방자치단체의 외국인등록대장에 올라 있는 사람

[선지 분석]

① 전용은 행정과목인 세항·목 간에 상호 융통하는 것이다.
② 이월은 예산을 다음 해로 넘겨 차기 연도의 예산에서 사용하는 것이다.
④ 수입대체경비는 지출이 직접 수입을 수반하는 경비로서, 중앙예산기관의 장이 지정하는 것이다.

[선지 분석]

② 혼란변수는 두 변수 간에 일부 상관관계가 있는 상태에서 두 변수 모두에 영향을 미치는 변수이다.
③ 억제변수는 두 변수 간에 상관관계가 있는데도 없는 것으로 나타나게 하는 변수이다.
④ 왜곡변수는 두 변수의 사실상의 관계를 정반대의 관계로 나타나게 하는 변수이다.

15 Ⅰ 공익 정답 ③

[정답 분석]

③ 과정설은 공익과 사익이 본질적 차이가 없으므로 서로 충돌한다고 본다.

[선지 분석]

① 과정설은 개인주의·자유주의·다원주의에 입각한 공익관으로, 사익을 초월한 별도의 공익이란 존재할 수 없으며 공익이란 사익의 총합이거나 사익 간의 타협의 산물이라 본다.
② 실체설은 공익 결정이 소수의 엘리트에 의해 주도되기 때문에 공익의 결정·실현 과정에서 국가나 정부의 역할을 강조한다.
④ 롤스(Rawls), 플라톤(Platon), 칸트(Kant), 루소(Rousseau) 등은 실체설과 관련된 학자들이다.

이것도 알면 합격!

공익의 본질에 관한 학설

실체설(적극설)	과정설(소극설)
• 공익은 사익을 초월하여 도덕적·규범적인 것으로 존재함(선험적) • 공익과 사익은 별개의 존재(사익보다 공익 우선) • 집단의 이익을 중시하는 집단주의적 입장 • 적극적 정부(관료) 역할 • 합리모형, 엘리트주의 • 주요 학자: 플라톤(Plato), 아리스토텔레스(Aristotles), 루소(Rousseau), 헤겔(Hegel), 마르크스(Marx), 롤스(Rawls) 등	• 사익을 초월한 공익은 없으며, 공익이란 사익의 총합이거나 다원화된 특수이익의 조정과 타협의 결과임(상대적 구별) • 개인주의적·현실주의적 입장(복잡성, 다원성) • 소극적 정부(관료) 역할 • 점증모형, 다원주의 • 주요 학자: 헤링(Herring), 홉스(Hobbs), 린드블롬(Lindblom), 흄(Hume), 벤틀리(Bentley), 트루만(Truman), 슈버트(Schubert), 키(Key), 벤담(Bentham) 등

17 Ⅶ 광역행정 정답 ②

[정답 분석]

② 지방자치단체조합은 '2개 이상의 지방자치단체가 사무의 일부나 둘 이상의 사무를 공동으로 처리하기 위해 합의에 의해 규약을 정하고 설치하는 법인체, 즉 법인격을 지닌 공공기관'을 말한다. 지방자치단체조합은 지방의회의 의결을 얻어 시·도의 경우에는 행정안전부장관, 시·군 및 자치구의 경우에는 시·도지사의 승인을 얻어 설치할 수 있다.

[선지 분석]

① 행정협의회는 지방자치단체가 2개 이상의 지방자치단체에 관련된 사무의 일부를 공동으로 관리·처리하기 위해서 구성한다.
③ 특별지방행정기관은 국가의 특정한 중앙행정기관에 소속되어 당해 관할구역 내에서 시행되는 소속중앙행정기관의 권한에 속하는 행정사무를 관장하는 국가의 지방행정기관이다. 지방병무청, 지방국토관리청, 유역환경청, 국립검역소 등이 그 예이다.
④ 지방자치단체는 다른 지방자치단체와 협의하여 그 소관사무의 일부를 다른 지방자치단체 또는 그 장에게 위탁하여 처리할 수 있다.

18 Ⅰ 미국 행정학의 발달 정답 ③

[정답 분석]

③ 매디슨(Madison)주의는 사적 이익집단 간의 갈등이 정치과정의 핵심이라고 보고, 사적 이익집단들의 상호견제와 균형에 의해 국민의 자유가 더욱 잘 보장될 것이라고 주장하였다.

[선지 분석]

① 해밀턴(Hamilton)주의는 연방주의를 주장하며 정부의 적극적인 역할을 통해 행정의 유효성을 지향하였다.
② 제퍼슨(Jefferson)주의는 개인적인 자유의 극대화를 위해 행정책임을 강조하였다.
④ 잭슨(Jackson)주의는 행정의 대응성과 민주성을 강조하면서 엽관주의를 공식적으로 표방하였다.

16 Ⅱ 정책평가의 변수 정답 ①

[정답 분석]

① 허위변수는 독립변수와 종속변수 간에 아무런 관계가 없음에도 상관관계가 있는 것처럼 두 변수에 영향을 주는 제3의 변수이다.

10 Ⅰ 과학적 관리론 정답 ③

정답 분석

③ 사이먼(Simon)은 과학적 관리론을 비판하며 행태론의 성립에 영향을 미쳤다. 『행정의 격언』이라는 논문을 통해서 모든 문제해결에 적용할 수 있는 보편적인 원리는 존재하지 않으며, 초기의 행정학자들이 몰입하던 원리는 과학적 증명을 거치지 않은 격언(格言)에 불과하다는 극단적인 비판을 하였다.

선지 분석

① 테일러(Taylor)는 과업관리의 원칙을 통해 조직의 기계적 능률을 극대화할 것을 주장했다.
② 윌슨(Wilson)은 『행정의 연구』를 통해 정치 영역으로부터 행정의 독자성을 확보하기 위해 정치행정이원론을 주장하였고, 이는 과학적 관리론의 성립에 영향을 주었다.
④ 포드(Ford)는 생산과 부품을 기계화하고 컨베이어벨트 시스템을 통해서 높은 생산성 향상을 기하는 동시관리를 제시하였다.

11 Ⅲ 매트릭스조직 정답 ④

정답 분석

④ 매트릭스조직은 수직적인 기능구조에 수평적·횡적인 사업부제구조를 화학적으로 결합한 일종의 혼합적·이원적 구조의 조직으로서 이중적인 명령체계를 지니고 있다. 이러한 이원적 지시체계에 따라 조직구성원의 권한과 책임이 불명확해지는 경우가 발생한다.

선지 분석

① 조직의 신축성을 확보하기 위하여 전통적인 계서적 특성을 가지는 기능구조에 수평적 특성을 가지는 사업부제구조(project team)를 결합시킨 것이다.
② 조직의 환경영역이 복잡하고 불확실할 경우, 외부 변화가 빈번해지고 부서 간 상호의존성이 증가하여 조직의 수평적·수직적인 정보처리와 조정의 필요가 커지기 때문에 매트릭스조직이 효과적이다.
③ 조직구성원들의 참여를 증가시켜 동기부여 및 능력발전에 기여하며, 자아실현욕구를 충족시킬 수 있고 불확실한 상황에서 창조적인 아이디어의 개발에 기여한다.

12 Ⅲ 블라우(Blau)와 스콧(Scott)의 조직유형 정답 ①

정답 분석

① 호혜적 조직의 주된 수혜자는 구성원이며, 구성원의 참여와 구성원에 의한 통제를 보장하는 민주적 절차를 유지하는 것이 중요하다. 정당, 노동조합, 종교단체 등이 호혜적 조직에 해당한다.

선지 분석

② 사업조직의 주된 수혜자는 소유자이며, 경쟁적인 상황에서 운영의 능률성을 강조한다.
③ 서비스조직의 주된 수혜자는 고객집단이며, 고객에 대한 전문적 봉사와 행정적 절차 사이의 갈등이 조직의 주된 특징이다.
④ 공익조직의 주된 수혜자는 일반대중이며, 국민에 의한 외재적 통제가 가능하도록 민주적 메커니즘을 발전시키는 것이 중요하다.

이것도 알면 합격!

블라우(Blau)와 스콧(Scott)의 조직유형

구분	주된 수혜자	주요 과제	조직의 예
호혜적 조직	조직구성원	구성원의 만족 (민주주의 절차 등)	정당, 클럽, 노동조합
사업조직	소유주	이윤추구를 위한 능률 극대화	사기업, 은행
서비스(봉사) 조직	고객	고객에 대한 전문적 서비스 제공	학교, 병원, 사회사업기관
공공(공익) 조직	국민일반	국민에 대한 외재적 통제 확보	행정기관, 군대, 경찰

13 Ⅳ 역량평가제도 정답 ②

정답 분석

② 다양한 사람으로부터 입체적이고 다면적인 평가 결과를 도출하는 평가는 다면평가에 대한 설명이다.

선지 분석

① 역량평가는 실제 업무에서 나타날 수 있는 모의상황을 통해 피평가자의 행동양식을 다양한 과제를 활용하여 평가하는 것이다.
③ 역량평가는 다양한 평가기법을 활용하여 실제와 유사한 모의상황 등에서의 피평가자의 행동 양식을 다수의 평가자가 평가하는 체계이다.
④ 역량평가는 고위공무원단 후보자가 고위공무원에게 필요한 능력과 자질(역량)을 충분히 갖추고 있는지 사전에 평가하는 제도이다.

14 Ⅴ 예산의 신축성 유지방안 정답 ③

정답 분석

③ 계속비는 공사나 제조에 있어서 그 완성에 수년도를 요하는 것에 관하여, 미리 경비총액과 연부액에 대한 입법부의 의결을 얻어 수년도에 걸쳐서 지출할 수 있도록 한 경비이다. 이는 회계연도 독립에 대한 예외에 해당한다.

선지 분석

① 개인이나 집단·상호 간의 관계에서 발생하는 조직적 특성이나 규범으로, 상호호혜·협조·신뢰·정직·도덕·공동체정신이나 이러한 규범을 생산해 내는 상호관계 또는 행동양식이다.
② 퍼트남(Putnam)은 사회적 자본을 공통의 목적을 위해서 협력할 수 있는 사람들 사이의 사회적 구조로 보았다. 또한 사회적 자본은 신뢰, 호혜성 규범, 사회적 네트워크, 믿음, 규율 등의 다섯 가지 요소들로 구성된다고 하였다.
③ 한 사람이 배타적으로 소유하거나 다른 사람에게 분할·양도하는 것이 불가능한 공공재적 특성을 지닌다.

이것도 알면 합격!

민영화의 유형

내부민영화	• 민간위탁(외주) • 민자유치 • 책임운영기관 등
외부민영화	• 정부 자산이나 주식의 매각 • 보조금 방식 • 면허 • 프랜차이즈(특허권) • 구매권(voucher or coupon) 제도 등

06 II 정책결정모형 정답 ②

정답 분석

② 정책결정모형에 대한 설명으로 옳지 않은 것은 ㄱ, ㄷ이다.

ㄱ. 합리모형은 치밀한 계획하에 분석하여 최선의 대안이 선택되면 대안에 대한 계속적 분석을 전개할 필요가 없다고 본다.
ㄷ. 점증모형은 한계적 변화를 추구하면서 그러한 과정에서 발생하는 갈등과 대립을 타협이나 협상을 통해서 극복하려고 하는 합의, 즉 정치적 합리성을 중시한다. 현존하는 정책에 비하여 약간 향상된 정책에만 관심을 가지는 보수적인 성격이므로, 환경 변화에 대한 적응력이 낮다.

선지 분석

ㄴ. 만족모형은 인간의 인지능력·시간·비용·정보의 부족 등으로 합리모형이 가정하는 포괄적 합리성이 제약을 받기 때문에 최선의 대안보다는 현실적으로 만족할 만한 대안을 선택하게 된다는 '제한된 합리성'을 가정한다.
ㄹ. 혼합모형의 근본적 결정은 중요한 대안을 종합적으로 고려하는 포괄적 합리모형을, 세부적 결정은 근본적 결정의 테두리 내에서 소수의 대안만 고려하는 점증주의를 따른다.

07 I 민영화 정답 ①

정답 분석

① 민영화의 폐단으로는 행정의 책임성·형평성·안정성 약화 등이 있다. 민간은 유한책임을 기본으로 하기 때문에 정부가 직접 또는 공기업으로 공급할 때보다 책임성이 약화된다.

선지 분석

② 공공서비스가 기술적으로 복잡한 경우 이용되는 민영화 방식은 보조금 방식이다.
③ 자조활동은 주민 스스로가 이웃끼리 서비스를 계획하고 생산, 소비하는 자급자족 활동이다.
④ 전자 바우처(카드형태)는 바우처 사용의 실시간 모니터링으로 바우처 관리의 투명성을 확보한다.

08 V 예산제도 정답 ②

정답 분석

② 성인지예산제도는 성 중립적(gender neutral) 관점이 아니라 성 주류화(gender mainstreaming) 내지 성 인지적(gender perspective) 관점에서 출발한다. 성 중립적 관점(gender neutral)은 남녀 간의 획일적인 평등을 강조하는 소극적·기회의 공평이고, 성 인지적 관점(gender perspective)은 남녀 간의 적극적인 공평을 구현하려는 결과의 공평을 말한다.

선지 분석

① 조세지출예산제도는 조세감면과 성과를 객관적으로 평가하고 평가 결과를 조세감면 범위의 조정 과정에 반영할 수 있기 때문에 각종 정책수단의 효과성 파악이 가능하다.
③ 프로그램예산제도는 기존의 투입이나 통제 중심의 품목별 분류체계에서 벗어나 성과와 책임을 지향하는 프로그램 중심으로 예산을 분류·운영하는 것이다.
④ 주민참여예산제도는 그동안 지방자치단체가 독점적으로 행사해 왔던 예산편성권을 지역사회와 지역주민에게 분권화하는 것으로, 지방자치 및 재정민주주의 이념을 구현하고 있다는 평가를 받는다.

09 III 조직구조의 변수 정답 ④

정답 분석

④ 일반적으로 조직의 규모가 커지게 되면 분권화가 촉진되어 집권성이 낮아진다.

선지 분석

① 복잡성(complexity)이란 조직 내에 존재하는 분화의 정도를 가리키는 것으로서, 분화의 정도가 높으면 조직은 복잡성이 높게 된다.
② 업무수행에 관한 규칙과 절차가 표준화·정형화된 정도로, 직무의 성질이 단순하고 반복적이면 공식성이 높아진다.
③ 집권성은 조직 내의 의사결정권한의 집중 정도이다. 즉, 권한이 특정한 개인이나 계층·집단에 집중되어 있거나 위임되어 있는 정도와 관련된다.

… 제3과목   행정학

01 I 행정학의 성격   정답 ②

정답 분석
② 논리의 치밀성, 개념의 조작적 정의, 가설의 경험적 검증, 자료의 수량적 처리 등을 강조하여 방법론적으로 엄밀성을 추구하는 것은 과학성에 대한 설명이다. 기술성은 행정연구나 현실행정에 있어서 실천성과 처방성을 중시한다.

선지 분석
① 과학성은 원인과 결과에 대한 객관적인 관찰을 통해 규칙성을 발견하고, 이에 근거하여 나온 일반이론을 통해 여러 행정현상을 설명·예측하고자 한다.
③ 가치중립성은 연구자의 주관적 판단을 배제하고 객관적인 하나의 현실이나 사실로서 이해하고 파악하려는 학문상의 태도이며, 이는 정치행정이원론(공사행정일원론)과 관련이 있다.
④ 보편성은 행정현상에 있어서 시대나 상황을 초월하여 존재하는 일반적 법칙이 있다고 보는 입장으로, 행정행태론에서 주로 연구되었다.

02 I 행정의 가치   정답 ②

정답 분석
② 생산성은 '산출 / 투입'을 극대화하면서 그 산출이 주어진 목표를 달성할 수 있게 하는 것으로, 최종 산출의 양적 측면을 표시하는 능률성과 질적 측면을 표시하는 효과성을 통합시킨 개념이다. 1980년대 감축관리에 따른 신공공관리론에서 강조하였다.

선지 분석
① 기계적 능률은 능률을 수량적으로 명시할 수 있는 기계적·금전적 측면에서만 파악한다. 19C 말 행정국가시대에 정치행정이원론과 경영학에서 발달했던 과학적 관리론이 행정학에 도입되면서 중시되었다.
③ 형식적 합리성은 보편적으로 적용되는 법규나 규칙에 부합되어 예측가능성이 보장되는 합리성이다. 베버(Weber)는 서양의 근대화 과정을 형식적 합리성이 증가하는 과정으로 보고, 관료제가 형식적 합리성이 가장 높은 조직이라고 보았다.
④ 가외성은 어느 한 요소에 결함이 있을 때 다른 요소가 그 역할을 대행함으로써 환경변화에 대한 적응성·대응성을 높여준다.

03 Ⅲ 목표관리(MBO)   정답 ①

정답 분석
① 목표관리(MBO)는 조직목표를 명확히 하여 조직활동을 목표달성에 집중시킴으로써 조직의 효율성 제고에 기여할 수 있다. 하지만 목표달성도가 중요하므로 조직구성원들은 목표달성이 쉽지 않은 장기적·질적 목표보다 비교적 목표달성이 수월한 단기적·양적·유형적 목표에 치중한다.

선지 분석
② 구성원의 참여를 통해 조직의 목표를 설정하고 그에 따라 개인목표를 설정하므로, 자아실현적 인간관에 의한 조직목표와 개인목표의 통합을 구현할 수 있다.
③ 객관적 기준에 입각한 업적평가와 환류를 통해 업무개선에 기여한다. 또한 이는 업무평가의 객관적 기준의 제공 및 훈련수요의 결정에도 도움이 된다.
④ 환경이 급격하게 변화하거나 유동적인 곳에서는 목표가 빈번히 수정되어야 하므로 그 효용이 제약된다. 특히 개발도상국의 경우처럼 국가발전을 위해서 다양한 목표의 설정 및 수정이 많이 필요할 때 문제가 될 수 있다.

04 Ⅶ 지방자치단체의 사무   정답 ③

정답 분석
③ 기관위임사무는 법령의 규정에 의하여 국가 또는 상급 자치단체로부터 지방자치단체장과 기타 집행기관에 위임된 사무이다. 사무처리비용은 위임자(국가)가 전액 부담한다.

선지 분석
① 자치사무에 대해서는 국가는 사후적으로 합법성 통제만이 가능하다.
② 재해구호와 보건업무가 대표적인 단체위임사무이다.
④ 우리나라는 개별적 수권방식과 포괄적 수권방식의 특징을 절충한 방식인 예시적 포괄주의를 따르고 있는데, 이는 사무를 예시하되 모든 지방자치단체에 포괄되는 사무를 배분하는 방식이다. 따라서 국가와 지방자치단체 간, 광역자치단체와 기초자치단체 간, 자치사무와 단체위임사무 간 기능배분이 모호하고 재원배분과도 일치하지 않는다.

05 I 사회적 자본   정답 ④

정답 분석
④ 사회적 자본은 구성원의 자발적 협력을 이끌어 내어 집단행동의 딜레마를 극복할 수 있고, 사회관계를 이용하여 필요한 정보를 획득하기 때문에 적은 비용으로 정보의 원천에 접근하게 만들어 정보획득비용을 감소시킨다. 즉, 거래비용을 감소시키는 효과가 있다.

24 Ⅱ 행정행위의 부관   정답 ①

정답 분석
① 어업에 관한 허가 또는 신고의 경우 그 유효기간이 경과하면 그 허가나 신고의 효력이 당연히 소멸하며, 재차 허가를 받거나 신고를 하더라도 허가나 신고의 기간만 갱신되어 종전의 어업허가나 신고의 효력 또는 성질이 계속된다고 볼 수 없고 새로운 허가내지 신고로서의 효력이 발생한다(대판 2019.4.11. 2018다284400).

선지 분석
② 건축허가를 하면서 일정 토지를 기부채납하도록 하는 내용의 허가조건은 부관을 붙일 수 없는 기속행위 내지 기속적 재량행위인 건축허가에 붙인 부담이거나 또는 법령상 아무런 근거가 없는 부관이어서 무효이다(대판 1995.6.13. 94다56883).
③ 수익적 행정처분에 있어서는 법령에 특별한 근거규정이 없다고 하더라도 그 부관으로서 부담을 붙일 수 있고, 그와 같은 부담은 행정청이 행정처분을 하면서 일방적으로 부가할 수도 있지만 부담을 부가하기 이전에 상대방과 협의하여 부담의 내용을 협약의 형식으로 미리 정한 다음 행정처분을 하면서 이를 부가할 수도 있다(대판 2009.2.12. 2005다65500).
④ 부관은 면허 발급 당시에 붙이는 것뿐만 아니라 면허 발급 이후에 붙이는 것도 법률에 명문의 규정이 있거나 변경이 미리 유보되어 있는 경우 또는 상대방의 동의가 있는 경우 등에는 특별한 사정이 없는 한 허용된다(대판 2016.11.24. 2016두45020).

25 Ⅴ 국가배상   정답 ④

정답 분석
④ 위험지역으로 이주하여 들어가서 거주하는 주민이 그 위험 존재를 인식하면서 그로 인한 피해를 용인하며 접근한 것 등과 같은 특별한 사정이 있다면 가해자의 면책이 인정되는 경우도 있을 수 있다.

관련 판례
소음 등을 포함한 공해 등의 위험지역으로 이주하여 들어가서 거주하는 경우와 같이 위험의 존재를 인식하면서 그로 인한 피해를 용인하며 접근한 것으로 볼 수 있는 경우에 그 피해가 직접 생명이나 신체에 관련된 것이 아니라 정신적 고통이나 생활방해의 정도에 그치고, 그 침해행위에 상당한 고도의 공공성이 인정되는 때에는 위험에 접근한 후 실제로 입은 피해 정도가 위험에 접근할 당시에 인식하고 있었던 위험의 정도를 초과하는 것이거나 위험에 접근한 후에 그 위험이 특별히 증대하였다는 등의 특별한 사정이 없는 한 가해자의 면책을 인정하여야 하는 경우도 있을 수 있을 것이나, 일반인이 공해 등의 위험지역으로 이주하여 거주하는 경우라고 하더라도 위험에 접근할 당시에 그러한 위험이 문제가 되고 있지 아니하였고, 그러한 위험이 존재하는 사실을 정확하게 알 수 없었으며, 그 밖에 위험에 접근하게 된 경위와 동기 등의 여러 가지 사정을 종합하여 그와 같은 위험의 존재를 인식하면서 굳이 위험으로 인한 피해를 용인하였다고 볼 수 없는 경우에는 그 책임이 감면되지 아니한다고 봄이 상당하다(대판 2004.3.12. 2002다14242).

선지 분석
① 국가나 지방자치단체는 공공의 영조물의 설치나 관리에 하자가 있는 경우 국가배상법상 손해배상책임이 있으며, 국가안보를 위한 고도의 공익성을 가진 시설이라 하여도 국가배상법상 면책되는 것은 아니다.

관련 판례
매향리 사격장이 국가안보를 위하여 고도의 공익성을 가진 시설이지만 … 미국 공군이 2000.8.18. 사격훈련 방법을 변경할 때까지 원고들의 피해를 줄이기 위한 노력을 충분히 하지 아니한 점 등에 비추어 볼 때, 2000.8.18. 이전까지 매향리 사격장에서 발생하는 소음 등으로 인하여 원고들이 입은 피해는 사회생활상 통상 참을 수 있는 정도를 넘는 것이므로 매향리 사격장의 설치 또는 관리에 하자가 있었다고 보아야 하고, 따라서 피고는 대한민국과 아메리카합중국간의 상호방위조약 제4조에 의한 시설과 구역 및 대한민국에서의 합중국군대의 지위에 관한 협정의 시행에 관한 민사특별법 제2조 제2항, 국가배상법 제5조 제1항에 따라 원고들이 입은 손해를 배상할 책임이 있다고 판단하였다(대판 2004.3.12. 2002다14242).

② 국가배상법 제5조 제1항에 정하여진 '영조물의 설치 또는 관리의 하자'라 함은 공공의 목적에 공여된 영조물이 그 용도에 따라 갖추어야 할 안전성을 갖추지 못한 상태에 있음을 말하고, 안전성을 갖추지 못한 상태, 즉 타인에게 위해를 끼칠 위험성이 있는 상태라 함은 당해 영조물을 구성하는 물적 시설 그 자체에 있는 물리적·외형적 흠결이나 불비로 인하여 그 이용자에게 위해를 끼칠 위험성이 있는 경우뿐만 아니라, 그 영조물이 공공의 목적에 이용됨에 있어 그 이용상태 및 정도가 일정한 한도를 초과하여 제3자에게 사회통념상 수인할 것이 기대되는 한도를 넘는 피해를 입히는 경우까지 포함된다고 보아야 한다(대판 2005.1.27. 2003다49566).

③ 수인한도의 기준을 결정함에 있어서는 일반적으로 침해되는 권리나 이익의 성질과 침해의 정도뿐만 아니라 침해행위가 갖는 공공성의 내용과 정도, 그 지역환경의 특수성, 공법적인 규제에 의하여 확보하려는 환경기준, 침해를 방지 또는 경감시키거나 손해를 회피할 방안의 유무 및 그 난이 정도 등 여러 사정을 종합적으로 고려하여 구체적 사건에 따라 개별적으로 결정하여야 할 것이다(대판 2005.1.27. 2003다49566).

선지 분석

① 국가배상법 제3조의2 제1항에 대한 옳은 내용이다.

> **제3조의2【공제액】** ① 제2조 제1항을 적용할 때 피해자가 손해를 입은 동시에 이익을 얻은 경우에는 손해배상액에서 그 이익에 상당하는 금액을 빼야 한다.

③ 불법행위로 영업을 중단한 자가 영업 중단에 따른 손해배상을 구하는 경우 영업을 중단하지 않았으면 얻었을 순이익과 이와 별도로 영업 중단과 상관없이 불가피하게 지출해야 하는 비용도 특별한 사정이 없는 한 손해배상의 범위에 포함될 수 있다. 위와 같은 순이익과 비용의 배상을 인정하는 것은 이중배상에 해당하지 않는다(대판 2018.9.13. 2016다35802).

④ 어떠한 행정처분이 위법하다고 할지라도 그 자체만으로 곧바로 그 행정처분이 공무원의 고의 또는 과실로 인한 불법행위를 구성한다고 단정할 수는 없고, 공무원의 고의 또는 과실의 유무에 대하여는 별도의 판단을 요한다고 할 것이다(대판 2004.6.11. 2002다31018).

21 Ⅲ 정보공개법 — 정답 ①

정답 분석

옳은 것은 ㄱ, ㄴ이다.

ㄱ. 정보공개청구권은 법률상 보호되는 구체적인 권리이므로 청구인이 공공기관에 대하여 정보공개를 청구하였다가 거부처분을 받은 것 자체가 법률상 이익의 침해에 해당한다(대판 2003.12.12. 2003두8050).

ㄴ. 청구인에게는 특정한 공개방법을 지정하여 정보공개를 청구할 수 있는 법령상 신청권이 있다. 따라서 공공기관이 공개청구의 대상이 된 정보를 공개는 하되, 청구인이 신청한 공개방법 이외의 방법으로 공개하기로 하는 결정을 하였다면, 이는 정보공개청구 중 정보공개방법에 관한 부분에 대하여 일부 거부처분을 한 것이고, 청구인은 그에 대하여 항고소송으로 다툴 수 있다(대판 2016.11.10. 2016두44674).

선지 분석

ㄷ. 공개청구의 대상이 되는 정보가 이미 다른 사람에게 공개되어 널리 알려져 있다거나 인터넷 등을 통하여 공개되어 인터넷검색 등을 통하여 쉽게 알 수 있다는 사정만으로는 소의 이익이 없다거나 비공개결정이 정당화 될 수 없다(대판 2010.12.23. 2008두13101).

ㄹ. 방송법이라는 특별법에 의하여 설립 운영되는 한국방송공사(KBS)는 공공기관의 정보공개에 관한 법률 시행령 제2조 제4호의 특별법에 의하여 설립된 특수법인으로서 정보공개의무가 있는 공공기관의 정보공개에 관한 법률 제2조 제3호의 '공공기관'에 해당한다고 판단한 원심판결을 수긍한 사례이다(대판 2010.12.23. 2008두13101).

22 Ⅳ 행정의 실효성 확보수단 — 정답 ③

정답 분석

③ 공무원들이 위법건축물임을 알지 못하여 공사 도중에 시정명령이 내려지지 않아 위법건축물이 완공되었다 하더라도, 공공복리의 증진이라는 위 목적의 달성을 위해서는 완공 후에라도 위법건축물임을 알게 된 이상 시정명령을 할 수 있다(대결 2002.8.16. 2002마1022).

선지 분석

① 행정대집행법상 건물철거의무는 제1차 철거명령 및 계고처분으로서 발생하였고 제2차, 제3차의 계고처분은 새로운 철거의무를 부과한 것이 아니고, 다만 대집행기한의 연기통지에 불과하므로 행정처분이 아니다(대판 1994.10.28. 94누5144).

② 명도의무는 그것을 강제적으로 실현하면서 직접적인 실력행사가 필요한 것이지 대체적 작위의무라고 볼 수 없으므로 특별한 사정이 없는 한 행정대집행법에 의한 대집행의 대상이 될 수 있는 것이 아니다(대판 2005.8.19. 2004다2809).

④ 변형된 과징금은 영업정지 등에 갈음하여 부과하는 것이다. 따라서 동일한 위반사유에 대하여 과징금과 영업정지를 병과할 수는 없다. 다만, 과징금을 부과할 것인지 영업정지처분을 할 것인지는 보통 행정청의 재량이다(대판 2006.5.12. 2004두12315).

23 Ⅰ 개인적 공권 — 정답 ④

정답 분석

④ 검사의 임용 여부는 임용권자의 자유재량에 속하는 사항이나, 임용권자가 동일한 검사신규임용의 기회에 원고를 비롯한 다수의 검사 지원자들로부터 임용 신청을 받아 전형을 거쳐 자체에서 정한 임용기준에 따라 이들 일부만을 선정하여 검사로 임용하는 경우에 있어서 법령상 검사임용 신청 및 그 처리의 제도에 관한 명문 규정이 없다고 하여도 조리상 임용권자는 임용신청자들에게 전형의 결과인 임용 여부의 응답을 해줄 의무가 있다고 할 것이며, 응답할 것인지 여부조차도 임용권자의 편의재량사항이라고는 할 수 없다(대판 1991.2.12. 90누5825).

선지 분석

① 개인적 공권은 법률의 규정에 의한 경우뿐만 아니라 헌법상 기본권, 공법상 계약, 관습법, 법규명령, 행정행위에 근거하여 성립할 수도 있다.

② 행정소송에 있어서 소권은 개인의 국가에 대한 공권이므로 당사자의 합의로써 이를 포기할 수 없다(대판 1995.9.15. 94누4455).

③ 서울특별시의 "철거민에 대한 시영아파트 특별분양 개선지침"은 서울특별시 내부에 있어서의 행정지침에 불과하며, 그 지침 소정의 사람에게 공법상의 분양신청권이 부여되는 것은 아니므로 시영아파트 분양불허의 의사표시는 항고소송의 대상이 되는 행정처분으로 볼 수 없다(대판 1991.11.26. 91누3352).

ㄷ. [O] 우편물 통관검사절차에서 이루어지는 우편물의 개봉, 시료채취, 성분분석 등의 검사는 수출입물품에 대한 적정한 통관 등을 목적으로 한 행정조사의 성격을 가지는 것으로서 수사기관의 강제처분이라고 할 수 없으므로, 압수·수색영장 없이 우편물의 개봉, 시료채취, 성분분석 등 검사가 진행되었다 하더라도 특별한 사정이 없는 한 위법하다고 볼 수 없다(대판 2013.9.26. 2013도7718).

ㄹ. [O] 부과처분을 위한 과세관청의 질문조사권이 행해지는 세무조사결정이 있는 경우 납세의무자는 세무공무원의 과세자료 수집을 위한 질문에 대답하고 검사를 수인하여야 할 법적 의무를 부담하게 되는 점 등을 종합하면, 세무조사결정은 납세의무자의 권리·의무에 직접 영향을 미치는 공권력의 행사에 따른 행정작용으로서 항고소송의 대상이 된다(대판 2011.3.10. 2009두23617).

18 Ⅱ 행정규칙 정답 ④

정답 분석

옳은 것은 3개(ㄱ, ㄴ, ㄷ)이다.

ㄱ. 상급행정기관이 소속 공무원이나 하급행정기관에 대하여 세부적인 업무처리절차나 법령의 해석·적용 기준을 정해 주는 '행정규칙'은 상위법령의 구체적 위임이 있지 않는 한 행정조직 내부에서만 효력을 가질 뿐 대외적으로 국민이나 법원을 구속하는 효력이 없다. 다만, 행정규칙이 이를 정한 행정기관의 재량에 속하는 사항에 관한 것인 때에는 그 규정 내용이 객관적 합리성을 결여하였다는 등의 특별한 사정이 없는 한 법원은 이를 존중하는 것이 바람직하다. 그러나 행정규칙의 내용이 상위법령에 반하는 것이라면 법치국가원리에서 파생되는 법질서의 통일성과 모순금지 원칙에 따라 그것은 법질서상 당연무효이고, 행정내부적 효력도 인정될 수 없다. 이러한 경우 법원은 해당 행정규칙이 법질서상 부존재하는 것으로 취급하여 행정기관이 한 조치의 당부를 상위법령의 규정과 입법 목적 등에 따라서 판단하여야 한다(대판 2019.10.31. 2013두20011).

ㄴ. 행정규칙은 일반적으로 행정조직 내부에서만 효력을 가지는 것이나, 행정규칙이 법령의 규정에 의하여 행정관청에 법령의 구체적 내용을 보충할 권한을 부여한 경우나 재량권행사의 준칙인 규칙이 그 정한 바에 따라 되풀이 시행되어 행정관행이 이룩되게 되면, 평등의 원칙이나 신뢰보호의 원칙에 따라 행정기관은 그 상대방에 대한 관계에서 그 규칙에 따라야 할 자기구속을 당하게 되는 경우에는 대외적인 구속력을 가지게 되는바, 이러한 경우에는 헌법소원의 대상이 될 수도 있다(헌재 2001.5.31. 99헌마413).

ㄷ. 법령상의 어떤 용어가 별도의 법률상의 의미를 가지지 않으면서 일반적으로 통용되는 의미를 가지고 있다면, 상위규범에 그 용어의 의미에 관한 별도의 정의규정을 두고 있지 않고 권한을 위임받은 하위규범에서 그 용어의 사용기준을 정하고 있다 하더라도 하위규범이 상위규범에서 위임한 한계를 벗어났다고 볼 수 없으며, 행정규칙에서 사용하는 개념이 달리 해석할 여지가 있다 하더라도 행정청이 수권의 범위 내에서 법령이 위임한 취지 및 형평과 비례의 원칙에 기초하여 합목적적으로 기준을 설정하여 그 개념을 해석·적용하고 있다면, 개념이 달리 해석할 여지가 있다는 것만으로 이를 사용한 행정규칙이 법령의 위임 한계를 벗어났다고 할 수 없다(대판 2008.4.10. 2007두4841).

19 Ⅱ 공법상 계약 정답 ②

정답 분석

② 중소기업기술정보진흥원장이 甲 주식회사와 중소기업 정보화지원사업 지원대상인 사업의 지원에 관한 협약을 체결하였는데, 협약이 甲 회사에 책임이 있는 사업실패로 해지되었다는 이유로 협약에서 정한 대로 지급받은 정부지원금을 반환할 것을 통보한 사안에서, 협약의 해지 및 그에 따른 환수통보는 공법상 계약에 따라 행정청이 대등한 당사자의 지위에서 하는 의사표시로 보아야 하고, 이를 행정청이 우월한 지위에서 행하는 공권력의 행사로서 행정처분에 해당한다고 볼 수는 없다(대판 2015.8.27. 2015두41449).

선지 분석

① 계약직공무원에 대한 채용계약해지의 의사표시에서 행정처분과 같이 행정절차법에 의하여 근거와 이유를 제시하여야 하는 것은 아니다.

> **관련 판례**
> 계약직공무원에 관한 현행 법령의 규정에 비추어 볼 때, 계약직공무원 채용계약해지의 의사표시는 일반공무원에 대한 징계처분과는 달라서 항고소송의 대상이 되는 처분 등의 성격을 가진 것으로 인정되지 아니하고, 일정한 사유가 있을 때에 국가 또는 지방자치단체가 채용계약 관계의 한쪽 당사자로서 대등한 지위에서 행하는 의사표시로 취급되는 것으로 이해되므로, 이를 징계해고 등에서와 같이 그 징계사유에 한하여 효력유무를 판단하여야 하거나, 행정처분과 같이 행정절차법에 의하여 근거와 이유를 제시하여야 하는 것은 아니다(대판 2002.11.26. 2002두5948).

③ 행정기본법 제27조 【공법상 계약의 체결】 ① 행정청은 법령등을 위반하지 아니하는 범위에서 행정목적을 달성하기 위하여 필요한 경우에는 공법상 법률관계에 관한 계약(이하 "공법상 계약"이라 한다)을 체결할 수 있다. 이 경우 계약의 목적 및 내용을 명확하게 적은 계약서를 작성하여야 한다.

④ 확약, 행정계획의 확정절차, 공법상 계약, 행정상 강제집행, 즉시강제, 행정조사절차, 제3자에 대한 사전통지, 행정절차 하자의 치유와 치유시기, 부당결부금지원칙, 수리를 요하는 신고, 사인의 공법행위에 대한 일반 규정 등은 행정절차법에 규정이 없다.

20 Ⅴ 국가배상 정답 ②

정답 분석

② 국가배상법상 손해배상과 민법상 손해배상 모두 청구할 수 없다.

> **국가배상법 제2조 【배상책임】** ① 국가나 지방자치단체는 공무원 또는 공무를 위탁받은 사인(이하 "공무원"이라 한다)이 직무를 집행하면서 고의 또는 과실로 법령을 위반하여 타인에게 손해를 입히거나, 자동차손해배상 보장법에 따라 손해배상의 책임이 있을 때에는 이 법에 따라 그 손해를 배상하여야 한다. 다만, 군인·군무원·경찰공무원 또는 예비군대원이 전투·훈련 등 직무집행과 관련하여 전사·순직하거나 공상을 입은 경우에 본인이나 그 유족이 다른 법령에 따라 재해보상금·유족연금·상이연금 등의 보상을 지급받을 수 있을 때에는 이 법 및 민법에 따른 손해배상을 청구할 수 없다.

15 Ⅵ 항고소송의 대상 정답 ③

정답 분석
③ 건축주 등은 신고제하에서도 건축신고가 반려될 경우 당해 건축물의 건축을 개시하면 시정명령, 이행강제금, 벌금의 대상이 되거나 당해 건축물을 사용하여 행할 행위의 허가가 거부될 우려가 있어 불안정한 지위에 놓이게 된다. 따라서 건축신고 반려행위가 이루어진 단계에서 당사자로 하여금 반려행위의 적법성을 다투어 그 법적 불안을 해소한 다음 건축행위에 나아가도록 함으로써 장차 있을지도 모르는 위험에서 미리 벗어날 수 있도록 길을 열어 주고, 위법한 건축물의 양산과 그 철거를 둘러싼 분쟁을 조기에 근본적으로 해결할 수 있게 하는 것이 법치행정의 원리에 부합한다. 그러므로 건축신고 반려행위는 항고소송의 대상이 된다고 보는 것이 옳다(대판 2010.11.18. 2010두7321).

선지 분석
① 공정거래위원회의 '표준약관 사용권장행위'는 그 통지를 받은 해당 사업자 등에게 표준약관과 다른 약관을 사용할 경우 표준약관과 다르게 정한 주요내용을 고객이 알기 쉽게 표시하여야 할 의무를 부과하고, 그 불이행에 대해서는 과태료에 처하도록 되어 있으므로, 이는 사업자 등의 권리·의무에 직접 영향을 미치는 행정처분으로서 항고소송의 대상이 된다(대판 2010.10.14. 2008두23184).

② 세무당국이 소외 회사에 대하여 원고와의 주류거래를 일정기간 중지하여 줄 것을 요청한 행위는 권고 내지 협조를 요청하는 권고적 성격의 행위로서 소외 회사나 원고의 법률상의 지위에 직접적인 법률상의 변동을 가져오는 행정처분이라고 볼 수 없는 것이므로 항고소송의 대상이 될 수 없다(대판 1980.10.27. 80누395).

④ 조례가 집행행위의 개입 없이도 그 자체로서 직접 국민의 구체적인 권리·의무나 법적 이익에 영향을 미치는 등의 법률상 효과를 발생하는 경우 그 조례는 항고소송의 대상이 되는 행정처분에 해당한다(대판 1996.9.20. 95누8003).

16 Ⅱ 재량행위 정답 ②

정답 분석
② 학생에 대한 징계권의 발동이나 징계의 양정이 징계권자의 교육적 재량에 맡겨져 있다 할지라도 법원이 심리한 결과 그 징계처분에 위법사유가 있다고 판단되는 경우에는 이를 취소할 수 있는 것이고, 징계처분이 교육적 재량행위라는 이유만으로 사법심사의 대상에서 당연히 제외되는 것은 아니다(대판 1991.11.22. 91누2144).

선지 분석
① 부담부 행정처분에 있어서 처분의 상대방이 부담(의무)을 이행하지 아니한 경우에 처분행정청으로서는 이를 들어 당해 처분을 취소(철회)할 수 있는 것이다(대판 1989.10.24. 89누2431).

③ 법규상·조리상 신청권에 근거한 신청인 경우, 행정청은 신청에 따른 행정행위가 기속행위인지 재량행위인지 상관없이 그 신청에 대한 응답의무가 있다.

관련 판례
환지의 권리자로서는 사업시행자에 대하여 환지등기의 촉탁에 관한 조리상의 신청권이 있다고 할 것이고, 그러한 권리자로부터 그 신청을 받은 행정청으로서는 상당한 기간 내에 그 신청을 인용하는 적극적 처분을 하거나 각하 또는 기각하는 등의 소극적 처분을 하여야 할 법률상의 응답의무가 있다고 할 것이며, 행정청이 위와 같은 권리자의 신청에 대하여 아무런 적극적 또는 소극적 처분을 하지 않고 있다면 그러한 행정청의 부작위는 그 자체로 위법하다고 할 것이고, 구체적으로 그 신청이 인용될 수 있는지 여부는 소극적 처분에 대한 항고소송의 본안에서 판단하여야 할 사항이라고 할 것이다(대판 2005.4.29. 2003두3284).

④ 행정청의 재량에는 재량행위뿐만 아니라 그러한 재량행위를 하기 위하여 필요한 기준을 정하는 것도 포함되므로, 특별한 사정이 없는 한 행정청의 의사는 가능한 존중되어야 한다. 그러나 이미 설정된 재량기준을 구체적으로 적용함에 있어서 행정청이 명백하게 잘못 적용한 경우에는 재량권 남용에 해당하게 된다.

관련 판례
자동차운수사업법에 의한 개인택시운송사업면허는 특정인에게 특정한 권리나 이익을 부여하는 행정행위로서 법령에 특별한 규정이 없는 한 재량행위이고, 그 면허를 위하여 필요한 기준을 정하는 것도 역시 행정청의 재량에 속하는 것이므로 그 설정된 기준이 객관적이고 합리적이 아니거나 타당하지 않다고 볼 만한 다른 특별한 사정이 없는 이상 행정청의 의사는 가능한 존중되어야 하나, 행정청이 어떤 면허신청에 대하여 이미 설정된 면허기준을 구체적으로 적용함에 있어서 그 해석상 당해 신청이 면허발급의 우선순위에 해당함이 명백함에도 불구하고 이를 제외시켜 면허거부처분을 하였다면, 특별한 사정이 없는 한, 그 거부처분은 재량권을 남용한 위법한 처분이다(대판 1997.9.26. 97누8878).

17 Ⅳ 행정조사 정답 ③

정답 분석
옳은 것은 ㄱ, ㄷ, ㄹ이고, 옳지 않은 것은 ㄴ이다.

ㄱ. [○] 행정조사기본법 제12조 제2항에 대한 옳은 내용이다.

> 제12조 【시료채취】 ② 행정기관의 장은 제1항에 따른 시료채취로 조사대상자에게 손실을 입힌 때에는 대통령령으로 정하는 절차와 방법에 따라 그 손실을 보상하여야 한다.

ㄴ. [×] 행정절차법에 행정조사절차에 대한 규정이 없다.

> 행정절차법 제3조 【적용범위】 ① 처분, 신고, 확약, 위반사실 등의 공표, 행정계획, 행정상 입법예고, 행정예고 및 행정지도의 절차(이하 "행정절차"라 한다)에 관하여 다른 법률에 특별한 규정이 있는 경우를 제외하고는 이 법에서 정하는 바에 따른다.

선지 분석

② 국민권익위원회가 소방청장에게 인사와 관련하여 부당한 지시를 한 사실이 인정된다며 이를 취소할 것을 요구하기로 의결하고 그 내용을 통지하자 소방청장이 국민권익위원회 조치요구의 취소를 구하는 소송을 제기한 사안에서, 처분성이 인정되는 국민권익위원회의 조치요구에 불복하고자 하는 소방청장으로서는 조치요구의 취소를 구하는 항고소송을 제기하는 것이 유효·적절한 수단으로 볼 수 있으므로 소방청장이 예외적으로 당사자능력과 원고적격을 가진다(대판 2018. 8.1. 2014두35379).

③ 국립공원 집단시설지구개발사업으로 인하여 직접적이고 중대한 환경피해를 입으리라고 예상되는 환경영향평가대상지역 안의 주민들이 누리고 있는 환경상의 이익이 위 변경승인처분으로 인하여 침해되거나 침해될 우려가 있는 경우에는 그 주민들에게 위 변경승인처분과 그 변경승인처분의 취소를 구하는 행정심판청구를 각하한 재결의 취소를 구할 원고적격이 있다고 보아야 한다(대판 2001.7.27. 99두2970).

④ 광업권설정허가처분의 근거 법규 또는 관련 법규의 취지는 광업권설정허가처분과 그에 따른 광산 개발과 관련된 후속 절차로 인하여 직접적이고 중대한 재산상·환경상 피해가 예상되는 토지나 건축물의 소유자나 점유자 또는 이해관계인 및 주민들이 전과 비교하여 수인한도를 넘는 재산상·환경상 침해를 받지 아니한 채 토지나 건축물 등을 보유하며 쾌적하게 생활할 수 있는 개별적 이익까지도 보호하려는 데 있으므로, 광업권설정허가처분과 그에 따른 광산 개발로 인하여 재산상·환경상 이익의 침해를 받거나 받을 우려가 있는 토지나 건축물의 소유자와 점유자 또는 이해관계인 및 주민들은 그 처분 전과 비교하여 수인한도를 넘는 재산상·환경상 이익의 침해를 받거나 받을 우려가 있다는 것을 증명함으로써 그 처분의 취소를 구할 원고적격을 인정받을 수 있다(대판 2008.9.11. 2006두7577).

13 V 행정상 손실보상 정답 ③

정답 분석

③ 헌법 제23조 제3항은 정당한 보상을 전제로 하여 재산권의 수용 등에 관한 가능성을 규정하고 있지만, 재산권 수용의 주체를 한정하지 않고 있다. 위 헌법조항의 핵심은 당해 수용이 공공필요에 부합하는가, 정당한 보상이 지급되고 있는가 여부 등에 있는 것이지, 그 수용의 주체가 국가인지 민간기업인지 여부에 달려 있다고 볼 수 없다. 또한 국가 등의 공적 기관이 직접 수용의 주체가 되는 것이든 그러한 공적 기관의 최종적인 허부판단과 승인결정하에 민간기업이 수용의 주체가 되는 것이든, 양자 사이에 공공필요에 대한 판단과 수용의 범위에 있어서 본질적인 차이를 가져올 것으로 보이지 않는다. 따라서 위 수용 등의 주체를 국가 등의 공적 기관에 한정하여 해석할 이유가 없다(헌재 2009.9.24. 2007헌바114).

선지 분석

① 구체적인 이익만이 헌법상 재산권 보장의 대상이 된다.

> **관련 판례**
> 헌법 제23조 제1항 및 제13조 제2항에 의하여 보호되는 재산권은 사적 유용성 및 그에 대한 원칙적 처분권을 내포하는 재산가치 있는 구체적 권리이므로 구체적인 권리가 아닌 단순한 이익이나 재화의 획득에 관한 기회 등은 재산권 보장의 대상이 아니라 할 것인바, … 약사의 한약조제권이란 그것이 타인에 의하여 침해되었을 때 방해를 배제하거나 원상회복 내지 손해배상을 청구할 수 있는 권리가 아니라 법률에 의하여 약사의 지위에서 인정되는 하나의 권능에 불과하고, 더욱이 의약품을 판매하여 얻게 되는 이익 역시 장래의 불확실한 기대이익에 불과한 것이므로, 구 약사법상 약사에게 인정된 한약조제권은 위 헌법 조항들이 말하는 재산권의 범위에 속하지 아니한다(헌재 1997.11.27. 97헌바10).

② 헌법 제23조 제3항은 "공공필요에 의한 재산권의 수용·사용 또는 제한 및 그에 대한 보상은 법률로써 하되, 정당한 보상을 지급하여야 한다."라고 규정하고 있는바, 이 헌법의 규정은 보상청구권의 근거에 관하여서 뿐만 아니라 보상의 기준과 방법에 관하여서도 법률에 유보하고 있는 것으로 보아야 할 것이다(대판 2005.7.29. 2003두2311).

④ 징발법 제20조에 대한 옳은 내용이다.

> 제20조【보상 제외】 징발물이 국유재산 또는 공유재산인 경우에는 제19조에도 불구하고 보상을 하지 아니한다.

14 VI 행정심판의 재결 정답 ①

정답 분석

① 심판청구에 대한 재결이 있는 경우 그 재결 및 동일한 처분 또는 부작위에 대하여 다시 행정심판을 청구할 수 없다.

> 행정심판법 제51조【행정심판 재청구의 금지】 심판청구에 대한 재결이 있으면 그 재결 및 같은 처분 또는 부작위에 대하여 다시 행정심판을 청구할 수 없다.

선지 분석

② 행정심판법 제47조 제2항에 대한 옳은 내용이다.

> 제47조【재결의 범위】 ② 위원회는 심판청구의 대상이 되는 처분보다 청구인에게 불리한 재결을 하지 못한다.

③ 행정심판법 제47조 제1항에 대한 옳은 내용이다.

> 제47조【재결의 범위】 ① 위원회는 심판청구의 대상이 되는 처분 또는 부작위 외의 사항에 대하여는 재결하지 못한다.

④ 행정심판법 제49조 제2항에 대한 옳은 내용이다.

> 제49조【재결의 기속력 등】 ② 재결에 의하여 취소되거나 무효 또는 부존재로 확인되는 처분이 당사자의 신청을 거부하는 것을 내용으로 하는 경우에는 그 처분을 한 행정청은 재결의 취지에 따라 다시 이전의 신청에 대한 처분을 하여야 한다.

선지 분석

① 고용보험 및 산업재해보상보험의 보험료징수 등에 관한 법률 제4조, 제16조의2, 제17조, 제19조, 제23조의 각 규정에 의하면, 사업주가 당연가입자가 되는 고용보험 및 산재보험에서 보험료 납부의무 부존재확인의 소는 공법상의 법률관계 자체를 다투는 소송으로서 공법상당사자소송이다(대판 2016.10.13. 2016다221658).

③ 명예퇴직한 법관이 미지급 명예퇴직수당액에 대하여 가지는 권리는 명예퇴직수당 지급대상자 결정절차를 거쳐 명예퇴직수당규칙에 의하여 확정된 공법상 법률관계에 관한 권리로서, 그 지급을 구하는 소송은 행정소송법의 당사자소송에 해당하며, 그 법률관계의 당사자인 국가를 상대로 제기하여야 한다(대판 2016.5.24. 2013두14863).

④ 구 공익사업을 위한 토지 등의 취득 및 보상에 관한 법률 제91조에 규정된 환매권은 상대방에 대한 의사표시를 요하는 형성권의 일종으로서 재판상이든 재판 외이든 위 규정에 따른 기간 내에 행사하면 매매의 효력이 생기는바, 이러한 환매권의 존부에 관한 확인을 구하는 소송 및 구 공익사업법 제91조 제4항에 따라 환매금액의 증감을 구하는 소송 역시 민사소송에 해당한다(대판 2013.2.28. 2010두22368).

---

10 Ⅶ 공무원 권리 — 정답 ③

정답 분석

③ 공무원연금법이나 근로자퇴직급여 보장법에서 정한 퇴직급여는 적법한 공무원으로서의 신분을 취득하거나 근로고용관계가 성립하여 근무하다가 퇴직하는 경우에 지급되는 것이다. 임용 당시 공무원 임용결격사유가 있었다면, 비록 국가의 과실에 의하여 임용결격자임을 밝혀내지 못하였다 하더라도 임용행위는 당연무효로 보아야 하고, 당연무효인 임용행위에 의하여 공무원의 신분을 취득한다거나 근로고용관계가 성립할 수는 없다. 따라서 임용결격자가 공무원으로 임용되어 사실상 근무하여 왔다 하더라도 적법한 공무원으로서의 신분을 취득하지 못한 자로서는 공무원연금법이나 근로자퇴직급여 보장법에서 정한 퇴직급여를 청구할 수 없다. 나아가 이와 같은 법리는 임용결격사유로 인하여 임용행위가 당연무효인 경우뿐만 아니라 임용행위의 하자로 임용행위가 취소되어 소급적으로 지위를 상실한 경우에도 마찬가지로 적용된다(대판 2017.5.11. 2012다200486).

선지 분석

① 국가공무원법 제68조에 대한 옳은 내용이다.

> 제68조 【의사에 반한 신분 조치】 공무원은 형의 선고, 징계처분 또는 이 법에서 정하는 사유에 따르지 아니하고는 본인의 의사에 반하여 휴직·강임 또는 면직을 당하지 아니한다. 다만, 1급 공무원과 제23조에 따라 배정된 직무등급이 가장 높은 등급의 직위에 임용된 고위공무원단에 속하는 공무원은 그러하지 아니하다.

② 국가공무원법 제16조 제1항에 대한 옳은 내용이다.

> 제16조 【행정소송과의 관계】 ① 제75조에 따른 처분, 그 밖에 본인의 의사에 반한 불리한 처분이나 부작위(不作爲)에 관한 행정소송은 소청심사위원회의 심사·결정을 거치지 아니하면 제기할 수 없다.

④ 국가공무원법 제73조에 대한 옳은 내용이다.

> 제73조 【휴직의 효력】 ① 휴직 중인 공무원은 신분은 보유하나 직무에 종사하지 못한다.
> ② 휴직 기간 중 그 사유가 없어지면 30일 이내에 임용권자 또는 임용제청권자에게 신고하여야 하며, 임용권자는 지체 없이 복직을 명하여야 한다.
> ③ 휴직 기간이 끝난 공무원이 30일 이내에 복귀 신고를 하면 당연히 복직된다.

---

11 Ⅱ 행정기본법 — 정답 ③

정답 분석

ㄱ. 첫날에 산입하지 아니한다.

> 행정기본법 제7조 【법령등 시행일의 기간 계산】 법령 등(훈령·예규·고시·지침 등을 포함한다. 이하 이 조에서 같다)의 시행일을 정하거나 계산할 때에는 다음 각 호의 기준에 따른다.
> 2. 법령 등을 공포한 날부터 일정 기간이 경과한 날부터 시행하는 경우 법령 등을 공포한 날을 첫날에 산입하지 아니한다.

ㄴ. 첫날에 산입한다.

> 행정기본법 제6조 【행정에 관한 기간의 계산】 ② 법령 등 또는 처분에서 국민의 권익을 제한하거나 의무를 부과하는 경우 권익이 제한되거나 의무가 지속되는 기간의 계산은 다음 각 호의 기준에 따른다. 다만, 다음 각 호의 기준에 따르는 것이 국민에게 불리한 경우에는 그러하지 아니하다.
> 1. 기간을 일, 주, 월 또는 연으로 정한 경우에는 기간의 첫날을 산입한다.

---

12 Ⅵ 원고적격 — 정답 ①

정답 분석

① 한의사 면허는 경찰금지를 해제하는 명령적 행위(강학상 허가)에 해당하고, 한약조제시험을 통하여 약사에게 한약조제권을 인정함으로써 한의사들의 영업상 이익이 감소되었다고 하더라도 이러한 이익은 사실상의 이익에 불과하고 약사법이나 의료법 등의 법률에 의하여 보호되는 이익이라고는 볼 수 없으므로, 한의사들이 한약조제시험을 통하여 한약조제권을 인정받은 약사들에 대한 합격처분의 무효확인을 구하는 당해 소는 원고적격이 없는 자들이 제기한 소로서 부적법하다(대판 1998.3.10. 97누4289).

④ 해당 처분의 성질상 의견청취가 현저히 곤란하거나 명백히 불필요하다고 인정될 만한 상당한 이유가 있는 경우에는 사전 통지 및 의견청취절차를 거치지 아니할 수 있다.

> 행정절차법 제21조【처분의 사전 통지】④ 다음 각 호의 어느 하나에 해당하는 경우에는 제1항에 따른 통지를 하지 아니할 수 있다.
> 1. 공공의 안전 또는 복리를 위하여 긴급히 처분을 할 필요가 있는 경우
> 2. 법령 등에서 요구된 자격이 없거나 없어지게 되면 반드시 일정한 처분을 하여야 하는 경우에 그 자격이 없거나 없어지게 된 사실이 법원의 재판 등에 의하여 객관적으로 증명된 경우
> 3. 해당 처분의 성질상 의견청취가 현저히 곤란하거나 명백히 불필요하다고 인정될 만한 상당한 이유가 있는 경우

07 Ⅱ 행정지도   정답 ③

정답 분석

③ 행정기관은 행정지도의 상대방이 행정지도에 따르지 아니하였다는 것을 이유로 불이익한 조치를 하여서는 아니 된다(행정절차법 제48조 제2항).

선지 분석

① 행정절차법 제50조에 대한 옳은 내용이다.

> 제50조【의견제출】행정지도의 상대방은 해당 행정지도의 방식·내용 등에 관하여 행정기관에 의견제출을 할 수 있다.

② 행정절차법 제49조 제1항에 대한 옳은 내용이다.

> 제49조【행정지도의 방식】① 행정지도를 하는 자는 그 상대방에게 그 행정지도의 취지 및 내용과 신분을 밝혀야 한다.

④ 행정절차법 제51조에 대한 옳은 내용이다.

> 제51조【다수인을 대상으로 하는 행정지도】행정기관이 같은 행정목적을 실현하기 위하여 많은 상대방에게 행정지도를 하려는 경우에는 특별한 사정이 없으면 행정지도에 공통적인 내용이 되는 사항을 공표하여야 한다.

08 Ⅲ 개인정보 보호법   정답 ②

정답 분석

② 개인정보 보호법 제24조 제1항에 대한 옳은 내용이다.

> 제24조【고유식별정보의 처리 제한】① 개인정보처리자는 다음 각 호의 경우를 제외하고는 법령에 따라 개인을 고유하게 구별하기 위하여 부여된 식별정보로서 대통령령으로 정하는 정보(이하 "고유식별정보"라 한다)를 처리할 수 없다.
> 1. 정보주체에게 제15조 제2항 각 호 또는 제17조 제2항 각 호의 사항을 알리고 다른 개인정보의 처리에 대한 동의와 별도로 동의를 받은 경우
> 2. 법령에서 구체적으로 고유식별정보의 처리를 요구하거나 허용하는 경우

선지 분석

① 출입국관리법에 따른 외국인등록번호는 고유식별정보에 해당한다.

> 개인정보 보호법 시행령 제19조【고유식별정보의 범위】법 제24조 제1항 각 호 외의 부분에서 "대통령령으로 정하는 정보"란 다음 각 호의 어느 하나에 해당하는 정보를 말한다. 다만, 공공기관이 법 제18조 제2항 제5호부터 제9호까지의 규정에 따라 다음 각 호의 어느 하나에 해당하는 정보를 처리하는 경우의 해당 정보는 제외한다.
> 1. 주민등록법 제7조의2 제1항에 따른 주민등록번호
> 2. 여권법 제7조 제1항 제1호에 따른 여권번호
> 3. 도로교통법 제80조에 따른 운전면허의 면허번호
> 4. 출입국관리법 제31조 제5항에 따른 외국인등록번호

③ 민간에 의하여 처리되는 정보도 개인정보 보호대상이 된다.

> 개인정보 보호법 제2조【정의】이 법에서 사용하는 용어의 뜻은 다음과 같다.
> 5. "개인정보처리자"란 업무를 목적으로 개인정보파일을 운용하기 위하여 스스로 또는 다른 사람을 통하여 개인정보를 처리하는 공공기관, 법인, 단체 및 개인 등을 말한다.

④ 개인정보처리자가 고의, 과실이 없음을 입증하여야 한다.

> 개인정보 보호법 제39조【손해배상책임】① 정보주체는 개인정보처리자가 이 법을 위반한 행위로 손해를 입으면 개인정보처리자에게 손해배상을 청구할 수 있다. 이 경우 그 개인정보처리자는 고의 또는 과실이 없음을 입증하지 아니하면 책임을 면할 수 없다.

09 Ⅵ 당사자소송   정답 ②

정답 분석

② 국토의 계획 및 이용에 관한 법률 제130조 제3항에서 정한 토지의 소유자·점유자 또는 관리인(이하 '소유자 등'이라 한다)이 사업시행자의 일시 사용에 대하여 정당한 사유 없이 동의를 거부하는 경우, 사업시행자는 해당 토지의 소유자 등을 상대로 동의의 의사표시를 구하는 소를 제기할 수 있다. 이와 같은 토지의 일시 사용에 대한 동의의 의사표시를 할 의무는 '국토의 계획 및 이용에 관한 법률'에서 특별히 인정한 공법상의 의무이므로, 그 의무의 존부를 다투는 소송은 '공법상의 법률관계에 관한 소송으로서 그 법률관계의 한쪽 당사자를 피고로 하는 소송', 즉 행정소송법 제3조 제2호에서 규정한 당사자소송이라고 보아야 한다(대판 2019.9.9. 2016다262550).

04 Ⅱ 행정행위의 철회　　　정답 ④

정답 분석

④ 일반적으로 처분이 주체·내용·절차와 형식의 요건을 모두 갖추고 외부에 표시된 경우에는 처분의 존재가 인정된다. 행정의사가 외부에 표시되어 행정청이 자유롭게 취소·철회할 수 없는 구속을 받게 되는 시점에 처분이 성립하고, 그 성립 여부는 행정청이 행정의사를 공식적인 방법으로 외부에 표시하였는지를 기준으로 판단해야 한다(대판 2019.7.11. 2017두38874).

선지 분석

① 상대방 있는 행정처분은 특별한 규정이 없는 한 의사표시에 관한 일반법리에 따라 상대방에게 고지되어야 효력이 발생하고, 상대방 있는 행정처분이 상대방에게 고지되지 아니한 경우에는 상대방이 다른 경로를 통해 행정처분의 내용을 알게 되었다고 하더라도 행정처분의 효력이 발생한다고 볼 수 없다(대판 2019.8.9. 2019두38656).

② 인가처분을 함에 있어 위와 같은 철회사유를 인가조건으로 부가하면서 비록 철회권 유보라고 명시하지 아니한 채 조건불이행시 인가를 취소할 수 있다는 기재를 하였다 하더라도 위 인가조건의 전체적 의미는 인가처분에 대한 철회권을 유보한 것이라고 봄이 상당하다(대판 2003.5.30. 2003다6422).

③ 국유 일반재산 임대계약의 취소는 사법관계에 해당하므로 강학상 행정행위의 철회에 해당한다고 볼 수 없다.

이것도 알면 합격!

행정행위의 철회

권한행사자	처분청
사유	새로운 사정변경
대상	완전 유효한 행정행위
절차	특별한 절차 없음
효과	장래효
손실보상	원칙적 손실보상

05 Ⅶ 국유재산　　　정답 ④

정답 분석

④ 행정재산은 민법 제245조에도 불구하고 시효취득의 대상이 되지 아니한다.

> 국유재산법 제7조【국유재산의 보호】② 행정재산은 민법 제245조에도 불구하고 시효취득의 대상이 되지 아니한다.
>
> 민법 제245조【점유로 인한 부동산소유권의 취득기간】① 20년간 소유의 의사로 평온, 공연하게 부동산을 점유하는 자는 등기함으로써 그 소유권을 취득한다.
> ② 부동산의 소유자로 등기한 자가 10년간 소유의 의사로 평온, 공연하게 선의이며 과실 없이 그 부동산을 점유한 때에는 소유권을 취득한다.

선지 분석

① 국유재산의 관리청이 그 무단점유자에 대하여 하는 변상금부과처분은 순전히 사경제주체로서 행하는 사법상의 법률행위라 할 수 없고 이는 관리청이 공권력을 가진 우월적 지위에서 행한 것으로서 행정소송의 대상이 되는 행정처분이라고 보아야 한다(대판 1988.2.23. 87누1046).

② 국유재산법 제3조 제1호·제3호에 대한 옳은 내용이다.

> 제3조【국유재산 관리·처분의 기본원칙】국가는 국유재산을 관리·처분할 때에는 다음 각 호의 원칙을 지켜야 한다.
> 1. 국가전체의 이익에 부합되도록 할 것
> 2. 취득과 처분이 균형을 이룰 것
> 3. 공공가치와 활용가치를 고려할 것
> 3의2. 경제적 비용을 고려할 것
> 4. 투명하고 효율적인 절차를 따를 것

③ 국유재산법 제11조에 대한 옳은 내용이다.

> 제11조【사권 설정의 제한】① 사권(私權)이 설정된 재산은 그 사권이 소멸된 후가 아니면 국유재산으로 취득하지 못한다. 다만, 판결에 따라 취득하는 경우에는 그러하지 아니하다.
> ② 국유재산에는 사권을 설정하지 못한다. 다만, 일반재산에 대하여 대통령령으로 정하는 경우에는 그러하지 아니하다.

06 Ⅲ 행정절차법　　　정답 ①

정답 분석

① 행정절차법 제40조 제3항에 대한 옳은 내용이다.

> 제40조【신고】③ 행정청은 제2항 각 호의 요건을 갖추지 못한 신고서가 제출된 경우에는 지체 없이 상당한 기간을 정하여 신고인에게 보완을 요구하여야 한다.

선지 분석

② 행정절차법에는 정보통신망을 이용한 송달에 대해서도 규정하고 있다.

> 행정절차법 제14조【송달】① 송달은 우편, 교부 또는 정보통신망 이용 등의 방법으로 하되, 송달받을 자(대표자 또는 대리인을 포함한다. 이하 같다)의 주소·거소(居所)·영업소·사무소 또는 전자우편주소(이하 "주소등"이라 한다)로 한다. 다만, 송달받을 자가 동의하는 경우에는 그를 만나는 장소에서 송달할 수 있다.

③ 행정청은 법령상 청문실시의 사유가 있는 경우에도 당사자가 의견진술의 기회를 포기한다는 뜻을 명백히 표시한 경우에는 의견청취를 하지 않을 수 있다.

> 행정절차법 제22조【의견청취】④ 제1항부터 제3항까지의 규정에도 불구하고 제21조 제4항 각 호의 어느 하나에 해당하는 경우와 당사자가 의견진술의 기회를 포기한다는 뜻을 명백히 표시한 경우에는 의견청취를 하지 아니할 수 있다.

제2과목 행정법

01 Ⅰ 사인의 공법행위   정답 ④

정답 분석
④ 민법의 법률행위에 관한 규정은 행위의 격식화를 특색으로 하는 공법행위에 당연히 타당하다고 말할 수 없으므로 공법행위인 영업재개업신고에 민법 제107조는 적용될 수 없다(대판 1978.7.25. 76누276).

선지 분석
① 사인의 공법행위는 공법관계에서 공법적 효과의 발생을 목적으로 하는 모든 사인의 행위로서 법적 행위라는 점에서 사실행위인 공법상 사실행위와 구별된다.
② 사인의 공법행위는 행위의 효과를 기준으로 자기완결적(자체완성적) 공법행위와 행위요건적(행정요건적) 공법행위로 나눌 수 있다. 자기완결적 공법행위는 사인의 행위 자체만으로도 일정한 법적 효과를 가져오는 행위(예 투표 등)를 말하고, 행위요건적 공법행위는 사인의 행위가 특정한 행위의 전제요건을 구성하는 행위(예 신청, 동의 등)를 말한다.
③ 공무원이 한 사직 의사표시의 철회나 취소는 그에 터잡은 의원면직처분이 있을 때까지 할 수 있는 것이고, 일단 면직처분이 있고 난 이후에는 철회나 취소할 여지가 없다(대판 2001.8.24. 99두9971).

이것도 알면 합격!

자기완결적 신고와 행위요건적 신고

구분	자기완결적 신고	행위요건적 신고
내용	해당 행위 자체만으로 법적 효과 발생	행정주체가 행하는 공법행위의 요건에 불과함
성질	본래적 의미의 신고	완화된 허가제의 성질
효력발생시기	신고서가 도달한 때	행정기관이 수리한 때
수리여부	수리를 요하지 않는 신고	수리를 요하는 신고
수리거부	처분성 × (단, 예외 있음)	처분성 ○
신고필증	단순한 사실적 의미	법적 의미
명문규정	행정절차법 제40조	행정기본법 제34조

02 Ⅰ 행정법의 일반원칙   정답 ①

정답 분석
ㄱ. 비례의 원칙(과잉금지의 원칙)에 대한 내용이다.

> **관련 판례**
> 과잉금지의 원칙이라 함은 국민의 기본권을 제한함에 있어서 국가작용의 한계를 명시한 것으로서 목적의 정당성, 방법의 적정성, 피해의 최소성, 법익의 균형성 등을 의미하며 그 어느 하나에라도 저촉이 되면 위헌이 된다는 헌법상의 원칙을 말한다(헌재 1997.3.27. 95헌가17).

ㄴ. 부당결부금지의 원칙에 대한 내용이다.

> **관련 판례**
> 인천시장은 원고에게 주택사업계획승인을 하게 됨을 기화로 그 주택사업과는 아무런 관련이 없는 토지인 위 2,791㎡를 기부채납하도록 하는 부관을 위 주택사업계획승인에 붙인 사실이 인정되므로, 위 부관은 부당결부금지의 원칙에 위반되어 위법하다고 할 것이다(대판 1997.3.11. 96다49650).

> 행정기본법 제13조【부당결부금지의 원칙】 행정청은 행정작용을 할 때 상대방에게 해당 행정작용과 실질적인 관련이 없는 의무를 부과해서는 아니 된다.

03 Ⅵ 행정소송   정답 ②

정답 분석
② 부작위법확인소송의 대상이 될 수 있는 것은 구체적 권리의무에 관한 분쟁이어야 하고 추상적인 법령에 관하여 제정의 여부 등은 그 자체로서 국민의 구체적인 권리의무에 직접적 변동을 초래하는 것이 아니어서 행정소송의 대상이 될 수 없다(대판 1992.5.8. 91누11261).

선지 분석
① 행정소송법 제8조 제2항에 대한 옳은 내용이다.

> 제8조【법적용례】② 행정소송에 관하여 이 법에 특별한 규정이 없는 사항에 대하여는 법원조직법과 민사소송법 및 민사집행법의 규정을 준용한다.

③ 행정소송에서 기록상 자료가 나타나 있다면 당사자가 주장하지 않았더라도 판단할 수 있고, 당사자가 제출한 소송자료에 의하여 법원이 처분의 적법 여부에 관한 합리적인 의심을 품을 수 있음에도 단지 구체적 사실에 관한 주장을 하지 아니하였다는 이유만으로 당사자에게 석명을 하거나 직권으로 심리 판단하지 아니함으로써 구체적 타당성이 없는 판결을 하는 것은 행정소송법 제26조의 규정과 행정소송의 특수성에 반하므로 허용될 수 없다(대판 2006.9.22. 2006두7430).

④ 행정심판법 제50조의2 제4항에 대한 옳은 내용이다.

> 제50조의2【위원회의 간접강제】④ 청구인은 제1항 또는 제2항에 따른 결정에 불복하는 경우 그 결정에 대하여 행정소송을 제기할 수 있다.

24 문학　작품의 종합적 감상 (시)　　　정답 ④

정답 분석

④ 제시된 작품은 윤동주의 '참회록'으로, 화자는 일제 강점기 암울한 현실 속에서 무기력하게 살아 온 것에 대한 부끄러움과 성찰에 대한 내용을 스스로 묻고 답하는 형식으로 고백하고 있다.

오답 분석

① '과거 → 현재(2연) → 미래(3연)'의 시간 흐름에 따라 시상이 전개되고 있다.

② 참회의 매개체인 '구리거울'이 역사적 유물이라는 점을 통해 성찰의 범위가 개인을 넘어 민족 공동체와 역사에 대한 성찰로까지 확장되고 있음을 알 수 있다.

③ 5연의 '어느 운석(隕石) 밑으로 홀로 걸어가는 / 슬픈 사람의 뒷모양'에서 자기희생적 이미지를 확인할 수 있으며, 이때 '운석(隕石)'은 죽음을 의미하므로 화자의 체념적인 태도가 아니라 비극적인 삶을 암시하고 있다.

25　문학　시어의 의미　　　정답 ③

정답 분석

③ 3연의 '부끄런 고백'은 역사적 현실에 대해 적극적으로 대응하지 못하고 소극적인 고백을 했던 화자의 자책감이 드러나는 시어이다. 따라서 '부끄런 고백'은 치욕스러운 현실에 적극적으로 대응하지 못했던 현재의 삶에 대한 참회를 의미하므로 정답은 ③이다.

이것도 알면 합격!

윤동주, '참회록'

1. 주제: 자기 성찰을 통한 현실 극복 의지
2. 특징
(1) 과거에서 미래로의 시간의 흐름에 따라 시상이 전개됨
(2) '거울'을 매개로 치열한 자기 성찰의 모습을 보여 줌
3. 시어의 의미

시어	의미
파란 녹	역사의 쇠망과 망국의 치욕
구리거울	자아 성찰의 매개체
그 어느 즐거운 날	광복의 날(밝은 미래)
밤	암담한 현실, 일제 강점기
운석	죽음
슬픈 사람의 뒷모양	잘못된 역사를 극복하고 진실된 모습을 찾고자 하는 화자의 모습

오답 분석

② 2문단에 산조의 '장단 구성'이 언급되어 있지만, 이는 제시문의 부분적인 내용이므로 글의 중심 내용으로 적절하지 않다.
③ 산조의 개념과 형식을 설명하기 위해 악기(장구)와 연주 방식(악기의 특성을 한껏 살려 흥겹고 자유롭게 연주)을 언급한 것이므로 글의 중심 내용으로 적절하지 않다.
④ 산조에 서민들의 애환이 담겨 있다는 내용이 드러나기는 하지만, 이는 산조의 특징 중 하나일 뿐 글의 중심 내용으로 보기 어렵다.

20 비문학 세부 내용 파악   정답 ①

정답 분석

① 1~2번째 줄에서 인쇄 매체가 독자의 생리적 상황에 맞춰 친절하게 대해 주지는 않다는 사실을 확인할 수 있다. 그러나 이것이 곧 '독자의 생리적 상황'이 '인쇄 매체의 불친절'의 원인이라는 것을 의미하는 것이 아니므로 ①은 적절하지 않은 설명이다.

오답 분석

② 3~6번째 줄을 통해 인쇄 매체는 독자가 기억해야 하거나 잊었을 부분이라도 반드시 활자의 크기나 모양을 달리하거나 반복하여 상기시켜 주지 않는다는 것을 알 수 있으므로 ②는 적절한 설명이다.
③ 끝에서 1~3번째 줄을 통해 말을 경중을 가리거나 흐름을 파악하는 등 인쇄 매체를 이해하는 것은 독자의 몫임을 알 수 있으므로 ③은 적절한 설명이다.
④ 6~7번째 줄을 통해 인쇄 매체는 독자의 현실적 지력을 감안하지 않고 이상적 지력에 호소하는 것임을 알 수 있으므로 ④는 적절한 설명이다.

21 문학 작품의 내용 파악   정답 ①

정답 분석

① ㉠'교두 각시'는 반박을 하기 위해 양각(兩脚)을 빠르게 놀려 달려와 자신의 공을 내세우고 있으나 반박의 대상은 ㉡'세요 각시'가 아닌 '척 부인'이므로 ㉠'교두 각시'가 ㉡'세요 각시'의 말을 반박한다는 ①의 설명은 적절하지 않다.

오답 분석

② ㉡'세요 각시'는 '척 부인'이 재고 ㉠'교두 각시'가 베어 내도 자신이 없으면 공이 없을 것이라고 이야기하며 '척 부인'과 ㉠'교두 각시'의 공을 폄하하고 있다.
③ ㉢'청홍 각시'는 남의 공은 인정하지 않고 자신의 공만 내세우는 ㉡'세요 각시'의 말을 듣고 얼굴이 붉으락푸르락해진다. 이를 통해 ㉢'청홍 각시'가 자신의 공만 내세우는 ㉡'세요 각시'에게 화를 내고 있음을 알 수 있다.

④ ㉣'감토 할미'는 아가씨가 바느질을 할 때 손부리가 아프지 않도록 도와준다고 말하고 있다. 이를 통해 ㉣'감토 할미'는 아가씨가 바늘을 상징하는 ㉡'세요 각시'를 사용할 때 다치지 않도록 도와준다는 것을 강조하고 있음을 알 수 있다.

22 비문학 글의 구조 파악 (접속어의 사용)   정답 ②

정답 분석

② ㉠ ~ ㉢안에 들어갈 말은 순서대로 '그래서 – 한편 – 그런데'이므로 답은 ②이다.
- ㉠ 그래서: ㉠의 앞에서 중세 유럽에는 특별한 식품 보존 기술이 없었음을 언급하며, ㉠의 뒤에서 이로 인해 사람들이 흔히 먹는 돼지고기를 보존·요리하기 위해 향신료가 필요했음을 설명하고 있다. 따라서 ㉠에는 인과의 접속어 '그래서' 또는 '그러므로'가 들어가는 것이 적절하다.
- ㉡ 한편: ㉡의 앞에서 향신료를 이용하면 고기의 부패 방지뿐만 아니라 맛도 더 좋게 만들 수 있음을 설명하고 있으며, ㉡의 뒤에서는 앞의 내용과 달리 향신료가 약으로도 사용된 경우를 제시하고 있다. 따라서 ㉡에는 전환의 접속어 '한편'이 들어가는 것이 적절하다.
- ㉢ 그런데: ㉢의 앞에서 유럽에 흑사병이 창궐했을 당시 향신료가 약으로 사용되었음을 언급하고, 유럽에서 향신료가 많이 필요했던 것과는 다르게 ㉢의 뒤에서 향신료가 유럽이 아닌 다른 일부 지역에만 생산되어 유럽에서 높은 가격으로 거래되었음을 설명하고 있다. 따라서 ㉢에는 전환의 접속어 '그런데'가 들어가는 것이 적절하다.

23 비문학 관점과 태도 파악   정답 ②

정답 분석

② (나)의 끝에서 1~3번째 줄을 통해 필자는 어떤 행위를 할 수 있는 절차적 지식을 갖는 것은 훈련을 통해 가능하다고 하였다. 이때 (가)의 끝에서 3~4번째 줄을 통해 '절차적 지식'은 능력의 소유를 의미함을 알 수 있으므로 ②의 추론은 적절하다.

오답 분석

① (가)를 통해서 자전거를 탈 줄 아는 것은 능력을 소유하는 절차적 지식임을 알 수 있으며, (나)의 4~6번째 줄에서 자전거 타는 절차적 지식을 습득하는 것은 아무 정보 없이도 습득이 가능함을 알 수 있으므로 적절하지 않다.
③ (나)의 1~4번째 줄을 통해 특정한 대상(자전거, 빵)에 대한 정보를 많이 갖고 있다고 해서 그와 관련된 행위(자전거 타기, 제빵)를 할 수 있는 것이 아니며, 특정한 행위(자전거 타기, 제빵)를 하기 위해 관련된 대상(자전거, 빵)에 대한 정보를 가지고 있지 않아도 됨을 알 수 있으므로 적절하지 않다.
④ (나)의 끝에서 4~8번째 줄을 통해 특정 행위에 대한 정보를 알고 있는 사람이라도, 실제 그 행동이 익숙해지면 그 정보를 의식하지 않음을 알 수 있으므로 적절하지 않다.

오답 분석

② 우리말 표기와 원어 표기를 아울러 보일 때는 소괄호(( ))를 쓴다. 참고로, 고유어에 대응하는 한자어를 함께 보일 때에는 대괄호([ ])를 쓴다.

예 · 기호(嗜好), 커피(coffee)
　　· 낱말[單語], 손발[手足]

③ 한 문장 안에 몇 개의 독립적인 물음이 이어질 때는 각 물음의 뒤에 물음표를 쓰며, 몇 개의 선택적인 물음이 이어질 때는 맨 끝의 물음에만 물음표를 쓴다.

예 · 그는 몇 살이니? 어디에 사니? 무슨 일을 하니?
　　· 그녀는 대학생이냐, 회사원이냐?

④ 차례대로 이어지는 내용을 하나로 묶어 열거할 때 각 어구 사이에는 붙임표(–)를 쓰며, 단순히 열거만 하고자 할 때는 쉼표(,)를 쓸 수도 있다.

예 · 멀리뛰기는 도움닫기–도약–공중 자세–착지의 순서로 이루어진다.
　　· 이 논문은 서론, 본론, 결론을 통일성 있게 쓴 글이다.

16 문학 　시어 및 시구의 의미　　정답 ③

정답 분석

③ 제시된 작품에서 '그 옛날의 것'은 '눈'을 의미하며 화자가 아버지의 사랑을 느꼈던 어린 시절을 되돌아보게 하는 회상의 매개체이다. 따라서 ③은 '아버지의 사랑'을 의미하는 것이 아니다.

오답 분석

①②④ 열병으로 고통스러워하던 어린 시절의 화자에게 아버지가 보여 준 헌신적인 사랑을 의미하는 시어 및 시구이다.

17 문학 　표현상의 특징　　정답 ①

정답 분석

① '눈을 헤치고 따 오신 / 그 붉은 산수유 열매'에는 '눈(흰색)'과 '산수유(붉은색)'의 선명한 색채 대비를 통해 아버지의 헌신적인 사랑을 강조하는 표현 방법이 쓰이고 있다. 이와 동일한 표현 방법이 쓰인 것은 ①로, '어두운 방 안(검은색)'과 '바알간 숯불(붉은색)'의 색채 대비를 통해 생명이 꺼져 가는 암울한 이미지와 생명을 지키는 따뜻한 이미지를 함께 형상화하고 있다.

오답 분석

③ '나는 한 마리 어린 짐승'에서는 원관념인 화자를 보조 관념인 '짐승'으로 표현한 은유법이 사용되었고, '서느런 옷자락'에는 촉각적 심상이 사용되었다.

이것도 알면 합격!

김종길, '성탄제'

1. 주제: 아버지의 따듯하고 순수한 사랑에 대한 그리움
2. 특징
   (1) 선명한 색채 대비를 통해 이미지를 형상화함
   (2) 상징적인 시어를 활용하여 시상을 압축적으로 표현함
   (3) 과거와 현재, 시골과 도시라는 대칭 구조가 나타남

18 비문학 　내용 추론　　정답 ②

정답 분석

② 빈칸에 들어갈 말로 적절한 것은 ②이다.

⊙ 과학 기술: 1문단 끝에서 1~6번째 줄을 통해, 기술사회에서 떠오른 다양한 문제들이 '과학 기술'과 관련된 것임을 확인할 수 있다. 따라서 ⊙에 들어갈 말로 적절한 것은 '과학 기술'이다.

ⓒ 야기: 과학 기술이 급속도로 발전함에 따라 다양한 문제들이 일어나고 있음을 설명하는 문장이므로 ⓒ에 들어갈 말로 적절한 것은 '야기'이다.

　· 야기: 일이나 사건 등을 끌어 일으킴
　· 촉진: 다그쳐 빨리 나아가게 함

ⓒ 그러나: ⓒ의 앞에서는 과학 기술의 발전이 시민사회에 영향을 미친다고 밝히는 반면, ⓒ 뒤의 문장에서는 과학 기술과 관련된 사회적 쟁점에 대한 의사결정에 정작 일반 시민은 참여하기 어렵다고 설명하고 있다. 따라서 ⓒ에는 앞의 내용과 뒤의 내용이 상반될 때 사용하는 접속 부사 '그러나'가 들어가는 것이 적절하다.

ⓔ 난해함: ⓔ이 포함된 문장에서 과학 기술과 관련된 문제는 사회의 다른 영역과 달리 복잡하고 해결하기 어렵다는 점을 설명하고 있다. 따라서 ⓔ에 들어갈 말로 적절한 것은 '난해함'이다.

　· 난해함: 풀거나 해결하기 어려움
　· 명료함: 뚜렷하고 분명함

19 비문학 　주제 및 중심 내용 파악　　정답 ①

정답 분석

① 1문단에서는 산조의 특징을 언급하고, 2문단에서는 산조의 형식을 설명하고 있다. 따라서 제시문의 중심 내용으로 가장 적절한 것은 ①이다.

· 산조의 특징: 악기의 특성을 살려 흥겹고 자유롭게 연주함, 큰 제약이 없이 자유로운 음악, 서민들의 삶의 애환이나 사랑의 감정을 녹여 냄
· 산조의 형식: 산조의 가락은 장단을 갖추고 있음, 3~6개 장단 구성의 악장으로 구분됨, 장구 반주가 뒤따름

11 문학+어휘 인물의 심리 및 태도, 속담 정답 ③

정답 분석
③ ㉠ '신기료 장수'는 경제적으로 어려움을 겪다가 미국 장교의 통역을 도와주어 새로운 일거리를 구하게 되었다. 따라서 고생하던 ㉠ '신기료 장수'에게 좋은 기회가 온 상황이므로 관련된 속담으로 적절한 것은 ③이다.

- 개똥밭에 이슬 내릴 때가 있다: 몹시 고생을 하는 삶도 좋은 운수가 터질 날이 있다는 말

오답 분석
① 구슬 없는 용: 쓸모없고 보람 없게 된 처지를 비유적으로 이르는 말
② 개구리 낯짝에 물 붓기: '물에 사는 개구리의 낯에 물을 끼얹어 보았자 개구리가 놀랄 일이 아니다'라는 뜻으로, 어떤 자극을 주어도 그 자극이 조금도 먹혀들지 아니하거나 어떤 처사를 당하여도 태연함을 이르는 말
④ 산 밖에 난 범이요 물 밖에 난 고기라: 1. '범이 자기의 터전인 산에서 나와 옴짝달싹 못 하게 되고 물고기가 물 밖으로 나와 옴짝달싹 못 하게 되었다'라는 뜻으로, 의지할 곳을 잃어 옴짝달싹 못 하게 됨을 비유적으로 이르는 말 2. 자기 능력을 발휘할 수 없는 처지에 빠짐을 비유적으로 이르는 말

12 어법 올바른 문장 표현 정답 ④

정답 분석
④ 경제적 교류와 협력은(○): 접속 조사 '와'를 중심으로 '경제적 교류'와 '(경제적) 협력'이 대등하게 연결되어 있다. 이때 '협력' 앞의 '경제적'은 중복되는 성분이어서 생략된 것이며, 전체 문장에서 주어, 부사어, 서술어의 호응이 적절하므로 ④는 문장 성분의 연결이 자연스럽다.

오답 분석
① 너는 반드시 약속을 어겨서는 안 된다(×) → 너는 절대로 약속을 어겨서는 안 된다(○): 부사어 '반드시'와 서술어 '안 되다'의 호응이 자연스럽지 않다. '반드시'는 당위의 서술어와 주로 호응하므로 부정의 서술어와 주로 쓰이는 부사어인 '절대로', '결코'로 고쳐 써야 한다.
② 작품에 손을 대거나 파손하는 행위를(×) → 작품에 손을 대거나 작품을 파손하는 행위를(○): 서술어 '파손하다'와 호응하는 목적어가 생략되어 있으므로 적절한 목적어를 넣어야 한다.
③ 가로등은 환하게 밝혀 준다(×) → 가로등은 골목길을 환하게 밝혀 준다(○): '밝히다'는 목적어를 필요로 하는 사동사이므로 서술어 '밝혀 준다'에 호응하는 적절한 목적어를 넣어야 한다.

13 비문학 글의 구조 파악 (문단 배열) 정답 ④

정답 분석
④ 〈보기〉는 검시실에서 단종 수술을 받은 환우가 쓴 시를 소개하고 있다. 따라서 검시실이 단종 수술을 하던 곳임을 설명하는 (라) 단락 뒤에 들어가는 것이 적절하다.

14 문학 시어의 의미 정답 ③

정답 분석
③ ⓒ '즌 디'는 '진 곳(위험한 곳)'을 뜻하므로 의미가 적절하지 않은 것은 ③이다.

지문 풀이
> 달님이시여, 높이높이 돋으시어
> 아! 멀리멀리 비치시라.
> 시장에 가 계신가요?
> 아! 진 곳을 디딜까 두려워라.
> 어느 것이나 다 놓아 버리십시오.
> 아! 내(임) 가는 그 길 저물까 두려워라.
> – 어느 행상인의 아내, '정읍사'

이것도 알면 합격!

어느 행상인의 아내, '정읍사'의 주제와 특징

1. 주제: 남편(행상인)의 안전을 기원하는 여인의 마음
2. 특징
   (1) 음악에 맞추기 위한 후렴구(여음구)를 사용함
   (2) 시조와 유사한 형식이 나타남
      (후렴구를 제외하고 3장 6구 형태)

15 어법 문장 부호 정답 ①

정답 분석
① 제목이나 표어에는 마침표를 쓰지 않음이 원칙이고, 꼭 필요하다고 판단될 때에 예외적으로 마침표를 쓸 수 있다.

예) 꺼진 불도 다시 보자 (원칙) / 꺼진 불도 다시 보자. (허용)

06 어법　한글 맞춤법 (준말)　　정답 ①

정답 분석

① '야위었다'의 어간 끝소리 'ㅟ'와 선어말 어미 '-었-'은 줄여 쓸 수 없으므로 정답은 ①이다.

오답 분석

② 가리어진 → 가려진(O): 모음 'ㅣ' 뒤에 '-어'가 와서 'ㅕ'로 줄 적에는 준 대로 적으므로 '가리어진'은 '가려진'으로 줄여 쓸 수 있다.

③ 아니어요 → 아녀요(O): 용언 '아니다'의 어간에 '-어요'가 결합하는 경우, '아니어요'를 '아녀요'로 줄여 쓸 수 있다. 참고로, '아니에요'는 '아녜요'로 줄여 쓸 수 있다.

④ 싸움하며 → 쌈하며(O): '싸움하다'의 준말 '쌈하다'가 사전에 등재된 표준어이므로 '싸움하며'는 '쌈하며'로 줄여 쓸 수 있다.

07 어법　한글 맞춤법 (띄어쓰기)　　정답 ④

정답 분석

④ 밥∨먹듯∨하다가(O): 이때 '듯'은 연결 어미 '-듯이'의 준말이므로 '먹다'의 어간 '먹-'과 붙여 쓰고, 동사 '하다'와는 띄어 쓴다.

오답 분석

① 해질무렵이(×) → 해∨질∨무렵이(O): '해지다'는 사전에 등재되지 않은 단어이므로 '해'와 '질'은 서로 띄어 쓰며, '무렵'은 '대략 어떤 시기와 일치하는 즈음'을 뜻하는 의존 명사이므로 앞말과 띄어 쓴다.

② 회복될∨지는(×) → 회복될지는(O): 이때 '지'는 어미 '-ㄹ지'의 일부이므로 앞말과 붙여 쓴다.

③ 준비하는데에(×) → 준비하는∨데에(O): 이때 '데'는 '일'이나 '것'의 뜻을 나타내는 의존 명사이므로 앞말과 띄어 쓴다.

08 어휘　한자어 (한자어의 표기)　　정답 ①

정답 분석

① 밑줄 친 부분의 한자가 바르게 연결된 것은 ① '形式 - 觀照 - 體驗 - 題材'이다.

- 形式(모양 형, 법 식): 일을 할 때의 일정한 절차나 양식 또는 한 무리의 사물을 특징짓는 데에 공통적으로 갖춘 모양
- 觀照(볼 관, 비칠 조): 고요한 마음으로 사물이나 현상을 관찰하거나 비추어 봄
- 體驗(몸 체, 시험 험): 자기가 몸소 겪음. 또는 그런 경험

- 題材(제목 제, 재목 재): 예술 작품이나 학술 연구의 바탕이 되는 재료

오답 분석

- 型式(모형 형, 법 식): 자동차, 기구 등의 구조나 외형의 특징을 이루는 형태
- 造(지을 조)
- 險(험할 험)
- 製材(지을 제, 재목 재): 베어 낸 나무로 재목(材木)을 만듦

09 비문학　주제 및 중심 내용 파악　　정답 ①

정답 분석

① 제시문은 완전 경쟁 시장이 이상적인 경쟁 형태임을 밝히고, 이후 독점화되어 있는 시장에서는 상품 생산량이 최적 수준에 이르지 못해 사회 후생이 줄어들어 사회적 손실로 이어짐을 밝히고 있다. 따라서 제시문의 중심 내용으로 가장 적절한 것은 ①이다.

10 어법　단어 (형태소의 구분)　　정답 ②

정답 분석

② 의존 형태소이면서 실질 형태소인 것은 용언의 어간이다. 제시된 문장에서 용언의 어간은 동사 '먹다'의 어간 '먹-'과 보조 동사 '보았다'의 어간 '보-'이므로 답은 ②이다.

- 그 / 는 / 밥 / 을 / 먹- / -어 / 보- / -았- / -다

오답 분석

① '는, 을'은 각각 보조사와 목적격 조사로, 모두 의존 형태소이자 형식 형태소인 조사이다.

③ '그'는 대명사이고 '밥'은 명사로, 모두 자립 형태소이자 실질 형태소이다.

④ '-어, -았-, -다'는 모두 어미로, 의존 형태소이자 형식 형태소이다.

이것도 알면 합격!

형태소의 종류

구분	종류	예 하늘이 매우 맑다
자립성의 유무에 따라	자립 형태소 (홀로 쓰일 수 있는 형태소)	하늘, 매우
	의존 형태소 (홀로 쓰일 수 없는 형태소)	이, 맑-, -다
의미의 유형에 따라	실질 형태소 (실질적인 뜻을 가진 형태소)	하늘, 매우, 맑-
	형식 형태소 (문법적인 뜻을 가진 형태소)	이, -다

제1과목　국어

01　어휘　혼동하기 쉬운 어휘　정답 ②

정답 분석

② 제쳤다(○): 문맥상 '거치적거리지 않게 처리하다'를 뜻하는 '제치다'가 들어가야 하므로 단어의 표기가 옳은 것은 ②이다. '뒤로 기울게 하다' 또는 '안쪽이 겉으로 나오게 하다'를 뜻하는 '젖히다'와 혼동하지 않도록 주의한다.

오답 분석

① 삭힌다(×) → 삭인다(○): '긴장이나 화를 풀어 마음을 가라앉히다'를 뜻하는 어휘는 '삭이다'이다. '삭히다'는 '김치나 젓갈 등의 음식물을 발효시켜 맛이 들게 하다'를 뜻한다.
③ 안성마춤(×) → 안성맞춤(○): '조건이나 상황이 어떤 경우나 계제에 잘 어울림'을 뜻하는 어휘는 '안성맞춤'이다. 참고로, 이때 '맞춤'은 '맞추다'에서 파생된 단어이므로 '안성맞춤'으로 적어야 한다.
④ 해꼬지(×) → 해코지(○): '남을 해치고자 하는 짓'을 뜻하는 어휘는 '해코지'이다.

02　어법　단어 (품사의 구분)　정답 ③

정답 분석

③ 관형사는 조사와 결합할 수 없으며, 부사는 격 조사와는 결합할 수 없으나 보조사와는 결합할 수 있다. 따라서 설명이 옳지 않은 것은 ③이다.
　예 • 부사 '빨리'와 보조사 '도'의 결합: 빨리도 간다. (○)
　　 • 부사 '빨리'와 격 조사 '가'의 결합: 빨리가 간다. (×)

오답 분석

② 부사는 주로 문장이나 용언을 수식하지만, '오직, 바로, 다만, 제일, 가장, 단지'와 같은 특정 부사는 체언을 수식할 수 있다.
　예 • 그건 바로 너
　　 • 나에겐 오직 그녀뿐

03　어휘　한자 성어　정답 ②

정답 분석

② 제시문은 중소기업이 어려워지면서 협력 업체인 대기업 또한 성과가 저조해진 상황을 설명하고 있다. 따라서 '서로 이해관계가 밀접한 사이에 어느 한쪽이 망하면 다른 한쪽도 그 영향을 받아 온전하기 어려움'을 이르는 말인 ② '순망치한(脣亡齒寒)'이 제시된 상황을 가장 가깝게 표현한 한자 성어이다.

오답 분석

① 귤화위지(橘化爲枳): '회남의 귤을 회북에 옮겨 심으면 탱자가 된다'라는 뜻으로, 환경에 따라 사람이나 사물의 성질이 변함을 이르는 말
③ 욕속부달(欲速不達): 일을 빨리하려고 하면 도리어 이루지 못함
④ 각자무치(角者無齒): '뿔이 있는 짐승은 이가 없다'라는 뜻으로, 한 사람이 여러 가지 재주나 복을 다 가질 수 없다는 말

04　어법　국어의 로마자 표기　정답 ①

정답 분석

① 신문로[신문노] Sinmunno(○): '로'의 초성 'ㄹ'이 '문'의 받침 'ㄴ'의 영향으로 [ㄴ]으로 발음되는 자음 동화(유음화의 예외)가 일어난다. 자음 동화의 결과는 로마자 표기에 반영하므로 'Sinmunno'로 표기한다.

오답 분석

② 한계령[한게령/한계령] Hangeryeong(×) → Hangyeryeong(○): '예, 례' 이외의 'ㅖ'는 [ㅔ]로도 발음할 수 있지만 로마자 표기는 'ye'로 한다.
③ 송정리[송정니] Songjeong-li(×) → Songjeong-ri(○): 행정 구역 단위 '리'는 'ri'로 표기하며, 그 앞에는 붙임표(-)를 쓴다. 이때 붙임표 앞뒤에서 일어나는 음운 변화는 로마자 표기에 반영하지 않는다.
④ 쌍문동[쌍문동] Ssangmoon-dong(×) → Ssangmun-dong(○): 국어의 로마자 표기법상 자음 'ㅆ'은 'ss'로 표기하며, 모음 'ㅜ'는 'u'로 표기한다.

05　어휘　혼동하기 쉬운 어휘　정답 ③

정답 분석

③ '슬며시 힘을 주는 모양'이라는 뜻을 나타내는 말인 '지그시'와 '참을성 있게 끈지게'라는 뜻을 나타내는 말인 '지긋이'의 쓰임이 모두 옳으므로 답은 ③이다.

오답 분석

① • 냄비째 들고 먹는다(○): '그대로', 또는 '전부'의 뜻을 더하는 접미사 '째'의 쓰임이 적절하다.
　 • 잘난 채를 하였다(×) → 잘난 체를 하였다(○): '그럴듯하게 꾸미는 거짓 태도나 모양'을 뜻할 때는 '체'를 써야 한다.
② • 꽃을 한 알음 사가곤 한다(×) → 꽃을 한 아름 사가곤 한다(○): '두 팔을 둥글게 모아 만든 둘레 안에 들 만한 분량을 세는 단위'를 뜻할 때는 '아름'을 써야 한다.
　 • 서로 아름이 있는 사이다(×) → 서로 알음이 있는 사이다(○): '사람끼리 서로 아는 일'을 뜻할 때는 '알음'을 써야 한다.
④ • 극심한 반대에 부딪쳤다(○): '예상치 못한 일이나 상황 등에 직면하다'를 강조하여 이르는 말인 '부딪치다'의 쓰임이 적절하다. 참고로, '어려운 문제나 반대에 직면하다'를 뜻하는 말인 '부닥치다'도 쓸 수 있다.

제3회 실전모의고사

● 셀프 체크

권장 풀이 시간	75분(OMR 표기 시간 포함)
실제 풀이 시간	___시 ___분 ~ ___시 ___분
맞힌 답의 개수	___개 / 75개

● 정답

제1과목 국어

01	②	06	①	11	③	16	③	21	①
02	③	07	④	12	④	17	①	22	②
03	②	08	①	13	④	18	②	23	②
04	①	09	①	14	③	19	①	24	④
05	③	10	②	15	①	20	①	25	③

제2과목 행정법

01	④	06	①	11	③	16	②	21	①
02	①	07	③	12	①	17	③	22	③
03	②	08	②	13	③	18	④	23	④
04	④	09	②	14	①	19	②	24	①
05	④	10	③	15	③	20	②	25	④

제3과목 행정학

01	②	06	②	11	④	16	①	21	③
02	②	07	①	12	①	17	②	22	①
03	①	08	②	13	②	18	③	23	③
04	③	09	④	14	③	19	③	24	①
05	④	10	③	15	③	20	④	25	④

● 취약 단원 분석표

제1과목 국어

단원	맞힌 답의 개수
어법	/ 7
비문학	/ 7
문학	/ 6
어휘	/ 4
혼합	/ 1
TOTAL	/ 25

제2과목 행정법

단원	맞힌 답의 개수
Ⅰ 일반론	/ 3
Ⅱ 행정작용	/ 7
Ⅲ 행정과정	/ 3
Ⅳ 실효성 확보수단	/ 2
Ⅴ 손해전보	/ 3
Ⅵ 행정쟁송	/ 5
Ⅶ 행정법각론	/ 2
TOTAL	/ 25

제3과목 행정학

단원	맞힌 답의 개수
Ⅰ 행정학 총설	/ 7
Ⅱ 정책학	/ 3
Ⅲ 행정조직론	/ 5
Ⅳ 인사행정론	/ 3
Ⅴ 재무행정론	/ 3
Ⅵ 지식정보화 사회와 환류론	/ 1
Ⅶ 지방행정론	/ 3
TOTAL	/ 25

21　Ⅴ　조세지출예산제도　정답 ④

정답 분석

④ 조세지출(조세감면)은 법률에 따라 집행되므로 조세지출의 경직성을 초래할 수 있지만, 조세지출항목에 대한 평가를 통해 의회의 예산심의권이 충실화되며 재정민주주의에 기여한다.

선지 분석

① 조세지출예산제도는 개인이나 기업에게 원칙적으로 부과해야 하는 세금이지만 정부가 비과세, 감면, 공제 등 세제상의 각종 유인장치를 통해 간접적으로 지원해 주는 세금감면 제도이다.
② 우리나라는 1999년부터 기획재정부에서 조세지출보고서를 작성하고 국회에 제출하여 예산심의의 참고자료로 활용하고 있으며, 국가재정법에 의하여 2011년부터 시행되고 있다.
③ 특정 정책목표를 달성하기 위한 각종 정책수단의 상대적 유용성을 평가할 수 있으며, 불공정하게 운영될 수 있는 조세감면의 대상을 명확히 파악하고 심의함으로써 부익부 빈익빈 현상을 막아 재정부담의 형평성을 제고할 수 있다.

22　Ⅲ　책임운영기관　정답 ①

정답 분석

① 책임운영기관은 기관의 지위에 따라 중앙책임운영기관과 소속책임운영기관으로 구분할 수 있다. 특허청은 정부조직법에 따른 청(廳)으로서 대통령령으로 설치된 중앙책임운영기관에 해당한다(책임운영기관의 설치·운영에 관한 법률 제2조).

선지 분석

② 소속책임운영기관에 두는 공무원의 총정원 한도는 대통령령으로 정하고, 종류별·계급별, 고위공무원단에 속하는 공무원의 정원은 총리령 또는 부령으로 정한다(책임운영기관의 설치·운영에 관한 법률 제16조).
③ 중앙행정기관의 장은 소속책임운영기관 소속 공무원에 대한 일체의 임용권을 가진다. 이 경우 중앙행정기관의 장은 대통령령으로 정하는 바에 따라 그 임용권의 일부를 기관장에게 위임할 수 있다(책임운영기관의 설치·운영에 관한 법률 제18조).
④ 소속책임운영기관의 사업을 효율적으로 운영하기 위하여 책임운영기관특별회계를 두며, 특별회계는 계정별로 중앙행정기관의 장이 운용하고, 기획재정부장관이 통합하여 관리한다.

23　Ⅲ　경로-목표이론　정답 ④

정답 분석

④ 성취지향적 리더십은 부하가 구조화되지 않은 과업을 수행할 때 도전적인 목표를 설정하여 주는 리더십유형이다. 부하에게 '높은 성과를 달성할 수 있다'는 리더의 확신을 보여줌으로써 부하가 목표달성을 추구하는 데 자신감을 갖게 해준다.

선지 분석

① 지시적 리더십은 부하들의 역할모호성이 높은 상황(비구조화된 업무상황)에서 활동을 계획·통제·조정한다.
② 지원적 리더십은 부하가 스트레스를 많이 받거나, 단조로운 업무를 수행하는 상황(구조화된 업무상황)에서 작업환경의 부정적 측면을 최소화시킴으로써 업무를 원활하게 수행할 수 있도록 한다.
③ 참여적 리더십은 비구조화된 과업수행 시 부하가 과업목표, 계획, 절차, 방법 등에 관한 의사결정에 참여하여 기대 및 직무수행동기를 높인다.

24　Ⅴ　국가재정법　정답 ③

정답 분석

③ 정부는 대통령의 승인을 얻은 예산안을 회계연도 개시 120일 전까지 국회에 제출하여야 한다(국가재정법 제33조).

관련 법령

국가재정법의 주요 내용

제7조【국가재정운용계획의 수립 등】① 정부는 재정운용의 효율화와 건전화를 위하여 매년 해당 회계연도부터 5회계연도 이상의 기간에 대한 재정운용계획을 수립하여 회계연도 개시 120일 전까지 국회에 제출하여야 한다.

제26조【성인지예산서의 작성】① 정부는 예산이 여성과 남성에게 미칠 영향을 미리 분석한 보고서[이하 "성인지(性認知)예산서"라 한다]를 작성하여야 한다.

제28조【중기사업계획서의 제출】각 중앙관서의 장은 매년 1월 31일까지 해당 회계연도부터 5회계연도 이상의 기간 동안의 신규사업 및 기획재정부장관이 정하는 주요 계속사업에 대한 중기사업계획서를 기획재정부장관에게 제출하여야 한다.

25　Ⅲ　균형성과표(BSC)　정답 ②

정답 분석

② 목표관리제(MBO)가 상향적·미시적·개인적 관점이라면, 균형성과표(BSC)는 하향적·거시적·고객지향적 관점의 성과관리 시스템이다.

이것도 알면 합격!

균형성과표(BSC)의 네 가지 관점

재무	이해관계자의 관점으로서 위험·성장·수익에 대한 전략(기업에서 강조, 후행지표)
고객	차별화와 가치를 창출하는 전략(공행정에서 중시)
내부 프로세스	다양한 프로세스에 대한 전략적 우선순위 결정
학습과 성장	• 조직의 변화·혁신·성장을 지원하는 분위기 창출에 대한 우선순위 • 나머지 세 가지 관점의 토대로서 장기적인 성장과 발전 강조

선지 분석

① 지방자치단체의 장은 주민 또는 지방의회의 청구에 의하거나 직권에 의하여 주민투표를 실시할 수 있다(주민투표법 제9조).

③ 주민에게 과도한 부담을 주거나 중대한 영향을 미치는 지방자치단체의 주요 결정사항은 주민투표에 부칠 수 있다(주민투표법 제7조).

④ 예산 및 재산관리에 관한 사항, 조세에 관한 사항, 행정기구의 설치·변경에 관한 사항 등은 주민투표의 대상에서 제외된다(주민투표법 제7조).

관련 법령

주민투표법상 주민투표

제5조【주민투표권】① 18세 이상의 주민 중 제6조 제1항에 따른 투표인명부 작성기준일 현재 다음 각 호의 어느 하나에 해당하는 사람에게는 주민투표권이 있다.
1. 그 지방자치단체의 관할 구역에 주민등록이 되어 있는 사람
2. 출입국관리 관계 법령에 따라 대한민국에 계속 거주할 수 있는 자격(체류자격변경허가 또는 체류기간연장허가를 통하여 계속 거주할 수 있는 경우를 포함한다)을 갖춘 외국인으로서 지방자치단체의 조례로 정한 사람

제7조【주민투표의 대상】① 주민에게 과도한 부담을 주거나 중대한 영향을 미치는 지방자치단체의 주요결정사항은 주민투표에 부칠 수 있다.
② 제1항의 규정에 불구하고 다음 각 호의 사항은 이를 주민투표에 부칠 수 없다.
1. 법령에 위반되거나 재판중인 사항
2. 국가 또는 다른 지방자치단체의 권한 또는 사무에 속하는 사항
3. 지방자치단체가 수행하는 다음 각 목의 어느 하나에 해당하는 사무의 처리에 관한 사항
  가. 예산 편성·의결 및 집행
  나. 회계·계약 및 재산관리
4. 행정기구의 설치·변경에 관한 사항과 공무원의 인사·정원 등 신분과 보수에 관한 사항
5. 다른 법률에 의하여 주민대표가 직접 의사결정주체로서 참여할 수 있는 공공시설의 설치에 관한 사항. 다만, 제9조 제5항의 규정에 의하여 지방의회가 주민투표의 실시를 청구하는 경우에는 그러하지 아니하다.
6. 동일한 사항(그 사항과 취지가 동일한 경우를 포함한다)에 대하여 주민투표가 실시된 후 2년이 경과되지 아니한 사항

19 Ⅵ 행정개혁의 접근방법   정답 ③

정답 분석

③ 행태적 접근방법은 개혁의 초점을 인간에 두고 행정인의 가치나 행태를 의도적으로 변화시키려는 개혁방법이다. 행태의 변동은 비교적 짧은 기간에 이루어지기 어렵고 장기간의 지속적인 노력이 필요하다.

선지 분석

① 구조적 접근방법의 구체적 개선 대상(주요 관심사)은 기능 중복의 제거, 분권화의 확대, 통솔범위의 재조정, 권한배분의 수정, 책임의 재규정, 의사전달 체계(명령계통)의 수정, 통제절차의 개선 등이다.

② 과정적 접근방법은 과학적 관리법을 이론적 배경으로 하여 문서의 처리절차, 업무량 측정, 정원관리, 사무실 배치, 행정사무의 기계화, 자동화, 관리과학, OR, 체제분석, 컴퓨터(EDPS, MIS) 등의 계량화 기법을 활용한다.

④ 종합적 접근방법은 하나의 접근방법으로 하나의 행정개혁 전반을 다루기는 어려우므로, 외적인 환경에 따라 담당자가 개방체제 관념에 입각하여 개혁대상의 구성요소들을 보다 포괄적으로 관찰하고, 여러 가지 분화된 접근방법들을 통합하여 해결방안을 탐색하려는 접근방법이다.

20 Ⅱ 정책네트워크모형   정답 ②

정답 분석

② 하위정부모형은 공식 참여자인 정부관료와 의회의 상임위원회, 비공식 참여자인 이익집단이 이해관계를 공유하며 정책영역별로 정책과정에 영향을 미치는 모형이다.

선지 분석

① 하위정부모형과 이슈네트워크는 미국에서, 정책공동체는 영국에서 발달하였다.

③ 정부영역과 민간영역의 전문가 집단이 참여하는 것은 정책공동체에 대한 설명이다. 이슈네트워크는 특정한 경계가 존재하지 않는 광범위한 정책연계망으로, 조직화되지 않은 개인, 전문가, 언론 등도 개입될 수 있다.

④ 행위자들 간에 권력배분의 편차가 심하며, 네거티브 섬(negative sum) 게임의 속성이 강한 것은 이슈네트워크이다. 정책공동체는 행위자들 간의 상호협력적 관계를 가정하고, 참여자들 간에 비교적 균등한 권력을 보유하며, 관계의 속성도 포지티브 섬(positive sum) 게임의 속성이 강하다.

이것도 알면 합격!

정책공동체와 이슈네트워크 비교

구분	정책공동체	이슈네트워크
참여자	정부영역과 민간영역의 전문가 집단	다수의 개인 및 관련집단 참여
외부참여	비교적 제한적	제한 없음
참여자들 간의 관계	• 공동체 내의 문제해결에는 동의 • 그 방안에 대해서는 갈등	• 쟁점만 공유 • 서로 알고 있다는 가정 ×
경계	완화	• 경계 불분명 • 자유로운 진입과 퇴장
지속성	보통	낮음(유동적)
행위자 간의 관계	의존적·협력적 (positive-sum game)	경쟁적·갈등적 (negative-sum game)

13　Ⅲ 민츠버그(Mintzberg)의 조직유형　정답 ④

정답 분석

④ 애드호크라시(adhocracy)는 고정된 계층구조를 가지지 않고 공식화된 규칙이나 표준적 운영절차가 없는 조직이다. 복잡한 환경하에서 창의적 업무수행에 적합하며, 지원참모의 역할이 중요하고 지배적이다. 또한 계선과 참모의 구별이 모호하고 최고관리층·중간계층·작업계층이 혼합되어 있다.

선지 분석

① 기계적 관료제는 단순하고 안정적인 환경하에서 작업의 표준화를 중시하며, 기술구조가 가장 중요한 위치를 차지하는 조직이다.
② 전문적 관료제는 복잡하고 안정적인 환경하에서 전문성이 높은 작업계층이 가장 중요하고 많은 조직이다.
③ 사업부제는 단순하고 안정적인 환경하에서 중간계선이 지배적이며, 중간관리자들이 부서를 독자적으로 관리하는 조직이다.

14　Ⅳ 엽관주의　정답 ③

정답 분석

③ 행정의 안정성과 계속성을 확보하여 공직자의 사기앙양과 신분보장을 강화하는 것은 실적주의 및 직업공무원제에 대한 설명이다. 엽관주의는 대량의 인력교체로 인해 행정의 안정성과 계속성을 유지하기 곤란하다는 문제가 있다.

선지 분석

① 1821년 제5대 먼로(Monroe) 대통령이 공무원의 책임을 강조하는 의미에서 4년 임기법(공직경질제)을 제정함으로써 엽관주의의 기반을 닦았다.
② 공직의 만인에 대한 개방, 공직경질로 침체·특권화 방지 등으로 행정의 민주화에 기여한다.
④ 공직의 아마추어리즘 및 교체임용주의로 인해 전문성을 확보하기 어렵고, 유능한 인물의 배제로 행정능률이 저하된다.

15　Ⅲ 조직문화　정답 ④

정답 분석

④ 조직문화는 조직구성원들이 공유하고 있는 가치, 믿음, 이해, 사고방식의 집합을 의미하기 때문에 조직구성원의 행동에 영향을 주는 중요한 요소이다. 이러한 조직문화는 혁신에 대한 제약조건이 될 수 있다. 즉, 너무 강한 조직문화는 새로운 가치의 개발이 요구될 때 내부적으로 많은 저항에 직면하게 된다.

선지 분석

① 조직문화는 조직의 경계를 설정하여 조직의 정체성을 제공한다.
② 구성원들로 하여금 조직에 몰입하도록 한다. 조직문화가 강하면 조직몰입도가 높아진다.
③ 조직문화는 조직의 안정성과 계속성을 유지시킨다.

16　Ⅱ 최적모형　정답 ④

정답 분석

④ 드로어(Dror)가 제창한 최적모형은 합리적 요인(경제적 합리성)과 초합리적 요인(직관·통찰력·창의력)을 함께 고려하는 정책결정모형이다. 즉, 초합리성이 합리성보다 중요하다는 것이 아니라 기존에 초합리성이 많은 사람들에 의해서 무시되었다는 것을 지적한다.

선지 분석

① 제한된 자원·불확실한 상황·지식 및 정보의 결여 등으로 합리성 및 경제성이 제약을 받게 되므로, 합리적 요소 이외에 결정자의 직관·판단·영감·육감 등과 같은 초합리적 요인도 고려해야 한다는 것이다.
② 고도의 초합리성이 작용하는 초정책결정 단계(Meta-Policy Making Stage)는 정책결정을 어떻게 해야 할 것인가에 관한 결정으로서, 정책문제의 파악·상위목표와 우선순위의 설정·자원의 동원가능성을 확인하고, 바람직한 정책결정체제의 설계와 문제·자원·가치를 각 기관에 배분하고 전략을 결정한다.
③ 집행과정이나 그 이후 과정의 환류를 통해 정책결정자의 결정능력을 최적수준까지 향상시켜야 한다고 강조한다.

17　Ⅱ 정책목표의 변동　정답 ①

정답 분석

① 목표의 승계는 조직 본래의 목표가 완전히 달성되었거나 달성이 불가능한 경우 조직이 다른 목표를 내세워 정통성을 확보하는 것이다.

선지 분석

② 목표의 대치는 목표와 수단의 우선순위가 뒤바뀌는 것으로, 종국적 가치를 수단적 가치가 대치하는 것을 의미한다.
③ 목표의 확대는 목표 자체를 상향조정하는 것으로, 목표 자체의 양을 늘리거나 목표달성이 낙관적일 때 목표의 수준을 보다 더 높이는 것이다.
④ 목표의 다원화는 본래의 목표에 새로운 목표를 추가하는 것으로, 조직이 종래의 목표에 질적으로 새로운 목표를 추가하는 것이다.

18　Ⅶ 주민투표　정답 ②

정답 분석

② 주민투표권은 18세 이상의 주민으로서 투표인명부 작성기준일 현재 그 지방자치단체의 관할구역에 주민등록이 되어 있는 자에게 있다. 외국인의 경우에도 일정한 요건을 갖추면 가능하다(주민투표법 제5조).

이것도 알면 합격!

경쟁적 가치접근법의 효과성 평가모형

구분	조직(외부)	인간(내부)
통제	합리목표모형(합리문화) • 목적: 생산성, 능률성 • 수단: 기획, 목표설정, 합리적 통제	내부과정모형(위계문화) • 목적: 안정성, 통제와 감독 • 수단: 의사소통, 정보관리
유연성 (신축성)	개방체제모형(발전문화) • 목적: 성장, 자원획득, 환경적응 • 수단: 유연성, 용이함	인간관계모형(집단문화) • 목적: 인적자원 발달, 팀워크, 능력발휘, 구성원 만족 • 수단: 사기, 응집력

09 Ⅱ 기획   정답 ①

정답 분석
① 하이예크(Hayek)는 1944년에 발간된 『노예로의 길(The Road to Serfdom)』에서 국가기획과 개인의 자유는 양립불가능하고, 국가기획은 국민을 노예로의 길에 접어들게 할 것이라고 비유하면서 국가기획을 반대하였다.

선지 분석
②③④ 파이너(Finer)는 『반동의 길(1945)』을 통해, 홀콤(Holcomb)은 『계획적 민주정부론』을 통해 국가기획의 도입을 찬성하였다. 만하임(Mannheim)도 『자유·권력 및 민주적 기획론』을 통해 자본주의 경제에 민주적인 기획의 필요성을 역설하였다.

10 Ⅰ 생태론   정답 ①

정답 분석
① 생태론은 환경이 행정에 일방적으로 영향을 미치며, 행정은 환경에 영향을 미치지 못하고 적응할 뿐이라고 보았다. 따라서 환경결정론적 시각으로 행정의 독립변수성을 간과하여 환경에 대한 행정의 주체적 역할을 경시한다는 비판이 있다.

선지 분석
② 분석수준은 행위자 중심의 미시분석보다 집합적 행위나 제도에 초점을 두는 거시분석의 성격을 지닌다.
③ 가우스(Gaus)는 행정에 영향을 미치는 일곱 가지 생태적·환경적 요인으로 국민, 장소, 물리적 기술, 인물, 사회적 기술, 욕구·사상·이념, 재난을 제시하였다.
④ 결정론의 전제에서 환경과 행정체제의 관계를 정태적 균형관계로 파악하여 동태적 변동을 설명하지 못한다.

11 Ⅲ 거시조직이론   정답 ④

정답 분석
④ 조직들이 생태학적 공동체 속에서 상호호혜적인 의존관계를 가지면서 능동적으로 환경에 적응하는 것을 설명하는 이론은 공동체생태학이론이다. 조직군생태학이론은 조직이 환경에 적응하는 것이 아니라 환경이 조직을 선택한다는 극단적인 환경결정론이다.

선지 분석
① 구조적 상황이론은 개별조직이 놓여있는 상황에 따라 조직의 구조와 전략이 달라져야 한다는 결정론적 시각의 이론이다.
② 거래비용이론은 조직의 의사결정비용을 줄이기 위해 종전의 U형(unitary, 단일) 관리에서 M형(multi-divisionalized, 다차원적) 관리로 전환하여야 한다고 본다.
③ 전략적 선택이론은 조직의 능력을 강조하여 상황이 구조를 결정하는 것이 아니라 관리자의 상황판단과 전략이 구조를 결정한다고 본다.

이것도 알면 합격!

거시조직이론

구분	결정론 (환경 → 조직)	임의론 (자발론, 환경 ⇌ 조직)
개별조직	구조적 상황이론 (상황적응이론)	전략적 선택이론, 자원의존이론
조직군	조직군생태학이론, 조직경제학이론, 제도화이론	공동체생태학이론

12 Ⅰ 포스트모더니티   정답 ②

정답 분석
② 구성주의(constructivism)는 주관주의에 해당한다. 포스트모더니티는 우리가 발견할 수 있는 객관적 사실이 있다고 보는 객관주의를 배척하고, 사회적 현실은 우리들의 마음(내면) 속에서 구성된다고 보는 구성주의를 지지한다.

선지 분석
① 보편주의와 객관주의를 추구하는 것은 헛된 꿈이라고 비판하고 지식의 상대주의를 주창한다.
③ 개인들은 서로 상이성을 인정한 상태에서 자유롭게 접근할 수 있어야 하며, 인위적인 계서제와 구조로부터 자유로울 수 있고 서로 다를 수 있으며, 각자가 자기 특유의 개성을 가질 자유를 누려야 한다고 본다.
④ 타자성이란 타인을 하나의 대상이 아닌 도덕적 타자로 인정하고, 다양성에 대한 선호와 함께 타인에 대해 개방적인 태도를 가져야 한다는 것이다.

④ 신공공관리론은 국민을 공리주의에 입각하여 국정의 대상인 '고객'으로 파악하는 데 비해, 뉴거버넌스는 국민을 시민주의에 바탕을 두고 덕성을 지닌 '시민'으로 파악한다.

이것도 알면 합격!

신공공관리론과 뉴거버넌스의 비교

구분		신공공관리론	뉴거버넌스
공통점		\- 정부역할: 노젓기(rowing) → 방향잡기(steering, 촉매적 정부) \- 정부실패에 대한 대안 \- 공공부문과 민간부문의 구별의 상대화 \- 투입보다는 산출에 대한 통제 강조	
차이점	인식론적 기초	신자유주의	공동체주의
	관리기구	시장	연계망
	관리가치	결과	신뢰·과정
	관료의 역할	공공기업가	조정자
	국민에 대한 인식	고객	주인
	작동원리	경쟁(시장 메커니즘)	협력체제
	분석수준	조직내부 문제에 중점	조직 간 문제에 중점
	서비스	민영화, 민간위탁	공동공급
	관리방식	고객지향	임무 중심

06 Ⅲ 동기부여이론   정답 ③

정답 분석
③ 허즈버그(Herzberg)의 욕구충족이원론에 따르면 위생요인은 충족되더라도 불만족을 제거할 뿐, 동기를 유발하지는 못한다. 임금은 위생요인에 해당한다.

선지 분석
① 매슬로우(Maslow)의 욕구단계이론은 다섯 가지 기본적 욕구가 우선순위의 계층을 이루며, 하위욕구가 충족되면 다음 단계로 진행하는 '만족-진행 접근법'을 주장한다.
② 앨더퍼(Alderfer)의 ERG이론은 상위욕구가 만족되지 않거나 좌절될 때 하위욕구를 더욱 충족시키고자 한다는 '좌절-퇴행 접근법'을 주장한다.
④ 맥클리랜드(McClelland)의 성취동기이론은 모든 사람이 공통적으로 비슷한 욕구의 계층을 가지고 있다고 주장한 매슬로우(Maslow)의 이론을 비판하면서 개인마다 욕구의 계층에 차이가 있다고 주장한다.

이것도 알면 합격!

허즈버그(Herzberg)의 욕구충족이원론

구분	위생요인(불만요인)	동기요인(만족요인)
성격	작업자와 관련된 환경적 요인(물리적·경제적·대인적 요인)	직무와 관련된 심리적 요인(직무요인)
예	정책과 관리, 임금, 지위, 안전, 감독, 기술, 작업조건, 조직의 방침과 관행, 구성원 간의 관계(감독자와 부하, 동료 상호 간) 등	성취감(자기계발), 책임감, 안정감, 인정감, 승진, 직무 그 자체에 대한 보람, 직무 충실, 성장 및 발전 등

07 Ⅱ 쓰레기통모형   정답 ③

정답 분석
③ 쓰레기통모형에 대한 설명으로 옳지 않은 것은 ㄴ, ㄷ이다.
ㄴ. 극히 동태적인 정책결정상황을 전제로 하고 있으나 조직화된 무정부상태가 모든 조직에서 나타나는 것은 아니며, 공공기관에서 흔히 볼 수 있는 정형화된 의사결정과정을 설명하는 데에는 한계가 있다.
ㄷ. 문제의 흐름, 정치의 흐름, 정책의 흐름은 킹던(Kingdon)의 정책의 창 모형에서 제시한 흐름이다. 쓰레기통모형의 구성요소로는 문제의 흐름, 해결책의 흐름, 선택기회의 흐름, 참여자의 흐름이 있다.

선지 분석
ㄱ. 코헨(Cohen), 마치(March), 올센(Olsen) 등이 제시하였다.
ㄹ. 조직화된 무질서 상태를 가정해 의사결정참여자들 사이에 어떤 선택이 바람직한가에 대한 합의가 없고, 자신의 선호를 모른 채로 의사결정에 참여하는 경우가 있다.

08 Ⅰ 경쟁적 가치접근법   정답 ④

정답 분석
④ 개방체제모형은 조직 내 인간보다는 조직 그 자체를 강조하고 환경과의 바람직한 관계를 유지하기 위한 조직구조의 유연성을 중시하는 모형이다. 조직의 유연성과 신속성을 유지하는 것이 효과적이라고 보고 자원획득 등 환경과의 바람직한 관계에 중점을 둔다.

선지 분석
① 합리목표모형은 조직 내의 인간보다는 조직 그 자체와 통제를, 합리적 계획과 목표설정 및 평가를 통한 효과성을 중시한다.
② 인간관계모형은 조직 그 자체보다는 인간을 중시하고, 통제보다는 유연성을 강조한다. 구성원의 사기와 응집성을 통하여 팀워크와 인적자원을 발달시킨다.
③ 내부과정모형은 조직 그 자체보다는 인간을 중시하고, 의사소통과 정보관리를 통한 통제와 안전성을 강조한다.

제3과목　행정학

01　Ⅰ 신행정론　　정답 ③

정답 분석

③ 신행정론에 대한 설명으로 옳지 않은 것은 ㄴ, ㄹ이다.
- ㄴ. 실증적 연구는 행태론에서 지향하였다. 신행정론은 적실성 있는 처방적 성격인 탈실증주의적 연구로서의 현상학적 연구방법을 중시하였다. 즉, 객관적 지식보다는 인간의 주관적 목적이나 의식에 바탕을 둔 자기성찰적 비판의식을 강조하였다.
- ㄹ. 신행정론은 어느 정도 발전이 이루어진 미국의 사회적 배경하의 행정이론이므로, 국가발전이나 경제발전을 우선적으로 달성해야 하는 개발도상국의 행정에는 적용하기 어려웠다.

선지 분석

- ㄱ. 행태주의자들의 연구는 당면한 사회문제 해결에 있어 무능한 학문이라고 비판하며 등장하였다.
- ㄷ. 일선현장에서 고객 중심으로 움직여 사회적 약자들에게 도움을 줄 수 있도록 일선행정관료의 재량권이 확대되어야 한다고 보았다.

02　Ⅴ 예산집행　　정답 ③

정답 분석

③ 이체는 정부조직에 관한 법령의 제정·개정·폐지 등으로 그 직무의 권한과 책임의 변동에 따른 예산집행의 소관변경이다. 1회계연도 내에서 지출되지 못한 예산을 다음 회계연도로 넘겨서 지출하는 경우는 이월에 대한 설명이다.

선지 분석

① 기획재정부장관이 각 중앙관서의 장에게 예산을 배정하면 각 부처는 배정받은 예산의 범위 내에서 계약 등 지출원인행위를 하게 되며, 지출원인행위를 한 때부터 예산을 지출할 수 있는 근거가 생기게 된다.
② 예비타당성조사제도는 대규모 개발사업에 대한 개괄적인 조사를 통하여 경제성 분석, 정책적 분석, 투자우선순위, 적정투자시기, 재원조달방법 등 사업의 타당성을 검증함으로써 대형신규사업의 신중한 착수와 재정투자의 효율성을 높이기 위한 제도이다.
④ 예비비는 '예측할 수 없는 예산 외의 지출 또는 예산 초과지출에 충당하기 위해 마련한 금액'을 말한다. 예비비는 일반적인 지출소요에 충당하는 일반예비비와 특정 목적을 위한 목적예비비로 나누어진다.

03　Ⅱ 비용편익분석　　정답 ②

정답 분석

② 능률성·경제성 분석은 가능하나, 화폐가치로 환산할 수 없는 가치판단의 영역이나 공평성 기준에 대해서는 적용하는 데 한계가 있으며, 비용과 편익의 가치에 대한 개인 간의 비교가 곤란하다.

선지 분석

① 비용과 편익이 모두 화폐가치로 환산되기 때문에 이 둘을 직접 비교할 수 있으며, 동종사업뿐만 아니라 이종(異種)사업 간에도 비교할 수 있다.
③ 할인율은 장래 투입될 비용이나 장래 발생할 편익을 현재가치로 표시하기 위한 교환비율을 의미하므로, 할인율이 낮을수록 현재가치는 높다.
④ 내부수익률은 할인율을 알지 못해 현재가치를 계산할 수 없을 때 사용하는 일종의 예상수익률이다.

04　Ⅰ 피터스(Peters) 정부개혁모형　　정답 ④

정답 분석

④ 탈내부규제 정부모형은 내부규제를 완화하고 관료들에게 권한위임과 재량권 부여를 강조한다. 즉, 내부의 번문욕례 등의 제약요인을 제거함으로써 조직구성원들이 새롭고 창의적인 활동을 할 수 있도록 하여 효과적인 행정을 달성하고자 한다.

이것도 알면 합격!

피터스(Peters)의 미래국정모형

구분	시장적 정부모형	참여적 정부모형	신축적 정부모형	탈내부규제 정부모형
문제의 진단기준	독점	계층제	영속성	내부규제
구조의 개혁방안	분권화	평면조직	가상조직	없음
관리의 개혁방안	성과급, 민간부문의 기법 도입	TQM, 팀제	가변적 인사관리, 고위공무원단	관리의 재량권 확대
정책결정의 개혁방안	내부시장, 시장적 유인	협의, 협상	실험	기업가적 정부
공익의 기준	저비용	참여, 협의	저비용, 조정	창의성, 활동주의

05　Ⅰ 신공공관리론과 뉴거버넌스　　정답 ③

정답 분석

③ 신공공관리론은 1970년대 이후의 작은 정부를 추구하며 등장하였다. 반면 뉴거버넌스는 1980년대 이후 서구를 중심으로 시민세력이 급속히 성장함에 따라 정부실패를 보완하기 위한 하나의 대안으로서 시민이 국정운영의 주체 중 하나로 부각되며 등장하였다.

선지 분석

① 신공공관리론은 시장주의에, 뉴거버넌스는 공동체주의에 기반한다.
② 신공공관리론과 뉴거버넌스 모두 투입보다 산출을 중시한다.

24 Ⅵ 행정소송의 종류   정답 ①

정답 분석

① 주민소송은 2005.1.27. 법률 제7362호로 개정된 지방자치법에서 지방자치단체의 주민이 해당 지방자치단체의 위법한 '재산의 취득·관리·처분' 등을 시정하여 줄 것을 법원에 청구함으로써 주민참여를 확대하여 지방행정의 책임성을 높이려는 목적에서 도입된 제도로서, 행정소송법상 민중소송에 해당한다. 민중소송이란 "국가 또는 공공단체의 기관이 법률에 위반되는 행위를 한 때에 직접 자기의 법률상 이익과 관계없이 그 시정을 구하기 위하여 제기하는 소송"으로서 "법률이 정한 경우에 법률에 정한 자에 한하여" 제기할 수 있다는 점에서(행정소송법 제3조 제3호, 제45조), 처분의 취소를 구할 법률상 이익이 있는 자가 제기할 수 있는 항고소송과 구별된다(행정소송법 제3조 제1호, 제12조, 대판 2019.10.17. 2018두104).

선지 분석

② 공무원연금관리공단이 퇴직연금 중 일부 금액에 대하여 지급거부의 의사표시를 하였다고 하더라도 그 의사표시는 퇴직연금청구권을 형성·확정하는 행정처분이 아니라 공법상의 법률관계의 한쪽 당사자로서 그 지급의무의 존부 및 범위에 관하여 나름대로의 사실상·법률상 의견을 밝힌 것에 불과하다고 할 것이어서 이를 행정처분이라고 볼 수는 없고, 그리고 이러한 미지급 퇴직연금에 대한 지급청구권은 공법상 권리로서 그 지급을 구하는 소송은 공법상의 법률관계에 관한 소송인 공법상 당사자소송에 해당한다(대판 2004.12.24. 2003두15195).

③ 공직선거법 제222조와 제224조에서 규정하고 있는 선거소송은 집합적 행위로서의 선거에 관한 쟁송으로서 선거라는 일련의 과정에서 선거에 관한 규정을 위반한 사실이 있고, 그로써 선거의 결과에 영향을 미쳤다고 인정하는 때에 선거의 전부나 일부를 무효로 하는 소송이다. 이는 선거를 적법하게 시행하고 그 결과를 적정하게 결정하도록 함을 목적으로 하므로, 행정소송법 제3조 제3호에서 규정한 민중소송, 즉 국가 또는 공공단체의 기관이 법률을 위반한 행위를 한 때에 직접 자기의 법률상 이익과 관계없이 그 시정을 구하기 위하여 제기하는 소송에 해당한다(대판 2016.11.24. 2016수64).

④ 지방의회와 지방자치단체장의 분쟁은 행정소송법 제3조 제4호 단서의 예외에 해당하지 않으므로, 기관소송에 해당한다.

> **행정소송법 제3조 【행정소송의 종류】** 행정소송은 다음의 네 가지로 구분한다.
> 4. 기관소송: 국가 또는 공공단체의 기관 상호간에 있어서의 권한의 존부 또는 그 행사에 관한 다툼이 있을 때에 이에 대하여 제기하는 소송. 다만, 헌법재판소법 제2조의 규정에 의하여 헌법재판소의 관장사항으로 되는 소송은 제외한다.
>
> **헌법재판소법 제2조 【관장사항】** 헌법재판소는 다음 각 호의 사항을 관장한다.
> 4. 국가기관 상호간, 국가기관과 지방자치단체간 및 지방자치단체 상호간의 권한쟁의에 관한 심판

25 Ⅰ 행정법의 일반원칙   정답 ④

정답 분석

④ 구 자원의 절약과 재활용촉진에 관한 법률 시행령(2007.3.27. 대통령령 제19971호로 개정되기 전의 것) 제11조 [별표 2] 제7호에서 플라스틱제품의 수입업자가 부담하는 폐기물부담금의 산출기준을 아무런 제한 없이 그 수입가만을 기준으로 한 것은, 합성수지 투입량을 기준으로 한 제조업자에 비하여 과도하게 차등을 둔 것으로서 합리적 이유 없는 차별에 해당하므로, 위 조항 중 '수입의 경우 수입가의 0.7%' 부분은 헌법상 평등원칙을 위반한 입법으로서 무효이다(대판 2008.11.20. 2007두8287 전합).

선지 분석

① 고속국도 관리청이 고속도로 부지와 접도구역에 송유관 매설을 허가하면서 상대방과 체결한 협약에 따라 송유관 시설을 이전하게 될 경우 그 비용을 상대방에게 부담하도록 하였고, 그 후 도로법 시행규칙이 개정되어 접도구역에는 관리청의 허가 없이도 송유관을 매설할 수 있게 된 사안에서, 위 협약이 효력을 상실하지 않을 뿐만 아니라 위 협약에 포함된 부관이 부당결부금지의 원칙에도 반하지 않는다(대판 2009.2.12. 2005다65500).

② 산업기능요원과 공익근무요원은 그 제도의 취지, 직무의 성격과 내용 등에 있어 상당한 차이가 있는바, 산업기능요원은 공익근무요원과 달리 자신의 자율적 의사에 따라 그 복무를 선택하고, 그 복무관계는 공무수행관계로 보지 아니하며, 사기업체에서 자유로운 근무환경에서 근무하면서 자신의 전공과 기술을 활용할 수 있고 상당한 보수를 지급받는다. 이 사건 법령조항들이 군 복무기간의 유형과 내용에 따라 공무원 재직기간 산입 여부를 달리 보아 산업기능요원의 복무기간을 공무원 재직기간에 산입하지 않는 것은 합리적 차별이라고 할 것이므로, 산업기능요원의 평등권을 침해하지 않는다(헌재 2012.8.23. 2010헌마328).

③ 행정행위를 한 처분청은 그 행위에 하자가 있는 경우에는 별도의 법적 근거가 없더라도 스스로 이를 취소할 수 있고, 다만 수익적 행정처분을 취소할 때에는 이를 취소하여야 할 공익상의 필요와 그 취소로 인하여 당사자가 입게 될 기득권과 신뢰보호 및 법률생활 안정의 침해 등 불이익을 비교·교량한 후 공익상의 필요가 당사자가 입을 불이익을 정당화할 만큼 강한 경우에 한하여 취소할 수 있다(대판 2008.11.13. 2008두8628).

21 Ⅵ 행정심판위원회   정답 ②

정답 분석

② 국가정보원장의 행정청 또는 그 소속 행정청의 처분 또는 부작위에 대한 행정심판의 청구에 대하여는 행정청에 두는 행정심판위원회에서 심리·재결한다(행정심판법 제6조 제1항 제1호).

선지 분석

① 광역시장의 행정청의 처분 또는 부작위에 대한 심판청구에 대하여는 부패방지 및 국민권익위원회의 설치와 운영에 관한 법률에 따른 국민권익위원회에 두는 중앙행정심판위원회에서 심리·재결한다(행정심판법 제2항 제2호).

③ 국회사무총장의 행정청 또는 그 소속 행정청의 처분 또는 부작위에 대한 행정심판의 청구에 대하여는 행정청에 두는 행정심판위원회에서 심리·재결한다(행정심판법 제1항 제2호).

④ 감사원의 행정청 또는 그 소속 행정청의 처분 또는 부작위에 대한 행정심판의 청구에 대하여는 행정청에 두는 행정심판위원회에서 심리·재결한다(행정심판법 제1항 제1호).

> 행정심판법 제6조【행정심판위원회의 설치】① 다음 각 호의 행정청 또는 그 소속 행정청(행정기관의 계층구조와 관계없이 그 감독을 받거나 위탁을 받은 모든 행정청을 말하되, 위탁을 받은 행정청은 그 위탁받은 사무에 관하여는 위탁한 행정청의 소속 행정청으로 본다. 이하 같다)의 처분 또는 부작위에 대한 행정심판의 청구(이하 "심판청구"라 한다)에 대하여는 다음 각 호의 행정청에 두는 행정심판위원회에서 심리·재결한다.
> 1. 감사원, 국가정보원장, 그 밖에 대통령령으로 정하는 대통령 소속기관의 장
> 2. 국회사무총장·법원행정처장·헌법재판소사무처장 및 중앙선거관리위원회사무총장
>
> ② 다음 각 호의 행정청의 처분 또는 부작위에 대한 심판청구에 대하여는 부패방지 및 국민권익위원회의 설치와 운영에 관한 법률에 따른 국민권익위원회(이하 "국민권익위원회"라 한다)에 두는 중앙행정심판위원회에서 심리·재결한다.
> 2. 특별시장·광역시장·특별자치시장·도지사·특별자치도지사(특별시·광역시·특별자치시·도 또는 특별자치도의 교육감을 포함한다. 이하 "시·도지사"라 한다) 또는 특별시·광역시·특별자치시·도·특별자치도(이하 "시·도"라 한다)의 의회(의장, 위원회의 위원장, 사무처장 등 의회 소속 모든 행정청을 포함한다)

22 Ⅶ 환매권   정답 ③

정답 분석

③ 공용수용에서 수용된 토지가 당해 공익사업에 필요 없게 되거나 이용되지 아니하였을 경우 피수용자에게 발생하는 환매권은 통지 여부에 상관없이 법률의 규정에 의하여 일정한 기간이 도과하면 당연히 소멸하는 것으로서, 비록 이 사건 헌법소원심판에서 피청구인이 환매권발생을 통지하지 아니한 부작위의 위헌확인 결정이 있다 하더라도 권리가 회복되거나 행사기간이 연장될 수 없다(헌재 2006.5.23. 2006헌마527).

선지 분석

① 공익사업을 위한 토지 등의 취득 및 보상에 관한 법률 제91조 제2항에 대한 옳은 내용이다.

> 제91조【환매권】② 취득일부터 5년 이내에 취득한 토지의 전부를 해당 사업에 이용하지 아니하였을 때에는 제1항을 준용한다. 이 경우 환매권은 취득일부터 6년 이내에 행사하여야 한다.

② 공익사업을 위한 토지 등의 취득 및 보상에 관한 법률 제92조 제2항에 대한 옳은 내용이다.

> 제92조【환매권의 통지 등】② 환매권자는 제1항에 따른 통지를 받은 날 또는 공고를 한 날부터 6개월이 지난 후에는 제91조 제1항 및 제2항에도 불구하고 환매권을 행사하지 못한다.

④ 공공용지의 취득 및 손실보상에 관한 특례법 제9조 제5항에 의하여 준용되는 토지수용법 제72조 제1항이 환매할 토지가 생겼을 때에는 기업자(사업시행자)가 지체 없이 이를 원소유자 등에게 통지하거나 공고하도록 규정한 취지는 원래 공적인 부담의 최소한성의 요청과 비자발적으로 소유권을 상실한 원소유자를 보호할 필요성 및 공평의 원칙 등 환매권을 규정한 입법이유에 비추어 공익목적에 필요 없게 된 토지가 있을 때에는 먼저 원소유자에게 그 사실을 알려 주어 환매할 것인지 여부를 최고하도록 함으로써 법률상 당연히 인정되는 환매권 행사의 실효성을 보장하기 위한 것이라고 할 것이므로 위 규정은 단순한 선언적인 것이 아니라 기업자(사업시행자)의 법적인 의무를 정한 것이라고 보아야 할 것이다(대판 2000.11.14. 99다45864).

23 Ⅱ 행정행위의 효력   정답 ④

정답 분석

④ 행정처분이나 행정심판 재결이 불복기간의 경과로 인하여 확정될 경우 확정력은 처분으로 인하여 법률상 이익을 침해받은 자가 처분이나 재결의 효력을 더 이상 다툴 수 없다는 의미일 뿐 판결에 있어서와 같은 기판력이 인정되는 것은 아니어서 처분의 기초가 된 사실관계나 법률적 판단이 확정되고 당사자들이나 법원이 이에 기속되어 모순되는 주장이나 판단을 할 수 없게 되는 것은 아니다(대판 1993.4.13. 92누17181).

선지 분석

① 물품세 과세대상이 아닌 것을 세무공무원이 직무상 과실로 과세대상으로 오인하여 과세처분을 행함으로 인하여 손해가 발생된 경우에는, 동 과세처분이 취소되지 아니하였다 하더라도, 국가는 이로 인한 손해를 배상할 책임이 있다(대판 1979.4.10. 79다262).

② 과세처분의 하자가 단지 취소할 수 있는 정도에 불과할 때에는 과세관청이 이를 스스로 취소하거나 항고소송절차에 의하여 취소되지 않는 한 그로 인한 조세의 납부가 부당이득이 된다고 할 수 없다(대판 1994.11.11. 94다28000).

③ 대통령이 담화를 발표하고 이에 따라 국방부장관이 삼청교육 관련 피해자들에게 그 피해를 보상하겠다고 공고하고 피해신고까지 받음으로써, 상대방은 그 약속이 이행될 것에 대한 강한 신뢰를 가지게 되고, 이러한 신뢰는 단순한 사실상의 기대를 넘어 법적으로 보호받아야 할 이익이라고 보아야 할 것이다(대판 2003.11.28. 2002다72156).

선지 분석

ㄷ. 국가배상법 제5조 소정의 공공의 영조물이란 공유나 사유임을 불문하고 행정주체에 의하여 특정 공공의 목적에 공여된 유체물 또는 물적 설비를 의미하므로 사실상 군민의 통행에 제공되고 있던 도로 옆의 암벽으로부터 떨어진 낙석에 맞아 소외인이 사망하는 사고가 발생하였다고 하여도 동 사고지점 도로가 피고 군에 의하여 노선 인정 기타 공용개시가 없었으면 이를 영조물이라 할 수 없다(대판 1981.7.7. 80다2478).

ㄹ. '영조물 설치 또는 하자'에 관한 제3자의 수인한도의 기준을 결정함에 있어서는 일반적으로 침해되는 권리나 이익의 성질과 침해의 정도뿐만 아니라 침해행위가 갖는 공공성의 내용과 정도, 그 지역환경의 특수성, 공법적인 규제에 의하여 확보하려는 환경기준, 침해를 방지 또는 경감시키거나 손해를 회피할 방안의 유무 및 그 난이 정도 등 여러 사정을 종합적으로 고려하여 구체적 사건에 따라 개별적으로 결정하여야 한다(대판 2005.1.27. 2003다49566).

이것도 알면 합격!

영조물 인정 여부

인정한 경우	부정한 경우
• 철도건널목의 자동경보기, 교통신호기 • 도로상의 맨홀, 공중변소, 상하수도 • 저수지, 홍수조절용 다목적댐 • 정부청사, 관용자동차, 여의도광장 • 군견, 경찰견, 경찰마 • 도로, 육교, 하천, 제방	• 국유림 등 국유일반재산 • 폐천부지 • 공용지정을 갖추지 못한 도로 • 형체적 요소를 갖추지 못한 옹벽

19 I 행정법의 법원   정답 ②

정답 분석

② 상급행정기관이 하급행정기관에 대하여 법령의 수권 없이 행정조직 내부사항에 대하여 발하는 명령으로서, 법원성에 대해서는 긍정설과 부정설의 대립이 있다. 다만, 행정규칙이 법규성을 가지는 경우에는 법원성을 인정할 수 있다.

선지 분석

① 행정관습법의 효력에 대해서 개폐적 효력설과 보충적 효력설의 대립이 있으나, 행정의 성문법주의 원칙상 성문법이 없는 경우에만 관습법이 보충적으로 적용된다는 보충적 효력설이 통설·판례이다.

> **관련 판례**
> 민법 제1조의 관습법은 법원으로서의 보충적 효력을 인정하는 데 반하여, … 관습법의 제정법에 대한 열후적, 보충적 성격에 비추어 그와 같은 관습법의 효력을 인정하는 것은 관습법의 법원으로서의 효력을 정한 위 민법 제1조의 취지에 어긋나는 것이라고 할 것이다(대판 1983.6.14. 80다3231).

③ 합헌적 법률해석을 포함하는 법령의 해석·적용권한은 대법원을 최고법원으로 하는 법원에 전속하는 것이며, 헌법재판소가 법률의 위헌 여부를 판단하기 위하여 불가피하게 법원의 최종적인 법률해석에 앞서 법령을 해석하거나 그 적용범위를 판단하더라도 헌법재판소의 법률해석에 대법원이나 각급 법원이 구속되는 것은 아니다(대판 2009.2.12. 2004두10289).

④ 남북 사이의 화해와 불가침 및 교류협력에 관한 합의서는 남북관계가 '나라와 나라 사이의 관계가 아닌 통일을 지향하는 과정에서 잠정적으로 형성되는 특수관계'임을 전제로, 조국의 평화적 통일을 이룩해야 할 공동의 정치적 책무를 지는 남북한 당국이 특수관계인 남북관계에 관하여 채택한 합의문서로서, 남북한 당국이 각기 정치적인 책임을 지고 상호간에 그 성의 있는 이행을 약속한 것이기는 하나 법적 구속력이 있는 것은 아니어서 이를 국가간의 조약 또는 이에 준하는 것으로 볼 수 없고, 따라서 국내법과 동일한 효력이 인정되는 것도 아니다(대판 1999.7.23. 98두14525).

20 III 정보공개법   정답 ②

정답 분석

② 공공기관은 정보공개의 청구를 받으면 그 청구를 받은 날부터 10일 이내에 공개 여부를 결정하여야 한다.

> **공공기관의 정보공개에 관한 법률 제11조 【정보공개 여부의 결정】**
> ① 공공기관은 제10조에 따라 정보공개의 청구를 받으면 그 청구를 받은 날부터 10일 이내에 공개 여부를 결정하여야 한다.

선지 분석

① 공공기관의 정보공개에 관한 법률 제4조 제3항에 대한 옳은 내용이다.

> **제4조 【적용 범위】** ③ 국가안전보장에 관련되는 정보 및 보안 업무를 관장하는 기관에서 국가안전보장과 관련된 정보의 분석을 목적으로 수집하거나 작성한 정보에 대해서는 이 법을 적용하지 아니한다. 다만, 제8조 제1항에 따른 정보목록의 작성·비치 및 공개에 대해서는 그러하지 아니한다.

③ 공공기관의 정보공개에 관한 법률 제21조 제1항에 대한 옳은 내용이다.

> **제21조 【제3자의 비공개 요청 등】** ① 제11조 제3항에 따라 공개 청구된 사실을 통지받은 제3자는 그 통지를 받은 날부터 3일 이내에 해당 공공기관에 대하여 자신과 관련된 정보를 공개하지 아니할 것을 요청할 수 있다.

④ 공공기관의 정보공개에 관한 법률 제9조 제1항 제6호 라목에 대한 옳은 내용이다.

> **제9조 【비공개 대상 정보】** ① 공공기관이 보유·관리하는 정보는 공개 대상이 된다. 다만, 다음 각 호의 어느 하나에 해당하는 정보는 공개하지 아니할 수 있다.
> 6. 해당 정보에 포함되어 있는 성명·주민등록번호 등 개인정보 보호법 제2조 제1호에 따른 개인정보로서 공개될 경우 사생활의 비밀 또는 자유를 침해할 우려가 있다고 인정되는 정보. 다만, 다음 각 목에 열거한 사항은 제외한다.
>   라. 직무를 수행한 공무원의 성명·직위

16 Ⅱ 준법률행위적 행정행위 — 정답 ②

정답 분석

② 주한 미군에 근무하면서 특수업무를 수행하는 한국인 군무원에 대한 주한 미군측의 고용해제 통보 후 국방부장관이 행한 직권면직의 인사발령은 관념의 통지에 해당한다. 관념의 통지는 준법률행위적 행정행위에 해당한다.

> **관련 판례**
>
> 특수업무를 수행하는 한국인 군무원으로서 다른 일반군속과는 달리 정원이 별도로 관리되고 임용 즉시 휴직한 후 주한 미군측에 파견되어 … 군무원인사법으로 전면 개정된 후에는 주한 미군측 고용기간을 임기로 한 번역군무원에 임용된 것으로 간주되었는데 주한 미군측에서 위 군무원을 고용해제하자 그 통보를 받은 국방부장관이 위 군무원에 대하여 직권면직의 인사발령을 하였다면, 위 군무원은 군무원관계를 소멸시키기 위한 임면권자의 별도 행정처분을 요하지 아니하고 임기만료로 당연퇴직하였고, 위 직권면직의 인사발령은 그 문면상의 표현에도 불구하고 법률상 당연히 발생한 퇴직의 사유 및 시기를 공적으로 확인하여 알려주는 이른바 관념의 통지에 불과할 뿐 군무원의 신분을 상실시키는 새로운 형성적 행위가 아니므로 항고소송의 대상이 되는 행정처분이라고 할 수 없다(대판 1997.11.11. 97누1990).

선지 분석

① 여객자동차운수사업 면허는 사인에게 공공사업의 운영권을 설정하여 주는 행정행위로서 강학상 특허기업 특허에 해당한다. 특허는 법률행위적 행정행위에 속한다.

> **관련 판례**
>
> 국가나 지방자치단체는 수도·전기·가스·교통(운송) 등 국민의 일상생활에 필수적인 재화와 서비스를 제공하는 공공사업을 스스로 혹은 공기업을 통하여 운영할 수도 있고, 사인에게 그 사업에 관한 운영권을 설정해 줌으로써 운영하게 할 수도 있다. 이처럼 사인에게 공공사업의 운영권을 설정하여 주는 행정행위를 강학상 특허기업 특허라고 한다.
> 여객자동차 운수사업법은 일반택시운송사업을 운영하려면 국토교통부장관으로부터 면허를 받도록 규정하고 있다. 여객자동차 운수사업 면허는, 한편으로는 사업자의 자격·조건이나 영업 수행방식 등에 관하여 강한 규제를 하면서도, 다른 한편으로는 진입 규제, 세제 혜택, 보조금 지원 등의 방법으로 사업자들 상호 간의 과도한 경쟁을 제한하고 사업자를 지원하기 위하여, 공공성이 강한 운수사업 사업자에게 특별한 법적 지위를 창설해주는 설권적 행정행위로서, 앞서 본 바와 같은 특허기업 특허에 해당한다(대판 2019.4.18. 2016다2451 전합).

③ 민법 제45조와 제46조에서 말하는 재단법인의 정관변경 "허가"는 법률상의 표현이 허가로 되어 있기는 하나, 그 성질에 있어 법률행위의 효력을 보충해 주는 것이지 일반적 금지를 해제하는 것이 아니므로, 그 법적 성격은 인가라고 보아야 한다(대판 1996.5.16. 95누4810 전합). 이와 같은 인가는 법률행위적 행정행위에 속한다.

④ 미성년자에 대한 음주판매금지는 부작위를 명하는 하명에 해당하며, 법률행위적 행정행위에 속한다.

17 Ⅶ 공무원 징계 — 정답 ③

정답 분석

③ 근로기준법 등의 입법 취지, 지방공무원법과 지방공무원 징계 및 소청규정의 여러 규정에 비추어 볼 때, 채용계약상 특별한 약정이 없는 한, 지방계약직공무원에 대하여 지방공무원법, 지방공무원 징계 및 소청규정에 정한 징계절차에 의하지 않고서는 보수를 삭감할 수 없다고 봄이 상당하다(대판 2008.6.12. 2006두16328).

선지 분석

① 국가공무원법 제63조에 규정된 품위유지의무란 공무원이 직무의 내외를 불문하고, 국민의 수임자로서의 직책을 맡아 수행해 나가기에 손색이 없는 인품에 걸맞게 본인은 물론 공직사회에 대한 국민의 신뢰를 실추시킬 우려가 있는 행위를 하지 않아야 할 의무라고 해석할 수 있고, 이러한 품위유지의무 위반에 대하여 징계권자는 재량권의 남용에 해당하지 않는 범위에서 징계권을 행사할 수 있다(대판 2017.11.9. 2017두47472).

② 공무원이 한 사직 의사표시의 철회나 취소는 그에 터잡은 의원면직처분이 있을 때까지 할 수 있는 것이고, 일단 면직처분이 있고 난 이후에는 철회나 취소할 여지가 없다(대판 2001.8.24. 99두9971).

④ 국가공무원법 제33조 제8호에 대한 옳은 내용이다.

> 제33조【결격사유】다음 각 호의 어느 하나에 해당하는 자는 공무원으로 임용될 수 없다.
> 8. 징계로 해임처분을 받은 때부터 3년이 지나지 아니한 자

이것도 알면 합격!

공무원법상 징계의 종류

국가공무원법 제79조	지방공무원법 제79조
파면 > 해임 > 강등 > 정직 > 감봉 > 견책	

18 Ⅴ 국가배상법 제5조 — 정답 ①

정답 분석

옳은 것은 ㄱ, ㄴ이다.

ㄱ. 100년 발생빈도의 강우량을 기준으로 책정된 계획홍수위를 초과하여 600년 또는 1,000년 발생빈도의 강우량에 의한 하천의 범람은 예측가능성 및 회피가능성이 없는 불가항력적인 재해로서 그 영조물의 관리청에게 책임을 물을 수 없다(대판 2003.10.23. 2001다48057).

ㄴ. 고등학교 3학년 학생이 교사의 단속을 피해 담배를 피우기 위하여 3층 건물 화장실 밖의 난간을 지나다가 실족하여 사망한 경우, 학교 관리자에게 그와 같은 이례적인 사고가 있을 것을 예상하여 복도나 화장실 창문에 난간으로의 출입을 막기 위하여 출입금지장치나 추락 위험을 알리는 경고표지판을 설치할 의무가 있다고 볼 수는 없으므로 학교시설의 설치·관리상의 하자가 없다(대판 1997.5.16. 96다54102).

13 Ⅱ 행정입법 　　　　　　　　　정답 ②

정답 분석

② 조례의 제정권자인 지방의회는 선거를 통해서 그 지역적인 민주적 정당성을 지니고 있는 주민의 대표기관이고 헌법이 지방자치단체에 포괄적인 자치권을 보장하고 있는 취지로 볼 때, 조례에 대한 법률의 위임은 법규명령에 대한 법률의 위임과 같이 반드시 구체적으로 범위를 정하여 할 필요가 없으며 포괄적인 것으로 족하다(헌재 1995.4.20. 92헌마264·279).

선지 분석

① 법률의 시행령이나 시행규칙은 그 법률에 의한 위임이 없으면 개인의 권리·의무에 관한 내용을 변경·보충하거나 법률에 규정되지 아니한 새로운 내용을 정할 수는 없지만, 법률의 시행령이나 시행규칙의 내용이 모법의 입법취지 및 관련 조항 전체를 유기적·체계적으로 살펴 보아 모법의 해석상 가능한 것을 명시한 것에 지나지 아니하거나 모법 조항의 취지에 근거하여 이를 구체화하기 위한 것인 때에는 모법의 규율 범위를 벗어난 것으로 볼 수 없으므로, 모법에 이에 관하여 직접 위임하는 규정을 두지 않았다고 하더라도 이를 무효라고 볼 수는 없다(대판 2009.6.11. 2008두13637).

③ 산업재해보상보험법 시행령 [별표 3] '업무상 질병에 대한 구체적인 인정기준'은 '뇌혈관 질병 또는 심장 질병', '근골격계 질병'의 업무상 질병 인정 여부 결정에 필요한 사항은 고용노동부장관이 정하여 고시하도록 위임하고 있다(제1호 다목, 제2호 마목). 위임근거인 산업재해보상보험법 시행령 [별표 3] '업무상 질병에 대한 구체적인 인정 기준'이 예시적 규정에 불과한 이상, 그 위임에 따른 고용노동부 고시가 대외적으로 국민과 법원을 구속하는 효력이 있는 규범이라고 볼 수는 없고, 상급행정기관이자 감독기관인 고용노동부장관이 그 지도·감독 아래 있는 근로복지공단에 대하여 행정내부적으로 업무처리 지침이나 법령의 해석·적용 기준을 정해주는 '행정규칙'이라고 보아야 한다(대판 2020.12.24. 2020두39297).

> **관련 판례**
> 위와 같은 작성요령은 법률의 위임을 받은 것이기는 하나 법인세의 부과징수라는 행정적 편의를 도모하기 위한 절차적 규정으로서 단순히 행정규칙의 성질을 가지는 데 불과하여 과세관청이나 일반국민을 기속하는 것이 아니다(대판 2003.9.5. 2001두403).

④ 재량준칙이 정한 바에 따라 되풀이 시행되어 행정관행이 이루어지게 되면 평등의 원칙이나 신뢰보호의 원칙에 따라 행정청은 상대방에 대한 관계에서 그 규칙에 따라야 할 자기구속을 받게 되므로, 이러한 경우에는 특별한 사정이 없는 한 그에 반하는 처분은 평등의 원칙이나 신뢰보호의 원칙에 어긋나 재량권을 일탈·남용한 위법한 처분이 된다(대판 2014.11.27. 2013두18964).

14 Ⅳ 행정질서벌 　　　　　　　　　정답 ③

정답 분석

③ 신분이 없는 자가 가담한 때에는 신분이 없는 자에 대하여도 질서위반행위가 성립한다.

> **질서위반행위규제법 제12조【다수인의 질서위반행위 가담】**
> ② 신분에 의하여 성립하는 질서위반행위에 신분이 없는 자가 가담한 때에는 신분이 없는 자에 대하여도 질서위반행위가 성립한다.

선지 분석

① 질서위반행위규제법 제7조에 대한 옳은 내용이다.

> **제7조【고의 또는 과실】** 고의 또는 과실이 없는 질서위반행위는 과태료를 부과하지 아니한다.

② 질서위반행위규제법 제38조 제1항에 대한 옳은 내용이다.

> **제38조【항고】** ① 당사자와 검사는 과태료 재판에 대하여 즉시항고를 할 수 있다. 이 경우 항고는 집행정지의 효력이 있다.

④ 질서위반행위규제법 제3조 제2항에 대한 옳은 내용이다.

> **제3조【법 적용의 시간적 범위】** ② 질서위반행위 후 법률이 변경되어 그 행위가 질서위반행위에 해당하지 아니하게 되거나 과태료가 변경되기 전의 법률보다 가볍게 된 때에는 법률에 특별한 규정이 없는 한 변경된 법률을 적용한다.

15 Ⅴ 행정상 손실보상 　　　　　　　정답 ④

정답 분석

④ 배제하지 아니한 가격으로 평가하여야 한다.

> **관련 판례**
> 토지수용으로 인한 손실보상액을 산정함에 있어서 당해 공공사업의 시행을 직접 목적으로 하는 계획의 승인·고시로 인한 가격변동은 이를 고려함이 없이 수용재결 당시의 가격을 기준으로 하여 적정가격을 정하여야 하나, 당해 공공사업과는 관계없는 다른 사업의 시행으로 인한 개발이익은 이를 배제하지 아니한 가격으로 평가하여야 한다(대판 1999.1.15. 98두8896).

선지 분석

① 손실보상에 관한 일반법은 없고, 공익사업을 위한 토지 등의 취득 및 보상에 관한 법률 등 개별법으로만 존재한다.

② '부동산 가격공시 및 감정평가에 관한 법률'(2007.4.27. 법률 제8409호로 개정된 것) 제9조 제1항 제1호가 개별공시지가가 아닌 표준지공시지가를 기준으로 보상액을 산정하도록 한 것은 개발이익이 배제된 수용 당시 피수용 재산의 객관적인 재산가치를 가장 정당하게 보상하는 것이라고 할 것이므로, 헌법 제23조 제3항에 위반된다고 할 수 없다(헌재 2011.8.30. 2009헌바245).

③ 공공사업의 시행으로 인하여 그러한 손실이 발생하리라는 것을 쉽게 예견할 수 있고 그 손실의 범위도 구체적으로 이를 특정할 수 있는 경우라면 그 손실의 보상에 관하여 공공용지의 취득 및 손실보상에 관한 특례법 시행규칙의 관련 규정 등을 유추적용할 수 있다고 해석함이 상당하다(대판 1999.10.8. 99다27231).

2. 주민의 복지증진
　　3. 농림·수산·상공업 등 산업 진흥
　　4. 지역개발과 자연환경보전 및 생활환경시설의 설치·관리
　　5. 교육·체육·문화·예술의 진흥
　　6. 지역민방위 및 지방소방
　　7. 국제교류 및 협력

선지 분석

② 지방자치법 제39조에 대한 옳은 내용이다.

> 제39조【의원의 임기】지방의회의원의 임기는 4년으로 한다.

③ 조례 제정권의 범위를 벗어나 국가사무를 대상으로 한 무효인 서울특별시행정권한위임조례의 규정에 근거하여 구청장이 건설업영업정지처분을 한 경우, 그 처분은 결과적으로 적법한 위임 없이 권한 없는 자에 의하여 행하여진 것과 마찬가지가 되어 그 하자가 중대하나, 지방자치단체의 사무에 관한 조례와 규칙은 조례가 보다 상위규범이라고 할 수 있고, 또한 헌법 제107조 제2항의 "규칙"에는 지방자치단체의 조례와 규칙이 모두 포함되는 등 이른바 규칙의 개념이 경우에 따라 상이하게 해석되는 점 등에 비추어 보면 위 처분의 위임 과정의 하자가 객관적으로 명백한 것이라고 할 수 없으므로 이로 인한 하자는 결국 당연무효사유는 아니라고 봄이 상당하다(대판 1995.7.11. 94누4615 전합).

④ 헌법 제117조 제1항은 지방자치단체에 포괄적인 자치권을 보장하고 있으므로, 자치사무와 관련한 조례에 대한 법률의 위임은 법규명령에 대한 법률의 위임과 같이 구체적으로 범위를 정하여서 할 엄격성이 반드시 요구되지는 않는다. 법률이 주민의 권리의무에 관한 사항에 관하여 구체적으로 범위를 정하지 않은 채 조례로 정하도록 포괄적으로 위임한 경우에도 지방자치단체는 법령에 위반되지 않는 범위 내에서 각 지역의 실정에 맞게 주민의 권리의무에 관한 사항을 조례로 제정할 수 있다(대판 2019.10.17. 2018두40744).

11　I　행정상 법률관계　　　　　정답 ④

정답 분석

④ 행정청이 어느 법률관계나 사실관계에 대하여 어느 법률의 규정을 적용하여 행정처분을 한 경우에 그 법률관계나 사실관계에 대하여는 그 법률의 규정을 적용할 수 없다는 법리가 명백히 밝혀져 그 해석에 다툼의 여지가 없음에도 불구하고 행정청이 위 규정을 적용하여 처분을 한 때에는 그 하자가 중대하고도 명백하다고 할 것이나, 그 법률관계나 사실관계에 대하여 그 법률의 규정을 적용할 수 없다는 법리가 명백히 밝혀지지 아니하여 그 해석에 다툼의 여지가 있는 때에는 행정관청이 이를 잘못 해석하여 행정처분을 하였더라도 이는 그 처분 요건사실을 오인한 것에 불과하여 그 하자가 명백하다고 할 수 없는 것이다(대판 2004.10.15. 2002다68485).

선지 분석

① 도시 및 주거환경정비법상 행정주체인 주택재건축정비사업조합을 상대로 관리처분계획안에 대한 조합 총회결의의 효력 등을 다투는 소송은 행정처분에 이르는 절차적 요건의 존부나 효력 유무에 관한 소송으로서 그 소송결과에 따라 행정처분의 위법 여부에 직접 영향을 미치는 공법상 법률관계에 관한 것이므로, 이는 행정소송법상의 당사자소송에 해당한다(대판 2009.9.17. 2007다2428).

② 행정절차법은 공법(公法)상 행정절차에 적용되므로, 사법(私法)관계에는 적용되지 아니한다.

③ 구 국유재산법 제51조 제1항·제4항·제5항에 의한 변상금 부과·징수권은 민사상 부당이득반환청구권과 법적 성질을 달리하므로, 국가는 무단점유자를 상대로 변상금 부과·징수권의 행사와 별도로 국유재산의 소유자로서 민사상 부당이득반환청구의 소를 제기할 수 있다(대판 2014.7.16. 2011다76402).

12　II　법률행위적 행정행위　　　　　정답 ③

정답 분석

③ 사회복지법인의 정관변경의 허가에 대한 법적 성격은 '인가'라고 보아야 한다. 인가는 법률행위적 행정행위에 속하며, 법률행위적 행정행위에는 부관을 붙일 수 있다.

> **관련 판례**
> 1. 민법 제45조와 제46조에서 말하는 재단법인의 정관변경 "허가"는 법률상의 표현이 허가로 되어 있기는 하나, 그 성질에 있어 법률행위의 효력을 보충해 주는 것이지 일반적 금지를 해제하는 것이 아니므로, 그 법적 성격은 인가라고 보아야 한다(대판 1996.5.16. 95누4810 전합).
> 2. 사회복지법인의 정관변경을 허가할 것인지의 여부는 주무관청의 정책적 판단에 따른 재량에 맡겨져 있다고 할 것이고, 주무관청이 정관변경허가를 함에 있어서는 비례의 원칙 및 평등의 원칙에 적합하고 행정처분의 본질적 효력을 해하지 않는 한도 내에서 부관을 붙일 수 있다(대판 2002.9.24. 2000두5661).

선지 분석

① 국유재산 등의 관리청이 하는 행정재산의 사용·수익에 대한 허가는 순전히 사경제주체로서 행하는 사법상의 행위가 아니라 관리청이 공권력을 가진 우월적 지위에서 행하는 행정처분으로서 특정인에게 행정재산을 사용할 수 있는 권리를 설정하여 주는 강학상 특허에 해당한다(대판 2006.3.9. 2004다31074).

② 통지와 공증은 준법률행위적 행정행위에 속한다.

이것도 알면 합격!

법률행위적 행정행위와 준법률행위적 행정행위의 종류

법률행위적 행정행위	• 명령적 행위: 하명, 허가, 면제 • 형성적 행위: 특허, 인가, 대리
준법률행위적 행정행위	확인, 공증, 통지, 수리

④ 친일반민족행위자 재산의 국가귀속에 관한 특별법 제3조 제1항 본문, 제9조 규정들의 취지와 내용에 비추어 보면, 같은 법 제2조 제2호에 정한 친일재산은 친일반민족행위자재산조사위원회가 국가귀속결정을 하여야 비로소 국가의 소유로 되는 것이 아니라 특별법의 시행에 따라 그 취득·증여 등 원인행위시에 소급하여 당연히 국가의 소유로 되고, 위 위원회의 국가귀속결정은 당해 재산이 친일재산에 해당한다는 사실을 확인하는 이른바 준법률행위적 행정행위의 성격을 가진다(대판 2008.11.13. 2008두13491).

07 Ⅲ 행정절차법   정답 ③

정답 분석

③ 행정청은 처분을 하는 때에는 원칙적으로 당사자에게 근거와 이유를 제시하여야 한다(행정절차법 제23조 제1항). 당사자가 신청하는 허가 등을 거부하는 처분을 하면서 당사자가 그 근거를 알 수 있을 정도로 이유를 제시한 경우에는 처분의 근거와 이유를 구체적으로 명시하지 않았더라도 그로 말미암아 그 처분이 위법하다고 볼 수는 없다(대판 2017.8.29. 2016두44186).

선지 분석

① 행정절차법 제17조 제8항에 대한 옳은 내용이다.

> 제17조 【처분의 신청】 ⑧ 신청인은 처분이 있기 전에는 그 신청의 내용을 보완·변경하거나 취하(取下)할 수 있다. 다만, 다른 법령 등에 특별한 규정이 있거나 그 신청의 성질상 보완·변경하거나 취하할 수 없는 경우에는 그러하지 아니하다.

② 행정절차법 제17조 제7항에 대한 옳은 내용이다.

> 제17조 【처분의 신청】 ⑦ 행정청은 신청인의 편의를 위하여 다른 행정청에 신청을 접수하게 할 수 있다. 이 경우 행정청은 다른 행정청에 접수할 수 있는 신청의 종류를 미리 정하여 공시하여야 한다.

④ 행정절차법 제27조 제4항에 대한 옳은 내용이다.

> 제27조 【의견제출】 ④ 당사자 등이 정당한 이유 없이 의견제출 기한까지 의견제출을 하지 아니한 경우에는 의견이 없는 것으로 본다.

08 Ⅵ 취소소송   정답 ④

정답 분석

④ 국적법상 귀화불허가처분이나 출입국관리법상 체류자격변경 불허가처분, 강제퇴거명령 등을 다투는 외국인은 대한민국에 적법하게 입국하여 상당한 기간을 체류한 사람이므로, 이미 대한민국과의 실질적 관련성 내지 대한민국에서 법적으로 보호가치 있는 이해관계를 형성한 경우이어서, 해당 처분의 취소를 구할 법률상 이익이 인정된다고 보아야 한다(대판 2018.5.15. 2014두42506).

선지 분석

① 행정소송법 제10조 제2항에 대한 옳은 내용이다.

> 제10조 【관련청구소송의 이송 및 병합】 ② 취소소송에는 사실심의 변론종결시까지 관련청구소송을 병합하거나 피고 외의 자를 상대로 한 관련청구소송을 취소소송이 계속된 법원에 병합하여 제기할 수 있다.

② 대집행계고처분 취소소송의 변론종결 전에 대집행영장에 의한 통지절차를 거쳐 사실행위로서 대집행의 실행이 완료된 경우에는 행위가 위법한 것이라는 이유로 손해배상이나 원상회복 등을 청구하는 것은 별론으로 하고 처분의 취소를 구할 법률상 이익은 없다(대판 1993.6.8. 93누6164).

③ 행정소송법 제23조 제1항에 대한 옳은 내용이다.

> 제23조 【집행정지】 ① 취소소송의 제기는 처분 등의 효력이나 그 집행 또는 절차의 속행에 영향을 주지 아니한다.

09 Ⅳ 행정상 강제징수   정답 ①

정답 분석

① 국세 및 국세의 징수에 관하여는 국세징수법보다 국세기본법이 우선하는 것을 원칙으로 한다.

> 국세기본법 제3조 【세법 등과의 관계】 ① 국세에 관하여 세법에 별도의 규정이 있는 경우를 제외하고는 이 법에서 정하는 바에 따른다.
>
> 국세징수법 제4조 【다른 법률과의 관계】 국세의 징수에 관하여 국세기본법이나 다른 세법에 특별한 규정이 있는 경우를 제외하고는 이 법에서 정하는 바에 따른다.

선지 분석

② 행정청이 행정대집행법 제3조 제1항에 의한 대집행계고를 함에 있어서는 의무자가 스스로 이행하지 아니하는 경우에 대집행할 행위의 내용 및 범위가 구체적으로 특정되어야 하나, 그 행위의 내용 및 범위는 반드시 대집행계고서에 의하여서만 특정되어야 하는 것이 아니고, 계고처분 전후에 송달된 문서나 기타 사정을 종합하여 행위의 내용이 특정되거나 실제건물의 위치, 구조, 평수 등을 계고서의 표시와 대조·검토하여 대집행의무자가 그 이행의무의 범위를 알 수 있을 정도로 하면 족하다(대판 1996.10.11. 96누8086).

③ 건축법 제78조에 의한 무허가 건축행위에 대한 형사처벌과 건축법 제83조 제1항에 의한 시정명령 위반에 대한 이행강제금의 부과는 그 처벌 내지 제재대상이 되는 기본적 사실관계로서의 행위를 달리하며, 또한 그 보호법익과 목적에서도 차이가 있으므로 헌법 제13조 제1항이 금지하는 이중처벌에 해당한다고 할 수 없다(헌재 2004.2.26. 2001헌바80 등).

④ 과세관청이 체납처분으로서 행하는 공매는 우월한 공권력의 행사로서 행정소송의 대상이 되는 공법상의 행정처분이며, 공매에 의하여 재산을 매수한 자는 그 공매처분이 취소된 경우에 그 취소처분의 위법을 주장하여 행정소송을 제기할 법률상 이익이 있다(대판 1984.9.25. 84누201).

10 Ⅶ 지방자치   정답 ①

정답 분석

① 지방자치법 제13조에서 정한 지방자치단체의 사무 범위는 열거적 규정이 아닌 예시적 규정에 해당한다.

> 지방자치법 제13조 【지방자치단체의 사무 범위】 ② 제1항에 따른 지방자치단체의 사무를 예시하면 다음 각 호와 같다. 다만, 법률에 이와 다른 규정이 있으면 그러하지 아니하다.
> 1. 지방자치단체의 구역, 조직, 행정관리 등

선지 분석

① 행정청은 재량권 행사의 기준으로 행정규칙을 정할 수 있으며, 이를 재량준칙이라 한다.

이것도 알면 합격!

행정규칙의 종류

구분 방식	종류
내용	• 조직규칙 • 근무규칙(행위통제규칙) • 영조물규칙 • 재량준칙(재량권의 행사 기준) • 규범해석규칙 • 법률대위규칙 • 법령보충규칙
형식	• 훈령(훈령, 지시, 예규, 일일명령) • 고시

② 재량행위에 대한 사법심사에 있어서는 행정청의 재량에 기한 공익판단의 여지를 감안하여 법원은 독자의 결론을 도출함이 없이 당해 행위에 재량권의 일탈·남용이 있는지 여부만을 심사하게 되고, 이러한 재량권의 일탈·남용 여부에 대한 심사는 사실오인, 비례·평등의 원칙 위배 등을 그 판단 대상으로 한다(대판 2010.9.9. 2010다39413).

④ 기속행위 내지 기속적 재량행위 행정처분에 부담인 부관을 붙인 경우 일반적으로 그 부관은 무효라 할 것이고 그 부관의 무효화에 의하여 본체인 행정처분 자체의 효력에도 영향이 있게 될 수는 있지만, 그러한 사유는 그 처분을 받은 사람이 그 부담의 이행으로서의 증여의 의사표시를 하게 된 동기 내지 연유로 작용하였을 뿐이므로 취소사유가 될 수 있음은 별론으로 하여도 그 의사표시 자체를 당연히 무효화하는 것은 아니다(대판 1998.12.22. 98다51305).

05 Ⅶ 군사행정   정답 ②

정답 분석

② 육군3사관학교를 졸업한 사람과 병역법에 따른 학생군사교육단 사관후보생과정 출신 장교는 단기복무 장교로 규정되어 있다.

> 군인사법 제6조 【복무의 구분】 ③ 단기복무 장교는 다음 각 호의 어느 하나에 해당하는 사람으로 한다.
> 1. 육군3사관학교나 국군간호사관학교를 졸업한 사람
> 1의2. 국방첨단과학기술사관학교를 졸업한 사람
> 2. 사관후보생과정 출신 장교
> 3. 병역법 제57조 제2항에 따른 학생군사교육단 사관후보생과정 출신 장교
> 3의2. 예비역 장교로서 전역 당시의 계급에 재임용된 중위 이상의 장교
> 4. 제2항의 장기복무 장교에 속하지 아니하는 장교

선지 분석

① 군인이 상관의 지시나 명령에 대하여 재판청구권을 행사하는 경우에 그것이 위법·위헌인 지시와 명령을 시정하려는 데 목적이 있을 뿐, 군 내부의 상명하복관계를 파괴하고 명령불복종 수단으로서 재판청구권의 외형만을 빌리거나 그 밖에 다른 불순한 의도가 있지 않다면, 정당한 기본권의 행사이므로 군인의 복종의무를 위반하였다고 볼 수 없다(대판 2018.3.22. 2012두26401 전합).

③ 군인사법은 국가공무원법에 대한 특례를 규정하고 있으며, 일반법보다는 특별법이 우선 적용된다.

> 군인사법 제1조 【목적】 이 법은 군인의 책임 및 직무의 중요성과 신분 및 근무조건의 특수성을 고려하여 그 임용, 복무, 교육훈련, 사기 및 신분보장 등에 관하여 국가공무원법에 대한 특례를 규정함을 목적으로 한다.

④ 군인사법 제8조 제1항에 대한 옳은 내용이다.

> 제8조 【현역정년】 ① 현역에서 복무할 정년(停年)은 다음 각 호와 같다. 다만, 전시·사변 등의 국가비상시에는 예외로 한다. (각 호 생략)

06 Ⅱ 허가   정답 ①

정답 분석

① 허가는 허가요건에 해당하면 반드시 허가를 부여해야 할 기속을 받는 점에서 일반적으로 기속행위의 성질을 갖는다. 따라서 관계법규에서 정하는 제한사유 이외의 사유를 들어 허가신청을 거부할 수 없다. 예외적으로 허가의 요건이 불확정개념으로 규정된 경우나 공익적 요구에 의한 이익형량이 요구되는 예외적 승인의 경우에는 재량이 인정될 수 있다.

선지 분석

② 허가는 원칙적으로 행위의 적법요건이지 유효요건은 아니므로 무허가행위로 한 행위는 특별한 규정이 없는 한 행정벌이나 강제집행의 대상이 될 뿐 사법상 효력에는 영향이 없어 유효하다.

③ 분배신청을 한 바 없고 분배받은 사실조차 알지 못하고 있는 자에 대한 농지분배는 허무인에게 분배한 것이나 다름이 없는 당연무효의 처분이라고 할 것이다(대판 1970.10.23. 70다1750).

④ 허가는 자연적 자유를 회복시켜주는 명령적 행정행위에 해당하고, 새로운 권리를 창설하는 형성적 행정행위는 특허에 해당한다. 참고로 기존에는 허가를 명령적 행정행위로 보는 견해가 일반적이었지만, 최근 유력설은 허가가 단순히 자연적 자유의 회복에 그치는 것이 아니라 헌법상의 자유권을 회복시켜 주는 형성적 행정행위의 성질을 함께 가지고 있다고 보고 있다.

이것도 알면 합격!

허가로 본 경우

- 일반적인 건축허가
- 영업허가
- 도로사용허가
- 의사면허
- 자동차운전면허
- 주류판매업면허
- 차량검사합격처분
- 담배소매인 지정
- 통행금지의 해제

제2과목 행정법

01 Ⅲ 행정절차법 정답 ①

정답 분석

옳은 것은 ㄱ, ㄷ이고, 옳지 않은 것은 ㄴ, ㄹ이다.

ㄱ. [O] 행정절차법 제22조 제2항 제3호에 대한 옳은 내용이다.

> 제22조 【의견 청취】 ② 행정청이 처분을 할 때 다음 각 호의 어느 하나에 해당하는 경우에는 공청회를 개최한다.
> 1. 다른 법령 등에서 공청회를 개최하도록 규정하고 있는 경우
> 2. 해당 처분의 영향이 광범위하여 널리 의견을 수렴할 필요가 있다고 행정청이 인정하는 경우
> 3. 국민생활에 큰 영향을 미치는 처분으로서 대통령령으로 정하는 처분에 대하여 대통령령으로 정하는 수 이상의 당사자 등이 공청회 개최를 요구하는 경우

ㄴ. [X] 행정절차법은 감사원이 감사위원회의의 결정을 거쳐 행하는 사항에 대하여는 적용하지 아니한다.

> 행정절차법 제3조 【적용 범위】 ② 이 법은 다음 각 호의 어느 하나에 해당하는 사항에 대하여는 적용하지 아니한다.
> 5. 감사원이 감사위원회의의 결정을 거쳐 행하는 사항

ㄷ. [O] 행정절차법 제15조 제1항에 대한 옳은 내용이다.

> 제15조 【송달의 효력 발생】 ① 송달은 다른 법령 등에 특별한 규정이 있는 경우를 제외하고는 해당 문서가 송달받을 자에게 도달됨으로써 그 효력이 발생한다.

ㄹ. [X] 의견제출은 청문이나 공청회에 해당하지 아니하는 절차를 말한다.

> 행정절차법 제2조 【정의】 이 법에서 사용하는 용어의 뜻은 다음과 같다.
> 7. "의견제출"이란 행정청이 어떠한 행정작용을 하기 전에 당사자 등이 의견을 제시하는 절차로서 청문이나 공청회에 해당하지 아니하는 절차를 말한다.

02 Ⅵ 부작위법확인소송 정답 ④

정답 분석

④ 부작위법확인의 소는 부작위상태가 계속되는 한 그 위법의 확인을 구할 이익이 있다고 보아야 하므로 원칙적으로 제소기간의 제한을 받지 않으나, 행정소송법 제38조 제2항이 제소기간을 규정한 같은 법 제20조를 부작위법확인소송에 준용하고 있는 점에 비추어 보면, 행정심판 등 전심절차를 거친 경우에는 행정소송법 제20조가 정한 제소기간 내에 부작위법확인의 소를 제기하여야 할 것이다(대판 2009.7.23. 2008두10560).

선지 분석

① 행정소송은 구체적 사건에 대한 법률상 분쟁을 법에 의하여 해결함으로써 법적 안정을 기하자는 것이므로 부작위법확인소송의 대상이 될 수 있는 것은 구체적 권리의무에 관한 분쟁이어야 하고 추상적인 법령에 관하여 제정의 여부 등은 그 자체로서 국민의 구체적인 권리의무에 직접적 변동을 초래하는 것이 아니어서 그 소송의 대상이 될 수 없다(대판 1992.5.8. 91누11261).

② 부작위법확인의 소에 있어 당사자가 행정청에 대하여 어떠한 행정행위를 하여 줄 것을 요구할 수 있는 법규상 또는 조리상 권리를 갖고 있지 아니한 경우에는 원고적격이 없거나 항고소송의 대상인 위법한 부작위가 있다고 볼 수 없어 그 부작위법확인의 소는 부적법하다(대판 1999.12.7. 97누17568).

③ 행정소송법 제28조 제1항, 제38조 제2항에 대한 옳은 내용이다.

> 제28조 【사정판결】 ① 원고의 청구가 이유 있다고 인정하는 경우에도 처분 등을 취소하는 것이 현저히 공공복리에 적합하지 아니하다고 인정하는 때에는 법원은 원고의 청구를 기각할 수 있다. 이 경우 법원은 그 판결의 주문에서 그 처분 등이 위법함을 명시하여야 한다.
> 제38조 【준용 규정】 ② 제9조, 제10조, 제13조 내지 제19조, 제20조, 제25조 내지 제27조, 제29조 내지 제31조, 제33조 및 제34조의 규정은 부작위법확인소송의 경우에 준용한다.

03 Ⅱ 행정행위의 효력 정답 ②

정답 분석

- 행정행위에 하자가 중대·명백하여 당연무효인 경우를 제외하고는 권한 있는 기관에 의하여 취소될 때까지는 잠정적으로 유효한 것으로 보아 누구든지 구속하여 그 효력을 부인하지 못하는 힘을 (**공정력**)이라 한다.
- 하자 있는 행정행위라도 쟁송제기기간이 경과하거나 쟁송수단을 다 거친 경우에는 상대방 또는 이해관계인이 더 이상 그 효력을 다투지 못하는 것을 (**불가쟁력**)이라고 한다.

04 Ⅱ 기속행위와 재량행위 정답 ③

정답 분석

③ 어느 행정행위가 기속행위인지 재량행위인지 나아가 재량행위라고 할지라도 기속재량행위인지 또는 자유재량에 속하는 것인지의 여부는 이를 일률적으로 규정지을 수는 없는 것이고, 당해 처분의 근거가 된 규정의 형식이나 체제 또는 문언에 따라 개별적으로 판단하여야 한다(대판 1995.12.12. 94누12302).

25 　어법　국어의 로마자 표기　　정답 ③

정답 분석

③ 로마자 표기가 바른 것으로 짝 지어진 것은 ③이다.

- ⓒ 울릉 Ulleung(○): '울릉'은 [울릉]으로 소리 나며, 'ㄹㄹ'은 'll'로 적으므로 'Ulleung'은 바른 표기이다.
- ⓜ 울진 Uljin(○): '울진'은 [울찐]으로 소리 나며, 된소리되기의 결과는 로마자 표기에 반영하지 않으므로 'Uljin'은 바른 표기이다.
- ⓐ 볶음밥 bokkeumbap(○): '볶음밥'은 [보끔밥]으로 소리 나며, [ㄲ]은 'kk'로 적으므로, 'bokkeumbap'은 바른 표기이다.

오답 분석

- ㉠ 월곶 Weolgot(×) → Wolgot(○): '월곶'은 [월곧]으로 소리 나며, 이중 모음 'ㅝ'는 'wo'로 적으므로 'Wolgot'으로 표기해야 한다.
- ㉡ 호법 Hobeop(○): '호법'은 [호:법]으로 소리 나며, 로마자 표기에서 'ㅂ'은 모음 앞에서 'b'로, 어말에서는 'p'로 적으므로 'Hobeop'은 바른 표기이다.
- ㉢ 만리포 Mannipo(×) → Mallipo(○): '만리포'는 'ㄹ'의 앞에서 'ㄴ'이 [ㄹ]로 발음되는 유음화 현상으로 인해 [말리포]로 소리 나며, 자음 동화의 결과는 로마자 표기에 반영하므로 'Mallipo'로 표기해야 한다.
- ㉣ 좋고 jokho(×) → joko(○): '좋고'는 [조코]로 소리 나며, 'ㄱ'과 'ㅎ'이 만나 [ㅋ]로 축약되는 거센소리되기 현상이 나타난다. 체언이 아닌 단어에서 일어난 자음 축약의 결과는 로마자 표기에 반영하므로 'joko'로 표기해야 한다.
- ㉤ 법흥사 Beopeungsa(×) → Beopheungsa(○): '법흥사'는 'ㅂ'과 'ㅎ'이 만나 [ㅍ]으로 축약되어 [버픙사]로 발음된다. 이때 체언에서 'ㅂ' 뒤에 이어지는 'ㅎ'은 밝혀 적으므로 'Beopheungsa'로 표기해야 한다.

을 결단치 못하니 첩은 그윽히 상공을 위하여 애석히 여기나이다'와 같이 자존심을 건드리는 말로 춘을 자극하고 있다. 따라서 제시된 작품에 대한 이해로 가장 적절한 것은 ②이다.

오답 분석

① 춘의 첫 번째 말에서 춘이 임 소저를 내쳤을 때 형옥에게 비난받을 것에 대해 두려워하고 있음을 알 수 있다. 그러나 이후 이어지는 7번째 줄의 조 씨의 말에서 형옥과 한림이 동일 인물이자 춘의 동생임을 알 수 있다.
③ 끝에서 5~6번째 줄을 통해 한림은 춘의 흉계를 알지 못한 채 자신의 생각을 솔직하게 말했음을 알 수 있다.
④ '한림'의 마지막 대사를 통해 여자의 투기는 칠거지악 중의 으뜸이며, 따라서 무제가 아내를 내쫓은 행동은 정당하다고 말한다. 이를 통해 '한림'이 가부장제를 오히려 옹호하는 인물임을 알 수 있다.
  • 칠거지악(七去之惡): 예전에, 아내를 내쫓을 수 있는 이유가 되었던 일곱 가지 허물

이것도 알면 합격!

조성기, '창선감의록' 작품 분석

1. 갈래: 가정 소설, 도덕 소설
2. 제재: 일부다처제와 대가족 제도 아래 가문 구성원들의 갈등과 화해
3. 주제: 권선징악과 충효 사상의 고취
4. 특징
   (1) 유교 이념을 바탕으로 교훈적인 주제 의식을 지님
   (2) 인물들의 개성을 부각하고 구성을 치밀하게 하여 소설적 흥미를 고조시킴

23 문학 시어의 의미 정답 ③

정답 분석

③ ㉠에는 '믈', ㉡에는 '바회'가 들어가는 것이 적절하다.
  ㉠: ㉠ 앞에서 깨끗하지만 자주 검게 변하는 '구룸(구름)'과 소리가 맑지만 자주 그치는 '부람(바람)'을 노래하고 있다. 따라서 ㉠에는 '구룸', '부람'과 대비하여 깨끗하면서 그치지 않는 속성을 지닌 '믈(물)'이 들어가는 것이 적절하다.
  ㉡: ㉡ 앞에서 쉽게 지는 '곶(꽃)'과 누렇게 변하는 '플(풀)'을 노래하고 있다. 따라서 ㉡에는 '곶', '플'과 대비하여 변치 않는 속성을 지닌 '바회(바위)'가 들어가는 것이 적절하다.

지문 풀이

구름의 빛깔이 깨끗하다고 하나 검기를 자주 한다.
바람 소리 맑다고 하나 그칠 때가 많도다.
깨끗하고도 그칠 때가 없는 것은 ㉠물뿐인가 하노라.
꽃은 무슨 일로 피자마자 곧 져 버리고,
풀은 어찌하여 푸르러지자마자 곧 누런 빛을 띠는가?
아마도 변치 않는 것은 ㉡바위뿐인가 하노라.

이것도 알면 합격!

윤선도, '오우가'

1. 갈래: 연시조 (전 6수)
2. 주제: 수(水)·석(石)·송(松)·죽(竹)·월(月)을 다섯 벗으로 삼아 자연을 예찬함
3. 특징
   (1) 자연물을 의인화하여 자연물의 속성을 찬미함
   (2) 아름다운 우리말을 잘 구현하여 감각적으로 표현함

24 문학 작품의 종합적 감상 (시) 정답 ②

정답 분석

② 화자는 3연 1, 2행에서 지나온 삶을 되돌아본 결과 자신의 삶은 허무함으로 차 있었다고 인정하고 있으므로 적절한 것은 ②이다. 참고로, 3연 2행 '허나' 이후에는 시상이 전환되어 지난 삶은 허무하였으나 현실에 저항하며 자신의 순수한 마음을 지킬 것이라는 의지를 드러낸다.

오답 분석

① 1연 1행에서 화자는 부정적 현실에 대한 저항 의지인 '독(毒)'을 품고 살아왔음을 알 수 있다. 또한 1연의 3행과 2연에서 '벗'은 '독(毒)'을 품고 살아가는 화자에게 독을 버리라고 충고하며 현실에 순응하는 태도를 보이고 있으나, 현실 순응적 태도에 '벗'이 회의감을 느끼지는 않으므로 ①은 적절하지 않다.
③ 3연에서 화자는 '이리', '승냥이'와 같은 위협적인 세력에 '막음(죽는) 날'까지 저항하여 자신의 순수한 마음인 '외로운 혼(魂)'을 지키겠다는 의지를 드러내고 있다. 그러나 '내 가슴에 독(毒)을 찬 지 오래로다', '아'처럼 감탄형 어미와 감탄사를 통해 감정을 직설적으로 표출하고 있으므로 ③은 적절하지 않다.
④ 3연 3~4행에서 화자는 자유가 억압당한 부정적 현실에서 본인을 포함한 조국이 찢기고 할퀴는 착취 속에 살아가고 있음에 울분을 느끼고 있으나, 조국의 앞날을 걱정하는 부분은 찾을 수 없으므로 ④는 적절하지 않다.

이것도 알면 합격!

김영랑, '독을 차고'의 주제와 구성

1. 주제: 일제 강점기 현실에 대한 저항 의지와 자신의 순수한 마음을 지키겠다는 의지
2. 구성

1연	독을 차고 현실 저항적 태도로 사는 '나'의 모습
2연	허무주의적이며 현실 순응적인 태도를 가진 '벗'의 충고
3연	독을 차고 살아갈 수밖에 없는 '나'의 비참한 현실
4연	독을 차고 살아가려는 '나'의 굳건한 의지

오답 분석

① '배냇짓[배:내찓/배:낻찓]'은 '배내+짓'이 결합된 순우리말로 된 합성어로, 앞말이 모음 'ㅐ'로 끝나고 뒷말의 첫소리 'ㅈ'이 된소리 [ㅉ]으로 발음되므로 사이시옷을 받쳐 적는다.

③ '텃세[터쎄/턷쎄]'는 '터+세(貰)'가 결합된 순우리말과 한자어로 된 합성어로, 앞말이 모음 'ㅓ'로 끝나고 뒷말의 첫소리 'ㅅ'이 된소리 [ㅆ]으로 발음되므로 사이시옷을 받쳐 적는다.

④ '횟수(回數)'는 두 음절로 된 한자어이지만 사이시옷을 받쳐 적는 예외적인 단어이다.

이것도 알면 합격!

사이시옷의 표기

1. 사이시옷이 쓰이는 조건
   (1) 순우리말로 된 합성어로서 앞말이 모음으로 끝난 경우
      ① 뒷말의 첫소리가 된소리로 나는 것
         예 고랫재[고래째/고랟째], 귓밥[귀빱/귇빱]
      ② 뒷말의 첫소리 'ㄴ, ㅁ' 앞에서 [ㄴ] 소리가 덧나는 것
         예 멧나물[멘나물], 아랫니[아랜니], 텃마당[턴마당]
      ③ 뒷말의 첫소리 모음 앞에서 [ㄴㄴ] 소리가 덧나는 것
         예 도리깻열[도리깬녈], 뒷윷[뒨:뉻], 두렛일[두렌닐]
   (2) 순우리말과 한자어로 된 합성어로서 앞말이 모음으로 끝난 경우
      ① 뒷말의 첫소리가 된소리로 나는 것
         예 귓병(-病)[귀뼝/귇뼝], 머릿방(-房)[머리빵/머릳빵]
      ② 뒷말의 첫소리 'ㄴ, ㅁ' 앞에서 [ㄴ] 소리가 덧나는 것
         예 곗날(契-)[곈:날/겐:날], 제삿날(祭祀-)[제:산날]
      ③ 뒷말의 첫소리 모음 앞에서 [ㄴㄴ] 소리가 덧나는 것
         예 사삿일(私私-)[사산닐], 가욋일(加外-)[가왼닐/가웬닐]

2. 사이시옷이 쓰이지 않는 조건
   (1) 사잇소리 현상이 일어나지 않는 경우
      예 머리말[머리말], 예사말[예:사말]
   (2) 뒷말이 된소리나 거센소리로 시작하는 경우
      예 뒤뜰, 뒤꿈치, 위쪽, 뒤편, 뒤통수, 뒤처리, 위층
   (3) 외래어가 결합된 합성어의 경우
      예 핑크빛, 피자집
   (4) 한자로만 이루어진 단어의 경우
      단 아래의 6개 단어는 예외로서 사이시옷을 받쳐 적음

      | 곳간(庫間) | 셋방(貰房) | 숫자(數字) |
      | 찻간(車間) | 툇간(退間) | 횟수(回數) |

---

20 문학 표현상의 특징과 효과 정답 ②

정답 분석

② 제시된 작품은 반어적 어조를 사용하고 있지 않으므로 ②는 작품에 대한 설명으로 적절하지 않다.

오답 분석

① 의문형 종결 어미 '-ㄴ가/-는가'를 반복적으로 사용함으로써 시적 화자가 민족 분단의 상황에서 느끼는 안타까움을 드러내고 있다.

③ '산과 산이 ~ 항시 어두움', '지금도 나무 하나 ~ 못할 광장', '정맥이 끊어진 채' 등에서 비유적 표현을 사용하여 남북이 대치하고 있는 한민족의 비극적 상황을 드러내고 있다.

④ 1연과 5연에서 동일한 시구를 반복하는 수미상관의 구조를 통해 민족 분단의 비극적 상황에 대한 비판과 분단 상황에 대한 극복 의지를 강조하고 있다.

---

21 어법 표준 언어 예절 정답 ②

정답 분석

② 할머니, 어머니가 진지 잡수시라고 하셨습니다(○): 압존법에 따라 부모를 조부모님께 말할 때에는 '할머니, 어머니가 진지 잡수시라고 하였습니다'처럼 부모를 높이지 않는 것이 원칙이다. 그러나 오늘날에는 현실 언어생활을 고려하여, 부모의 윗사람에게 부모를 높여 말할 수도 있다. 따라서 ②는 경어법이 바르게 사용된 예이다.

오답 분석

① 볼일이 계시다(×) → 볼일이 있으시다(○): '볼일'은 높임의 대상인 '아버지'와 관련된 간접 높임의 대상이므로 직접 높임 표현인 '계시다'를 쓰는 것은 적절하지 않으며, 서술어 '있다'에 주체 높임 선어말 어미 '-(으)시-'를 붙여 '있으시다'로 고쳐 쓰는 것이 적절하다.

③ 오시랍니다(×) → 오시라고 하십니다/오시라십니다(○): 문장의 주체인 '대리님'과 청자인 '부장님' 모두 화자인 '평사원'에게 윗사람이므로 '오다'와 '합니다'에 높임법을 적용하여 '오시라고 하십니다' 또는 '오시라십니다'로 고쳐 쓰는 것이 적절하다. 참고로 압존법은 사적인 관계에서는 적용되지만 직장에서 사용하는 것은 어색하다.

④ 여쭈어봐요(×) → 물어봐요(○): 문장의 객체이자 화자인 '저'는 동일 인물이므로, 높임의 뜻이 없는 '묻다'를 써야 한다. 아랫사람이 자신에게 물었다고 해서 객체를 높이는 특수 어휘 '여쭈다'를 쓰는 것은 잘못된 표현이다.

이것도 알면 합격!

압존법
문장의 주체가 화자보다는 높지만 청자보다는 낮은 경우, 청자보다 낮춰 말하기 위해 주체를 높이지 않는 어법
예 할아버지, 아버지가 아직 안 왔습니다.

---

22 문학 작품의 종합적 감상 (소설) 정답 ②

정답 분석

② 조 씨는 임 소저를 몰아내고자 하는 자신의 뜻을 이루기 위해 춘에게 매일 참소하지만 춘이 우유부단한 태도를 보이자 '상공이 한 추부(얼굴이 못생긴 여자)를 저어(두려워)하여 장중(손아귀 안)에 있는 일

분류 · 구분	어떤 대상이나 생각을 비슷한 특성에 따라 나눠 진술하는 논지 전개 방식. '분류'는 하위 항목을 상위 항목으로 묶어 나가는 것이며, '구분'은 상위 항목을 하위 항목으로 나누는 것임 예 • 시, 소설, 희곡, 수필은 모두 문학 장르에 속한다. • 소프트웨어는 저작권과 소유권, 사용권을 어떻게 규정하느냐에 따라 상업용 소프트웨어, 셰어웨어, 프리웨어, 공용 소프트웨어로 나뉜다.
분석	하나의 관념이나 대상을 그 구성 요소로 나누어 진술하는 방식 예 식물은 뿌리, 줄기, 잎, 꽃으로 구성되어 있다.
유추	친숙한 대상의 특징을 제시하고 이와 일부 속성이 일치하는 다른 대상도 그러한 특징을 가질 것이라고 비교하여 설명하는 방식 예 척박한 환경에서는 몇몇 특별한 종들만이 득세한다는 점에서 자연 생태계와 우리 사회는 닮았다.
예시	사례를 들어 추상적 원리, 법칙, 진술을 구체화하는 논지 전개 방식 예 나는 산, 강, 바다, 호수, 들판 등 우리 국토의 모든 것을 사랑한다.
인용	남의 말이나 글을 빌려 쓰는 논지 전개 방식 예 이순신 장군은 "나의 죽음을 적에게 알리지 마라."라는 말을 남겼다.
묘사	대상을 그림 그리듯이 구체적으로 진술하는 방식 예 친구의 얼굴은 달걀형이고 귀가 크며 곱슬머리이다.
비유	어떤 현상이나 사물을 직접 설명하지 않고 다른 비슷한 현상이나 사물에 빗대어 간접적으로 설명하는 진술 방식 예 언어도 인류처럼 생로병사의 과정을 겪는다.

2. 동태적 범주: 시간의 흐름을 전제로 하는 논지 전개 방식

서사	일정한 시간 내에 일어나는 일련의 행동이나, 시간의 흐름에 따라 전개되는 사건에 초점을 두고 진술하는 방식 예 나는 살금살금 발소리를 죽여 가며 창가로 다가가서, 누군지 모를 여학생의 팔을 살짝 꼬집었다. 그러고는 얼른 창문에 바짝 붙어 섰다.
과정	어떤 목표나 결과를 가져오게 한 일련의 행동, 변화, 기능, 단계, 작용에 초점을 두고 진술하는 방식 예 아기가 점점 자라면 연골이 골화 작용을 통해서 계속해서 단단한 뼈로 대체된다. 이러한 성장은 모든 뼈의 끝 부분에서 이루어지며, 한번 단단해지기 시작한 뼈는 만20세 가량까지 계속해서 자라게 된다.
인과	원인과 결과에 초점을 두는 논지 전개 방식 예 성장이 둔화된 이유는 일자리가 늘지 않기 때문이다.

17 어법 문장 (피동 표현과 사동 표현)   정답 ④

정답 분석
④ 밤을 하얗게 샌다(×) → 새운다(○): '한숨도 자지 않고 밤을 지내다'를 뜻하는 말은 '새우다'이다. '새다'는 '날이 밝아 오다'를 뜻하는 말로 목적어를 취하지 않는 자동사이다.

오답 분석
① 뿔에 받혔다(○): 문맥상 피동의 의미가 되어야 하므로 '받다'에 피동 접미사 '-히-'가 결합한 '받히다'가 옳게 쓰였다.
② 모래에 묻혔다(○): 문맥상 피동의 의미가 되어야 하므로 '묻다'에 피동 접미사 '-히-'가 결합한 '묻히다'가 옳게 쓰였다.
③ 짐을 지운다(○): 문맥상 사동의 의미가 되어야 하므로 '지다'에 사동 접미사 '-우-'가 결합한 '지우다'가 옳게 쓰였다.

이것도 알면 합격!

피동 표현과 사동 표현

구분	개념	실현 방법
피동 표현	주어가 다른 힘에 의해서 동작을 당하는 것을 표현하는 방법	• 어근에 피동 접미사 '-이-, -히-, -리-, -기-'나 '-되다'가 붙은 피동사를 사용하는 방법 • 피동 표현 '-어지다, -게 되다'를 사용하는 방법
사동 표현	주어가 남에게 동작을 하도록 시키는 것을 표현하는 방법	• 어근에 사동 접미사 '-이-, -히-, -리-, -기-, -우-, -구-, -추-'가 붙은 사동사를 사용하는 방법 • 사동 표현 '-게 하다'를 사용하는 방법

18 비문학 주제 및 중심 내용 파악   정답 ①

정답 분석
① 제시문은 벽과 기둥을 빗물로부터 보호하고 계절마다 실내 일조량을 조절하는 처마의 기능에 대해 설명하고 있다. 따라서 제시문의 화제로 가장 적절한 것은 ①이다.

19 어법 한글 맞춤법 (사이시옷의 표기)   정답 ②

정답 분석
② '툇마루'는 2-(2)에 해당하는 예시이므로 ②의 설명은 적절하지 않다. '툇마루[퇸:마루/퉨:마루]'는 '퇴(退)+마루'가 결합한 순우리말과 한자어로 된 합성어로, 앞말이 모음 'ㅚ'로 끝나고 뒷말의 첫소리 'ㅁ' 앞에서 'ㄴ' 소리가 덧나므로 사이시옷을 받쳐 적는다.

14 비문학 세부 내용 파악 정답 ②

정답 분석

② 2문단 끝에서 1~5번째 줄을 통해 돌멩이는 물자체인 동시에 현상이지만, 그 의지는 인식에 이르지 못하는 것을 알 수 있다.

오답 분석

① 3문단 끝에서 2~4번째 줄을 통해 '의지로서의 세계'는 시간과 공간의 형태에 종속되어 있지 않은 주관적 세계이고 단일체임을 알 수 있다.

③ 3문단 3~4번째 줄을 통해 돌멩이 내부에 있는 의지와 나의 내부에 있는 의지가 동일함을 알 수 있다.

④ 2문단 1~3번째 줄을 통해 나와 돌멩이의 차이점은 자신을 의지와 표상으로 알고 있는지의 여부라는 것을 알 수 있다.

15 문학+어휘 주제 및 중심 내용 파악, 한자 성어, 속담 정답 ④

정답 분석

④ 화자는 죽은 제갈공명과 발을 잘린 손빈의 고사를 인용하면서, 비록 몸은 늙었으나 왜적들을 물리칠 수 있다는 결의와 의지를 보여 주고 있다. 따라서 제시된 부분의 주제로 가장 적절한 것은 ④이다.
  - 고목에도 꽃을 피운다: '몸은 늙었어도 계속 나라와 사회의 중요한 사람으로서 값있게 삶'을 비유적으로 이르는 말

오답 분석

① 九死一生(구사일생): '아홉 번 죽을 뻔하다 한 번 살아난다'라는 뜻으로, 죽을 고비를 여러 차례 넘기고 겨우 살아남을 이르는 말

② 물 건너온 범: 한풀 꺾인 사람을 비유적으로 이르는 말

③ 矯角殺牛(교각살우): '소의 뿔을 바로잡으려다가 소를 죽인다'라는 뜻으로, 잘못된 점을 고치려다 그 방법이나 정도가 지나쳐 오히려 일을 그르침을 이르는 말

지문 풀이

분하게 여기는 마음을 이기지 못하는 장한 기운은 늙으면서 더욱 씩씩하다마는, 보잘것없는 이 몸이 병중에 들었으니, 분함을 씻고 가슴에 맺힌 원한을 풀어 버리기가 어려울 듯하건마는, 그러나 죽은 제갈공명도 산 중달을 멀리 쫓았고, 발이 없는 손빈도 (몸 성한) 방연을 잡았거늘, 하물며 이 몸은 손과 발이 성하고 목숨이 이어 있으니, 쥐나 개와 같은 왜적을 조금인들 두려워하겠는가? 나는 듯이 빠른 배에 달려들어 선봉을 휘몰아치면서, 구시월 서릿바람에 낙엽 지듯 헤치리라. 칠종칠금(제갈량이 맹획을 마음대로 놓았다 잡은 일)을 우리인들 못할 리가 있겠는가? 벌레처럼 꾸물대는 저 섬나라 오랑캐들아, 얼른 항복하여 용서를 빌려무나. 항복하는 자는 죽이지 않으니, 너희들을 구태여 모조리 다 죽이랴?

이것도 알면 합격!

박인로, '선상탄'

1. 주제: 전쟁의 아픔을 딛고 태평성대를 누리고 싶은 마음
2. 특징
   (1) 왜구에 대한 적개심을 직접적으로 드러냄
   (2) 나라에 대한 충성과 걱정이 가득한 장수의 풍모가 드러남
   (3) 예스러운 한자어와 고사의 인용이 많으며, 〈태평사(太平詞)〉와 함께 전쟁 가사의 대표작으로 꼽힘

16 비문학 논지 전개 방식 정답 ④

정답 분석

④ 〈보기〉에서 '항성년과 회귀년의 차이 발생(결과)'은 '춘분 때 지구 위치의 변화(원인)'때문이라고 설명하고 있다. 이는 특정 결과에 대한 원인을 분석하여 설명하는 방식이므로 '인과'에 해당한다.

오답 분석

① 비교: 사물의 비슷한 점을 밝혀내어 설명하는 방식

② 정의: 용어의 뜻을 분명하게 규정하는 방식

③ 분석: 하나의 관념이나 대상을 그 구성 요소로 나누어 진술하는 방식

이것도 알면 합격!

논지 전개 방식의 종류

1. 정태적 범주: 시간의 흐름을 배제한 논지 전개 방식

정의	용어의 뜻을 분명하게 규정하는 방식 예 초는 불빛을 내는 데 쓰는 물건이다.
비교	사물의 비슷한 점을 밝혀내어 설명하는 방식 예 야구는 축구처럼 운동이며 공을 가지고 하는 종목이다.
대조	사물의 차이점을 밝혀내어 설명하는 방식 예 동사는 주어의 동작을, 형용사는 주어의 성질을 나타낸다.

이것도 알면 합격!

한자음 '랴, 려, 례, 료, 류, 리'의 표기

1. 단어의 첫머리에 오는 경우: 두음 법칙에 따라 '야, 여, 예, 요, 유, 이'로 적음
   예 양심(良心), 이발(理髮)
2. 단어의 첫머리 이외에 오는 경우: 본음대로 적음
   예 쌍룡(雙龍), 혼례(婚禮)
3. 모음이나 'ㄴ' 받침 뒤에 이어지는 '렬, 률'의 경우: '열, 율'로 적음
   예 실패율(失敗率), 백분율(百分率)

---

10 비문학 세부 내용 파악 정답 ③

정답 분석

③ 1문단을 통해 매체 종류의 확대와 다양한 정보에 대한 접근성 증대가 이루어짐을 확인할 수 있을 뿐, 이로 인해 독자들이 혼란을 겪게 되었다는 내용은 제시문에서 확인할 수 없다. 따라서 적절하지 않은 것은 ③이다.

오답 분석

① 1문단을 통해 대량 출판, 도서관 및 서점의 증가, 다양한 매체의 등장으로 오늘날 정보 습득 방법이 변화하였음을 알 수 있다.
② 2문단 끝에서 1~4번째 줄을 통해 오늘날의 독서 대중이 취향과 필요에 따라 인문 과학 서적, 자기 계발서, 가벼운 읽을거리 등 여러 종류의 책을 폭넓게 읽는다는 것을 알 수 있다. 이는 대중들이 접하는 독서 종류가 확대되었음을 의미한다.
④ 3문단 끝에서 2~3번째 줄을 통해 독서 대중의 다양한 요구에 따라 글의 소재가 매우 다양해진 것을 확인할 수 있다.

---

11 어휘 한자 성어 정답 ①

정답 분석

① 제시문은 취업 준비생들이 취업에 실패하여 재능을 발휘할 시기를 얻지 못한 채 한탄하고 있다는 내용이므로 문맥상 괄호 안에 들어갈 한자 성어로 적절한 것은 ① '비육지탄(髀肉之嘆)'이다.
- 비육지탄(髀肉之嘆): 재능을 발휘할 때를 얻지 못하여 헛되이 세월만 보내는 것을 한탄함을 이르는 말

오답 분석

② 서리지탄(黍離之嘆): '나라가 멸망하여 옛 궁궐 터에는 기장만이 무성한 것을 탄식한다'라는 뜻으로, 세상의 영고성쇠가 무상함을 탄식하며 이르는 말
③ 맥수지탄(麥秀之嘆): 고국의 멸망을 한탄함을 이르는 말
④ 연홍지탄(燕鴻之嘆): '여름새인 제비가 남쪽에서 날아와 여름을 보내고 가을에 다시 남쪽으로 날아가고 겨울새인 기러기는 북쪽에서 날아와 겨울을 보내고 다시 북쪽으로 날아가서 서로 만나지 못하여 탄식한다'라는 뜻으로, 길이 어긋나서 서로 만나지 못하여 탄식함을 이르는 말

---

12 문학 작품의 내용 파악 정답 ①

정답 분석

① 김 진사가 '허 판서의 주선으로 과천 현감을 할 테지'라고 말하며 채봉을 허 판서의 첩으로 들이기 위해 아내를 회유하는 부분에서 자신의 벼슬을 얻기 위해 채봉을 첩으로 보내려고 함을 알 수 있다.

오답 분석

② 김 진사가 채봉을 못마땅해 하는 부분은 확인할 수 없다.
③ 채봉은 아버지(김 진사)의 질문에 '닭의 입(여염집 부인)'이 될지라도 소의 뒤(재상의 소실)가 되는 것은 원하지 않는다고 답하며 자신의 생각을 밝히고 있을 뿐, 아버지를 비판하는 부분은 확인할 수 없다.
④ 이씨 부인은 김 진사의 제안에 처음에는 반대하였으나, 허 판서를 통해 벼슬을 얻게 될 수 있다는 말을 듣고 채봉을 허 판서의 첩으로 보내는 것에 회유되었다.

이것도 알면 합격!

작자 미상, '채봉감별곡'의 주제와 특징

1. 주제: 권세에 굽히지 않는 진실한 사랑
2. 특징
   (1) 주체적이고 적극적으로 행동하는 근대적 여성이 주인공으로 등장함
   (2) 사실적이고 현실적인 내용을 바탕으로 사건을 전개함
   (3) 매관매직이 성행했던 조선 말기 사회상을 반영함

---

13 어휘 한자어 (한자어의 표기) 정답 ③

정답 분석

③ ⓒ 樣相(모양 양, 서로 상)(×) → 表象(겉 표, 코끼리 상)(○): '추상적이거나 드러나지 아니한 것을 구체적인 형상으로 드러내어 나타냄'을 뜻하는 '표상'은 '表象'으로 표기한다.
- 樣相(양상): 사물이나 현상의 모양이나 상태

오답 분석

① ㉠ 現象(현상: 나타날 현, 코끼리 상)(○): 인간이 지각할 수 있는, 사물의 모양과 상태
② ㉡ 意志(의지: 뜻 의, 뜻 지)(○): 어떠한 일을 이루고자 하는 마음
④ ㉣ 認識(인식: 알 인, 알 식)(○): 사물을 분별하고 판단하여 앎

06 문학　표현상의 특징과 효과　정답 ③

정답 분석

③ 15행에서 시각적 대상인 '노란 달'이 '향기롭게 출렁이고'라고 후각화하여 표현함으로써 생명력이 넘치는 '아마존 강'의 아름다운 이미지를 효과적으로 형상화하고 있다. 따라서 제시된 작품의 특징으로 가장 적절한 것은 ③이다.

오답 분석

① 13행에서 '여름밤'이라는 계절적 배경을 제시하고 있으나, 이는 생명력을 상실한 도시의 부정적 이미지를 나타내는 시어일 뿐이므로 계절적 배경을 제시하여 시상을 전환하고 있다는 설명은 적절하지 않다. 참고로, 제시된 작품은 14행에서 시상이 전환되고 있는데, 1~13행까지는 황폐화된 도시의 모습을, 14~16행에서 아름다운 아마존 강의 모습을 제시하여 생명력 회복에 대한 주제 의식을 드러내고 있다.

② 제시된 작품은 도시를 '아마존 수족관'에, 현대인을 '열대어'에 비유하여 생명력을 상실한 도시와 그 속에서 하나의 상품으로 전락해 버린 현대인들의 삶에 대한 비판 의식을 드러내고 있다. 하지만 현대인들의 이기심에 대한 비판은 확인할 수 없으므로 적절하지 않다.

④ 11행 '열대어들은 수족관 속에서 목마르다'에 역설적인 표현이 활용되었으나 이는 원시 자연에 대한 갈증과 결핍을 드러낼 뿐, 현실을 극복하고자 하는 의지는 드러나지 않으므로 적절하지 않다.

07 어법　한글 맞춤법, 단어 (단어의 형성)　정답 ④

정답 분석

④ '무녀리'는 '문[門] + 열- + -이'의 구조로, 제19항의 '다만'에 해당하는 단어이다. '무녀리'는 동사 '열다'의 어간 '열-'에 '-이'가 붙어서 명사로 바뀐 말로, 어간의 본래 뜻과 멀어졌으므로 원형을 밝혀 적지 않고 '무녀리'로 표기한다.

- 무녀리: 1. 한 태에 낳은 여러 마리 새끼 가운데 가장 먼저 나온 새끼 2. 말이나 행동이 좀 모자란 듯이 보이는 사람을 비유적으로 이르는 말

오답 분석

① 앎: 동사 '알다'의 어간 '알-'에 '-ㅁ'이 붙어서 명사가 된 단어이므로 어간의 원형을 밝혀 '앎'으로 적는다.

② 작히: 형용사 '작다'의 어간 '작-'에 '-히'가 붙어서 부사가 된 단어이므로 어간의 원형을 밝혀 '작히'로 적는다.

③ 쓰레기: 동사 '쓸다'의 어간 '쓸-'에 '-이'나 '-음' 이외의 모음으로 시작된 접미사 '-에기'가 붙어 명사가 된 단어이므로, [붙임]에 따라 어간의 원형을 밝혀 적지 않고 '쓰레기'로 적는다.

08 문학　작품의 종합적 감상 (시)　정답 ④

정답 분석

④ '실개천'과 '얼룩백이 황소'는 토속적 정감을 주는 시어로, 평화롭고 한가로운 고향 마을의 모습을 드러낸다. 하지만 '함부로 쏜 화살'은 향토적 소재가 아닌, 유년 시절 화자의 순수하고 맑은 동심을 드러내는 소재로 볼 수 있다. 따라서 적절하지 않은 것은 ④이다.

오답 분석

① '사철 발 벗은 아내', '초라한 지붕'과 같은 소재를 통해 화자의 가난했던 유년 시절을 짐작할 수 있다. 또한 화자는 각 연에서 '실개천', '얼룩백이 황소'(1연), '늙은 아버지'(2연), '내 마음'(3연), '어린 누이와 아내'(4연), '가족의 단란한 모습'(5연)에 대한 그리움을 드러내고 있으며 후렴구를 통해 그 당시를 그리워한다는 것을 알 수 있다.

② 각 연의 끝에 후렴구 '그곳이 차마 꿈엔들 잊힐 리야'가 반복적으로 제시됨으로써, 화자의 회상 속에 떠오른 고향의 정경에 대한 화자의 정서를 집약적으로 드러내고 있다. 따라서 화자의 고향에 대한 그리움의 정서를 환기한다는 설명은 적절하다.

③ '해설피 금빛 게으른 울음'과 '밤바람 소리 말을 달리고'는 모두 청각을 시각화한 공감각적 표현으로, 동일한 감각적 심상이 사용되었다.

이것도 알면 합격!

정지용, '향수'에서 후렴구의 기능

1. 연 구분 및 시 전체에 통일성을 부여함
2. 운율감을 형성함
3. 고향에 대한 그리움의 정서를 환기함

09 어법　한글 맞춤법 (맞춤법에 맞는 표기)　정답 ④

정답 분석

④ 불어서(○): 동사 '붇다'의 어간 '붇-'에 어미 '-어서'가 결합한 것으로, 받침 'ㄷ'이 모음으로 시작하는 어미 앞에서 'ㄹ'로 변하므로 ('ㄷ' 불규칙 활용) '불어서'는 어법에 맞는 표기이다.

- 붇다: 1. 물에 젖어서 부피가 커지다. 2. 분량이나 수효가 많아지다. 3. 살이 찌다.

오답 분석

① 깨우쳤다(×) → 깨쳤다(○): 누나가 다른 사람에 의해서가 아닌 스스로 한글을 깨달은 것이므로 '일의 이치 등을 깨달아 알다'라는 뜻의 '깨치다'를 써야 한다. 참고로, '깨우치다'는 '깨달아 알게 하다'를 뜻한다.

② 껍질채(×) → 껍질째(○): 문맥상 사과는 껍질까지 전부 먹는 것이 좋다는 의미이므로 '그대로' 또는 '전부'의 뜻을 더하는 접미사 '-째'를 써야 한다. 참고로, '-채'는 '구분된 건물 단위'의 뜻을 더하는 접미사이다.

③ 합격율(×) → 합격률(○): '률(率)'은 단어의 첫머리에 올 때는 두음 법칙에 따라 '율'로 적어야 하지만, 단어의 첫머리 이외의 경우에는 본음대로 적어야 하므로 두음 법칙이 적용되지 않은 '합격률'로 써야 한다.

제1과목 국어

01 어법 표준어 사정 원칙 (표준어의 구분) 정답 ②

정답 분석

② 잊으려야(○): '-(으)려야'는 '-(으)려고 하여야'가 줄어든 표준어이므로, 어간 '잊-'에 '-으려야'가 결합된 '잊으려야'가 적절하게 쓰였다.

오답 분석

①③④ '-(으)ㄹ려야/-(으)ㄹ래야'는 '-(으)려야'의 비표준어이다.

① 싫어할래야(×) → 싫어하려야(○): '-ㄹ래야'는 '-려야'의 비표준어이므로 '싫어하다'의 어간 '싫어하-'에 '-려야'가 결합된 '싫어하려야'로 쓰는 것이 적절하다.

③ 살려야(×) → 사려야(○): '-ㄹ려야'는 '-려야'의 비표준어이므로 '사다'의 어간 '사-'에 '-려야'가 결합된 '사려야'로 쓰는 것이 적절하다.

④ 뗄래야(×) → 떼려야(○): '-ㄹ래야'는 '-려야'의 비표준어이므로 '떼다'의 어간 '떼-'에 '-려야'가 결합된 '떼려야'로 쓰는 것이 적절하다.

02 어법 한글 맞춤법 (띄어쓰기) 정답 ④

정답 분석

④ 부재∨중(×) → 부재중(○): '부재중(不在中)'은 한 단어이므로 붙여 써야 한다. 따라서 답은 ④이다.

오답 분석

① 제1∨연구실(○): '그 숫자에 해당되는 차례'의 뜻을 더하는 '제-'는 접두사이므로, '제1'과 같이 뒤의 말에 붙여 쓴다. 그리고 수 관형사 뒤에 명사가 결합하여 차례를 나타내는 경우에는 '제1'과 '연구실'을 띄어 쓰거나 붙여 쓸 수 있다.

② 본바(○): 이때 '바'는 뒤 절에서 어떤 사실을 말하기 위하여 그 사실이 있게 된 것과 관련된 과거의 어떤 상황을 미리 제시하는 데 쓰는 연결 어미 '-ㄴ바'의 일부이므로 붙여 쓴다.

③ • 반년∨동안(○): '반년'은 한 단어이므로 붙여 쓰며, '동안'은 명사이므로 앞말과 띄어 쓴다.
• 괄목할∨만한(○): '괄목하다'와 같이 본용언이 파생어인 경우 보조 용언 '만한'과 띄어 쓴다. 참고로, 본용언이 합성어나 파생어라도 그 활용형이 2음절인 경우 본용언과 보조 용언을 붙여 쓸 수 있다.

이것도 알면 합격!

'중'이 앞말에 붙어 한 단어로 굳어진 예

| 그중 | 총망중 | 허공중 | 은연중 | 한밤중 | 야밤중 | 무의식중 |
| 밤중 | 부지중 | 무망중 | 무심중 | 부재중 | 무언중 | 부지불식중 |

03 어법 말소리 (음운의 변동) 정답 ②

정답 분석

② '낯 한때[낟한때 → 나탄때]'에는 '낯'의 받침 'ㅊ'이 [ㄷ]으로 바뀌는 음절의 끝소리 규칙(㉠ 대치)과 'ㄷ'이 'ㅎ'과 만나 [ㅌ]으로 발음되는 자음 축약(㉣ 축약)이 나타나므로 답은 ②이다.

04 어휘 혼동하기 쉬운 어휘 정답 ③

정답 분석

③ ③에 쓰인 '받히다'는 '받다'의 피동사로, '머리나 뿔 등에 세차게 부딪히다'를 의미하므로 쓰임이 옳다.

오답 분석

① 받혔다(×) → 밭쳤다(○): '구멍이 뚫린 물건 위에 국수나 야채 등을 올려 물기를 빼다'를 뜻할 때에는 '밭치다'를 써야 한다.

② 받혀서(×) → 받쳐서(○): '화 등의 심리적 작용이 강하게 일어나다'를 뜻할 때에는 '받치다'를 써야 한다.

④ 받혀서(×) → 받쳐서(○): '단단한 곳에 닿아 몸의 일부분이 아프게 느껴지다'를 뜻할 때에는 '받치다'를 써야 한다.

05 어법 한글 맞춤법 (맞춤법에 맞는 표기) 정답 ②

정답 분석

② 성실잖다(×) → 성실찮다(○): '-하지' 뒤에 '않-'이 어울려 '-찮-'이 될 경우에는 준 대로 적으므로 '성실하지 않다'의 준말은 '성실찮다'이다.

오답 분석

① 잗주름(○): '잘- + 주름'이 결합한 말로, 끝소리가 'ㄹ'인 말이 다른 말과 결합할 때 'ㄹ'이 [ㄷ]으로 소리 나는 것은 'ㄷ'으로 적으므로 '잗주름'은 맞춤법에 맞는 표기이다.

③ 회상컨대(○): '회상하건대'의 준말로, 어간의 끝음절 '하'의 'ㅏ'가 줄고 'ㅎ'이 다음 음절의 첫소리 'ㄱ'과 어울려 거센소리 'ㅋ'이 되므로 '회상컨대'는 맞춤법에 맞는 표기이다.

④ 개의치(○): '개의하지'의 준말로, 어간의 끝음절 '하'의 'ㅏ'가 줄고 'ㅎ'이 다음 음절의 첫소리 'ㅈ'과 어울려 거센소리 'ㅊ'이 되므로 '개의치'는 맞춤법에 맞는 표기이다.

제2회 실전모의고사

셀프 체크

권장 풀이 시간	75분(OMR 표기 시간 포함)
실제 풀이 시간	___시 ___분 ~ ___시 ___분
맞힌 답의 개수	___개 / 75개

정답

제1과목 국어

01	②	06	③	11	①	16	④	21	②
02	④	07	④	12	①	17	④	22	②
03	②	08	④	13	③	18	①	23	③
04	③	09	④	14	②	19	②	24	②
05	②	10	③	15	④	20	②	25	③

제2과목 행정법

01	①	06	①	11	④	16	②	21	②
02	④	07	③	12	③	17	③	22	③
03	②	08	④	13	②	18	①	23	④
04	③	09	①	14	③	19	②	24	①
05	②	10	①	15	④	20	②	25	④

제3과목 행정학

01	③	06	③	11	④	16	④	21	④
02	③	07	③	12	②	17	①	22	①
03	②	08	④	13	④	18	②	23	④
04	④	09	①	14	③	19	③	24	③
05	③	10	①	15	④	20	②	25	②

취약 단원 분석표

제1과목 국어

단원	맞힌 답의 개수
어법	/ 10
비문학	/ 4
문학	/ 7
어휘	/ 3
혼합	/ 1
TOTAL	/ 25

제2과목 행정법

단원	맞힌 답의 개수
Ⅰ 일반론	/ 3
Ⅱ 행정작용	/ 7
Ⅲ 행정과정	/ 3
Ⅳ 실효성 확보수단	/ 2
Ⅴ 손해전보	/ 2
Ⅵ 행정쟁송	/ 4
Ⅶ 행정법각론	/ 4
TOTAL	/ 25

제3과목 행정학

단원	맞힌 답의 개수
Ⅰ 행정학 총설	/ 6
Ⅱ 정책학	/ 6
Ⅲ 행정조직론	/ 7
Ⅳ 인사행정론	/ 1
Ⅴ 재무행정론	/ 3
Ⅵ 지식정보화 사회와 환류론	/ 1
Ⅶ 지방행정론	/ 1
TOTAL	/ 25

이것도 알면 합격!

객관적 책임과 주관적 책임

구분	객관적(외재적·제도적) 책임	주관적(내재적·자율적) 책임
학자	파이너(Finer) – 법적·공식적 책임	프리드리히(Friedrich) – 재량적·기능적·권능적 책임
문책자의 존재	외재	내재 또는 부재
절차의 중요성	절차의 중시	절차의 준수와 책임 완수는 별개
통제방법	공식적·제도적 통제	비공식적·자율적 통제
객관적 판단기준	있음	없음

24 I 공공선택론 정답 ③

정답 분석
③ 공공선택론에 대한 설명으로 옳지 않은 것은 ㄴ, ㄹ이다.
ㄴ. 부분의 합은 전체와 같다는 방법론적 개체주의를 전제한다. 즉, 개인의 행동을 기본적 분석단위로 하여, 정치·경제 및 행정현상을 분석하려 한다.
ㄹ. 조직설계에서 획일주의를 탈피하여 상황적응적인 조직구조를 강조하며, 관할중첩의 허용을 통한 공공재의 경쟁력 확보를 중시하였다.

선지 분석
ㄱ. 개인을 자기 이익의 극대화를 추구하는 합리적 경제인으로 가정한다. 소비자인 시민은 효용의 극대화를, 정치인은 득표의 극대화를, 관료는 예산의 극대화를 추구하여 자신의 선호를 극대화한다.
ㄷ. 니스카넨(Niskanen)의 예산극대화모형, 던리비(Dunleavy)의 관청형성모형, 티부가설(Tiebout Hypothesis)은 모두 공공선택론의 주요 이론이다.

25 V 예산심의 정답 ①

정답 분석
① 상임위원회의 예비심사가 끝나면 예산결산특별위원회가 종합심사를 한다. 예산심의는 '상임위원회의 예비심사 → 예산결산특별위원회의 종합심사 → 본회의 의결' 순으로 진행된다.

선지 분석
② 우리나라는 본회의가 아닌 위원회 중심으로 예산이 심의된다.
③ 금액 증가나 비목 신설이 행정부에 대해 새로운 부담을 유발하기 때문에 정부의 동의를 얻도록 하고 있다.
④ 예산심의과정에서 예산결산특별위원회는 핵심적 역할을 수행하지만, 예산위원회와 결산위원회가 분리되지 않고 전문성도 부족하다고 평가받는다.

이것도 알면 합격!

예산심의 과정

국정감사	• 국회는 국정전반에 관하여 소관 상임위원회별로 매년 정기회 집회일 이전에 감사 시작일로부터 30일 이내의 기간을 정하여 국정감사를 실시함 • 다만, 본회의 의결로 정기회 기간 중에 감사를 실시할 수 있음
시정연설(본회의)	회계연도 개시 120일 전까지 정부 예산안이 국회에 제출되면 대통령은 본회의에서 시정연설을 함
상임위원회의 예비심사	소관 부처에 대한 상임위원회의 예비심사는 일반적으로 소위원회를 구성하여 실질적 합의가 이루어짐
예산결산특별위원회의 종합심사	• 상임위원회의 예비심사가 끝난 예산안은 예산결산특별위원회에 회부됨 • 예산결산특별위원회는 임의기구가 아닌 강제적 특별위원회로 상설화되었음
본회의 의결	예산결산특별위원회의 종합심사가 종결되면 예산안은 본회의에 상정되고 본회의에서는 의원들의 질의와 토론을 거쳐 회계연도 개시 30일 전까지 예산안을 최종적으로 의결·확정함

20 Ⅶ 중앙집권과 지방분권 정답 ④

정답 분석
④ 개별적 지정주의는 사무를 지방자치단체별·사무종목별로 개별적으로 일일이 법률로 지정하여 배분하는 방식으로, 주민자치의 권한배분방식이다. 반면 포괄적 위임주의는 사무를 지방자치단체의 특성 구별 없이 포괄적으로 일괄해서 규정하는 방식으로, 단체자치의 권한배분방식이다.

선지 분석
① 주민자치는 국가 이전에 지역공동체 생활이 선행하였다는 점을 중시하여 자치권의 본질을 국민이 향유하는 당연한 권리로 본다.
② 단체자치는 지방자치단체와 중앙정부와의 관계에 중점을 두는 자치제도로서 고유사무와 위임사무를 엄격히 구분한다.
③ 주민자치에 대한 내용이다. 영국은 일찍부터 민주주의가 발전하여 지방의 자치적 전통이 확립되었고, 지방 주민은 당연히 자치권을 가지고 있는 것으로 인식되었다.

🔔 이것도 알면 합격!

중앙집권과 지방분권의 장점

구분	주민자치	단체자치
의미	정치적 의미 (민주적·본질적 성격)	법률적 의미 (법률적·형식적 성격)
자치의 중점	지방정부와 주민의 관계 (주민참여)	지방자치단체와 국가의 관계 (지방분권)
사무의 구분	사무구별 없음	자치사무와 위임사무의 구별
권한배분 방식	개별적 수권주의	개괄적(포괄적) 수권주의
기관의 형태	기관통합형	기관대립형
지방세	독립세 (자치단체가 과세주체)	부가세 (국가가 과세주체)
자치권	국가 이전의 고유권 (고유권설)	국가로부터 부여받은 권리 (전래권설)
자치단체	순수한 자치단체 (독립적 지위)	자치단체+하급기관 (이중적 지위)
통제의 중점	주민통제	중앙통제
중앙통제 방식	입법적·사법적 통제	행정적 통제
주요 국가	영국, 미국 등 (영미법계)	프랑스, 독일, 일본, 우리나라 등 (대륙법계)

21 Ⅴ 다중합리성이론 정답 ④

정답 분석
④ 다중합리성이론은 서메이어(Thumaier)와 윌로비(Willougby)가 제시한 이론으로, 중앙예산실 분석가들이 거시적 예산결정과 미시적 예산결정의 연계 역할을 수행함을 강조한다. 이들이 예산을 결정하는데 있어 다양한(정치·경제·사회) 합리성을 내포하고 있으며, 이를 위해서 다중합리성, 의사결정의 복잡성, 조직의사결정, 예산기관의 정향, 미시적 예산결정 등을 예산결정의 핵심으로 보았다.

선지 분석
① 단절균형이론은 바움가트너(Baumgartner)와 존스(Jones)가 주장한 이론으로, 예산재원의 배분형태가 항상 일정하게 유지되는 것이 아니라 특정 사건이나 상황에 따라 균형상태에서 급격한 변화가 발생하는 단절현상이 발생하고 이후 다시 균형을 지속한다는 예산이론이다.
② 실시간 예산운영모형은 루빈(Rubin)이 제시한 이론으로, 세입, 세출, 균형, 과정, 집행과 관련한 의사결정흐름 개념을 활용한다.
③ 모호성모형은 밀러(Miller)가 비합리적 의사결정모형을 예산에 적용하여 개발한 예산모형으로, 독립적인 조직들이 서로 느슨하게 연결되어 독립성과 자율성을 누릴 수 있는 조직의 예산결정에 적합한 예산모형(이론)이다.

22 Ⅶ 재정자립도 정답 ①

정답 분석
① 재정자립도는 지방자치단체의 일반회계예산에서 자주재원이 차지하는 비율이다. 자주재원은 지방자치단체가 직접 징수하는 수입으로, 지방세와 세외수입으로 구성된다.

선지 분석
② 재정자주도란 지방세·세외수입·지방교부세 등 지방자치단체 재정수입 중 특정 목적이 정해지지 않은 일반재원의 비중이다.
③ 재정력지수는 지방자치단체가 기초적인 재정수요를 어느 정도 자체적으로 해결할 능력을 가지고 있는 정도를 추정하는 지표로, 보통교부세 교부 여부의 판단기준으로 사용된다.
④ 기준재정수요는 지방자치단체의 재정수요를 나타내며, 기준재정수요액과 기준재정수입액을 통해 재정력지수를 구한다.

23 Ⅵ 행정책임 정답 ②

정답 분석
② 객관적 책임성의 확보를 중시한 학자는 파이너(Finer)이다. 객관적 책임은 외부로부터 부과된 의무에 의한 책임으로, 합법적·계층적·응답적 책임이 이에 해당한다.

16 | Ⅳ 대표관료제 | 정답 ②

정답 분석

② 대표관료제에 대한 설명으로 옳지 않은 것은 ㄱ, ㄴ, ㄷ으로 3개이다.

ㄱ. 수평적 평등은 사회적 가치를 취득할 수 있는 기회나 자격, 권리 등을 동등하게 부여하는 평등이다. 대표관료제는 형식적 평등으로 인해서 나타나는 불평등이나 자연적 불평등을 시정하려는 수직적 평등이념에 기반한다.

ㄴ. 피동적 대표성을 확보하면 능동적 대표성이 보장될 것이라고 생각한다. 즉, 공무원들은 자신들의 사회적 배경이 되는 집단의 이익이나 가치를 표출할 것이라고 생각한다.

ㄷ. 외재적 통제의 한계를 극복하고 관료제 내에 통제기능을 보유하는 것으로서 비공식적 내부통제방안에 해당한다.

선지 분석

ㄹ. 실적이나 능률에 따라 임명하는 것이 아니라 대표성을 고려해서 임명하는 것이므로 전문성·능률성을 저해하고 실적주의와 상충할 가능성이 크다.

ㅁ. 크랜츠(Kranz)는 대표관료제의 개념을 비례대표로까지 확대하여 관료제 내의 출신 집단별 구성 비율이 총인구 구성비율과 일치해야 할 뿐만 아니라, 나아가 관료제 내의 모든 직무분야와 계급의 구성 비율까지도 총인구 비율에 상응하게끔 분포되어 있어야 한다고 주장했다.

17 | Ⅴ 예산의 원칙 | 정답 ①

정답 분석

① 통일성의 원칙은 특정한 수입과 특정한 지출이 연계되어서는 안 된다는 원칙이다. 즉, 국가의 모든 수입은 일단 국고에 편입되고 여기서부터 모든 지출이 이루어져야 한다.

선지 분석

② 완전성의 원칙은 '예산총계주의'로서 모든 세입과 세출은 예산에 명시적으로 나열되어 있어야 한다는 원칙이다.

③ 한정성의 원칙은 예산이 주어진 목적, 규모, 시간에 따라 집행되어야 한다는 원칙이다.

④ 단일성의 원칙은 예산이 가능한 단일의 회계 내에서 정리되어야 한다는 원칙이다.

18 | Ⅴ 품목별예산제도(LIBS) | 정답 ②

정답 분석

② 품목별예산제도(LIBS)는 구체적인 항목별로 예산을 정해줌으로써 관료의 권한과 재량을 제한하는 통제지향적 예산제도이다. 예산과목의 최종단위인 '목(目)'을 중심으로 예산액이 배분되기 때문에 회계책임과 예산통제를 용이하게 할 수 있다.

선지 분석

① 예산을 지출대상별(품목별)로 분류하여 편성한다. 예산의 기준인 지출대상은 예산과목의 '목(目)'에 해당하는 것으로서 인건비·물건비 등의 투입요소를 지칭한다.

③ 사업별로 편성되지 않기 때문에 예산편성 및 심의과정에서 예산삭감이 이루어질 때 이익집단의 저항을 덜 받는다는 정치적 이점이 있다.

④ 지출항목을 너무 엄격히 분류하여 전반적인 정부기능 혹은 전체사업에 대한 정보를 확인할 수 없기 때문에 정부사업의 우선순위 파악에 어려움이 있다.

19 | Ⅶ 중앙집권과 지방분권 | 정답 ④

정답 분석

④ 딜런(Dillon)의 원칙은 중앙 위주의 하향적·집권적 원칙으로, 주의회가 명백하게 부여하지 않은 권한을 지방정부가 보유할 수 없다고 해석한다.

선지 분석

① 국가적 위기가 존재하는 경우 리더에게 권한이 집중되기 때문에 중앙집권이 촉진된다.

② 중앙집권은 행정의 통일성을 확보하여 전국적·광역적인 계획행정이 용이하고, 지역 간 행정·재정력의 격차 조정 및 균형적인 지역발전을 도모할 수 있다.

③ 지방분권은 주민 참여의 확대로 행정의 민주화 구현이 용이하다.

🖊️ 이것도 알면 합격!

중앙집권과 지방분권의 장점

중앙집권의 장점	지방분권의 장점
• 행정의 통일성·일관성·안정성 확보	• 지역실정과 특수성에 적합한 행정 수행
• 행정관리의 전문화	• 다양한 정책 경험
• 비상사태나 위기발생 시 신속한 대처	• 행정에 대한 주민통제의 강화
• 경제적 능률성 제고	• 행정의 책임성 제고
• 전국적·광역적인 대규모 사업의 추진	• 지역경제 및 문화의 활성화
• 지역 간 행정·재정력의 격차 조정 및 균형적인 지역발전 도모	• 신속한 행정처리
• 인적·물적 자원의 최적 활용과 예산의 절약	• 주민 참여의 확대와 행정의 민주화 구현
• 공공서비스 공급의 형평성과 균질성 확보	• 사회적 능률의 제고
	• 지방공무원의 능력배양 및 사기진작

12 | Ⅲ 피들러(Fiedler)의 상황적합성이론 | 정답 ②

정답 분석

② 제시문은 피들러(Fiedler)의 상황적합성이론(목표성취이론)에 대한 설명이다. 리더십의 효율성은 상황변수에 따라 결정되며, 리더와 추종자의 관계, 지위권력, 과업구조의 세 가지 상황변수가 어떠한 방법으로 결합하느냐에 따라 리더의 상황적 유리성이 결정된다. 리더와 구성원의 관계가 좋고, 과업의 구조화 정도가 높으며, 리더가 충분한 권한을 보유한 경우가 유리한 상황이며, 반대의 경우가 불리한 상황이다.

선지 분석

① 블레이크와 머튼(Blake & Mouton)은 행태이론인 관리망모형을 제시하였다.
③ 허쉬와 블랜차드(Hersey & Blanchard)는 상황변수로 부하의 직무상·심리적 성숙도를 채택하여 3차원모형을 제시하였다.
④ 하우스와 에반스(House & Evans)는 경로-목표이론을 제시하였다.

13 | Ⅲ 대프트(Daft)의 조직유형 | 정답 ①

정답 분석

① 서로 다른 기능 간 조정이 용이한 구조는 사업구조이다. 기능구조는 수평적 조정의 필요성이 낮을 때 효과적인 조직구조로, 조직의 전체 업무를 공동기능별로 부서화한다. 고위관리자가 집권적 권한을 가지며, 좁고 전문화된 직무와 부서 간 팀워크가 적게 요구되는 점이 특징이다.

선지 분석

② 사업구조의 각 사업부서들은 산출물별로 자율적으로 운영되며, 자기완결적 기능단위로서 그 안에서 기능 간 조정이 용이하게 한다. 성과책임의 소재가 분명해져 성과관리체제에 유리하다.
③ 매트릭스구조는 이원적 권한체제이다. 즉, 수직적으로는 기능부서의 통제권한이 구성되고, 수평적으로는 사업부서 간 조정권한이 구성된다.
④ 수평구조는 조직구성원을 핵심업무과정 중심으로 조직화하는 것으로, 전반적으로 팀제를 채택하여 수직적 계층과 부서 간 경계를 실질적으로 제거한 매우 유기적인 조직구조이다.

14 | Ⅴ 예산제도 | 정답 ③

정답 분석

③ 계획예산제도(PPBS)는 장기적 시계하에서 목표나 사업의 대안, 비용과 효과 등을 고려하고, 분석적 기법을 활용하여 자원의 절약 및 예산운영의 합리성 증진에 기여한다. 하지만 지나친 집권화로 인해 대통령이나 장관 등 최고관리층의 권한이 강화되고 막료 중심으로 운용되어, 하급 공무원 및 계선기관의 참여가 곤란하다.

선지 분석

① 품목별예산제도(LIBS)는 지출대상인 급여나 수당 등을 품목별로 분류하여 그 지출대상과 한계를 규정하려는 예산제도이다.
② 성과주의예산제도(PBS)는 정부활동을 기능·활동·사업계획에 기초를 두고 편성하되, 업무단위의 원가와 양을 계산하여 편성하는 제도이다.
④ 영기준예산제도(ZBB)는 과거의 관행을 전혀 참조하지 않고 모든 사업이나 활동을 근본적으로 검토하여 우선순위를 결정한 뒤 예산을 편성하는 제도이다.

15 | Ⅳ 직위분류제 | 정답 ④

정답 분석

④ 인력활용의 융통성과 효율성을 높여 탄력적인 인사관리를 가능하게 하며, 일반행정가 양성에 유리한 것은 계급제이다. 직위분류제는 인사배치의 신축성과 융통성이 부족하고, 특정 직위의 전문가를 요구하므로 관리능력을 가진 일반행정가의 확보나 양성이 곤란하다.

선지 분석

① 다수의 직위를 각 지위에 내포되는 직무의 종류와 곤란성·책임도를 기준으로 직급별·직렬별·직군별·등급별로 분류한다.
② 동일 직급의 직위에 대해 동일 자격요건 및 동일 보수를 내용으로 하는 등 임용·보수 및 기타 인사행정의 합리화를 위한 수단으로 활용된다.
③ 횡적인 직책의 한계와 종적인 상하 지휘·감독 관계에서 권한과 책임의 한계를 명시하여 행정조직의 합리화와 개선 및 행정책임과 능률 확보에 기여한다.

이것도 알면 합격!

계급제와 직위분류제의 비교

구분	계급제	직위분류제
분류기준	개인의 자격·능력·신분 (횡적 분류)	직무의 종류·책임도·곤란도 (종적 분류+횡적 분류)
중심내용	인간중심 (인사행정의 탄력성)	직무중심 (인사행정의 합리성)
행정주체	일반행정가 양성	전문행정가 양성
보수	생활급 (생계유지수준)	직무급 (동일직무·동일보수), 보수의 형평성
인사배치	신축성 (횡적 이동 용이)	비신축성 (횡적 이동 곤란)
업무조정·협조	용이	곤란(할거주의 초래)
공직구조	폐쇄형(내부충원형)	개방형(외부충원형)
인사운용의 탄력성	높음	낮음
공직의 경직성	높음(폐쇄적)	낮음(개방적)

선지 분석

② 경험적이고 객관적인 현상을 취급하기 때문에 신이나 영감 등 경험하기 어렵거나 특수한 사람들만이 경험한 현상은 연구대상에서 제외된다.

③ 규범적 연구를 거부하고 자연과학적 방법을 이용하여 이론을 정립하기 위해서 가설을 세우고 경험적 자료를 수집하여, 이를 검증하는 절차와 논리를 따르는 논리실증주의에 근거하여 연구한다.

④ 사이먼(Simon) 등의 행태론자들은 행정의 과학화를 기하고 과학적 이론의 연구를 진행하면서 대상이 많고 실증적 연구가 비교적으로 쉬운 사기업의 경영에 오히려 더 치중하게 되었는데, 이는 행정의 공적인 특수성을 과소평가한 것으로 볼 수 있다.

이것도 알면 합격!

행태론의 특징

연구대상	조직구성원들의 행태와 활동처럼 관찰자에 의해 객관화되는 사실
가치중립적	관찰가능한 객관적인 사실 중심의 외면적 행태만을 연구대상으로 하며 가치문제는 연구대상으로 고려하지 않음
계량적 분석	객관적 사실이나 경험적으로 검증이 가능한 사실을 중요시하며 행정행태에 관한 계량적이고 미시적인 분석에 중점을 둠
논리실증주의	자연과학적 방법을 활용하여 실험·관찰함으로써 가설의 검증·수정·반박이 가능하도록 논리적 실증주의 방식을 강조
인간행태의 규칙성과 행정문화의 중시	행정활동이나 인간의 상호작용에서 일정한 규칙성과 법칙성을 발견하고 이를 통해서 행정인의 행동을 규제하고 조건 짓는 집단규범이나 집단의 행태를 연구
연합학문적 성격	인접과학인 심리학, 사회학 등과 밀접한 관련이 있고, 이들 학문의 개념·이론·접근방법에 대하여 개방적·협동적인 연구를 중시하는 연합학문적 성격

09 Ⅰ 신공공관리론 정답 ③

정답 분석

③ 관료에 대한 자율성 및 재량의 확대·성과 중심의 책임운영기관화 등은 의회와 대통령의 통제를 어렵게 하여, 대의민주주의의 기본원리인 행정의 정치적 책임성 확보를 어렵게 한다.

선지 분석

① 1970년대 초반 두 차례의 석유파동과 1970년대 후반 이후 케인지언 복지국가의 위기, 재정적자로 인해 정부규모 증진에 대한 비판과 정부능력에 대한 불신이 팽배해졌고, 이에 대한 대안으로 감축관리와 행정의 시장화에 대한 필요성이 높아지며 신공공관리론이 등장하게 되었다.

② 정치로부터 해방된 민간기업이 공기업이나 행정조직보다 능률적일 것이라는 믿음을 바탕으로 정부기능 폐지, 민영화, 민간위탁, 경쟁심사, 내부효율화를 추구한다.

④ 시장성조사는 정부기능을 원점에서부터 재검토하고, 경쟁절차를 거쳐 공공서비스의 적정 공급주체를 결정하려는 프로그램이다. 아웃소싱은 외부의 전문기술과 능력을 활용하여 조직 산출물의 부가가치를 높이는 전략이다.

10 Ⅳ 공직자윤리법상 공무원의 의무 정답 ①

정답 분석

① 비위면직자의 취업 제한에 대한 내용으로 이는 부패방지 및 국민권익위원회 설치와 운영에 관한 법률상의 의무이다(부패방지 및 국민권익위원회 설치와 운영에 관한 법률 제82조).

선지 분석

② 외국 정부 등으로부터 받은 선물의 신고에 대한 내용이다(공직자윤리법 제15조).

③ 공무원의 재산 등록에 대한 내용이다(공직자윤리법 제3조).

④ 주식의 매각 또는 신탁에 대한 내용이다(공직자윤리법 제14조의4).

11 Ⅱ 엘리트이론 정답 ③

정답 분석

③ 무의사결정은 정책의제설정과정뿐만 아니라 정책결정과 집행·평가 등 정책의 전 과정에서 무의사결정이 나타날 수 있다.

선지 분석

① 잠재집단론, 중복회원론은 다원론에 해당한다. 잠재집단론은 특수이익을 가진 지배집단이 자신들의 이익을 침해할 가능성이 있는 경우 조직화될 수 있음을 말하며, 중복회원론은 어느 한 집단이 자신의 특수이익만을 추구할 수 없다는 이론이다.

② 밀스(Mills)와 헌터(Hunter)는 1950년대 미국의 엘리트이론을 대표하는 학자이다. 고전적 엘리트이론의 대표적인 학자로는 파레토(Pareto), 미헬스(Michels) 등이 있다.

④ 바흐라흐와 바라츠(Bachrach & Baratz)는 무의사결정의 수단 및 방법으로 폭력, 권력, 편견의 동원, 편견의 수정·강화 등을 제시했다.

이것도 알면 합격!

정책과정에서의 무의사결정

정책의제설정단계	엘리트나 사회적 강자들에게 불리한 문제는 아예 거론조차 못하도록 사전에 차단
정책결정단계	정책이 엘리트들에게 유리하게 결정되게 함
정책집행단계	집행을 연기하면서 취소하도록 노력하거나, 겉으로 하는 체만 하도록 함
정책평가단계	사회에 오히려 부작용만 초래하였다는 식으로 평가하여, 정책수정이나 정책변화를 가져오는 중요한 요인으로 작용하도록 함

04   Ⅰ 행정의 본질적 가치   정답 ②

정답 분석

② 기회균등의 원리는 모든 사람에게 직무와 직위는 공정하게 개방되어야 한다는 원리이며, 차등조정의 원리는 불평등의 시정은 가장 불리한 입장에 있는 사람에게 최대한 이익이 되도록 조정되는 경우에 정당하다는 원리이다. 롤스(Rawls)는 기회균등의 원리가 차등조정의 원리보다 우선한다고 본다.

선지 분석

① 공익을 사익의 총합이거나 다원화된 특수이익의 조정과 타협의 결과라고 보는 입장은 과정설이다.
③ 수평적 형평은 기회나 자격, 권리 등을 동등하게 부여하는 형식적 평등이다. 대표관료제나 소득재분배정책 등은 실질적 평등인 수직적 형평의 예에 해당한다.
④ 권력과 맞서는 개인의 자유를 강조하는 '정부로부터의 자유'는 소극적 자유에 대한 설명이다. 적극적 자유는 정부의 간섭주의를 지향하는 '정부에 의한 자유'이다.

05   Ⅲ 관료제   정답 ③

정답 분석

③ 할거주의는 전문가로서 관료가 자신이 속한 조직단위에만 충성하여 부처 간에 조정이나 협조가 잘 되지 않고, 때로는 경쟁적이고 대립적인 관계를 형성하는 것을 말한다. 문서나 서면처리를 강조하기 때문에 나타날 수 있는 문제는 번문욕례나 형식주의가 있다.

선지 분석

① 계층제를 통한 엄격한 수직적 업무 배분과 상하 간의 지배관계를 형성하며, 하급기관은 상급기관의 통제와 감독을 받는다.
② 사적인 일과 공적인 업무를 구분하는 것을 원칙으로 한다. 즉, 특별한 사정 또는 고객의 지위 등에 구애되는 일이 없이 공평무사하고 비정의적인 업무태도를 요구한다.
④ 머튼(Merton)은 규칙이나 절차의 지나친 엄수나 최고관리자의 관료에 대한 지나친 통제가 관료들의 행동에 경직성을 초래하고 동조과잉 등의 역기능을 발생시킨다고 보았다.

06   Ⅱ 정책분석 오류   정답 ①

정답 분석

① 제1종 오류는 귀무가설은 옳은데 이를 기각하고, 올바르지 않은 대안(대립가설)을 채택하는 오류이다. 즉, 올바른 귀무가설을 기각하고 올바르지 않은 다른 대안을 채택하여 실제로 효과가 없는데도 효과가 있다고 잘못 평가하는 오류이다.

선지 분석

② 제2종 오류는 귀무가설이 거짓인데 이를 채택하여 올바른 대안(대립가설)을 기각하는 오류이다. 즉, 올바르지 않은 귀무가설을 채택하여 올바른 대안을 기각하는 오류이다.
③④ 제3종 오류는 정책문제를 잘못 정의하여 발생하는 근본적인 오류, 즉 메타(meta) 오류를 말한다.

이것도 알면 합격!

정책분석 오류

제1종 오류 (error)	제2종 오류 (error)	제3종 오류 (meta error)
• 올바른 귀무가설을 기각하는 오류 • 틀린 대립가설을 채택하는 오류(잘못된 대안을 선택하는 오류) • 효과가 없는데 있다고 잘못 평가	• 틀린 귀무가설을 채택하는 오류 • 올바른 대립가설을 기각하는 오류(올바른 대안을 기각하는 오류) • 효과가 있는데 없다고 잘못 평가	• 정책문제 자체를 잘못 인지하는 오류 • 근본적인 오류(정책문제의 미해결 상태)

07   Ⅲ 브룸(Vroom)의 기대이론   정답 ④

정답 분석

④ 유인가는 특정 결과에 대해 개인이 갖는 선호의 강도, 즉 보상의 중요성에 대한 주관적인 선호의 강도를 말한다.

선지 분석

① 브룸(Vroom)의 기대이론과 아담스(Adams)의 형평성이론은 과정이론에 해당한다.
② 인간이 행동하는 방향의 강도는 그 행동이 일정한 결과로 이어진다는 주관적인 기대의 강도와 이어진 결과에 대한 매력에 달려 있다고 주장한다.
③ 일정한 노력을 기울이면 근무성과를 가져올 수 있다는 가능성에 대한 믿음은 기대감이다. 수단성은 개인이 지각하기에 어떤 특정한 수준의 성과를 달성하면 바람직한 보상이 주어지리라고 믿는 정도이다.

08   Ⅰ 행태론   정답 ①

정답 분석

① 심리학적 행동주의는 명백한 자극과 반응으로 볼 수 있는 행위 또는 행동만을 연구대상으로 한다. 반면, 행태론은 사회심리학적 접근법을 통하여 특정 질문에 따른 반응을 통해 파악해 볼 수 있는 태도·의견·개성 등도 행태에 포함시킨다.

제3과목　　행정학

01　Ⅰ 신제도주의　　정답 ②

정답 분석
② 합리적 선택 신제도주의는 어떻게 제도가 생성되고 유지되는지를 설명하는 연역적 접근법을 발전시켰다. 즉, 제도가 주는 가치가 무엇인지를 설명함으로써 그러한 제도가 생성되고 유지되는 이유를 설명한다. 귀납적 접근법은 역사적 신제도주의와 사회학적 신제도주의의 접근법이다.

선지 분석
① 행태주의가 지나치게 미시적이고 원자적으로 개인의 행태에 관한 연구만을 고집하였다고 비판받자, 거시적이고 제도적인 측면을 강조하는 신제도주의가 등장하였다.
③ 역사적 신제도주의는 특정한 시점에서 필요에 의해서 생성된 제도가 그 이후에 폐지의 요구가 존재하더라도 지속되는 경향이 있다고 본다. 즉, 특정 정책이 선택되면 문제해결에 더 효율적인 제도가 존재해도 쉽게 변화하지 않는다.
④ 사회학적 신제도주의에서의 제도는 공식적인 규칙이나 절차뿐만 아니라, 인간의 행위를 해석하는 의미의 틀을 제공하는 상징체계, 도덕적 전형 등을 포함한다.

이것도 알면 합격!

신제도주의의 접근방법

구분	합리적 선택 신제도주의	역사적 신제도주의	사회학적 신제도주의
제도의 개념	전략적 행위로 인한 균형점	역사적 맥락과 지속성의 산물	사회·문화적인 관행과 규범들
선호형성	외생적 형성	내생적 형성	내생적 형성
제도의 측면	공식적 측면 강조	공식적 측면 강조	비공식적 측면 강조
제도의 변화	경제적 분석	외부적 충격 (단절적 균형)	동형화의 논리, 적절성의 논리
접근법	연역적, 방법론적 개체주의	귀납적 (사례연구), 방법론적 전체주의	귀납적(경험적), 방법론적 전체주의

02　Ⅴ 정부회계제도　　정답 ①

정답 분석
① 발생주의는 채권·채무 판단 및 감가상각 등에 있어 회계담당자의 자의성이 개입될 여지가 있고, 절차가 복잡하다는 문제가 있다.

선지 분석
② 현금주의는 현금의 유입과 유출시점을 기준으로 수입과 지출을 인식한다. 즉, 현금변동시점이 거래를 인식하는 기준이며, 발생주의가 채권·채무의 발생시점에 따라 인식한다.
③ 회계의 자기검증기능은 복식부기의 장점에 해당한다. 복식부기는 대차균형의 원리에 따라 회계의 건전성을 확보할 수 있다.
④ 작성과 관리가 용이한 것은 단식부기에 대한 설명이다. 단식부기는 거래의 수가 적고 규모가 작은 경우에는 사용하기 편리하다.

03　Ⅰ 행정과 경영　　정답 ④

정답 분석
④ 통치기능론과 관련이 있는 것은 공사행정이원론이다. 통치기능론은 정치와 행정, 양자 간의 유기적 관련성을 인정하는 정치행정일원론의 입장이다. 이는 공행정과 사행정의 차이를 부각시키는 공사행정이원론과 같다.

선지 분석
① 행정과 경영은 목표를 달성하기 위한 수단적 성격을 띤다. 하지만 행정은 국민의 복리증진 등의 공익을 추구하며, 경영은 이윤극대화를 추구한다.
② 행정은 정부가 단독적으로 공공서비스를 제공하지만, 경영은 기업이 다른 다수의 경쟁기업과의 관계 속에서 재화와 서비스를 공급한다.
③ 행정은 법에 따른 집행을 원칙으로 하므로 법적 규제가 강한 편이지만, 경영은 이러한 법적 규제가 완화된다.

이것도 알면 합격!

행정과 경영의 차이점

구분	행정(공행정)	경영(사행정)
주체	정부·국가	민간기업·사기업
목적	국민의 복리증진, 다원적	사익 이윤극대화, 일원적
규모 및 영향력	큼	작음
정치성 강약	정치적 합리성	경제적 합리성
권력성 여부	권력적 성격	비권력적 성격
독점성 정도	강함	약함
법적 규제 정도	강함	완화
평등원칙 적용 정도	강함	약함
능률성 척도	일률적 계량화 곤란	계량화 용이
경쟁성 정도	경쟁력 약함	경쟁력 강함

23 II 행정행위의 무효, 취소   정답 ③

정답 분석
③ 도시계획의 수립에 있어서 도시계획법 제16조의2 소정의 공청회를 열지 아니하고 공공용지의 취득 및 손실보상에 관한 특례법 제8조 소정의 이주대책을 수립하지 아니하였더라도 이는 절차상의 위법으로서 취소사유에 불과하고 그 하자가 도시계획결정 또는 도시계획사업시행인가를 무효라고 할 수 있을 정도로 중대하고 명백하다고는 할 수 없다(대판 1990.1.23. 87누947).

선지 분석
① 행정처분의 취소의 효과는 행정처분이 있었던 때에 소급하는 것이나 취소되기까지의 기득권을 침해할 수 없는 것이 원칙이다(대결 1962.3.8. 4294민상1263).
② 선행 도시계획결정의 폐지 부분은 권한 없는 자에 의하여 행해진 것으로서 무효이고, 같은 대상지역에 대하여 선행 도시계획결정이 적법하게 폐지되지 아니한 상태에서 그 위에 다시 한 후행 도시계획결정 역시 위법하고, 그 하자는 중대하고도 명백하여 다른 특별한 사정이 없는 한 무효라고 보아야 한다(대판 2000.9.8. 99두11257).
④ 구 국가를 당사자로 하는 계약에 관한 법률상의 요건과 절차를 거치지 않고 체결한 국가와 사인간의 사법상 계약의 효력은 무효이다(대판 2005.5.27. 2004다30811).

24 IV 이행강제금   정답 ③

정답 분석
③ 건축법 제108조, 제110조에 의한 형사처벌의 대상이 되는 행위와 이 사건 법률조항에 따라 이행강제금이 부과되는 행위는 기초적 사실관계가 동일한 행위가 아니라 할 것이므로 이런 점에서도 이 사건 법률조항이 헌법 제13조 제1항의 이중처벌금지의 원칙에 위반되지 아니한다(헌재 2011.10.25. 2009헌바140).

선지 분석
① 현행 건축법상 위법건축물에 대한 이행강제수단으로 대집행과 이행강제금이 인정되고 있는데, 양 제도는 각각의 장단점이 있으므로 행정청은 개별사건에 있어서 위반내용, 위반자의 시정의지 등을 감안하여 대집행과 이행강제금을 선택적으로 활용할 수 있으며, 이처럼 그 합리적인 재량에 의해 선택하여 활용하는 이상 중첩적인 제재에 해당한다고 볼 수 없다(헌재 2004.2.26. 2001헌바80).
② 이행강제금도 행정상 강제집행의 수단이므로 법적 근거가 요구된다. 이에 대한 일반법은 행정기본법 제30조, 제31조가 있고, 개별법은 건축법 등에 이행강제금제도(1년에 2회 범위 내), 농지법(매년 1회), 대덕연구개발특구 등의 육성에 관한 특별법, 부동산실권리자명의 등기에 관한 법률, 독점규제 및 공정거래에 관한 법률, 장사(葬事) 등에 관한 법률 등이 있다.
④ 이행강제금은 대체적 작위의무의 위반에 대하여도 부과될 수 있다(헌재 2004.2.26. 2001헌바80).

25 VII 공무원법   정답 ①

정답 분석
옳은 것은 ㄱ, ㄷ이고, 옳지 않은 것은 ㄴ, ㄹ이다.

ㄱ. [O] 국가공무원법과 지방공무원법은 모두 경력직공무원과 특수경력직공무원으로 양분하여 구분하는 것으로 규정하고 있다.

이것도 알면 합격!

공무원의 구분

국가공무원법 제2조	지방공무원법 제2조
• 경력직공무원: 일반직공무원, 특정직공무원	
• 특수경력직공무원: 정무직공무원, 별정직공무원	

ㄴ. [×] 지방공무원법상 임용권자는 지방자치단체의 장 및 지방의회의 의장이다. 인사혁신처장은 국가공무원법상 행정부의 인사행정을 관장한다.

> 지방공무원법 제6조【임용권자】① 지방자치단체의 장[특별시·광역시·특별자치시·도 또는 특별자치도(이하 "시·도"라 한다)의 교육감을 포함한다. 이하 같다] 및 지방의회의 의장[시·도의회의 의장 및 시·군·구(자치구를 말한다. 이하 같다)의회의 의장을 말한다. 이하 같다]은 이 법에서 정하는 바에 따라 그 소속 공무원의 임명·휴직·면직과 징계를 하는 권한(이하 "임용권"이라 한다)을 가진다.
>
> 국가공무원법 제6조【중앙인사관장기관】① 인사행정에 관한 기본 정책의 수립과 이 법의 시행·운영에 관한 사무는 다음 각 호의 구분에 따라 관장(管掌)한다.
> 5. 행정부는 인사혁신처장

ㄷ. [O] 국가공무원법 제15조, 지방공무원법 제20조에 대한 옳은 내용이다.

> 국가공무원법 제15조【결정의 효력】제14조에 따른 소청심사위원회의 결정은 처분 행정청을 기속(羈束)한다.
>
> 지방공무원법 제20조【결정의 효력】제19조에 따른 심사위원회의 결정은 처분행정청을 기속(羈束)한다.

ㄹ. [×] 지방공무원이 본인의 의사에 반한 불리한 처분에 대하여 행정소송을 제기하려는 경우, 지방공무원법상 심사위원회의 심사·결정을 생략할 수 없고, 반드시 거쳐야 소 제기가 가능하다.

> 국가공무원법 제16조【행정소송과의 관계】① 제75조에 따른 처분, 그 밖에 본인의 의사에 반한 불리한 처분이나 부작위(不作爲)에 관한 행정소송은 소청심사위원회의 심사·결정을 거치지 아니하면 제기할 수 없다.
>
> 지방공무원법 제20조의2【행정소송과의 관계】제67조에 따른 처분, 그 밖에 본인의 의사에 반한 불리한 처분이나 부작위에 관한 행정소송은 심사위원회의 심사·결정을 거치지 아니하면 제기할 수 없다.

선지 분석

② 한국수력원자력 주식회사가 자신의 '공급자관리지침'에 근거하여 등록된 공급업체에 대하여 하는 '등록취소 및 그에 따른 일정 기간의 거래제한조치'는 행정청이 행하는 구체적 사실에 관한 법집행으로서의 공권력의 행사인 '처분'에 해당한다(대판 2020.5.28. 2017두66541).

③ 계약당사자 사이에서 계약의 적정한 이행을 위하여 일정한 계약상 의무를 위반하는 경우 계약해지, 위약벌이나 손해배상액 약정, 장래 일정 기간의 거래제한 등의 제재조치를 약정하는 것은 상위법령과 법의 일반원칙에 위배되지 않는 범위에서 허용되며, 그러한 계약에 따른 제재조치는 법령에 근거한 공권력의 행사로서의 제재처분과는 법적 성질을 달리한다(대판 2020.5.28. 2017두66541).

④ 공공기관의 운영에 관한 법률(이하 '공공기관운영법'이라 한다)이나 그 하위법령은 공기업이 거래상대방 업체에 대하여 공공기관운영법 제39조 제2항 및 공기업·준정부기관 계약사무규칙 제15조에서 정한 범위를 뛰어넘어 추가적인 제재조치를 취할 수 있도록 위임한 바 없다. 따라서 한국수력원자력 주식회사가 조달하는 기자재, 용역 및 정비공사, 기기수리의 공급자에 대한 관리업무 절차를 규정함을 목적으로 제정·운용하고 있는 '공급자관리지침' 중 등록취소 및 그에 따른 일정 기간의 거래제한조치에 관한 규정들은 공공기관으로서 행정청에 해당하는 한국수력원자력 주식회사가 상위법령의 구체적 위임 없이 정한 것이어서 대외적 구속력이 없는 행정규칙이다(대판 2020.5.28. 2017두66541).

20 Ⅵ 행정심판의 재결 정답 ③

정답 분석

행정심판법 제45조【재결 기간】 ① 재결은 제23조에 따라 피청구인 또는 위원회가 심판청구서를 받은 날부터 (60일) 이내에 하여야 한다. 다만, 부득이한 사정이 있는 경우에는 위원장이 직권으로 (30일)을 연장할 수 있다.
② 위원장은 제1항 단서에 따라 재결 기간을 연장할 경우에는 재결 기간이 끝나기 (7일) 전까지 당사자에게 알려야 한다.

21 Ⅱ 행정행위의 효력 정답 ④

정답 분석

④ 행정처분이 취소되면 그 소급효에 의하여 처음부터 그 처분이 없었던 것과 같은 효과를 발생하게 되는바, 행정청이 의료법인의 이사에 대한 이사취임승인취소처분(제1처분)을 직권으로 취소(제2처분)한 경우에는 그로 인하여 이사가 소급하여 이사로서의 지위를 회복하게 되고, 그 결과 위 제1처분과 제2처분 사이에 법원에 의하여 선임결정된 임시이사들의 지위는 법원의 해임결정이 없더라도 당연히 소멸된다(대판 1997.1.21. 96누3401).

선지 분석

① 수익적 행정처분에 있어서는 법령에 특별한 근거규정이 없다고 하더라도 그 부관으로서 부담을 붙일 수 있고, 그와 같은 부담은 행정청이 행정처분을 하면서 일방적으로 부가할 수도 있지만 부담을 부가하기 이전에 상대방과 협의하여 부담의 내용을 협약의 형식으로 미리 정한 다음 행정처분을 하면서 이를 부가할 수도 있다(대판 2009.2.12. 2005다65500).

② 농지처분의무통지는 단순한 관념의 통지에 불과하다고 볼 수는 없고, 상대방인 농지소유자의 의무에 직접 관계되는 독립한 행정처분으로서 항고소송의 대상이 된다(대판 2003.11.14. 2001두8742).

③ 민사소송에 있어서 어느 행정처분의 당연무효 여부가 선결문제로 되는 때에는 이를 판단하여 당연무효임을 전제로 판결할 수 있고 반드시 행정소송 등의 절차에 의하여 그 취소나 무효확인을 받아야 하는 것은 아니다(대판 2010.4.8. 2009다90092).

22 Ⅴ 국가배상법 제2조 정답 ①

정답 분석

① 국가배상법이 정한 배상청구의 요건인 '공무원의 직무'에는 권력적 작용만이 아니라 행정지도와 같은 비권력적 작용도 포함되며 단지 행정주체가 사경제주체로서 하는 활동만 제외된다(대판 1998.7.10. 96다38971).

선지 분석

② 공무원의 직무집행상의 과실이라 함은 공무원이 그 직무를 수행함에 있어 당해직무를 담당하는 평균인이 보통(통상) 갖추어야 할 주의의무를 게을리한 것을 말하는 것이다(대판 1987.9.22. 87다카1164).

③ 국가배상법 제2조 소정의 '공무원'이라 함은 국가공무원법이나 지방공무원법에 의하여 공무원으로서의 신분을 가진 자에 국한하지 않고, 널리 공무를 위탁받아 실질적으로 공무에 종사하고 있는 일체의 자를 가리키는 것으로서, 공무의 위탁이 일시적이고 한정적인 사항에 관한 활동을 위한 것이어도 달리 볼 것은 아니다(대판 2001.1.5. 98다39060).

④ 국가배상책임에 있어서 공무원의 가해행위는 '법령에 위반한' 것이어야 하고, 법령 위반이라 함은 엄격한 의미의 법령 위반뿐만 아니라 인권존중, 권력남용금지, 신의성실, 공서양속 등의 위반도 포함하여 널리 그 행위가 객관적인 정당성을 결여하고 있음을 의미한다고 할 것이다(대판 2009.12.24. 2009다70180).

16 IV 행정의 실효성 확보수단 정답 ①

정답 분석

① 현행 건축법상 위법건축물에 대한 이행강제수단으로 대집행과 이행강제금(제83조 제1항)이 인정되고 있는데, 양 제도는 각각의 장·단점이 있으므로 행정청은 개별사건에 있어서 위반내용, 위반자의 시정의지 등을 감안하여 대집행과 이행강제금을 선택적으로 활용할 수 있으며, 이처럼 그 합리적인 재량에 의해 선택하여 활용하는 이상 중첩적인 제재에 해당한다고 볼 수 없다(헌재 2004.2.26. 2001헌바80).

선지 분석

② 독점규제 및 공정거래에 관한 법률에서 형사처벌과 아울러 과징금의 병과를 예정하고 있더라도 이중처벌금지원칙에 위반된다고 볼 수 없다(헌재 2003.7.24. 2001헌가25).

③ 행정조사기본법 제11조 제2항 제1호에 대한 옳은 내용이다.

> 제11조 【현장조사】 ② 제1항에 따른 현장조사는 해가 뜨기 전이나 해가 진 뒤에는 할 수 없다. 다만, 다음 각 호의 어느 하나에 해당하는 경우에는 그러하지 아니하다.
> 1. 조사대상자(대리인 및 관리책임이 있는 자를 포함한다)가 동의한 경우

④ 행정청이 상대방에게 장차 어떤 처분을 하겠다고 확약 또는 공적인 의사 표명을 하였다고 하더라도, 그 자체에서 상대방으로 하여금 언제까지 처분의 발령을 신청하도록 유효기간을 두었는데도 그 기간 내에 상대방의 신청이 없었다거나 확약 또는 공적인 의사표명이 있은 후에 사실적·법률적 상태가 변경되었다면, 그와 같은 확약 또는 공적인 의사표명은 행정청의 별다른 의사표시를 기다리지 않고 실효된다(대판 1996.8.20. 95누10877).

17 VI 행정심판법 정답 ④

정답 분석

④ 심판청구는 처분의 효력이나 그 집행 또는 절차의 속행에 영향을 주지 않는다.

> 행정심판법 제30조 【집행정지】 ① 심판청구는 처분의 효력이나 그 집행 또는 절차의 속행(續行)에 영향을 주지 아니한다.

선지 분석

① 행정심판법 제2조 제2호에 대한 옳은 내용이다.

> 제2조 【정의】 이 법에서 사용하는 용어의 뜻은 다음과 같다.
> 2. '부작위'란 행정청이 당사자의 신청에 대하여 상당한 기간 내에 일정한 처분을 하여야 할 법률상 의무가 있는데도 처분을 하지 아니하는 것을 말한다.

② 행정심판법 제3조 제2항에 대한 옳은 내용이다.

> 제3조 【행정심판의 대상】 ② 대통령의 처분 또는 부작위에 대하여는 다른 법률에서 행정심판을 청구할 수 있도록 정한 경우 외에는 행정심판을 청구할 수 없다.

③ 행정심판법 제47조 제1항(불고불리의 원칙)·제2항(불이익변경금지의 원칙)에 대한 옳은 내용이다.

> 제47조 【재결의 범위】 ① 위원회는 심판청구의 대상이 되는 처분 또는 부작위 외의 사항에 대하여는 재결하지 못한다.
> ② 위원회는 심판청구의 대상이 되는 처분보다 청구인에게 불리한 재결을 하지 못한다.

18 VI 항고소송의 대상 정답 ④

정답 분석

④ 각 군 참모총장이 '군인 명예전역수당 지급대상자 결정절차'에서 국방부장관에게 수당지급대상자를 추천하거나 신청자 중 일부를 추천하지 않는 행위는 항고소송의 대상이 되는 처분이 아니다(대판 2009.12.10. 2009두14231).

선지 분석

① 병무청장이 병역법 제81조의2 제1항에 따라 병역의무 기피자의 인적사항 등을 인터넷 홈페이지에 게시하는 등의 방법으로 공개한 경우 병무청장의 공개결정을 항고소송의 대상이 되는 행정처분으로 보아야 한다(대판 2019.6.27. 2018두49130).

② 당연퇴직의 인사발령은 법률상 당연히 발생하는 퇴직사유를 공적으로 확인하여 알려주는 이른바 관념의 통지에 불과하고 공무원의 신분을 상실시키는 새로운 형성적 행위가 아니므로 행정소송의 대상이 되는 독립한 행정처분이라고 할 수 없다(대판 1995.11.14. 95누2036).

③ 세무조사결정은 납세의무자의 권리·의무에 직접 영향을 미치는 공권력의 행사에 따른 행정작용으로서 항고소송의 대상이 된다(대판 2011.3.10. 2009두23617·23624).

19 II 행정규칙 정답 ①

정답 분석

① 상위법령이나 법의 일반원칙에 반하는 행정규칙은 당연무효가 되며, 행정내부적 효력도 인정되지 않는다.

> **관련 판례**
> 행정규칙의 내용이 상위법령이나 법의 일반원칙에 반하는 것이라면 법치국가원리에서 파생되는 법질서의 통일성과 모순금지 원칙에 따라 그것은 법질서상 당연무효이고, 행정내부적 효력도 인정될 수 없다(대판 2020.5.28. 2017두66541).

13 Ⅲ 청문   정답 ②

정답 분석

② 청문 주재자는 직권으로 필요한 조사를 할 수 있으며, 당사자 등이 주장하지 않은 사실에 대하여도 조사할 수 있다.

> 행정절차법 제33조【증거조사】① 청문 주재자는 직권으로 또는 당사자의 신청에 따라 필요한 조사를 할 수 있으며, 당사자 등이 주장하지 아니한 사실에 대하여도 조사할 수 있다.

선지 분석

① 행정절차법 제2조 제5호에 대한 옳은 내용이다.

> 제2조【정의】이 법에서 사용하는 용어의 뜻은 다음과 같다.
> 5. "청문"이란 행정청이 어떠한 처분을 하기 전에 당사자 등의 의견을 직접 듣고 증거를 조사하는 절차를 말한다.

③ 행정절차법 제29조 제1항 제2호에 대한 옳은 내용이다.

> 제29조【청문 주재자의 제척·기피·회피】① 청문 주재자가 다음 각 호의 어느 하나에 해당하는 경우에는 청문을 주재할 수 없다.
> 2. 자신이 해당 처분과 관련하여 증언이나 감정(鑑定)을 한 경우

④ 행정절차법 제21조 제2항에 대한 옳은 내용이다.

> 제21조【처분의 사전 통지】② 행정청은 청문을 하려면 청문이 시작되는 날부터 10일 전까지 제1항 각 호의 사항을 당사자 등에게 통지하여야 한다. 이 경우 제1항 제4호부터 제6호까지의 사항은 청문 주재자의 소속·직위 및 성명, 청문의 일시 및 장소, 청문에 응하지 아니하는 경우의 처리방법 등 청문에 필요한 사항으로 갈음한다.

14 Ⅵ 처분성   정답 ②

정답 분석

② 통고처분은 상대방의 임의의 승복을 그 발효요건으로 하기 때문에 그 자체만으로는 통고이행을 강제하거나 상대방에게 아무런 권리의무를 형성하지 않으므로 행정심판이나 행정소송의 대상으로서의 처분성을 부여할 수 없고, 통고처분에 대하여 이의가 있으면 통고내용을 이행하지 않음으로써 고발되어 형사재판절차에서 통고처분의 위법·부당함을 얼마든지 다툴 수 있기 때문에 관세법 제38조 제3항 제2호가 법관에 의한 재판받을 권리를 침해한다든가 적법절차의 원칙에 저촉된다고 볼 수 없다(헌재 1998.5.28. 96헌바4).

선지 분석

① 어업권면허에 선행하는 우선순위결정은 행정청이 우선권자로 결정된 자의 신청이 있으면 어업권면허처분을 하겠다는 것을 약속하는 행위로서 강학상 확약에 불과하고 행정처분은 아니므로, 우선순위결정에 공정력이나 불가쟁력과 같은 효력은 인정되지 아니한다(대판 1995.1.20. 94누6529).

③ 거부처분의 처분성을 인정하기 위한 전제요건이 되는 신청권의 존부는 구체적 사건에서 신청인이 누구인가를 고려하지 않고 관계 법규의 해석에 의하여 일반 국민에게 그러한 신청권을 인정하고 있는가를 살펴 추상적으로 결정되는 것이고, 신청인이 그 신청에 따른 단순한 응답을 받을 권리를 넘어서 신청의 인용이라는 만족적 결과를 얻을 권리를 의미하는 것은 아니다(대판 1996.6.11. 95누12460).

④ 행정청이 당사자의 신청에 대하여 거부처분을 한 경우에는 거부처분에 대하여 취소소송을 제기하여야 하는 것이지 행정처분의 부존재를 전제로 한 부작위위법확인소송을 제기할 수 없다(대판 1992.4.28. 91누8753).

15 Ⅴ 국가배상   정답 ③

정답 분석

③ 외국인이 피해자인 경우에는 해당 국가와 상호 보증이 있을 때에만 적용한다(국가배상법 제7조).

선지 분석

① 국가배상법 제4조에 대한 옳은 내용이다.

> 제4조【양도 등 금지】생명·신체의 침해로 인한 국가배상을 받을 권리는 양도하거나 압류하지 못한다.

② 국가배상법 제2조 제2항에 대한 옳은 내용이다.

> 제2조【배상책임】② 제1항 본문의 경우에 공무원에게 고의 또는 중대한 과실이 있으면 국가나 지방자치단체는 그 공무원에게 구상할 수 있다.

④ 국가배상법 제8조, 민법 제766조 제1항에 대한 옳은 내용이다.

> 국가배상법 제8조【다른 법률과의 관계】국가나 지방자치단체의 손해배상 책임에 관하여는 이 법에 규정된 사항 외에는 민법에 따른다. 다만, 민법 외의 법률에 다른 규정이 있을 때에는 그 규정에 따른다.
>
> 민법 제766조【손해배상청구권의 소멸시효】① 불법행위로 인한 손해배상의 청구권은 피해자나 그 법정대리인이 그 손해 및 가해자를 안 날로부터 3년간 이를 행사하지 아니하면 시효로 인하여 소멸한다.

관련 판례

국가배상법 제2조 제1항 본문 전단 규정에 따른 배상청구권은 금전의 급부를 목적으로 하는 국가에 대한 권리로서 구 예산회계법 제96조 제2항, 제1항이 적용되므로 이를 5년간 행사하지 아니할 때에는 시효로 인하여 소멸한다(대판 2008.5.29. 2024다33469).

③ 행정기본법 제20조에 대한 옳은 내용이다.

> 제20조【자동적 처분】행정청은 법률로 정하는 바에 따라 완전히 자동화된 시스템(인공지능 기술을 적용한 시스템을 포함한다)으로 처분을 할 수 있다. 다만, 처분에 재량이 있는 경우는 그러하지 아니하다.

④ 행정기본법에는 행정상 강제(제30조)를 명문으로 규정하고 있으며, 행정대집행, 이행강제금, 직접강제, 강제징수, 즉시강제에 대한 명문 규정을 두고 있다.

10 Ⅱ 위헌결정의 효력   정답 ④

정답 분석

④ 위헌법률에 기한 행정처분의 집행이나 집행력을 유지하기 위한 행위는 위헌결정의 기속력에 위반되어 허용되지 않는다고 보아야 할 것인데, 그 규정 이외에는 체납부담금을 강제로 징수할 수 있는 다른 법률적 근거가 없으므로, 그 위헌결정 이전에 이미 부담금 부과처분과 압류처분 및 이에 기한 압류등기가 이루어지고 위의 각 처분이 확정되었다고 하여도, 위헌결정 이후에는 별도의 행정처분인 매각처분, 분배처분 등 후속 체납처분절차를 진행할 수 없는 것은 물론이고, 특별한 사정이 없는 한 기존의 압류등기나 교부청구만으로는 다른 사람에 의하여 개시된 경매절차에서 배당을 받을 수도 없다(대판 2002.8.23. 2001두2959).

선지 분석

① 법규명령의 위임근거가 되는 법률에 대하여 위헌결정이 선고되면 그 위임에 근거하여 제정된 법규명령도 원칙적으로 효력을 상실한다(대판 2001.6.12. 2000다18547).
② 헌법재판소의 위헌결정은 행정청이 개인에 대하여 신뢰의 대상이 되는 공적인 견해를 표명한 것이라고 할 수 없으므로, 그 결정에 관련한 개인의 행위에 대하여는 신뢰보호의 원칙이 적용되지 아니한다(대판 2003.6.27. 2002두6965).
③ 헌법재판소의 위헌결정 전에 행정처분의 근거되는 당해 법률이 헌법에 위반된다는 사유는 특별한 사정이 없는 한 그 행정처분의 취소소송의 전제가 될 수 있을 뿐 당연무효사유는 아니다(대판 1994.10.28. 92누9463).

11 Ⅰ 행정법관계의 당사자   정답 ②

정답 분석

② 지방자치단체를 비롯한 공공조합, 영조물법인 등은 행정주체가 될 수도 있지만, 경우에 따라서는 행정객체가 될 수도 있다.

선지 분석

① 농지개량조합의 조직, 재산의 형성·유지 및 그 목적과 활동전반에 나타나는 매우 짙은 공적인 성격을 고려하건대, 이를 공법인이라고 봄이 상당하므로 헌법소원의 청구인적격을 인정할 수 없다(헌재 2000.11.30. 99헌마190).

③ 차량등록의 대행업자, 자동차검사의 대행업자, 자동차견인의 대행업자, 생활폐기물의 수집·운반 및 처리의 대행업자 등은 단순한 집행사무를 행하는 행정의 보조인 내지 행정의 대행인에 불과하고, 스스로 의사를 결정하고 대외적으로 의사를 표시할 권한을 가지는 공무수탁사인이라고 볼 수 없다.

④ 행정절차법 제2조 제1호 나목, 행정소송법 제2조 제2항에 대한 옳은 내용이다.

> 행정절차법 제2조【정의】이 법에서 사용하는 용어의 뜻은 다음과 같다.
> 1. "행정청"이란 다음 각 목의 자를 말한다.
>   가. 행정에 관한 의사를 결정하여 표시하는 국가 또는 지방자치단체의 기관
>   나. 그 밖에 법령 또는 자치법규(이하 "법령 등"이라 한다)에 따라 행정권한을 가지고 있거나 위임 또는 위탁받은 공공단체 또는 그 기관이나 사인(私人)
>
> 행정소송법 제2조【정의】② 이 법을 적용함에 있어서 행정청에는 법령에 의하여 행정권한의 위임 또는 위탁을 받은 행정기관, 공공단체 및 그 기관 또는 사인이 포함된다.

12 Ⅶ 지방자치단체   정답 ③

정답 분석

③ 지방자치단체의 구역에 관하여 구 지방자치법은, 공유수면 관리 및 매립에 관한 법률에 따른 매립지가 속할 지방자치단체는 안전행정부장관이 결정한다고 규정하면서(구법 제4조 제3항), 관계 지방자치단체의 장은 그 결정에 이의가 있으면 결과를 통보받은 날로부터 15일 이내에 대법원에 소송을 제기할 수 있다고 규정하고 있다(구법 제4조 제8항). 따라서 매립지가 속할 지방자치단체를 정하는 결정에 대하여 대법원에 소송을 제기할 수 있는 주체는 관계 지방자치단체의 장일 뿐 지방자치단체가 아니다(대판 2013.11.14. 2010추73).

선지 분석

① 지방자치법 제3조 제1항에 대한 옳은 내용이다.

> 제3조【지방자치단체의 법인격과 관할】① 지방자치단체는 법인으로 한다.

② 지방자치법 제5조 제3항 제1호에 대한 옳은 내용이다.

> 제5조【지방자치단체의 명칭과 구역】③ 다음 각 호의 어느 하나에 해당할 때에는 관계 지방의회의 의견을 들어야 한다. 다만, 주민투표법 제8조에 따라 주민투표를 한 경우에는 그러하지 아니하다.
> 1. 지방자치단체를 폐지하거나 설치하거나 나누거나 합칠 때

④ 국가사무가 지방자치단체의 장에게 위임된 기관위임사무는 원칙적으로 자치조례의 제정범위에 속하지 않는다 할 것이고, 다만 기관위임사무에 있어서도 그에 관한 개별법령에서 일정한 사항을 조례로 정하도록 위임하고 있는 경우에는 위임받은 사항에 관하여 개별법령의 취지에 부합하는 범위 내에서 이른바 위임조례를 정할 수 있다(대판 2000.5.30. 99추85).

ㄹ. 이미 공개된 개인정보를 정보주체의 동의가 있었다고 객관적으로 인정되는 범위 내에서 수집·이용·제공 등 처리를 할 때는 정보주체의 별도의 동의는 불필요하다고 보아야 한다(대판 2016.8.17. 2014다235080).

07 I 신뢰보호원칙 정답 ②

정답 분석

② 시의 도시계획과장과 도시계획국장이 도시계획사업의 준공과 동시에 사업부지에 편입한 토지에 대한 완충녹지 지정을 해제함과 아울러 당초의 토지소유자들에게 환매하겠다는 약속을 했음에도, 이를 믿고 토지를 협의매각한 토지소유자의 완충녹지지정해제신청을 거부한 것은, 행정상 신뢰보호의 원칙을 위반하거나 재량권을 일탈·남용한 위법한 처분이다(대판 2008.10.9. 2008두6127).

선지 분석

① 헌법재판소의 위헌결정은 행정청이 개인에 대하여 신뢰의 대상이 되는 공적인 견해를 표명한 것이라고 할 수 없으므로 그 결정에 관련한 개인의 행위에 대하여는 신뢰보호원칙이 적용되지 아니한다(대판 2003.6.27. 2002두6965).

③ 병무청 담당부서의 담당공무원에게 공적 견해의 표명을 구하는 정식의 서면질의 등을 하지 아니한 채 총무과 민원팀장에 불과한 공무원이 민원봉사차원에서 상담에 응하여 안내한 것을 신뢰한 경우, 신뢰보호원칙이 적용되지 아니한다(대판 2003.12.26. 2003두1875).

④ 일반적으로 법률은 현실상황의 변화나 입법정책의 변경 등으로 언제라도 개정될 수 있는 것이다. 특히, 이 사건 법률조항은 직접적인 병력형성에 관한 영역으로서, 입법자가 급변하는 정세에 따라 탄력적으로 그 징집대상자의 범위를 결정함으로써 적정한 군사력을 유지하여야 하는 강력한 공익상 필요가 있기 때문에, 이에 관한 입법자의 입법형성권의 범위가 매우 넓다. 따라서 국민들은 이러한 영역에 관한 법률이 제반 사정에 따라 언제든지 변경될 수 있다는 것을 충분히 예측할 수 있다고 보아야 한다(헌재 2002.11.28. 2002헌바45).

이것도 알면 합격!

신뢰보호원칙의 요건
- 행정청이 개인에 대하여 신뢰의 대상이 되는 공적인 견해표명을 할 것
- 그 견해표명이 정당하다고 신뢰한 데에 대하여 그 개인에게 귀책사유가 없을 것
- 그 개인이 그 견해표명을 신뢰하고 이에 상응하는 어떠한 행위를 할 것
- 공적 견해표명과 사인의 행위에 인과관계가 있을 것
- 행정청이 그 견해표명에 반하는 처분을 함으로써 그 견해표명을 신뢰한 개인의 이익이 침해되는 결과가 초래될 것
- 그 견해표명에 따른 행정처분을 할 경우 이로 인하여 공익 또는 제3자의 정당한 이익을 현저히 해할 우려가 있는 경우가 아닐 것

08 III 정보공개법 정답 ①

정답 분석

① 의사결정과정에 제공된 회의관련 자료나 의사결정과정이 기록된 회의록 등은 의사가 결정되거나 의사가 집행된 경우에는 더 이상 의사결정과정에 있는 사항 그 자체라고는 할 수 없으나, 의사결정과정에 있는 사항에 준하는 사항으로서 비공개대상정보에 포함될 수 있다(대판 2003.8.22. 2002두12946).

선지 분석

② "모든 국민은 정보의 공개를 청구할 권리를 가진다."에서 말하는 국민에는 자연인은 물론 법인, 권리능력 없는 사단·재단도 포함되고, 법인, 권리능력 없는 사단·재단 등의 경우에는 설립 목적을 불문한다(대판 2003.12.12. 2003두8050).

③ 정보공개제도는 공공기관이 보유·관리하는 정보를 그 상태대로 공개하는 제도로서 공개를 구하는 정보를 공공기관이 보유·관리하고 있을 상당한 개연성이 있다는 점에 대하여 원칙적으로 공개청구자에게 증명책임이 있다고 할 것이지만, 공개를 구하는 정보를 공공기관이 한때 보유·관리하였으나 후에 그 정보가 담긴 문서 등이 폐기되어 존재하지 않게 된 것이라면 그 정보를 더 이상 보유·관리하고 있지 아니하다는 점에 대한 증명책임은 공공기관에게 있다(대판 2004.12.9. 2003두12707).

④ 법원 이외의 공공기관이 정보공개법 제9조 제1항 제4호에서 정한 '진행 중인 재판에 관련된 정보'에 해당한다는 사유로 정보공개를 거부하기 위하여는 반드시 그 정보가 진행 중인 재판의 소송기록 그 자체에 포함된 내용의 정보일 필요는 없으나, 재판에 관련된 일체의 정보가 그에 해당하는 것은 아니고 진행 중인 재판의 심리 또는 재판결과에 구체적으로 영향을 미칠 위험이 있는 정보에 한정된다고 할 것이다(대판 2011.11.24. 2009두19021).

09 III 행정기본법 정답 ①

정답 분석

① 행정기본법에는 행정상 입법예고에 대한 명문 규정이 없으며, 행정절차법에서 정하는 바에 따른다.

> 행정절차법 제3조 【적용 범위】 ① 처분, 신고, 확약, 위반사실 등의 공표, 행정계획, 행정상 입법예고, 행정예고 및 행정지도의 절차(이하 "행정절차"라 한다)에 관하여 다른 법률에 특별한 규정이 있는 경우를 제외하고는 이 법에서 정하는 바에 따른다.

선지 분석

② 행정기본법 제17조 제2항에 대한 옳은 내용이다.

> 제17조 【부관】 ② 행정청은 처분에 재량이 없는 경우에는 법률에 근거가 있는 경우에 부관을 붙일 수 있다.

04 Ⅱ 행정지도　　　　　정답 ④

정답 분석

④ 행정지도에 따른 행위는 상대방의 자의에 의한 행위라고 볼 수밖에 없다. 따라서 위법한 행정지도에 따른 행위가 당연무효가 되거나 위법성이 조각된다고 할 수 없다.

> **관련 판례**
> 무효인 조례 규정에 터잡은 행정지도에 따라 스스로 납세의무자로 믿고 자진신고 납부하였다 하더라도, 신고행위가 없어 부과처분에 의해 조세채무가 확정된 경우에 조세를 납부한 자와의 균형을 고려하건대, 그 신고행위의 하자가 중대하고 명백한 것이라고 단정할 수 없다(대판 1995.11.28. 95다18185).

선지 분석

① 행정절차법 제54조에 대한 옳은 내용이다.

> **제54조【비용의 부담】** 행정절차에 드는 비용은 행정청이 부담한다. 다만, 당사자 등이 자기를 위하여 스스로 지출한 비용은 그러하지 아니하다.

② 국가배상법이 정한 배상청구의 요건인 '공무원의 직무'에는 권력적 작용만이 아니라 행정지도와 같은 비권력적 작용도 포함되며 단지 행정주체가 사경제주체로서 하는 활동만 제외된다(대판 1998.7.10. 96다38971).

③ 행정지도가 강제성을 띠지 않은 비권력적 작용으로서 행정지도의 한계를 일탈하지 아니하였다면, 그로 인하여 상대방에게 어떤 손해가 발생하였다 하더라도 행정기관은 그에 대한 손해배상책임이 없다(대판 2008.9.25. 2006다18228).

05 Ⅶ 병역법　　　　　정답 ③

정답 분석

③ 병역법 제2조 제1항 제10호에 대한 옳은 내용이다.

> **제2조【정의 등】** ① 이 법에서 사용되는 용어의 뜻은 다음과 같다.
> 10. "사회복무요원"(社會服務要員)이란 다음 각 목의 기관 등의 공익목적 수행에 필요한 사회복지, 보건·의료, 교육·문화, 환경·안전 등의 사회서비스업무 및 행정업무 등의 지원을 위하여 소집되어 공익 분야에 복무하는 사람을 말한다.
> 　가. 국가기관
> 　나. 지방자치단체
> 　다. 공공단체(公共團體)
> 　라. 사회복지사업법 제2조에 따라 설치된 사회복지시설(이하 "사회복지시설"이라 한다)

선지 분석

① "상근예비역"이란 징집에 의하여 현역병으로 입영한 사람이 일정기간을 현역병으로 복무하고 예비역에 편입된 후 지역방위와 이와 관련된 업무를 지원하기 위하여 소집되어 복무하는 사람을 말한다(병역법 제2조 제8호).

② "산업기능요원"이란 산업을 육성하고 지원하기 위하여 제36조에 따라 산업기능요원으로 편입되어 해당 분야에 복무하는 사람을 말한다(병역법 제2조 제17호).

④ "대체복무요원"이란 대체역으로 편입된 사람으로서 대체역의 편입 및 복무 등에 관한 법률에 따른 대체복무기관에 소집되어 공익 분야에 복무하는 사람을 말한다(병역법 제2조 제17의2호).

06 Ⅲ 개인정보 보호법　　　　　정답 ②

정답 분석

옳은 것은 ㄱ, ㄴ, ㅁ이다.

ㄱ. 개인정보 보호법 제23조 제1항에 대한 옳은 내용이다.

> **제23조【민감정보의 처리 제한】** ① 개인정보처리자는 사상·신념, 노동조합·정당의 가입·탈퇴, 정치적 견해, 건강, 성생활 등에 관한 정보, 그 밖에 정보주체의 사생활을 현저히 침해할 우려가 있는 개인정보로서 대통령령으로 정하는 정보(이하 "민감정보"라 한다)를 처리하여서는 아니 된다. 다만, 다음 각 호의 어느 하나에 해당하는 경우에는 그러하지 아니하다.
> 1. 정보주체에게 제15조 제2항 각 호 또는 제17조 제2항 각 호의 사항을 알리고 다른 개인정보의 처리에 대한 동의와 별도로 동의를 받은 경우 (각 목 생략)
> 2. 법령에서 민감정보의 처리를 요구하거나 허용하는 경우 (각 목 생략)

ㄴ. 개인정보 보호법 제51조에 대한 옳은 내용이다.

> **제51조【단체소송의 대상 등】** 다음 각 호의 어느 하나에 해당하는 단체는 개인정보처리자가 제49조에 따른 집단분쟁조정을 거부하거나 집단분쟁조정의 결과를 수락하지 아니한 경우에는 법원에 권리침해 행위의 금지·중지를 구하는 소송(이하 "단체소송"이라 한다)을 제기할 수 있다.
> 1. 소비자기본법 제29조에 따라 공정거래위원회에 등록한 소비자단체로서 다음 각 목의 요건을 모두 갖춘 단체
> 2. 비영리민간단체 지원법 제2조에 따른 비영리민간단체로서 다음 각 목의 요건을 모두 갖춘 단체

ㅁ. 개인정보 보호법 제55조 제2항에 대한 옳은 내용이다.

> **제55조【소송허가요건 등】** ② 단체소송을 허가하거나 불허가하는 결정에 대하여는 즉시항고할 수 있다.

선지 분석

ㄷ. 개인정보 보호법은 집단분쟁조정제도에 대한 명문 규정이 있다.

> **개인정보 보호법 제49조【집단분쟁조정】** ① 국가 및 지방자치단체, 개인정보 보호단체 및 기관, 정보주체, 개인정보처리자는 정보주체의 피해 또는 권리침해가 다수의 정보주체에게 같거나 비슷한 유형으로 발생하는 경우로서 대통령령으로 정하는 사건에 대하여는 분쟁조정위원회에 일괄적인 분쟁조정(이하 "집단분쟁조정"이라 한다)을 의뢰 또는 신청할 수 있다.

제2과목 행정법

01 Ⅰ 행정법의 일반원칙 정답 ④

정답 분석

④ 청소년유해매체물로 결정·고시된 만화인 사실을 모르고 있던 도서대여업자가 그 고시일로부터 8일 후에 청소년에게 그 만화를 대여한 것을 사유로 그 도서대여업자에게 금 700만원의 과징금이 부과된 경우, 그 도서대여업자에게 청소년유해매체물인 만화를 청소년에게 대여하여서는 아니 된다는 금지의무의 해태를 탓하기는 가혹하므로 그 과징금부과처분은 재량권을 일탈·남용한 것으로서 위법하다(대판 2001.7.27, 99두9490).

선지 분석

① 병의 복무기간은 국방의무의 본질적 내용에 관한 것이어서 이는 반드시 법률로 정하여야 할 입법사항에 속한다(대판 1985.2.28, 85초13).

② LPG는 석유에 비하여 화재 및 폭발의 위험성이 훨씬 커서 주택 및 근린생활시설이 들어설 지역에 LPG충전소의 설치금지는 불가피하다 할 것이고 석유와 LPG의 위와 같은 차이를 고려하여 연구단지 내 녹지구역에 LPG충전소의 설치를 금지한 것은 위와 같은 합리적 이유에 근거한 것이므로 이 사건 시행령 규정이 평등원칙에 위배된다고 볼 수 없다(헌재 2004.7.15, 2001헌마646).

③ 공적 견해표명이 있었는지의 여부를 판단함에 있어서는, 반드시 행정조직상의 형식적인 권한분장에 구애될 것은 아니고, 담당자의 조직상의 지위와 임무, 당해 언동을 하게 된 구체적인 경위 및 그에 대한 상대방의 신뢰가능성에 비추어 실질에 의하여 판단하여야 한다(대판 2008.1.17, 2006두10931).

02 Ⅱ 행정입법 정답 ②

정답 분석

행정입법에 대한 설명으로 옳은 것은 ㄱ, ㄹ이다.

ㄱ. 법령상 대통령령으로 규정하도록 되어 있는 사항을 부령으로 정하는 경우 그 부령은 무효이다(대판 2006.6.22, 2003두1684 전합).

ㄹ. 헌법이 인정하고 있는 위임입법의 형식은 예시적인 것으로 보아야 할 것이고, 그것은 법률이 행정규칙에 위임하더라도 그 행정규칙은 위임된 사항만을 규율할 수 있으므로, 국회입법의 원칙과 상치되지도 않는다(헌재 2004.10.28, 99헌바91).

선지 분석

ㄴ. 법률이 자치적인 사항을 정관에 위임할 경우 원칙적으로 헌법상의 포괄위임입법금지원칙이 적용되지 않는다. 그러나 자치법적인 사항일지라도 국민의 권리와 의무의 형성에 관한 사항을 비롯하여 국가의 통치조직과 작용에 관한 기본적이고 본질적인 사항은 반드시 국회가 정하여야 할 것이다. 국가유공자단체의 설립에 관한 법률상 각 단체의 대의원의 정수 및 선임방법 등은 국민의 권리와 의무의 형성에 관한 사항이나 국가의 통치조직과 작용에 관한 기본적이고 본질적인 사항이라고 볼 수 없으므로, 법률유보 내지 의회유보의 원칙이 지켜져야 할 영역이라고 할 수 없다(헌재 2006.3.30, 2005헌바31).

ㄷ. 상급행정기관이 하급행정기관에 대하여 업무처리지침이나 법령의 해석적용에 관한 기준을 정하여 발하는 이른바 '행정규칙이나 내부지침'은 일반적으로 행정조직 내부에서만 효력을 가질 뿐 대외적인 구속력을 갖는 것은 아니므로 행정처분이 그에 위반하였다고 하여 그러한 사정만으로 곧바로 위법하게 되는 것은 아니다. 다만, 재량권 행사의 준칙인 행정규칙이 그 정한 바에 따라 되풀이 시행되어 행정관행이 이루어지게 되면 평등의 원칙이나 신뢰보호의 원칙에 따라 행정기관은 그 상대방에 대한 관계에서 그 규칙에 따라야 할 자기구속을 받게 되므로, 이러한 경우에는 특별한 사정이 없는 한 그를 위반하는 처분은 평등의 원칙이나 신뢰보호의 원칙에 위배되어 재량권을 일탈·남용한 위법한 처분이 된다(대판 2009.12.24, 2009두7967).

03 Ⅱ 인가 정답 ③

정답 분석

③ 행정절차법에는 인가에 대한 명문 규정이 없으며, 인가는 개별법에 따라 규정되고 있다.

선지 분석

① 민법 제45조와 제46조에서 말하는 재단법인의 정관변경 "허가"는 법률상의 표현이 허가로 되어 있기는 하나, 그 성질에 있어 법률행위의 효력을 보충해 주는 것이지 일반적 금지를 해제하는 것이 아니므로, 그 법적 성격은 인가라고 보아야 한다(대판 1996.5.16, 95누4810 전합).

② 인가는 기본행위인 재단법인의 정관변경에 대한 법률상의 효력을 완성시키는 보충행위이다(대판 1996.5.16, 95누4810). 즉, 인가는 법률행위적 행정행위에 속한다.

④ 자동차관리법상 조합 등의 설립인가처분은 시·도지사 등이 자동차관리사업자들의 단체결성행위를 보충하여 그 효력을 완성시키는 처분에 해당한다. 그리고 자동차관리법이 자동차관리사업자들로 하여금 시·도지사 등의 설립인가를 거쳐 조합 등을 설립하도록 한 취지는, 자동차관리사업자들이 공통의 이익을 추구하기 위해 단체를 구성하여 활동할 수 있는 헌법상 결사의 자유를 폭넓게 보장하는 한편, 조합 등이 수행하는 업무의 특수성을 고려하여 공익적 차원에서 최소한의 사전적 규제를 하고자 함에 있다(대판 2015.5.29, 2013두635).

🖊 이것도 알면 합격!

인가로 본 경우
- 토지거래허가
- 외국인토지취득허가
- 법인설립 인가
- 사업양도의 인가
- 지방채 기채 승인
- 공공조합정관 승인
- 사립대학설립 인가
- 수도공급규정 인가
- 공기업양도허가
- 임시이사 선임승인

오답 분석

② 화자는 원망과 질투, 불안과 같은 부정적인 감정을 솔직하게 나타내고 있다.
③ 화자는 떠나는 임에 대한 원망을 애꿎은 사공에게 돌려 표출하고 있다.
④ 화자가 사공을 원망하거나 임이 다른 여인을 만날까 봐 불안해 하는 부분을 통해 임에 대한 화자의 강렬한 애정을 확인할 수 있다.

지문 풀이

> 대동강이 넓은지 몰라서
> 배를 내어놓았느냐, 사공아.
> 네 아내가 바람난 줄도 몰라서
> 가는 배에 (임을) 태웠느냐, 사공아.
> (임은) 대동강 건너편 꽃을
> 배를 타면 꺾을 것입니다.

이것도 알면 합격!

'서경별곡(西京別曲)'
1. 주제: 이별의 정한
2. 특징
   (1) 설의적 표현을 통해 정서를 효과적으로 드러냄
   (2) 상징적 시어를 통해 이별의 상황을 드러냄
   (3) 이별을 적극적으로 거부하는 여인상이 드러남

23 비문학 세부 내용 파악 정답 ②

정답 분석

② (다)의 2~7번째 줄을 통해 엔지니어 출신의 연구자들은 과거와 현재의 기술에서 공통된 요소만 찾고, 현재와 다른 부분은 무시하는 경향이 있었음을 알 수 있다. 따라서 제시문의 내용과 일치하지 않는 것은 ②이다.

오답 분석

① (나)의 끝에서 1~3번째 줄을 통해 기술변화와 기술진보의 차이는 방향성의 유무임을 알 수 있다.
③ (라)의 2~7번째 줄을 통해 기술사학자 집단이 형성됨에 따라 기술은 과학이나 경제에 종속된 것이 아니며 독자적인 특징을 갖는다는 사실이 부각되었음을 알 수 있다.
④ (나)의 1~3번째 줄을 통해 기술혁신은 통상적으로 기술의 개발과 상업화를 포괄하는 개념으로 쓰임을 알 수 있다.

24 비문학 글의 전략 파악 정답 ④

정답 분석

④ (라)에 개념이 적용되는 특정한 상황을 제시하는 부분은 드러나지 않는다.

오답 분석

① (가)는 '기술사' 및 관련 개념의 정의를 밝히고 있다.
② (나)는 기술개발·기술혁신과 기술변화의 차이점, 기술변화와 기술진보의 차이점을 바탕으로 설명하고 있다.
③ (다)는 '필요'와 '과학'을 각각 '발명의 어머니'와 '기술의 아버지'에 빗댄 비유적인 표현을 활용하였다.

25 비문학 세부 내용 파악 정답 ③

정답 분석

③ 2문단 끝에서 3~6번째 줄을 통해 인간은 문학을 통해 자신이 경험해 보지 못한 다른 형태의 정서를 간접적으로 체험할 수 있음을 알 수 있다.

오답 분석

① 2문단 1~6번째 줄에서 아름다운 시는 그것을 향유하지 못하는 자에 대한 부끄러움을, 침통한 시는 인간을 억압하고 불행하게 만드는 것에 대한 자각을 불러일으킨다며, 이를 소위 감동이라고 설명하고 있다. 이를 통해 문학 작품은 우리에게 감동을 불러일으킴을 알 수 있다.
② 2문단 끝에서 1~3번째 줄 내용에 따라, 문학은 억압하지 않으므로 그 원초적 느낌의 단계는 감각적 쾌락을 동반하며, 이는 반성을 통해 인간을 총체적으로 파악할 수 있게 함을 알 수 있다.
④ 1문단 끝에서 1~5번째 줄 내용에 따라, 인간은 문학을 통해 부정적 힘을 인지하고, 이러한 인식은 인간으로 하여금 세계를 개조해야 한다는 당위성을 느끼게 함을 알 수 있다.

② '그 모습은 차마 못 볼러라'라는 구절을 통해, 서술자가 작품에 직접 개입하여 인물들이 처한 상황에 심적으로 동조하고 있다.
③ 제시문의 3번째 문장에서 눈물이 피가 될 정도로 슬퍼한다는 표현을 통해 과장법이 사용되었음을 알 수 있으며 이는 이별의 상황에 처한 인물의 슬픔을 드러내고 있다.

이것도 알면 합격!

작자 미상, '임경업전'

1. 주제
   : 임경업 장군의 비극적이고 영웅적인 생애와 병자호란의 패배에 대한 정신적 승리
2. 특징
   (1) 실존 인물을 주인공으로 설정하여 창작됨
   (2) 주인공의 모습이 초현실적인 민족적 영웅으로 부각됨

---

19 비문학 글의 전략 파악   정답 ③

정답 분석
③ 필자는 획일화된 우리나라의 주거 형태를 문제로 삼고 있으나, 주거 형태 획일화 문제의 발생 원인을 사회 구조의 변화에서 찾고 있는 부분은 제시문에서 확인할 수 없다. 따라서 ③은 적절하지 않은 전개 방식이다.

오답 분석
① 과거 우리나라에 다양한 주거 방식이 있었다는 내용을 설명하기 위해 경상도와 전라도, 도시와 논밭, 농사짓는 사람과 글 읽는 사람의 예시를 들어 독자의 이해를 돕고 있다.
② '성냥갑 같은 아파트'라는 비유적인 표현을 통해 아파트로 획일화된 현대의 주거 형태를 비판하고 있다.
④ 다양한 주거 형태를 지녔던 과거에서부터 슬레이트 지붕을 거쳐 아파트로 주거 형태가 획일화되어 가는 과정을 통시적인 관점에서 파악하고 있다.

  • 통시적 관점: 대상의 변천 과정 등을 시간의 흐름을 중심으로 보는 관점

---

20 비문학 글의 구조 파악 (문단 배열)   정답 ②

정답 분석
② (나) – (라) – (가) – (다)의 순서가 가장 자연스럽다.

순서	중심 내용	순서 판단의 단서와 근거
(나)	카페인의 효능과 과도한 카페인 섭취 시 초래되는 부작용	글의 화제인 '카페인'에 대해 설명하고 있으므로 글의 서두에 오는 것이 적절함
(라)	카페인의 중독성으로 인하여 나타날 수 있는 금단 현상	접속어 '게다가': (나)에서 언급한 카페인 섭취의 부작용에 이어 또 다른 부작용을 추가로 설명함
(가)	카페인의 부작용을 피할 수 있는 디카페인 커피	접속 표현 '이에 따라': (라)에서 언급한 카페인의 부작용으로 인하여 디카페인 커피 수요가 증가함을 설명함
(다)	디카페인 커피를 만드는 방법	키워드 '물': (가)에서 언급한 '물'을 사용한 카페인 제거 방법에 대해 구체적으로 설명함

---

21 어법 외래어 표기   정답 ①

정답 분석
① 컨텐츠(contents)(×) → 콘텐츠(○): 'contents[kɔntents]'에서 모음 [ɔ]는 'ㅗ'로 적으므로 'contents'는 '콘텐츠'로 표기해야 한다.

오답 분석
② 리더십(leadership): 'leadership[lidərʃip]'에서 모음 앞의 [ʃ]는 뒤따르는 모음 [i]에 따라 '시'로 적으므로 'leadership'은 '리더십'으로 표기한다.
③ 아이섀도(eye shadow): 'eye shadow[ai ʃædou]'에서 중모음 [ou]는 '오'로 적으므로 'eye shadow'는 '아이 섀도'로 표기한다.
④ 리셉션(reception): 'reception[risepʃən]'에서 모음 앞의 [ʃ]는 뒤따르는 모음 [ə]에 따라 '셔'로 적으므로 'reception'은 '리셉션'으로 표기한다.

---

22 문학 화자의 정서 및 태도   정답 ①

정답 분석
① 제시된 작품의 화자는 임이 강을 건넌 후 꽃을 꺾을 것이라는 표현을 통해 임이 다른 여인을 만나는 것에 대한 두려움을 드러내고 있다. 따라서 임의 사랑에 대한 화자의 '믿음'보다는 '불안'이 드러나고 있으므로 옳지 않은 설명은 ①이다.

14 비문학 내용 추론 정답 ②

정답 분석

② 제시문의 ⊙과 ⓒ에 들어갈 알맞은 말을 고른 것은 ②이다.
- ⊙ 2문단 2~3번째 줄에서 사람은 신과 달리 죽음을 맞이한다는 점을 설명하고 있으므로 ⊙에 들어갈 알맞은 말은 '유한한 시간성'이다.
- ⓒ 1문단의 내용은 논리적 이치에 맞지 않는 표현을 사용하여 '올바르게 사는 것'에 대한 중요성을 강조한 톨스토이의 말이다. 따라서 ⓒ에 들어갈 알맞은 말은 '역설적'이다.
  - 역설: 논리적으로는 모순되어 보이나, 그 속에 중요한 진실을 담고 있는 표현
  - 반어: 본래의 뜻과는 상반되는 말을 통해 그 의미를 강화하는 표현

15 비문학 관점과 태도 파악 정답 ③

정답 분석

③ 4문단 끝에서 1~4번째 줄에서 필자는 대학이 우리 사회의 현실과 지나간 역사, 그리고 앞으로 다가올 미래에 대해 고민할 수 있는 공간이 되어야 한다고 이야기한다. 이를 통해 필자는 ③ '대학은 사회 현실에 대해 고민하는 공간이 되어야 한다'라고 생각함을 알 수 있다.

오답 분석

① ④ 제시문에서 확인할 수 없는 내용이다.

② 1문단 1~2번째 줄에서 필자는 이 편지를 읽는 공간이 어디든 상관없다고 말하고 있다. 이는 직업의 경중에 대해 이야기하는 것이 아닌, 편지를 읽는 독자들의 다양한 상황을 존중하고자 하는 필자의 의도가 담겨 있는 것이다.

16 어법 단어 (품사의 구분) 정답 ②

정답 분석

② 이때 '다른'은 '얼굴이 다르다'와 같이 서술성을 지니고 있으며, '다르고, 다르니' 등으로 활용이 가능하므로 용언 '다르다'의 관형사형이며 품사는 형용사이다. 반면에 ①③④는 서술성이 없고 활용하지 않으며, 각각의 체언 '친구', '구두', '노력'을 수식하고 있으므로 품사는 관형사이다. 따라서 품사가 나머지 셋과 다른 것은 ②이다.

이것도 알면 합격!

'형용사의 관형사형'과 '관형사'의 차이점

형용사의 관형사형	활용하고 서술성을 지니며, 기본형이 존재함 예 • 새로운 옷 (기본형: 새롭다) • 그 사람은 우리와 <u>다른</u> 사람이다. (기본형: 다르다)
관형사	활용하지 않고 서술성이 없으며, 체언을 수식함 예 • <u>새</u> 옷을 입다. (기본형: 새) • <u>다른</u> 사람은 다 가고 나만 남았다. (기본형: 다른)

17 비문학 글의 구조 파악 (문장 배열) 정답 ②

정답 분석

② 논리적 순서에 맞게 나열한 것은 '(나) - (라) - (가) - (다)'이다.

순서	중심 내용	순서 판단의 단서와 근거
(나)	'디스토피아'의 정의	글의 중심 화제인 '디스토피아'의 정의를 제시하고 있음
(라)	'디스토피아'를 주제로 하는 작품들의 특징	(나)에서 설명한 '디스토피아'를 다루는 작품의 특징을 제시하고 있음
(가)	'디스토피아'를 다루는 작품들은 현대 사회에 내재된 위험한 경향을 가장 부정적으로 예측하여 미래 사회에 투영함	• (라)에서 제시한 특징에 대해 부연 설명함 • (라)에서 언급한 '부정적 상황'에 대한 예를 나열함
(다)	'디스토피아'를 주제로 한 작품들이 사람들에게 미치는 영향	지시 표현 '이를 통해': 앞에서 설명한 '디스토피아'를 다루는 작품의 특징으로 인한 결과를 제시하고 있음

18 문학 표현상의 특징 정답 ④

정답 분석

④ 제시된 작품에서 계절적 배경을 활용한 부분은 확인할 수 없다. 참고로, 대비와 중전의 대사 중 '하루만 못 보아도 삼추(三秋)와 같다'에서 '삼추(三秋)'는 계절적 배경이 아닌 긴 세월을 비유적으로 표현한 부분이며, 이를 통해 세자 대군에 대한 사랑과 안타까움을 보여주고 있다.

오답 분석

① 세자 대군이 볼모로 잡혀 가는 상황에서 자연물인 해와 달이 빛을 잃었다고 표현함으로써 슬픔을 고조시키고 있다.

이것도 알면 합격!

'사미인곡'과 '속미인곡'의 차이점

차이점	사미인곡	속미인곡
전개 방식	사계절에 따른 화자의 독백체	두 인물의 대화체
표현	한자 성어와 고사를 사용한 과장된 표현	순우리말을 활용한 진솔한 표현
화자의 태도	임이 자신을 몰라주어도 따르겠다는 소극적 태도	임에게 자신의 마음을 보이겠다는 적극적 태도

---

10 어법+비문학   올바른 문장 표현, 작문 (고쳐쓰기)   정답 ③

정답 분석

③ 주어부인 '우리가 쓸 수 있는 물도'와 서술부인 '부족해진 것이다'는 적절히 호응하고 있으므로, 서술부 ⓒ을 '부족한 점이다'로 고쳐야 한다는 ③의 설명은 적절하지 않다.

오답 분석

① ㉠의 앞뒤 문장은 우리의 몸과 물의 긴밀한 연관성에 대해 설명하고 있으나, ㉠은 '혈액 내 백혈구가 필수적인 이유'에 대한 내용이다. 따라서 ㉠은 내용의 흐름상 어울리지 않으므로 삭제하는 것이 적절하다.

② ⓒ의 앞에서는 물이 우리 몸에 있어 매우 중요한 자원임을 설명하고 있고, ⓒ의 뒤에서는 현대에 깨끗한 물이 부족한 실정과 깨끗한 물을 지키기 위한 노력의 필요성에 대해 설명하고 있다. 물이 우리의 신체와 건강에 중요한 자원임에도 불구하고, 현재 우리가 쓸 수 있는 깨끗한 물이 부족하다는 내용을 문맥상 자연스럽게 연결해야 하므로, '그리고'를 역접의 접속사 '그러나'로 고치는 것이 적절하다.

④ '~을 고려에 넣다'는 'take ~ into account'를 직역한 영어 번역 투 표현이므로 '~을 고려하다'로 고치는 것이 적절하다.

---

11 비문학   글의 구조 파악 (접속어의 사용)   정답 ④

정답 분석

④ ㉠과 ㉡에 들어갈 가장 적절한 접속어로 옳은 것은 ㉠ '그래서', ㉡ '하지만'이므로 답은 ④이다.

㉠: ㉠의 앞에서 애국심의 대상인 국가가 다른 어떤 사랑의 대상과는 다름을 설명하고 있으며, ㉠의 뒤에서 애국심도 다른 사랑의 감정과는 같지 않음을 밝히고 있다. 따라서 ㉠ 앞의 내용이 뒤의 내용의 조건이 되므로, ㉠에는 앞의 내용이 뒤의 내용의 원인이나 근거, 조건 따위가 될 때 쓰는 접속 부사인 '그래서'가 들어가야 한다.

㉡: ㉡의 앞에서 국가는 개인이나 집단의 사적 폭력을 용납하지 않음을 언급하며, 그러한 개인이나 집단 사이에는 치열한 경쟁이 있음을 언급하고 있다. ㉡의 뒤에서는 어떠한 경쟁도 폭력을 동반하지 않으나, 오로지 국가만이 정당하다고 간주되는 폭력을 행사함을 언급하고 있다. 따라서 ㉡의 앞뒤의 내용이 서로 상반되는 내용이므로, ㉡에는 서로 일치하지 아니하거나 상반되는 사실을 나타내는 두 문장을 이어 줄 때 쓰는 접속 부사인 '하지만'이 들어가야 한다.

---

12 비문학+어휘   내용 추론, 한자어의 표기   정답 ①

정답 분석

① ㉠, ㉡에 들어갈 알맞은 단어는 ㉠ '用途(용도)', ㉡ '內功(내공)'이다.

㉠: 채찍의 쓰임새를 모르면 말을 잘 몰지 못한다는 의미이므로 ㉠에는 '用途(용도)'가 들어가는 것이 적절하다.
- 用途(용도: 쓸 용, 길 도): 쓰이는 길. 또는 쓰이는 곳

㉡: 문맥상 견문을 넓혀 얻은 경험을 자신만의 것으로 만들어 능력을 키우라는 의미이므로 ㉡에는 '內功(내공)'이 들어가는 것이 적절하다.
- 內功(내공: 안 내, 공 공): 오랜 기간의 경험을 통해 쌓은 능력

오답 분석

㉠ 用度(용도: 쓸 용, 법도 도): 돈이나 물건 혹은 마음 등을 쓰는 형편. 또는 그런 정도나 수량

㉡ 內攻(내공: 안 내, 칠 공): 정신적 결함이나 타격이 겉으로 나타나지 않고 속으로만 퍼짐. 또는 그런 일

---

13 어휘   한자 성어   정답 ④

정답 분석

④ '경이원지(敬而遠之)'는 '언제나 스승 곁을 지켰다'는 문맥과 어울리지 않는다. 따라서 한자 성어의 쓰임이 옳지 않은 것은 ④이다.
- 경이원지(敬而遠之): 1. 공경하되 가까이하지는 않음 2. 겉으로는 공경하는 체하면서 실제로는 꺼리어 멀리함

오답 분석

① 가담항설(街談巷說): 거리나 항간에 떠도는 소문

② 조변석개(朝變夕改): '아침저녁으로 뜯어고친다'라는 뜻으로, 계획이나 결정 등을 일관성이 없이 자주 고침을 이르는 말

③ 구절양장(九折羊腸): '아홉 번 꼬부라진 양의 창자'라는 뜻으로, 꼬불꼬불하며 험한 산길을 이르는 말

06 어법 한글 맞춤법 (맞춤법에 맞는 표기) 정답 ④

정답 분석

④ 내 것이오(×) → 내 것이요(○): 종결 어미 '-오'는 문장의 끝에만 쓸 수 있으므로 연결 어미 '-요'로 고쳐 써야 한다.

오답 분석

①③ 종결형에서 사용되는 어미 '-오'는 '요'로 소리 나는 경우가 있더라도 그 원형을 밝혀 '오'로 적는다.
② '아니다'의 어간 '아니-'에 연결 어미 '-요'가 결합한 형태이다.

이것도 알면 합격!

연결 어미 '-요'와 종결 어미 '-오', 보조사 '요'의 구분

연결 어미 '-요'	'이다', '아니다'의 어간 뒤에 붙어 어떤 사물이나 사실 등을 열거할 때 쓰이는 연결 어미 예 이 아이는 조카요, 딸이 아니다.
종결 어미 '-오'	'이다', '아니다'의 어간, 받침 없는 용언의 어간, 'ㄹ' 받침인 용언의 어간 또는 어미 '-으시-' 뒤에 붙어 설명·의문·명령의 뜻을 나타내는 종결 어미 예 건강을 챙기는 것이 우선이오.
보조사 '요'	종결 어미 뒤에 붙어 청자에게 존대의 뜻을 나타내는 보조사 예 기차가 참 빨리 가지요.

07 어법 의미 (반의 관계) 정답 ③

정답 분석

③ 제시된 문장은 서로 맞선 방향을 전제로 하여 관계나 이동의 측면에서 대립을 이루는 방향 반의어에 대한 설명이다. 이러한 방향 반의어는 두 단어가 서로 상대적인 관계를 가지면서 의미상 대칭을 이룬다. ① ② ④는 모두 방향 반의어에 해당하는 사례이나 ③ '기혼(旣婚) : 미혼(未婚)'은 상호 배타적인 두 구역으로 철저히 양분하여 중간 항이 없는 관계를 나타내는 상보 반의어에 해당한다. 따라서 제시문에 해당하는 사례로 적절하지 않은 것은 ③이다.

- 기혼(旣婚): 이미 결혼함. 또는 그런 사람
- 미혼(未婚): 아직 결혼하지 않음. 또는 그런 사람

오답 분석

① • 인상(引上): 물건값, 봉급, 요금 등을 올림
  • 인하(引下): 가격 등을 낮춤
② • 출발(出發): 목적지를 향하여 나아감
  • 도착(到着): 목적한 곳에 다다름
④ • 사부(師傅): 자기를 가르쳐서 인도하는 사람
  • 제자(弟子): 스승으로부터 가르침을 받거나 받은 사람

08 어휘 한자 성어 정답 ④

정답 분석

④ 〈보기〉의 정다운 씨는 씨름 선수가 되기에 적합하지 않은 신체 조건을 지녔지만, 굳이 씨름 선수가 되겠다고 결심한 상황이다. 이와 관련된 상황을 가장 잘 표현한 한자 성어는 ④ '緣木求魚(연목구어)'이다.

- 緣木求魚(연목구어): '나무에 올라가서 물고기를 구한다'라는 뜻으로, 도저히 불가능한 일을 굳이 하려 함을 비유적으로 이르는 말

오답 분석

① 興亡盛衰(흥망성쇠): 흥하고 망함과 성하고 쇠함
② 得失相半(득실상반): 이익과 손해가 서로 엇비슷함
③ 守株待兔(수주대토): 한 가지 일에만 얽매여 발전을 모르는 어리석은 사람을 비유적으로 이르는 말

09 문학 작품의 종합적 감상 (가사) 정답 ②

정답 분석

② 제시된 작품은 정철의 '속미인곡(續美人曲)'으로, 계절에 따른 화자의 정서 변화가 드러나지 않는다. 참고로, 계절에 따른 화자의 시름과 임에 대한 연모를 드러낸 작품은 정철의 '사미인곡(思美人曲)'이다.

오답 분석

① ③ '속미인곡(續美人曲)'은 작가가 임금을 향한 자신의 충정을 두 선녀의 대화 형식을 통해 표현한 작품이다.
④ '속미인곡(續美人曲)'은 가사 문학의 백미로 꼽히는데, 특히 '슬ㅋ장(실컷)', '구즌비(궂은비)'와 같은 순우리말의 묘미를 잘 살렸다는 평가를 받는 작품이다.

지문 풀이

> 저기 가는 저 각시 본 듯도 하구나. 천상의 백옥경(궁궐)을 어찌하여 이별하고, 해 다 저문 날에 누구를 보러 가시는가?
> 어와 너로구나. 이내 사설 들어 보오. 내 얼굴 이 거동이 임이 사랑함 직한가마는, 어쩐지 날 보시고 너로다 여기심에 나도 임을 믿어 딴생각 전혀 없어 아양이며 교태며 어지럽게 하였던지, 반기시는 낯빛이 예와 어찌 다르신가? 누워 생각하고 일어나 앉아 헤아리니 내 몸의 지은 죄 산같이 쌓였으니 하늘을 원망하겠으며 사람을 탓하겠는가? 서러워 생각하니 조물주의 탓이로다.
> 그것일랑 생각 마오.
> 맺힌 일이 있습니다. 〈중 략〉 마음에 먹은 말씀 실컷 사뢰려니 눈물이 쏟아지니 말씀인들 어찌 하며 정회를 못다 풀어 목조차 메어 오니 새벽닭 소리에 잠은 어찌 깨었던가?
> 어와 허사로다. 이 임이 어디 갔나? 잠결에 일어나 앉아 창을 열고 바라보니 가엾은 그림자가 날 좇을 뿐이로다. 차라리 죽어서 지는 달이나 되어서 임 계신 창 안에 환하게 비추리라.
> 각시님 달은커녕 궂은비나 되소서.

제1과목 국어

01 어법 표준 발음법 정답 ③

정답 분석

③ 제시된 단어들의 발음으로 적절한 것은 ㉠ [박찌요], ㉡ [넙쭈카니], ㉢ [음는]이다.

㉠ 밝지요[박찌요]: 겹받침 'ㄺ'는 어말 또는 'ㄱ'을 제외한 자음 앞에서 [ㄱ]으로 발음해야 하며, 이때 어간 받침 [ㄱ] 뒤에 이어지는 어미의 첫소리 'ㅈ'은 된소리로 발음한다.

㉡ 넓죽하니[넙쭈카니]: '넓죽하다'의 '넓-'은 [넙]으로 발음해야 하며, 이때 받침 [ㅂ] 뒤에 이어지는 첫소리 'ㅈ'은 된소리로 발음한다. 또, '죽'의 받침 'ㄱ'이 이어지는 'ㅎ'과 만나 [ㅋ]으로 축약되므로 [넙쭈카니]로 발음한다.

㉢ 읊는[음는]: 겹받침 'ㄿ'은 어말 또는 자음 앞에서 [ㅂ]으로 발음해야 하며, 이때 어간 받침 [ㅂ]이 이어지는 초성 'ㄴ'의 영향을 받아 [ㅁ]으로 발음된다(비음화).

이것도 알면 합격!

겹받침의 발음

1. 겹받침(ㄳ, ㄵ, ㄼ, ㄽ, ㄾ, ㅄ)의 발음
   겹받침 'ㄳ', 'ㄵ', 'ㄼ, ㄽ, ㄾ', 'ㅄ'은 어말 또는 자음 앞에서 각각 [ㄱ, ㄴ, ㄹ, ㅂ]으로 발음함. 다만, '밟-'은 자음 앞에서 [밥]으로 발음하고, '넓-'은 '넓죽하다, 넓둥글다'의 경우에 [넙]으로 발음함
   예 · 넋[넉], 앉다[안따], 여덟[여덜], 외곬[외골], 핥다[할따], 값[갑]
   · 밟다[밥:따], 넓죽하다[넙쭈카다], 넓둥글다[넙뚱글다]

2. 겹받침(ㄺ, ㄻ, ㄿ)의 발음
   겹받침 'ㄺ, ㄻ, ㄿ'은 어말 또는 자음 앞에서 각각 [ㄱ, ㅁ, ㅂ]으로 발음함. 다만, 용언의 어간 말음 'ㄺ'은 'ㄱ' 앞에서 [ㄹ]로 발음함
   예 · 맑다[막따], 젊다[점:따], 읊다[읍따]
   · 맑게[말께], 묽고[물꼬], 얽거나[얼거나]

02 어법 한글 맞춤법 (띄어쓰기) 정답 ③

정답 분석

③ 한밤중에∨바둑∨두∨판을∨두었다(○): '한밤중'은 '깊은 밤'을 나타내는 한 단어이므로 붙여 쓴다. 이때 '판'은 수 관형사 '두' 뒤에서 승부를 겨루는 일을 세는 단위를 나타내는 의존 명사이므로 앞말과 띄어 쓴다. 참고로 '판'이 '노름판, 씨름판, 웃음판'과 같은 합성어를 이룰 때에는 앞말과 붙여 써야 한다.

오답 분석

① 나∨보다(×) → 나보다(○): 이때 '보다'는 서로 차이가 있는 것을 비교하는 경우, 비교의 대상이 되는 말에 붙어 '~에 비해서'의 뜻을 나타내는 조사이므로 앞말과 붙여 써야 한다.

② 있는∨데∨까지(×) → 있는∨데까지(○): 이때 '까지'는 '그것이 극단적인 경우임'을 나타내는 보조사이므로 앞말과 붙여 써야 한다.

④ 너야∨말로(×) → 너야말로(○): '야말로'는 강조하여 확인하는 뜻을 나타내는 보조사이며, 한 단어이므로 앞말과 붙여 써야 한다.

03 어법 단어 (형태소 분석) 정답 ③

정답 분석

③ '다가섰다'는 '다그- + -아 + 서- + -었- + -다'로 분석할 수 있으므로 형태소 개수는 5개이다. 반면 ① ② ④의 형태소 개수는 모두 4개이므로 정답은 ③이다.

오답 분석

① 잡수셨다(4개): '잡수- + -시- + -었- + -다'로 분석할 수 있다.

② 고쳐먹다(4개): '고치- + -어 + 먹- + -다'로 분석할 수 있다.

④ 파고들다(4개): '파- + -고 + 들- + -다'로 분석할 수 있다.

04 어법 한글 맞춤법 (맞춤법에 맞는 표기) 정답 ③

정답 분석

③ 쏟뜨리다(○): '쏟다'의 어간 '쏟-'에 강조의 뜻을 더하는 접미사 '-뜨리다'가 결합한 말로 한글 맞춤법에 맞는 표기이다. 참고로 '-뜨리다'와 동일한 의미의 '-트리다'도 표준어이다.

오답 분석

① 짭잘한(×) → 짭짤한(○): 한 단어 안에서 같은 음절이 겹쳐나는 부분은 같은 글자로 적으므로 '짭짤하다'가 옳은 표기이다.

② 오뚜기(×) → 오뚝이(○): '-하다'가 붙는 어근에 '-이'가 붙어서 명사가 된 것은 어근의 원형을 밝혀 적으므로 '오뚝이'가 옳은 표기이다.

④ 함박(×) → 함빡(○): 한 단어 안에서 뚜렷한 까닭 없이 나는 된소리는 다음 음절의 첫소리를 된소리로 적으므로 '함빡'이 옳은 표기이다.

05 어법 한글 맞춤법 (맞춤법에 맞는 표기) 정답 ③

정답 분석

③ 뻐꾹이(×) → 뻐꾸기(○): '뻐꾹'은 '-하다', '-거리다'가 붙을 수 없는 어근이므로 원형을 밝히지 않고 '뻐꾸기'로 적어야 한다.

오답 분석

① 더펄이(○): '더펄'은 '더펄거리다'의 어근이므로 원형을 밝혀 적는다.
· 더펄이: 1. 성미가 침착하지 못하고 덜렁대는 사람 2. 성미가 스스럼이 없고 붙임성이 있어 꽁하지 않은 사람

② 홀쭉이(○): '홀쭉'은 '홀쭉하다'의 어근이므로 원형을 밝혀 적는다.

④ 살살이(○): '살살'은 '살살거리다'의 어근이므로 원형을 밝혀 적는다.

제1회 실전모의고사

❯ 셀프 체크

권장 풀이 시간	75분(OMR 표기 시간 포함)
실제 풀이 시간	___시 ___분 ~ ___시 ___분
맞힌 답의 개수	___개 / 75개

❯ 정답

제1과목 국어

01	③	06	④	11	④	16	②	21	①
02	③	07	③	12	①	17	②	22	①
03	③	08	④	13	④	18	④	23	②
04	③	09	②	14	②	19	③	24	④
05	③	10	③	15	③	20	②	25	③

제2과목 행정법

01	④	06	②	11	②	16	①	21	④
02	②	07	②	12	③	17	④	22	①
03	③	08	①	13	②	18	④	23	③
04	④	09	①	14	②	19	①	24	③
05	③	10	④	15	③	20	③	25	①

제3과목 행정학

01	②	06	①	11	③	16	②	21	④
02	①	07	④	12	②	17	①	22	①
03	④	08	①	13	①	18	②	23	②
04	②	09	③	14	③	19	④	24	③
05	③	10	①	15	④	20	④	25	①

❯ 취약 단원 분석표

제1과목 국어

단원	맞힌 답의 개수
어법	/ 9
비문학	/ 9
문학	/ 3
어휘	/ 2
혼합	/ 2
TOTAL	/ 25

제2과목 행정법

단원	맞힌 답의 개수
Ⅰ 일반론	/ 3
Ⅱ 행정작용	/ 7
Ⅲ 행정과정	/ 4
Ⅳ 실효성 확보수단	/ 2
Ⅴ 손해전보	/ 2
Ⅵ 행정쟁송	/ 4
Ⅶ 행정법각론	/ 3
TOTAL	/ 25

제3과목 행정학

단원	맞힌 답의 개수
Ⅰ 행정학 총설	/ 6
Ⅱ 정책학	/ 2
Ⅲ 행정조직론	/ 4
Ⅳ 인사행정론	/ 3
Ⅴ 재무행정론	/ 6
Ⅵ 지식정보화 사회와 환류론	/ 1
Ⅶ 지방행정론	/ 3
TOTAL	/ 25

목차

해커스군무원 행정직 FINAL 봉투모의고사
국어 + 행정법 + 행정학

제1회 ǀ 실전모의고사	4
제1과목 국어	5
제2과목 행정법	11
제3과목 행정학	19
제2회 ǀ 실전모의고사	26
제1과목 국어	27
제2과목 행정법	35
제3과목 행정학	44
제3회 ǀ 실전모의고사	50
제1과목 국어	51
제2과목 행정법	57
제3과목 행정학	66
제4회 ǀ 실전모의고사	72
제1과목 국어	73
제2과목 행정법	79
제3과목 행정학	89
제5회 ǀ 실전모의고사	96
제1과목 국어	97
제2과목 행정법	104
제3과목 행정학	113

해커스군무원 행정직 FINAL 봉투모의고사 국어+행정법+행정학

개정 5판 1쇄 발행 2025년 4월 14일

지은이	해커스 군무원시험연구소 편저
펴낸곳	해커스패스
펴낸이	해커스군무원 출판팀
주소	서울특별시 강남구 강남대로 428 해커스군무원
고객센터	1588-4055
교재 관련 문의	gosi@hackerspass.com
	해커스군무원 사이트(army.Hackers.com) 교재 Q&A 게시판
	카카오톡 플러스 친구 [해커스공무원 노량진캠퍼스]
학원 강의 및 동영상강의	army.Hackers.com
ISBN	979-11-7244-973-5 (13350)
Serial Number	05-01-01

저작권자 ⓒ 2025, 해커스군무원

이 책의 모든 내용, 이미지, 디자인, 편집 형태는 저작권법에 의해 보호받고 있습니다.
서면에 의한 저자와 출판사의 허락 없이 내용의 일부 혹은 전부를 인용, 발췌하거나 복제, 배포할 수 없습니다.
이 책의 내용 중 일부는 국립국어원이 제공하는 '표준국어대사전', '한국어 어문 규범'을 참고하였습니다.

군무원 1위,
해커스군무원(army.Hackers.com)
해커스군무원

- 해커스군무원 학원 및 인강(교재 내 인강 할인쿠폰 수록)
- 해커스군무원 스타강사의 과목별 무료 특강
- 정확한 성적 분석으로 약점 극복이 가능한 합격예측 온라인 모의고사(교재 내 응시권 및 해설강의 수강권 수록)
- OMR 답안지(PDF)
- 필수어휘와 사자성어를 편리하게 학습할 수 있는 해커스 매일국어 어플

공무원 교육 1위,
해커스공무원(gosi.Hackers.com)
해커스공무원

- 내 점수와 석차를 확인하는 모바일 자동 채점 및 성적 분석 서비스

한경비즈니스 2024 한국품질만족도 교육(온·오프라인 군무원학원) 1위
한경비즈니스 2024 한국품질만족도 교육(온·오프라인 공무원학원) 1위

약점 보완 해설집

03 표준어

- [ ] 1 비가 올는지 (-ㄹ런지×)
- [ ] 2 애달프다 (애닯다×)
- [ ] 3 살쾡이
- [ ] 4 털어먹다
- [ ] 5 오뚝이
- [ ] 6 되레
- [ ] 7 아지랑이
- [ ] 8 여간내기, 서울내기
- [ ] 9 멋쟁이, 소금쟁이
- [ ] 10 유기장이, 미장이
- [ ] 11 숫양, 숫쥐, 숫염소
- [ ] 12 수캉아지, 수평아리
- [ ] 13 우레
- [ ] 14 치르다 (치루다×)
- [ ] 15 웬만하다
- [ ] 16 얼마큼
- [ ] 17 예스럽다
- [ ] 18 오랜만
- [ ] 19 단출하다
- [ ] 20 널따랗다
- [ ] 21 깡충깡충
- [ ] 22 장딴지
- [ ] 23 설거지
- [ ] 24 미워하려야 (-려고 하여야)
- [ ] 25 식구래야 셋뿐 (-라고 해야)
- [ ] 26 구레나룻
- [ ] 27 통틀어
- [ ] 28 사글세
- [ ] 29 으레
- [ ] 30 케케묵다
- [ ] 31 희한하다
- [ ] 32 메우다/메꾸다
- [ ] 33 넝쿨/덩굴
- [ ] 34 맨날/만날
- [ ] 35 마을/마실
- [ ] 36 삐치다/삐지다
- [ ] 37 되우/되게/된통
- [ ] 38 자장면/짜장면
- [ ] 39 이쁘다/예쁘다
- [ ] 40 푸줏간/고깃간
- [ ] 41 복사뼈/복숭아뼈
- [ ] 42 여태껏/이제껏/입때껏
- [ ] 43 겸연쩍다/계면쩍다
- [ ] 44 개발새발/괴발개발
- [ ] 45 봉선화/봉숭아
- [ ] 46 후덥지근/후텁지근
- [ ] 47 두리뭉실/두루뭉술
- [ ] 48 주책스럽다/주책맞다
- [ ] 49 까탈스럽다/까다롭다
- [ ] 50 새초롬하다/새치름하다

04 표준 발음

- [ ] 1 맑거나[말꺼나]
- [ ] 2 맑고 맑다[말꼬 막따]
- [ ] 3 맑지만[막찌만]
- [ ] 4 흙과[흑꽈]
- [ ] 5 흙만[흥만]
- [ ] 6 넓다[널따]
- [ ] 7 넓지[널찌]
- [ ] 8 넓둥글다[넙뚱글다]
- [ ] 9 넓죽하다[넙쭈카다]
- [ ] 10 떫지[떨:찌]
- [ ] 11 밟다[밥:따]
- [ ] 12 밟고[밥:꼬]
- [ ] 13 밟소[밥:쏘]
- [ ] 14 밟는다[밤:는다]
- [ ] 15 짧네요[짤레요]
- [ ] 16 핥다[할따]
- [ ] 17 훑지[훌찌]
- [ ] 18 읊고[읍꼬]
- [ ] 19 닳는[달른]
- [ ] 20 뚫네[뚤레]
- [ ] 21 여덟이[여덜비]
- [ ] 22 피읖이[피으비]
- [ ] 23 무릎이[무르피]
- [ ] 24 낱낱이[난:나치]
- [ ] 25 몫몫이[몽목씨]
- [ ] 26 끝이[끄치]
- [ ] 27 밭을[바틀]
- [ ] 28 홑옷[호돋]
- [ ] 29 웃돈[욷똔]
- [ ] 30 헛웃음[허두슴]
- [ ] 31 막일[망닐]
- [ ] 32 웬일[웬:닐]
- [ ] 33 홑이불[혼니불]
- [ ] 34 윗잇몸[윈닌몸]
- [ ] 35 한여름[한녀름]
- [ ] 36 색연필[생년필]
- [ ] 37 휘발유[휘발류]
- [ ] 38 직행열차[지캥녈차]
- [ ] 39 서울역[서울력]
- [ ] 40 송별연[송:벼련]
- [ ] 41 동원령[동:원녕]
- [ ] 42 상견례[상견네]
- [ ] 43 옷맵시[온맵씨]
- [ ] 44 공권력[공꿘녁]
- [ ] 45 등용문[등용문]
- [ ] 46 의의[의:의/의:이]
- [ ] 47 우리의[우리의/우리에]
- [ ] 48 차례[차례]
- [ ] 49 혜택[혜:택/헤:택]
- [ ] 50 불법(不法)[불법/불뻡]

입실 5분 전! 점수 끌어올리는 국어 핵심포인트

★ 잘 외워지지 않는 포인트는 박스에 체크하여 ☑ 복습하세요. 시험장에서 막판 학습 점검 시 체크한 단어만 빠르게 암기할 수 있습니다.

05 외래어

- ☐ 1 리더십
- ☐ 2 플래시
- ☐ 3 슈림프
- ☐ 4 밀크셰이크
- ☐ 5 아이섀도
- ☐ 6 옐로
- ☐ 7 윈도
- ☐ 8 보트
- ☐ 9 초콜릿
- ☐ 10 팸플릿
- ☐ 11 카페
- ☐ 12 뷔페
- ☐ 13 도넛
- ☐ 14 로봇
- ☐ 15 케이크
- ☐ 16 리모컨
- ☐ 17 콘셉트
- ☐ 18 콘센트
- ☐ 19 콘텐츠
- ☐ 20 에어컨
- ☐ 21 워크숍
- ☐ 22 커피숍
- ☐ 23 주스
- ☐ 24 비전
- ☐ 25 텔레비전
- ☐ 26 재즈
- ☐ 27 가스
- ☐ 28 파일
- ☐ 29 파이팅
- ☐ 30 카디건
- ☐ 31 점퍼
- ☐ 32 센터
- ☐ 33 재킷
- ☐ 34 마니아
- ☐ 35 앙코르
- ☐ 36 배지
- ☐ 37 바비큐
- ☐ 38 리포트
- ☐ 39 플래카드
- ☐ 40 프레젠테이션
- ☐ 41 깁스
- ☐ 42 비즈니스
- ☐ 43 지그재그
- ☐ 44 애드리브
- ☐ 45 타깃
- ☐ 46 알코올
- ☐ 47 메시지
- ☐ 48 마사지
- ☐ 49 심포지엄
- ☐ 50 슈퍼마켓

06 로마자 표기

- ☐ 1 속리산 Songnisan
- ☐ 2 한라산 Hallasan
- ☐ 3 설악 Seorak
- ☐ 4 금강 Geumgang
- ☐ 5 낙동강 Nakdonggang
- ☐ 6 경복궁 Gyeongbokgung
- ☐ 7 오죽헌 Ojukheon
- ☐ 8 광희문 Gwanghuimun
- ☐ 9 독립문 Dongnimmun
- ☐ 10 불국사 Bulguksa
- ☐ 11 극락전 Geungnakjeon
- ☐ 12 집현전 Jiphyeonjeon
- ☐ 13 청량리 Cheongnyangni
- ☐ 14 여의도 Yeouido
- ☐ 15 대관령 Daegwallyeong
- ☐ 16 정릉 Jeongneung
- ☐ 17 별내 Byeollae
- ☐ 18 알약 allyak
- ☐ 19 선릉 Seolleung
- ☐ 20 설날 seollal
- ☐ 21 촉석루 Chokseongnu
- ☐ 22 신라 Silla
- ☐ 23 울릉 Ulleung
- ☐ 24 밀양 Miryang
- ☐ 25 구리 Guri
- ☐ 26 같이 gachi
- ☐ 27 좋고 joko
- ☐ 28 해돋이 haedoji
- ☐ 29 샛별 saetbyeol
- ☐ 30 벚꽃 beotkkot
- ☐ 31 인왕리 Inwang-ri
- ☐ 32 왕십리 Wangsimni
- ☐ 33 독도 Dokdo
- ☐ 34 종로 Jongno
- ☐ 35 신문로 Sinmunno
- ☐ 36 (행정 구역) 시 -si
- ☐ 37 (행정 구역) 군 -gun
- ☐ 38 (행정 구역) 읍 -eup
- ☐ 39 (행정 구역) 면 -myeon
- ☐ 40 (행정 구역) 리 -ri
- ☐ 41 백마 Baengma
- ☐ 42 학여울 Hangnyeoul
- ☐ 43 팔당 Paldang
- ☐ 44 합덕 Hapdeok
- ☐ 45 압구정 Apgujeong
- ☐ 46 묵호 Mukho
- ☐ 47 월곶 Wolgot
- ☐ 48 울산 Ulsan
- ☐ 49 김치 kimchi, gimchi
- ☐ 50 하회탈 Hahoetal

해커스군무원

엄선하였습니다.

☐ 22 신분에 의하여 성립하는 질서위반행위에 신분이 없는 자가 가담한 때에는 신분이 없는 자에 대하여도 질서위반행위가 성립한다.

☐ 23 토지수용으로 인한 보상액을 산정함에 있어서 당해 공공사업과 관계없는 다른 사업의 시행으로 인한 개발이익은 이를 배제하지 아니한 가격으로 평가하여야 한다.

☐ 24 주한 미군에 근무하면서 특수업무를 수행하는 한국인 군무원에 대한 주한 미군측의 고용해제 통보 후 국방부장관이 행한 직권면직의 인사발령은 관념의 통지에 불과하여 항고소송의 대상이 되지 아니한다.

☐ 25 노선 인정 기타 공용개시가 없었다면 사실상 군민의 통행에 제공되고 있던 도로 옆의 암벽으로부터 떨어진 낙석에 맞아 보행자가 사망하는 사고가 발생하였다고 하여도 당해 도로는 국가배상법 제5조상의 영조물에 해당하지 아니한다.

☐ 26 민법상 비진의 의사표시의 무효에 관한 규정은 그 성질상 영업재개신고와 같은 사인의 공법행위에는 적용될 수 없다.

☐ 27 추상적인 법령에 관하여 제정의 여부 등은 그 자체로서 국민의 구체적인 권리의무에 변동을 초래하는 것이 아니어서 행정소송의 대상이 될 수 없다.

☐ 28 행정재산은 민법상 점유로 인한 부동산소유권의 취득기간 규정에 따른 시효취득의 대상이 되지 아니한다.

☐ 29 행정기관은 행정지도의 상대방이 행정지도에 따르지 아니한 경우에 불이익한 조치를 하여서는 아니 된다.

☐ 30 공무원이 임용 당시 공무원 임용결격사유를 국가의 과실로 밝혀내지 못한 것일지라도, 그 공무원은 사실상 근무에 대하여 공무원연금법령에서 정한 퇴직급여를 청구할 수는 없다.

☐ 31 법령 등을 공포한 날부터 일정 기간이 경과한 날부터 시행하는 경우 법령 등을 공포한 날을 첫날에 산입하지 아니한다.

☐ 32 법령 등 또는 처분에서 국민의 권익을 제한하거나 의무를 부과하는 경우 권익이 제한되거나 의무가 지속되는 기간의 계산에 있어서 기간을 일, 주, 월 또는 연으로 정한 경우에는 원칙적으로 기간의 첫날을 산입한다.

☐ 33 심판청구에 대한 재결이 있는 경우 그 재결 및 동일한 처분 또는 부작위에 대하여 다시 행정심판을 청구할 수 없다.

☐ 34 공법상 계약의 해지의사표시를 하기 위하여 행정절차법에 따라 근거와 이유를 제시하여야 하는 것은 아니다.

☐ 35 공개청구의 대상이 되는 정보가 인터넷에 공개되어 인터넷 검색 등을 통하여 쉽게 알 수 있다는 사정만으로는 소의 이익이 없다거나 비공개 결정이 정당화 될 수 없다.

☐ 36 구 군인복무규율상 고충심사는 군인의 재판청구권 행사에 앞서 반드시 거쳐야 하는 군내 사전절차로서의 의미를 가지지 아니한다.

☐ 37 공개 청구한 정보가 비공개 대상에 해당하는 부분과 공개 가능한 부분이 혼합되어 있는 경우에는 비공개 대상에 해당하는 부분을 제외하고 공개하여야 한다.

☐ 38 법령 등을 위반한 행위의 성립과 이에 대한 제재처분은 법령 등에 특별한 규정이 있는 경우를 제외하고는 법령 등을 위반한 행위 당시의 법령 등에 따른다.

☐ 39 병무청장의 요청에 따라 법무부장관이 가수 甲의 입국을 금지하는 결정을 하고, 그 정보를 내부전산망인 '출입국관리정보시스템'에 입력하였으나 甲에게는 통보하지 않은 경우, 이와 같은 입국금지결정은 항고소송의 대상이 되는 처분에 해당하지 않는다.

☐ 40 도시계획법상 도시기본계획은 일반 국민에 대한 직접적인 구속력이 없다.

☐ 41 행정심판의 심리기일의 지정은 위원회가 직권으로 하고, 심리기일의 변경은 직권 또는 당사자의 신청에 의하여 한다.

☐ 42 집행정지의 결정에 대하여는 즉시항고할 수 있으며, 이 경우 집행정지의 결정에 대한 즉시항고에는 결정의 집행을 정지하는 효력이 없다.

☐ 43 집행정지결정을 한 후에 본안소송이 취하되면 그 집행정지결정의 효력은 당연히 소멸되는 것이고, 별도의 취소조치를 필요로 하는 것은 아니다.

☐ 44 일반적으로 기속행위에는 부관을 붙일 수 없고, 가사 부관을 붙였다 하더라도 이는 무효의 것이다.

☐ 45 행정권한의 위임은 법률이 위임을 허용하고 있는 경우에 한하여 인정된다.

입실 5분 전! 점수 끌어올리는 행정학 핵심지문

★ 헷갈리는 핵심지문은 박스에 체크하여 ☑복습하세요. 시험장에서 막판 학습 점검 시 체크한 지문만 빠르게 복습할 수 있습니다.
★ [해커스군무원 행정직 FINAL 봉투모의고사(국어+행정법+행정학)]에 수록된 문제의 지문들 중 다시 한번 짚고 넘어가야 할 핵심지문

☐ 1 발생주의는 회계담당자의 주관적 판단이 개입될 수 있다.

☐ 2 롤스(Rawls)의 정의론은 차등조정의 원리보다 기회균등의 원리를 우선한다.

☐ 3 정책대안이 실제로 효과가 없는데도 효과가 있다고 잘못 평가하여 잘못된 대안을 채택하는 정책분석 오류는 제1종 오류이다.

☐ 4 브룸(Vroom)의 기대이론에서 유인가는 개인이 원하는 특정한 보상에 대한 선호의 강도를 의미한다.

☐ 5 무의사결정은 엘리트의 이익과 가치에 대한 도전을 억누르고 사멸시켜 버리는 결정으로, 정책의 전 과정에서 나타날 수 있다.

☐ 6 피들러(Fiedler)의 상황적합성이론에 따르면, 상황변수에 따라 리더의 상황적 유리성이 결정되고, 이러한 상황적 유리성에 따라 리더십의 유형이 달라진다고 보았다.

☐ 7 계획예산제도(PPBS)는 장기적 시계하에서 목표나 사업의 대안, 비용과 효과 등을 고려하고, 예산운영의 합리성 증진에 기여한다.

☐ 8 예산의 원칙 중 통일성의 원칙은 특정한 수입과 특정한 지출이 연계되어서는 안 된다는 내용이다.

☐ 9 주민자치는 권한배분방식이 개별적 지정주의인 반면, 단체자치는 포괄적 위임주의이다.

☐ 10 다중합리성모형은 예산결정과정의 복잡성을 인정하고, 예산결정에 나타난 참여자들의 행태를 설명하고자 한다.

☐ 11 지방자치단체의 일반회계예산에서 자주재원이 차지하는 비율은 재정자립도이다.

☐ 12 피터스(Peters)의 정부개혁모형 중 탈내부규제 정부모형은 관료들에게 권한위임과 재량권 부여를 강조하여 조직구성원들이 새롭고 창의적인 활동을 할 수 있도록 한다.

☐ 13 신공공관리론과 뉴거버넌스 모두 정부실패의 극복을 위해 대두된 이론이다.

☐ 14 조직 내의 인간보다 조직 그 자체를 강조하고, 환경과 바람직한 관계를 유지하기 위해 조직구조의 유연성을 강조하는 효과성 평가모형은 개방체제모형이다.

☐ 15 민츠버그(Mintzberg)가 분류한 조직유형 중 복잡하고 급격히 변동하는 환경하에서 표준화를 거부하는 분권화된 유기적 구조를 가지는 조직유형은 애드호크라시(Adhocracy)이다.

☐ 16 피터(Peter)의 법칙은 관료제의 규모가 커지면 승진의 기회가 확대되고 무능한 사람들이 높은 자리를 차지하게 되어 조직의 능률이 저하되는 점을 설명하는 이론이다.

☐ 17 정책목표의 변동유형 중 목표가 달성되었거나 혹은 달성될 수 없을 경우 조직이 새로운 목표를 재설정하는 유형은 목표의 승계이다.

☐ 18 하위정부모형은 정부관료와 의회의 상임위원회, 이익집단이 이해관계를 공유하며 정책과정에 영향을 미치는 모형이다.

☐ 19 하우스와 에반스(House & Evans)의 경로-목표이론 중 부하가 비구조화된 과업을 수행 시 도전적인 목표를 설정해주고 목표달성을 추구하는 데 자신감을 갖게 하는 리더십유형은 성취지향적 리더십이다.

☐ 20 블라우(Blau)와 스콧(Scott)의 조직유형 중 호혜적 조직은 구성원들의 만족을 위한 조직으로, 정당이나 노동조합 등이 속하는 유형이다.

☐ 21 예산의 신축성 유지방안 중 수년에 걸쳐 완공을 요하는 공사나 제조 및 연구개발사업에 대해서 경비의 총액과 연부액을 정하여 국회의 의결로써 수년에 걸쳐서 집행할 수 있는 제도는 계속비이다.

☐ 22 정책평가의 타당성을 저해하는 변수 중 두 변수 간에 전혀 관계가 없는데도 상관관계가 있는 것처럼 나타나도록 두 변수에 모두 영향을 미치는 변수는 허위변수이다.

☐ 23 파견근무는 일시적이고 임시적인 부서나 기관 간 이동근무이며, 소속기관을 유지한 채 근무한다.

☐ 24 로위(Lowi)의 정책유형 중 집단 간의 갈등이나 대립이 미미해 갈라먹기식 정치(pork-barrel politics)나 서로 후원 및 상부상조(log-rolling)의 행태가 나타나는 유형은 분배정책이다.

해커스군무원

- ☐ 25 정보화의 역기능 중 인포데믹스란 추측이나 뜬소문이 덧붙여진 부정확한 정보가 빠르게 전파되어 개인과 사회에 치명적인 영향을 의미한다.
- ☐ 26 리플리와 프랭클린(Ripley & Franklin)이 분류한 정책유형 중 보호적 규제정책은 개인이나 집단의 권리행사나 행동의 자유를 통제하여 일반대중을 보호하려는 정책이다.
- ☐ 27 페로우(Perrow)의 기술유형론 중 과업의 다양성이 높으며, 문제의 분석 가능성이 낮은 기술유형은 비일상적 기술이다.
- ☐ 28 정책의제설정모형 중 내부접근형은 선진국의 무기구입계약, 개발도상국의 경제개발과정 등에서 나타난다.
- ☐ 29 예산분류의 방법 중 품목별 분류는 지출대상별로 예산액의 한계를 명확히 배정하는 통제 중심의 분류이다.
- ☐ 30 디징(Diesing)이 가장 강조한 합리성으로, 정책결정구조 및 과정의 합리성과 관련된 것은 정치적 합리성이다.
- ☐ 31 공유재는 비배제성과 경합성의 성격을 지니기 때문에 과다사용과 자원손실의 문제가 발생한다.
- ☐ 32 조직의 수평적 조정기제 중 가장 강력한 수평연결장치로, 관련부서 간의 장기적이고 강력한 협력을 요할 때 적합한 장치는 사업팀(Project Team)이다.
- ☐ 33 우리나라의 분쟁조정제도 중 행정안전부 소속으로, 시·도 간 또는 그 장 간의 분쟁을 심의·의결하는 곳은 중앙분쟁조정위원회이다.
- ☐ 34 근무성적평정상의 오류 중 어떤 평정요소에 대한 평정자의 인상이 다른 평정요소에 영향을 미치거나 피평정자의 전반적인 인상이 평정에 영향을 미치는 현상는 연쇄효과이다.
- ☐ 35 타당도의 종류 중 특정 상황에서의 정책평가가 일반적인 상황에도 적용될 수 있는 정도를 뜻하는 것은 외적 타당도이다.
- ☐ 36 각 계층에 포함된 하위목표 또는 평가기준으로 표현되는 구성요소들을 둘씩 짝을 지어, 바로 상위의 목표 또는 평가기준에 비추어 평가하는 쌍쌍비교를 시행하는 정책분석의 비교방법은 계층화분석법(AHP)이다.
- ☐ 37 과학적 관리론은 정치행정이원론의 성립에 기여하였다.
- ☐ 38 페리와 와이스(Perry & Wise)의 공공봉사동기이론은 민간부문과 공공부문의 동기 연구를 달리 해야 하며, 공무원은 사회에 대한 관심과 공익을 위한 이타적인 동기를 지닌다고 전제한다.
- ☐ 39 나카무라(Nakamura)와 스몰우드(Smallwood)가 분류한 정책결정자와 정책집행자와의 관계 중 정책집행자의 재량이 가장 큰 유형은 관료적 기업가형이다.
- ☐ 40 우리나라의 옴부즈만인 국민권익위원회는 공무원의 위법행위뿐만 아니라 부당하거나 소극적인 처분, 비능률, 태만 등 다양한 행위에 대해서 고발할 수 있다.
- ☐ 41 등급은 직무의 종류는 다르지만 직무의 곤란성·책임도와 자격요건이 유사하여 동일한 보수를 줄 수 있는 모든 직위이다.
- ☐ 42 자본예산제도(CBS)는 반복적이고 단기적인 경상계정과 비반복적이고 장기적인 자본계정으로 구분하는 복식예산제도이다.
- ☐ 43 특별지방행정기관은 기능의 중복으로 인해 책임이 분산되고 인력과 예산이 낭비되는 등 행정의 비능률을 초래할 수 있다.
- ☐ 44 핵크만과 올드햄(Hackman & Oldham)의 직무특성이론에 따르면 직무수행자의 성장욕구수준이 낮은 경우, 정형화되고 단순한 직무를 제공하면 직무 자체에 대한 내재적 동기가 유발될 수 있다고 본다.
- ☐ 45 한국방송공사(KBS)와 한국교육방송공사(EBS)는 공공기관으로 지정되어 있지 않다.
- ☐ 46 지방재정진단제도는 지방재정운영의 사후적 평가를 통해 재정운영의 책임성과 효율성을 도모하기 위한 제도이다.
- ☐ 47 탈신공공관리론은 신공공관리론을 완전히 대체하는 것이 아닌 조정하는 것으로 본다.
- ☐ 48 조직구조의 원리 중 계층제의 원리에 따라 계층제 내에서 권력은 계층에 따라 차등적으로 배분되고, 계층 간에는 엄격한 상명하복 관계가 형성된다.
- ☐ 49 영기준예산제도(ZBB)는 경제적 합리성을 제도화하여 점증주의를 극복하기 위한 예산제도라 할 수 있다.

입실 5분 전! 점수 끌어올리는 행정법 핵심지문

★ 헷갈리는 핵심지문은 박스에 체크하여 ☑ 복습하세요. 시험장에서 막판 학습 점검 시 체크한 지문만 빠르게 복습할 수 있습니다.
★ [해커스군무원 행정직 FINAL 봉투모의고사(국어+행정법+행정학)]에 수록된 문제의 지문들 중 다시 한번 짚고 넘어가야 할 핵심지문들

☐ 1 법률이 공법적 단체 등의 정관에 자치법적인 사항을 위임한 경우, 포괄적 위임입법 금지가 원칙적으로 적용되지 않는다.

☐ 2 사인의 행위가 행정지도에 따라 행해진 경우 그 행정지도가 위법하다고 할지라도 원칙적으로 그 사인의 행위가 당연무효가 되거나 위법성이 조각된다고 볼 수 없다.

☐ 3 이미 공개된 개인정보를 정보주체의 동의가 있었다고 객관적으로 인정되는 범위 내에서 수집·이용·제공 등 처리를 할 때는 정보주체의 별도의 동의는 불필요하다고 보아야 한다.

☐ 4 위헌결정 이전에 이미 부담금 부과처분과 압류처분 및 이에 기한 압류등기가 이루어지고 각 처분이 확정되었다고 하여도, 위헌결정 이후에는 별도의 행정처분인 매각처분, 분배처분 등 후속 체납처분절차를 진행할 수 없다.

☐ 5 매립지가 속할 지방자치단체를 정하는 결정에 대하여 대법원에 소송을 제기할 수 있는 주체는 지방자치단체의 장이다.

☐ 6 청문 주재자는 직권으로 필요한 조사를 할 수 있으며, 당사자 등이 주장하지 않은 사실에 대하여도 조사할 수 있다.

☐ 7 통고처분은 그 자체로 상대방에게 통고이행을 이행할 권리의무를 형성하지 않으므로 통고처분에 대하여 이의가 있을 때는 통고처분취소소송으로 다툴 수 없다.

☐ 8 현행 건축법상 위법건축물에 대한 이행강제수단으로 대집행과 이행강제금이 인정되고 있는데, 행정청은 개별사건에 있어서 위반내용, 위반자의 시정의지 등을 감안하여 대집행과 이행강제금을 선택적으로 활용할 수 있다.

☐ 9 행정심판청구는 처분의 효력이나 그 집행 또는 절차의 속행에 영향을 주지 아니한다.

☐ 10 각 군 참모총장이 군인 명예전역수당 지급대상자 결정절차에서 국방부장관에게 수당지급대상자를 추천하는 행위는 항고소송의 대상이 되는 처분이 아니다.

☐ 11 행정청이 정한 세부적인 업무처리절차나 법령의 해석·적용 기준을 정한 행정규칙의 내용이 상위법령이나 법의 일반원칙에 반하는 것이라면 그것은 당연무효에 해당하는 것이고, 행정내부적 효력도 인정될 수 없다.

☐ 12 행정심판법상 재결은 피청구인 또는 위원회가 심판청구서를 받은 날부터 60일 이내에 하여야 한다. 다만, 부득이한 사정이 있는 경우에는 위원장이 직권으로 30일을 연장할 수 있다. 위원장이 이에 따라 재결 기간을 연장할 경우에는 재결 기간이 끝나기 7일 전까지 당사자에게 알려야 한다.

☐ 13 국가배상법에서 정한 '공무원의 직무행위'의 범위에는 권력적 작용뿐만 아니라 비권력적 작용도 포함되며, 단지 행정주체가 사경제주체로서 하는 활동만 제외된다.

☐ 14 부작위위법확인소송은 원칙적으로 제소기간의 제한을 받지 않으나, 행정심판 등의 전심절차를 거친 경우에는 행정소송법 제20조가 정한 제소기간 내에 제소하여야 한다.

☐ 15 어느 행정행위가 기속행위인지 재량행위인지 나아가 재량행위라고 할지라도 기속재량행위인지 또는 자유재량에 속하는 것인지의 여부는 일률적으로 규정지을 수 없는 것이고, 개별적으로 판단하여야 한다.

☐ 16 군인사법상 육군3사관학교를 졸업한 사람과 병역법에 따른 학생군사교육단 사관후보생과정 출신 장교는 원칙적으로 단기복무 장교로 규정하고 있다.

☐ 17 당사자가 신청하는 허가 등을 거부하는 처분을 하면서 당사자가 그 근거를 알 수 있을 정도로 이유를 제시한 경우에는 처분의 근거와 이유를 구체적으로 명시하지 않았더라도 그 처분이 위법하다고 볼 수는 없다.

☐ 18 지방자치법 제13조에서 정한 지방자치단체의 사무 범위는 예시적 규정에 해당한다.

☐ 19 행정청은 사회복지법인의 정관변경을 허가하면서 특별한 사정이 없는 한 일정한 한도 내에서 부관을 붙일 수 있다.

☐ 20 친일반민족행위자 재산의 국가귀속에 관한 특별법에 따른 친일반민족행위자재산조사위원회의 친일재산에 대한 국가귀속결정은 사실을 확인하는 이른바 준법률행위적 행정행위의 성격을 가진다.

☐ 21 대법원은 재량준칙이 정한 바에 따라 되풀이 시행되어 행정관행이 성립되었다면, 특별한 사정이 없는 한 그에 반하는 처분은 재량권을 일탈·남용한 위법한 처분이 된다고 보았다.

07 한자 성어 ①

- [ ] 1 **牽强附會 견강부회**
  이치에 맞지 않는 말을 억지로 끌어 붙여 자기에게 유리하게 함

- [ ] 2 **附和雷同 부화뇌동**
  줏대 없이 남의 의견에 따라 움직임

- [ ] 3 **指鹿爲馬 지록위마**
  ① 윗사람을 농락하여 권세를 마음대로 함을 이르는 말
  ② 모순된 것을 끝까지 우겨서 남을 속이려는 짓을 비유적으로 이르는 말

- [ ] 4 **隔靴搔癢 격화소양**
  '신을 신고 발바닥을 긁는다'라는 뜻으로, 성에 차지 않거나 철저하지 못한 안타까움을 이르는 말

- [ ] 5 **螳螂拒轍 당랑거철**
  제 역량을 생각하지 않고, 강한 상대나 되지 않을 일에 덤벼드는 무모한 행동거지를 비유적으로 이르는 말

- [ ] 6 **麥秀之歎(嘆) 맥수지탄**
  고국의 멸망을 한탄함을 이르는 말

- [ ] 7 **面從腹背 면종복배**
  겉으로는 복종하는 체하면서 내심으로는 배반함

- [ ] 8 **以心傳心 이심전심**
  마음과 마음으로 서로 뜻이 통함

- [ ] 9 **巧言令色 교언영색**
  아첨하는 말과 알랑거리는 태도

- [ ] 10 **不恥下問 불치하문**
  손아랫사람이나 지위나 학식이 자기만 못한 사람에게 모르는 것을 묻는 일을 부끄러워하지 않음

- [ ] 11 **緣木求魚 연목구어**
  '나무에 올라가서 물고기를 구한다'라는 뜻으로, 도저히 불가능한 일을 굳이 하려 함을 비유적으로 이르는 말

- [ ] 12 **切齒腐心 절치부심**
  몹시 분하여 이를 갈며 속을 썩임

- [ ] 13 **曲學阿世 곡학아세**
  바른길에서 벗어난 학문으로 세상 사람에게 아첨함

08 한자 성어 ②

- [ ] 14 **刮目相對 괄목상대**
  '눈을 비비고 상대편을 본다'라는 뜻으로, 남의 학식이나 재주가 놀랄 만큼 부쩍 늚을 이르는 말

- [ ] 15 **口蜜腹劍 구밀복검**
  '입에는 꿀이 있고 배 속에는 칼이 있다'라는 뜻으로, 말로는 친한 듯하나 속으로는 해칠 생각이 있음을 이르는 말

- [ ] 16 **同病相憐 동병상련**
  '같은 병을 앓는 사람끼리 서로 가엾게 여긴다'라는 뜻으로, 어려운 처지에 있는 사람끼리 서로 가엾게 여김을 이르는 말

- [ ] 17 **晚時之歎(嘆) 만시지탄**
  시기에 늦어 기회를 놓쳤음을 안타까워하는 탄식

- [ ] 18 **亡羊補牢 망양보뢰**
  '양을 잃고 우리를 고친다'라는 뜻으로, 이미 어떤 일을 실패한 뒤에 뉘우쳐도 아무 소용이 없음을 이르는 말

- [ ] 19 **傍若無人 방약무인**
  곁에 사람이 없는 것처럼 아무 거리낌 없이 함부로 말하고 행동하는 태도가 있음

- [ ] 20 **髀肉之歎(嘆) 비육지탄**
  재능을 발휘할 때를 얻지 못하여 헛되이 세월만 보내는 것을 한탄함을 이르는 말

- [ ] 21 **臥薪嘗膽 와신상담**
  '불편한 섶에 몸을 눕히고 쓸개를 맛본다'라는 뜻으로, 원수를 갚거나 마음먹은 일을 이루기 위하여 온갖 어려움과 괴로움을 참고 견딤을 비유적으로 이르는 말

- [ ] 22 **類類相從 유유상종**
  같은 무리끼리 서로 사귐

- [ ] 23 **賊反荷杖 적반하장**
  '도둑이 도리어 매를 든다'라는 뜻으로, 잘못한 사람이 아무 잘못도 없는 사람을 나무람을 이르는 말

- [ ] 24 **切磋琢磨 절차탁마**
  '옥이나 돌 등을 갈고 닦아 빛을 낸다'라는 뜻으로, 부지런히 학문과 덕행을 닦음을 이르는 말

- [ ] 25 **狐假虎威 호가호위**
  남의 권세를 빌려 위세를 부림

입실 5분 전! 점수 끌어올리는 국어 핵심포인트

★ 잘 외워지지 않는 포인트는 박스에 체크하여 ☑ 복습하세요. 시험장에서 막판 학습 점검 시 체크한 단어만 빠르게 암기할 수 있습니다.

01 맞춤법

- ☐ 1 문을 잠가
- ☐ 2 장을 담가
- ☐ 3 값을 치러
- ☐ 4 마음을 졸이다
- ☐ 5 생선을 조리다

- ☐ 6 과녁에 맞히다
- ☐ 7 정답을 맞히다
- ☐ 8 정답과 맞추다
- ☐ 9 밤을 새우다
- ☐ 10 날이 새다

- ☐ 11 일함으로써
- ☐ 12 학생으로서
- ☐ 13 쌀로써 만든다
- ☐ 14 밥을 안치다
- ☐ 15 의자에 앉히다

- ☐ 16 아래층, 아래쪽
- ☐ 17 아랫집, 아랫마을
- ☐ 18 윗도리, 윗입술
- ☐ 19 위층, 위쪽
- ☐ 20 웃돈, 웃옷, 웃어른

- ☐ 21 뒤편, 뒤풀이
- ☐ 22 뒷일, 뒷머리
- ☐ 23 자주 봬요
- ☐ 24 생각건대, 짐작건대
- ☐ 25 익숙지, 거북지, 생각지

- ☐ 26 적잖다, 그렇잖다
- ☐ 27 만만찮다, 변변찮다
- ☐ 28 정결타, 다정타, 흔타
- ☐ 29 머리말, 인사말
- ☐ 30 예삿일, 두렛일

- ☐ 31 전세방(傳貰房)
- ☐ 32 전셋집(傳貰-)
- ☐ 33 등굣길(登校-)
- ☐ 34 초점(焦點)
- ☐ 35 개수(個數)

- ☐ 36 대가(代價)
- ☐ 37 횟수(回數)
- ☐ 38 더욱이, 곰곰이
- ☐ 39 솔직히, 가만히
- ☐ 40 합격률, 취업률, 성공률

- ☐ 41 백분율, 출산율, 흡연율
- ☐ 42 실낙원, 공염불
- ☐ 43 신년도, 구년도
- ☐ 44 며칠
- ☐ 45 서슴지 않다

- ☐ 46 내로라하다
- ☐ 47 편지를 부치다
- ☐ 48 우표를 붙이다
- ☐ 49 하노라고 했는데
- ☐ 50 웃음을 참느라고

02 띄어쓰기

- ☐ 1 떠난 지 오래다 (의존 명사)
- ☐ 2 않을는지 (어미)
- ☐ 3 있을지라도 (어미)
- ☐ 4 뭘 해야 할지 (어미)
- ☐ 5 잔치를 하는지 (어미)

- ☐ 6 읽는 데 3일 (의존 명사)
- ☐ 7 어제 갔던 데 (의존 명사)
- ☐ 8 아픈 데 먹는 약 (의존 명사)
- ☐ 9 눈이 오는데 걸어가다 (어미)
- ☐ 10 잘 모르겠던데요 (어미)

- ☐ 11 너밖에 없다 (조사)
- ☐ 12 할 수밖에 (조사)
- ☐ 13 창문 밖에 (명사)
- ☐ 14 그 밖의 일 (명사)
- ☐ 15 떠날밖에 (어미)

- ☐ 16 밝힌 바와 같이 (의존 명사)
- ☐ 17 서류를 검토한바 (어미)
- ☐ 18 밥은커녕 (어미)
- ☐ 19 어릴망정 (어미)
- ☐ 20 따라 갔을걸 (어미)

- ☐ 21 21년 만에 (의존 명사)
- ☐ 22 화낼 만도 해 (의존 명사)
- ☐ 23 잠만 자다 (조사)
- ☐ 24 집채만 한 파도 (조사)
- ☐ 25 참을 만하다 (보조 형용사)

- ☐ 26 느낀 대로 (의존 명사)
- ☐ 27 말씀대로 (조사)
- ☐ 28 큰 것대로 (조사)
- ☐ 29 김양수 씨 (의존 명사)
- ☐ 30 안동 권씨 (접사)

- ☐ 31 아는 만큼은 (의존 명사)
- ☐ 32 대회만큼 (조사)
- ☐ 33 너에게만큼 (조사)
- ☐ 34 하리만큼 (어미)
- ☐ 35 시일 내 (의존 명사)

- ☐ 36 들었을 뿐이다 (의존 명사)
- ☐ 37 통일뿐이다 (조사)
- ☐ 38 많을뿐더러 (어미)
- ☐ 39 버리면 안 돼 (부사)
- ☐ 40 장사가 안돼 큰일 (동사)

- ☐ 41 올 듯도 하다 (의존 명사)
- ☐ 42 뛸 듯이 기뻐 (의존 명사)
- ☐ 43 할 듯싶다 (보조 형용사)
- ☐ 44 할 듯하다 (보조 형용사)
- ☐ 45 전에 말했듯(이) (어미)

- ☐ 46 세대 간 (의존 명사)
- ☐ 47 다년간 (접사)
- ☐ 48 부자간 (한 단어)
- ☐ 49 한밤중 (한 단어)
- ☐ 50 얽히고설키다 (한 단어)

해커스군무원

제 5회 설명모의고사 답안지

해커스군무원

사용 시 주의사항

※ 시험감독관 서명
(시험 종료 후 기재할 것)

감독관 확인 사인

성 명

성 명	
자필성명	본인 성명 기재
응시직렬	
응시지역	
시험장소	

응시번호

	①	⓪	⓪	⓪	⓪	⓪
	②	①	①	①	①	①
	③	②	②	②	②	②
	④	③	③	③	③	③
	⑤	④	④	④	④	④
	⑥	⑤	⑤	⑤	⑤	⑤
	⑦	⑥	⑥	⑥	⑥	⑥
	⑧	⑦	⑦	⑦	⑦	⑦
	⑨	⑧	⑧	⑧	⑧	⑧
		⑨	⑨	⑨	⑨	⑨

생년월일

⓪	⓪	⓪	⓪	⓪
①	①	①	①	①
②	②	②	②	②
③	③	③	③	③
④	④	④	④	④
⑤	⑤	⑤	⑤	⑤
⑥	⑥	⑥	⑥	⑥
⑦	⑦	⑦	⑦	⑦
⑧	⑧	⑧	⑧	⑧
⑨	⑨	⑨	⑨	⑨

컴퓨터용 흑색사인펜만 사용

[필적감정용 기재]
*아래 예시문을 옮겨 적으시오
본인은 OOO(응시자성명)임을 확인함

기 재 란

제1과목 국어

문번					문번				
1	①	②	③	④	16	①	②	③	④
2	①	②	③	④	17	①	②	③	④
3	①	②	③	④	18	①	②	③	④
4	①	②	③	④	19	①	②	③	④
5	①	②	③	④	20	①	②	③	④
6	①	②	③	④	21	①	②	③	④
7	①	②	③	④	22	①	②	③	④
8	①	②	③	④	23	①	②	③	④
9	①	②	③	④	24	①	②	③	④
10	①	②	③	④	25	①	②	③	④
11	①	②	③	④					
12	①	②	③	④					
13	①	②	③	④					
14	①	②	③	④					
15	①	②	③	④					

제2과목 행정법

문번					문번				
1	①	②	③	④	16	①	②	③	④
2	①	②	③	④	17	①	②	③	④
3	①	②	③	④	18	①	②	③	④
4	①	②	③	④	19	①	②	③	④
5	①	②	③	④	20	①	②	③	④
6	①	②	③	④	21	①	②	③	④
7	①	②	③	④	22	①	②	③	④
8	①	②	③	④	23	①	②	③	④
9	①	②	③	④	24	①	②	③	④
10	①	②	③	④	25	①	②	③	④
11	①	②	③	④					
12	①	②	③	④					
13	①	②	③	④					
14	①	②	③	④					
15	①	②	③	④					

제3과목 행정학

문번					문번				
1	①	②	③	④	16	①	②	③	④
2	①	②	③	④	17	①	②	③	④
3	①	②	③	④	18	①	②	③	④
4	①	②	③	④	19	①	②	③	④
5	①	②	③	④	20	①	②	③	④
6	①	②	③	④	21	①	②	③	④
7	①	②	③	④	22	①	②	③	④
8	①	②	③	④	23	①	②	③	④
9	①	②	③	④	24	①	②	③	④
10	①	②	③	④	25	①	②	③	④
11	①	②	③	④					
12	①	②	③	④					
13	①	②	③	④					
14	①	②	③	④					
15	①	②	③	④					

제 4회 실전모의고사 답안지

해커스군무원

컴퓨터용 흑색사인펜만 사용

[필적감정용 기재]
*아래 예시문을 옮겨 적으시오
본인은 OOO(응시자성명)임을 확인함

기 재 란

성 명	
자필성명	본인 성명 기재
응시직렬	
응시지역	
시험장소	

※시험감독관 성명
(성명을 정자로 기재할 것)
감독관 확인 사용

응시번호

생년월일

제1과목 국어

문번					문번				
1	①	②	③	④	16	①	②	③	④
2	①	②	③	④	17	①	②	③	④
3	①	②	③	④	18	①	②	③	④
4	①	②	③	④	19	①	②	③	④
5	①	②	③	④	20	①	②	③	④
6	①	②	③	④	21	①	②	③	④
7	①	②	③	④	22	①	②	③	④
8	①	②	③	④	23	①	②	③	④
9	①	②	③	④	24	①	②	③	④
10	①	②	③	④	25	①	②	③	④
11	①	②	③	④					
12	①	②	③	④					
13	①	②	③	④					
14	①	②	③	④					
15	①	②	③	④					

제2과목 행정법

문번					문번				
1	①	②	③	④	16	①	②	③	④
2	①	②	③	④	17	①	②	③	④
3	①	②	③	④	18	①	②	③	④
4	①	②	③	④	19	①	②	③	④
5	①	②	③	④	20	①	②	③	④
6	①	②	③	④	21	①	②	③	④
7	①	②	③	④	22	①	②	③	④
8	①	②	③	④	23	①	②	③	④
9	①	②	③	④	24	①	②	③	④
10	①	②	③	④	25	①	②	③	④
11	①	②	③	④					
12	①	②	③	④					
13	①	②	③	④					
14	①	②	③	④					
15	①	②	③	④					

제3과목 행정학

문번					문번				
1	①	②	③	④	16	①	②	③	④
2	①	②	③	④	17	①	②	③	④
3	①	②	③	④	18	①	②	③	④
4	①	②	③	④	19	①	②	③	④
5	①	②	③	④	20	①	②	③	④
6	①	②	③	④	21	①	②	③	④
7	①	②	③	④	22	①	②	③	④
8	①	②	③	④	23	①	②	③	④
9	①	②	③	④	24	①	②	③	④
10	①	②	③	④	25	①	②	③	④
11	①	②	③	④					
12	①	②	③	④					
13	①	②	③	④					
14	①	②	③	④					
15	①	②	③	④					

제 3회 실전모의고사 답안지

컴퓨터용 흑색사인펜만 사용

[필적감정용 기재]
*아래 예시문을 옮겨 적으시오
본인은 OOO(응시자성명)임을 확인함

기 재 란

성 명	
자필성명	본인 성명 기재
응시직렬	
응시지역	
시험장소	

응시번호							
⓪	⓪	⓪	⓪	⓪	⓪	⓪	⓪
①	①	①	①	①	①	①	①
②	②	②	②	②	②	②	②
③	③	③	③	③	③	③	③
④	④	④	④	④	④	④	④
⑤	⑤	⑤	⑤	⑤	⑤	⑤	⑤
⑥	⑥	⑥	⑥	⑥	⑥	⑥	⑥
⑦	⑦	⑦	⑦	⑦	⑦	⑦	⑦
⑧	⑧	⑧	⑧	⑧	⑧	⑧	⑧
⑨	⑨	⑨	⑨	⑨	⑨	⑨	⑨

생년월일					
⓪	⓪	⓪	⓪	⓪	⓪
①	①	①	①	①	①
②	②	②	②	②	②
③	③	③	③	③	③
④	④	④	④	④	④
⑤	⑤	⑤	⑤	⑤	⑤
⑥	⑥	⑥	⑥	⑥	⑥
⑦	⑦	⑦	⑦	⑦	⑦
⑧	⑧	⑧	⑧	⑧	⑧
⑨	⑨	⑨	⑨	⑨	⑨

※시험감독관 서명
(성명을 정자로 기재할 것)

책형 필기시험 사용

제1과목 국어

문번					문번				
1	①	②	③	④	16	①	②	③	④
2	①	②	③	④	17	①	②	③	④
3	①	②	③	④	18	①	②	③	④
4	①	②	③	④	19	①	②	③	④
5	①	②	③	④	20	①	②	③	④
6	①	②	③	④	21	①	②	③	④
7	①	②	③	④	22	①	②	③	④
8	①	②	③	④	23	①	②	③	④
9	①	②	③	④	24	①	②	③	④
10	①	②	③	④	25	①	②	③	④
11	①	②	③	④					
12	①	②	③	④					
13	①	②	③	④					
14	①	②	③	④					
15	①	②	③	④					

제2과목 행정법

문번					문번				
1	①	②	③	④	16	①	②	③	④
2	①	②	③	④	17	①	②	③	④
3	①	②	③	④	18	①	②	③	④
4	①	②	③	④	19	①	②	③	④
5	①	②	③	④	20	①	②	③	④
6	①	②	③	④	21	①	②	③	④
7	①	②	③	④	22	①	②	③	④
8	①	②	③	④	23	①	②	③	④
9	①	②	③	④	24	①	②	③	④
10	①	②	③	④	25	①	②	③	④
11	①	②	③	④					
12	①	②	③	④					
13	①	②	③	④					
14	①	②	③	④					
15	①	②	③	④					

제3과목 행정학

문번					문번				
1	①	②	③	④	16	①	②	③	④
2	①	②	③	④	17	①	②	③	④
3	①	②	③	④	18	①	②	③	④
4	①	②	③	④	19	①	②	③	④
5	①	②	③	④	20	①	②	③	④
6	①	②	③	④	21	①	②	③	④
7	①	②	③	④	22	①	②	③	④
8	①	②	③	④	23	①	②	③	④
9	①	②	③	④	24	①	②	③	④
10	①	②	③	④	25	①	②	③	④
11	①	②	③	④					
12	①	②	③	④					
13	①	②	③	④					
14	①	②	③	④					
15	①	②	③	④					

해커스군무원

제 2회 실전동형모의고사 답안지

컴퓨터용 흑색사인펜만 사용

[필적감정용 기재]
*아래 예시문을 옮겨 적으시오
본인은 OOO(응시자성명)임을 확인함

기 재 란

성 명	
자필성명	본인 성명 기재
응시직렬	
응시지역	
시험장소	

※시험감독관 서명
(성명을 정자로 기재할 것)

책형 확인 사인

응시번호

생년월일

문번	제1과목 국어					제1과목 국어				
1	①	②	③	④	16	①	②	③	④
2	①	②	③	④	17	①	②	③	④
3	①	②	③	④	18	①	②	③	④
4	①	②	③	④	19	①	②	③	④
5	①	②	③	④	20	①	②	③	④
6	①	②	③	④	21	①	②	③	④
7	①	②	③	④	22	①	②	③	④
8	①	②	③	④	23	①	②	③	④
9	①	②	③	④	24	①	②	③	④
10	①	②	③	④	25	①	②	③	④
11	①	②	③	④					
12	①	②	③	④					
13	①	②	③	④					
14	①	②	③	④					
15	①	②	③	④					

문번	제2과목 행정법					제2과목 행정법				
1	①	②	③	④	16	①	②	③	④
2	①	②	③	④	17	①	②	③	④
3	①	②	③	④	18	①	②	③	④
4	①	②	③	④	19	①	②	③	④
5	①	②	③	④	20	①	②	③	④
6	①	②	③	④	21	①	②	③	④
7	①	②	③	④	22	①	②	③	④
8	①	②	③	④	23	①	②	③	④
9	①	②	③	④	24	①	②	③	④
10	①	②	③	④	25	①	②	③	④
11	①	②	③	④					
12	①	②	③	④					
13	①	②	③	④					
14	①	②	③	④					
15	①	②	③	④					

문번	제3과목 행정학					제3과목 행정학				
1	①	②	③	④	16	①	②	③	④
2	①	②	③	④	17	①	②	③	④
3	①	②	③	④	18	①	②	③	④
4	①	②	③	④	19	①	②	③	④
5	①	②	③	④	20	①	②	③	④
6	①	②	③	④	21	①	②	③	④
7	①	②	③	④	22	①	②	③	④
8	①	②	③	④	23	①	②	③	④
9	①	②	③	④	24	①	②	③	④
10	①	②	③	④	25	①	②	③	④
11	①	②	③	④					
12	①	②	③	④					
13	①	②	③	④					
14	①	②	③	④					
15	①	②	③	④					

[］해커스군무원

제1회 실전모의고사 답안지

해커스군무원